高等学校经济与工商管理系列教材

国际贸易理论与实务

（修订本）

张建辉　宋丽芝　主　编
马　丁　陈龙梅　副主编

清华大学出版社
北京交通大学出版社
·北京·

内容简介

本书共17章，分上、下两半部分。上半部分为国际贸易理论：第1章为导论，包括国际贸易的基本概念、分类，国际贸易发展简史，国际贸易的作用和特点；第2章到第4章介绍西方传统国际贸易理论、国际贸易新理论和保护贸易理论；第5章到第7章介绍国际贸易政策措施，包括关税、非关税壁垒、鼓励出口和出口管制措施；第8章为世界贸易组织简介。下半部分为国际贸易实务：第9章到第15章分别介绍国际货物买卖合同的条款，包括国际货物买卖合同概述、国际货物买卖合同的标的、国际贸易术语、国际货物运输及其保险、国际贸易结算、争议的预防与处理；第16章为国际贸易合同的履行；第17章为国际贸易方式。最后附有专业术语中英文索引。

本书可作为高等学校国际经济与贸易专业的教材，也可作为高等院校经济与管理类专业的国际贸易课程教材，同时也适用于经济贸易工作者了解国际贸易知识。

图书在版编目（CIP）数据

国际贸易理论与实务/张建辉，宋丽芝主编. —北京：清华大学出版社；北京交通大学出版社，2010.8（2019.3 修订）
（高等学校经济与工商管理系列教材）
ISBN 978－7－5121－0230－9

Ⅰ.国…　Ⅱ.①张…　②宋…　Ⅲ.①国际贸易-经济理论-高等学校-教材　②国际贸易-贸易实务-高等学校-教材　Ⅳ.①F740

中国版本图书馆CIP数据核字（2010）第155145号

责任编辑：黎　丹　　特邀编辑：衣紫燕
出版发行：清华大学出版社　　邮编：100084　　电话：010－62776969
　　　　　北京交通大学出版社　　邮编：100044　　电话：010－51686414
印 刷 者：北京时代华都印刷有限公司
经　　销：全国新华书店
开　　本：185×260　　印张：22.75　字数：568千字
版　　次：2010年8月第1版　　2019年3月第1次修订　　2019年3月第6次印刷
书　　号：ISBN 978－7－5121－0230－9/F・702
印　　数：10 501～11 500册　　定价：49.00元

本书如有质量问题，请向北京交通大学出版社质监组反映。对您的意见和批评，我们表示欢迎和感谢。
投诉电话：010－51686043，51686008；传真：010－62225406；E-mail：press@bjtu.edu.cn。

前　言

自改革开放以来，中国的对外贸易得到了突飞猛进的发展。2009 年，中国在世界贸易排名中已居第二位，出口居第一位，成为名副其实的世界贸易大国。事实表明，中国已经成为经济全球化的最大受益者，同时中国经济对世界经济的贡献也在不断增长。另外，我们也要看到，中国要实现贸易大国向贸易强国的转变仍然任重道远。国际金融危机的爆发，使得中国企业在国际贸易活动中遇到许多新问题，面临许多新挑战。在这种形势下，我们需要更多的既有专业理论知识又有较强实践能力的高素质应用型国际经贸人才和掌握国际经贸基本知识的经济管理人才。

为了适应人才培养的需要，我们针对国际贸易课程的特点和要求，在参考、借鉴国内已有教材特别是专家、名校优秀教材的基础上，总结多年来积累的教学经验和体会编写了本书。

本书力求全面反映国际贸易理论、政策与实践的最新发展，结构完整、内容新颖、重点突出、简明扼要，将理论性与实际操作性相结合。在章节设置上考虑系统阐述国际贸易有关基本知识的需要。全书大量运用最新的理论评论、统计数据和实际案例，介绍最新的国际贸易发展趋势和内容，特别是国际金融危机背景下有关理论、政策和实际情况的新动向、新趋势。对于国际贸易理论、政策措施，尽可能地全面介绍其主要内容，使学生或者读者对其有完整、正确的认识。国际贸易实务各章通过开篇案例及最后的总结性解析，力图使学生或者读者一直带着问题进行阅读，增强他们学习的兴趣，促其主动思考问题。书后附录的参考文献目录，提供了学生课后阅读资料的来源，以便学生扩大相关知识的学习和积累。

本书根据国际经济与贸易专业应用性强的特点，注重以案说理，开篇案例和书中的其他案例，要求学生利用学到的知识分析实际问题。通过这种方式，加深读者对理论和有关国际惯例的理解，懂得学以致用、活学活用。

本书编写的具体分工如下：张建辉，第 1、9、15、16、17 章；陈龙梅，第 2、3、4、14 章；马丁，第 5、6、7、8 章；宋丽芝，第 10、11、12、13 章。张建辉负责全书统稿。

本书配有教学课件和相关的资源，有需要的读者可以从网站 http：//press. bjtu. edu. cn 下载或与 cbsld@jg. bjtu. edu. cn 联系。

本书在编写过程中，参考了许多论著与教材，在此对其作者表示衷心感谢！尽管我们尽了最大的努力，但书中肯定还存在许多值得探讨和完善的地方，诚挚地希望读者批评指正。

编　者

2010 年 7 月

前 言

目　录

第1章 导 论

学习目标 理解国际贸易的狭义概念和广义概念，了解国际贸易理论和实务的研究对象和内容，熟练掌握国际贸易的各个基本概念和主要分类，了解国际贸易的产生和发展过程，理解国际贸易的作用，理解国际贸易的特点。

国际贸易是最早产生的最基本、最重要的国际经济活动。学习国际贸易理论与实务的知识，有助于分析和理解国际贸易及整个国际经济问题，熟悉和掌握开展实际国际贸易活动的程序和方法。

1.1 国际贸易的研究对象与内容

1.1.1 概述

国际贸易是指世界各国之间货物和服务交换的活动，是各国之间国际分工并且在其基础上相互交往的主要形式，反映了各国在经济上的相互依赖关系。

一般所说的国际贸易包括货物与服务，称为广义的国际贸易。如果不把服务包括在内，则称为狭义的国际贸易。

另外，内涵最广泛的国际贸易概念“大外贸”，与“大经贸”概念等同，是指各项国际经贸业务的有机结合，包括对外贸易、利用外资与对外投资、技术贸易、对外承包工程与劳务合作、对外援助等对外经济贸易业务的相互渗透和融合所构成的一体化国际经济活动。

国际贸易学科是研究国际贸易的特点与基本规律、发展趋势、政策措施，以及具体贸易实务操作的经济学科，它还涉及国际金融、国际运输及国际法等学科的理论和知识。

国际贸易理论与实务课程分为理论和实务两大部分。国际贸易理论是国际经济学的重要组成部分，主要研究国际贸易的各种规律与问题，重点分析贸易的基础和利益。国际贸易理论的研究成果是各种国际贸易理论和学说，以及相关的政策、措施。国际贸易实务是国际贸易理论、相关商务知识和法律知识的具体应用，是实践性很强的综合性应用学科。

1.1.2 国际贸易理论的研究对象与内容

国际贸易理论的研究对象大体上包括三部分：首先是国际贸易基本理论，主要是国际贸易的各种理论、学说；其次是国际贸易政策与措施，主要分析各种不同类型的对外贸易政策，重点是“二战”后对外贸易政策的发展变化趋势，以及各国为贯彻对外贸易政策所采取的各种具体措施；第三是当代重大的国际贸易问题。这三部分的研究内容是相互密切联系的。

国际贸易理论和学说多种多样：最早产生的是重商主义理论，其后是主张自由贸易的古典国际贸易理论，其主要代表是亚当·斯密的绝对优势论和大卫·李嘉图的比较优势论，以及穆勒提出、马歇尔进一步分析和阐明的相互需求论；同时期还有李斯特的保护幼稚产业论。20世纪初，赫克歇尔－俄林提出了要素禀赋论，被称为新古典国际贸易理论；以后，里昂惕夫之谜及其引起的研究、分析、争论，补充、修正了要素禀赋论，也为当代国际贸易理论的产生打下了基础。当代国际贸易理论包括众多新理论，如产业内贸易理论、偏好相似理论、规模经济贸易学说、技术差距论、国际贸易产品生命周期论、产品生命周期理论、国家竞争优势理论等。保护贸易理论也有凯恩斯的超保护贸易理论、“中心-外围”理论和战略性贸易理论等新理论出现。

不论国际贸易理论和学说有多少种，国际贸易的基本理论主要研究三方面的问题：贸易的基础、贸易的影响、贸易模式和贸易量的动态变化。另外，研究范围从货物与服务商品的交换扩展到生产要素的国际流动。

研究国际贸易的基础，也就是讨论贸易发生的原因。研究国际贸易的原因是要说明一国为什么要参与国际贸易，它的动力是什么等。

贸易产生的影响，也可以说是贸易产生的结果或利益。研究它要解答的问题是，国际贸易能否给各参加国带来经济利益？这种利益有多大？利益的分配如何？获得利益的同时有谁受到损失？

在研究贸易的影响的基础上，结合分析贸易模式和贸易量的动态变化，可以进一步说明贸易与经济发展之间的关系：贸易对本国的生产和消费会带来多大影响？短期影响是什么，长期又会有什么影响？决定贸易量和贸易额的因素有哪些？改变贸易方式的政策对经济会产生什么影响？技术变动和资源增长会对贸易产生什么影响？生产要素（劳务、技术、国际投资等）的国际流动如何影响一国的经济与贸易？反过来，国际贸易的发展又会如何影响经济增长和技术进步？

国际贸易的理论、学说形形色色，国际贸易的政策、措施五花八门，归结起来不外乎两大类：贸易自由主义和贸易保护主义。

当代许多国际贸易理论，与传统的国际贸易理论相比，都是研究现代工商企业在国际市场上通过竞争如何获利的原因和策略，因而存在着重大的不同，也为国家干预经济提供了理论依据。

研究国际贸易政策主要是考察鼓励贸易和贸易保护主义的原因和效果。国际贸易政策是各国经济政策和对外政策的一个组成部分。为落实这些政策，还采取各种措施予以配合，如关税措施、非关税措施、国际贸易条约和协定等。

贸易政策的原因或依据，除了不同的经济思想和外贸理论外，还有不同历史时期的世界政治、经济形势的变化，各国的经济、贸易发展水平，产业结构和消费结构等。这些依据和政策效果是不断变化的，因此贸易政策也要随之调整和改变。

研究贸易政策的效果即影响，主要是进行政策的实证分析。贸易政策的基本性质都是对自由贸易的干预。这种干预有限制贸易的，也有鼓励贸易的；既有进口方面的政策，也有出口方面的政策。但任何贸易政策都会给国内经济带来影响，包括对国内市场价格的影响、对贸易量的影响、对国内生产量和消费量的影响，以及对各种生产要素收益、各种集团利益和整个社会福利的影响。对于贸易大国，还要分析其贸易政策对国际市场的影响及贸易条件变化的影响。贸易政策的研究还包括区域性经济合作的研究、不完全竞争的研究。

国际贸易政策分析的另一个重要组成部分，即贸易政策制定过程中的政治与经济利益，有人称之为贸易政策中的政治经济学。这方面的研究更重视国际贸易与国家间关系——既包括经济关系又包括政治关系的相互影响。

当代重大国际贸易问题包括："二战"后世界多边贸易体制——关税与贸易总协定和世界贸易组织及其影响；经济全球化趋势及其利弊；区域性经济贸易合作的形式、作用；跨国公司与国际贸易的关系，等等。

1.1.3　国际贸易实务的研究对象与内容

国际贸易实务研究国际商品交易过程的基本程序、运行规则和操作方法，包括适用的国际贸易惯例和国际贸易法律，相关业务的专业知识和技能，以及相应的经营策略。

国际贸易的法律环境比国内贸易复杂得多，从事国际贸易必须研究三个层次的法律：各有关国家的国内法、国际贸易条约和国际贸易惯例。

国际贸易的当事人必须遵守有关国家的国内法，所以对各国的商业贸易法律尤其是它们的差别要有足够的了解；国际贸易条约和国际贸易惯例属于国际贸易的共同法律、规定，如能掌握和很好地遵守，可以保证国际贸易业务的顺利、有效，降低风险。由于目前国际贸易的共同法规很少，更需要认真地进行研究，尽可能地加以运用。

国际贸易实务研究的基本内容，主要有以下4个方面。一是各种贸易术语的解释和运用。如何理解各种贸易术语的含义及有关贸易术语的国际贸易惯例，如何正确地选择有利的贸易术语签订合同并加以履行。二是国际货物买卖合同中的各种合同条款。除了有关贸易术语和价格的条款外，还有商品的名称、品质、数量、包装、运输、保险、结算、检验、索赔、不可抗力和仲裁等方面的具体条款；如何理解这些条款的基本内容及其规定方法；掌握这些交易条件的内涵及其在法律上的地位和作用，正确地处理或避免相关争议。三是国际货物买卖合同商订和履行的程序，包括合同成立的法律步骤、如何正确地执行程序、需要注意哪些问题。四是各种国际贸易方式。除传统的贸易方式如包销、代理、招标投标、寄售、拍卖外，还有融货物、技术、劳务和资本移动为一体的贸易方式，如加工贸易、补偿贸易等；各种贸易方式如何正确地选择，以及如何配合运用，在运用这些贸易方式时需要注意什么问题。

1.2　国际贸易的基本概念与分类

1.2.1 基本概念

1. 国际贸易和对外贸易

(1) 国际贸易

国际贸易（International Trade）亦称"世界贸易"，泛指国际间商品和劳务（或货物、知识和服务）的交换。它由各国（地区）的对外贸易构成，是世界各国对外贸易的总和。

（2）对外贸易

对外贸易（Foreign Trade）亦称“国外贸易”或“进出口贸易”，是指一个国家（地区）与另一个国家（地区）之间的商品和劳务的交换。这种贸易由进口和出口两个部分组成。对输入商品或劳务的国家（地区）来说，就是进口；对输出商品或劳务的国家（地区）来说，就是出口。

对外贸易与国际贸易的概念只是观察角度或范围的不同：从国际范围来看这种跨越国境（关境）的货物和服务交换活动就是国际贸易或世界贸易；从一个国家来看这种交换活动就是对外贸易。另外，有些海岛国家如英国、日本等，也常用“海外贸易”表示对外贸易。

2. 贸易值与贸易量

（1）对外贸易值

对外贸易值（Value of Foreign Trade）是以货币表示的反映贸易规模的指标。

一定时期内一国从国外进口的商品的全部价值，称为进口贸易总额或进口总额；一定时期内一国向国外出口的商品的全部价值，称为出口贸易总额或出口总额。两者相加为进出口贸易总额或对外贸易总额。

进出口贸易总额是反映一个国家对外贸易规模的重要指标。外贸值一般用本国货币表示，为了便于国际比较，许多国家也用美元表示。联合国和许多国际组织编制和发表的世界各国对外贸易值的统计资料是以美元表示的。

把世界上所有国家的进口总额或出口总额用同一种货币换算后加在一起，即得世界进口总额或世界出口总额。就国际贸易来看，一国的出口就是其他国的进口，如果把各国进出口值相加作为国际贸易总值就会发生重复计算，因此一般是把各国出口值相加作为国际贸易值。

需要注意的是，由于各国一般都是按 FOB 价统计出口额，按 CIF 价统计进口额，所以世界出口总额略小于世界进口总额。

（2）对外贸易量

对外贸易量（Quantum of Foreign Trade）是以计量单位表示的反映进出口商品数量规模的指标。

以货币表示的对外贸易值经常受到价格变动的影响，因而不能准确地反映一国对外贸易的实际规模，更不能将不同时期的对外贸易值直接比较。为了解决这一问题，应该按照实物计量单位计算进出口商品的数量规模。但是对于一种商品，表示对外贸易量十分容易；而对于种类繁多、计量单位各不相同的商品，用计量单位来加总统计对外贸易的规模是不可能的。

为了比较准确地反映进出口贸易的实际规模，通常采用不变价格换算贸易量。其办法是以一定年份为基期的不变价格为标准，计算各个时期的贸易价格指数，用贸易价格指数去除贸易额得到按不变价格计算的贸易额，代表该时期的对外贸易量。

以一定年份为基期的贸易量同各个时期的贸易量相比较，还可以得出反映贸易实际规模变动的贸易量指数。

同样，可以按不变价格计算国际贸易量及国际贸易量指数。

3. 贸易差额

贸易差额是一国在一定时期内出口总额与进口总额之间的差额。当出口总额与进口总额相等时，称为“贸易平衡”。当出口总额大于进口总额时，出现贸易盈余，称“贸易顺差”

或"出超"。当进口总额大于出口总额时，出现贸易赤字，称"贸易逆差"或"入超"。通常，贸易顺差以正数表示，贸易逆差以负数表示。

一国的进出口贸易收支是其国际收支中经常项目的重要组成部分，因此对一个国家的国际收支具有重要影响。

链接 1-1

据海关统计，2009 年我国对外贸易累计进出口总值为 22 072.7 亿美元，比 2008 年(下同)下降 13.9%，略高于 2007 年的贸易总值。其中出口 12 016.7 亿美元，下降 16%；进口 10 056 亿美元，下降 11.2%。全年贸易顺差 1 960.7 亿美元，减少 34.2%。

4. 净出口和净进口

净出口（Net Exports）和净进口（Net Imports），是一国某种商品在一定时期内出口数量与进口数量之间的差额。一国在一定时期内对某一商品往往既有进口又有出口，如果出口数量大于进口数量，其差额即为净出口；反之，出口数量小于进口数量，其差额即为净进口。例如，2008 年我国全年进口煤炭 4 040 万吨，累计出口煤炭 4 543 万吨，全年煤炭净出口量为 503 万吨。

5. 对外贸易和国际贸易商品结构

对外贸易商品结构（Composition of Foreign Trade）是指一定时期内一国进出口贸易中各种商品的构成或份额，即某大类或某种商品进出口贸易额与整个进出口贸易额之比。

国际贸易商品结构（Composition of International Trade）是指一定时期内各大类商品或某种商品在整个国际贸易中的构成或比重，即某大类商品或某种商品贸易额与整个世界出口贸易额之比。

为了便于分析比较，联合国等国际组织以联合国公布的《国际贸易商品标准分类》(SITC) 对国际贸易和对外贸易商品结构进行分析比较。

一国对外贸易商品结构可以反映出该国的经济发展水平、产业结构状况、科技发展水平等。国际贸易商品结构可以反映出整个世界的经济发展水平、产业结构状况和科技发展水平等。

6. 对外贸易和国际贸易地理方向

(1) 对外贸易地理方向

对外贸易地理方向（Direction of Foreign Trade）又称对外贸易地区分布或国别结构，是指一定时期内各个国家或区域集团在一国对外贸易中所占有的地位，通常以它们在该国进出口总额或进口总额、出口总额中的比重来表示。对外贸易地理方向指明一国出口商品的去向和进口商品的来源，从而反映该国与其他国家或区域集团之间经济贸易联系的程度。一国的对外贸易地理方向通常受经济互补性、国际分工的形式与贸易政策的影响。

(2) 国际贸易地理方向

国际贸易地理方向又称"国际贸易地区分布"（International Trade by Region），用以表明世界各洲、各国或各个区域集团在国际贸易中所占的地位，通常以它们在国际贸易中的比重来表示。计算各国在国际贸易中的比重，既可以计算各国的进、出口额在世界进、出口总额中的比重，也可以计算各国的进出口总额在国际贸易总额中的比重。

由于对外贸易是一国与别国之间发生的商品交换，因此把对外贸易按商品分类和按国家分类结合起来分析研究，即把商品结构和地理方向的研究结合起来，可以查明一国出口中不同类别商品的去向和进口中不同类别商品的来源，对深入研究对外贸易状况具有重要意义。

7. 对外贸易系数

对外贸易系数（Coefficient of Foreign Trade）表示一国对进出口贸易的依赖程度，一般用该国对外贸易值在国民生产总值或国内生产总值中所占比重来表示，还可以用对外贸易值在国民收入中所占比重来表示。对外贸易系数的变化意味着对外贸易在国民经济中所处地位的变化。

传统的对外贸易系数即对外贸易依存度（Dependence Degree of Foreign Trade），是一国的货物进出口贸易额与该国国民生产总值或国内生产总值之比。

外贸系数可以分为出口系数和进口系数。

$$出口系数=\frac{出口总额}{国民生产总值}$$

$$进口系数=\frac{进口总额}{国民生产总值}$$

链接 1－2

表 1－1　货物和服务进出口占国内生产总值比重

单位：%

国家或地区 (Country or Area)	出口（Exports）			进口（Imports）		
	2000 年	2006 年	2007 年	2000 年	2006 年	2007 年
高收入国家（High Income）	23.9			24.3		
中等收入国家（Middle Income）	27.4	33.9	31.0	25.9	31.1	31.2
低收入国家（Low Income）	28.0	31.7	30.5	30.0	36.2	36.1
中国（China）	23.3	39.9		20.9	32.1	
孟加拉国（Bangladesh）	14.0	19.0	22.0	19.2	25.2	28.9
柬埔寨（Cambodia）	49.8	68.8		61.8	75.8	
印度（India）	13.2	22.1	21.3	14.2	25.1	24.4
印度尼西亚（Indonesia）	41.0	31.0	29.4	30.5	25.6	25.3
伊朗（Iran）	22.7	40.7	32.8	17.4	32.9	30.0
以色列（Israel）	38.2	44.3	44.1	38.5	43.5	45.5
日本（Japan）	11.0			9.5		
哈萨克斯坦（Kazakhstan）	56.6	51.1	47.6	49.1	40.4	38.3
韩国（Korea，Rep.）	40.8	43.0	45.6	37.7	42.1	44.8
老挝（Laos）	30.1	36.0		34.4	42.3	
马来西亚（Malaysia）	124.4	117.0	112.0	104.5	100.0	98.0
蒙古（Mongolia）	56.4	65.3		70.9	59.7	

续表

国家或地区 (Country or Area)	出口 (Exports)			进口 (Imports)		
	2000 年	2006 年	2007 年	2000 年	2006 年	2007 年
巴基斯坦 (Pakistan)	13.4	15.3	13.9	14.7	23.3	22.2
菲律宾 (Philippines)	55.4	46.4	39.4	53.5	47.6	43.9
新加坡 (Singapore)		246.2	230.9		216.3	202.0
斯里兰卡 (SriLanka)	39.0	30.1	29.2	49.6	41.2	39.5
泰国 (Thailand)	66.8	73.6	68.1	58.1	69.7	64.5
越南 (VietNam)	55.0	73.5	75.7	57.5	76.8	83.6
埃及 (Egypt)	16.2	29.9	31.3	22.8	31.6	39.2
尼日利亚 (Nigeria)	54.0	43.2	39.0	32.0	28.3	29.9
南非 (South Africa)	27.9	29.8	30.3	24.9	33.2	34.0
加拿大 (Canada)	45.6			39.8		
墨西哥 (Mexico)	30.9	31.9	31.7	32.9	33.2	34.1
美国 (United States)	11.2			15.1		
阿根廷 (Argentina)	10.9	24.7		11.5	19.2	
巴西 (Brazil)	10.0	14.7	12.9	11.7	11.7	10.7
委内瑞拉 (Venezuela)	29.7	36.1	29.3	18.1	19.2	18.7
白俄罗斯 (Belarus)	69.2	59.9	57.3	72.4	64.2	66.4
捷克 (Czech Republic)	63.4	75.8		66.4	72.6	
法国 (France)	28.6	26.9		27.7	28.3	
德国 (Germany)	33.4	45.1		33.0	39.6	
意大利 (Italy)	27.1	27.8		26.1	28.7	
荷兰 (Netherlands)	70.1	74.2		64.5	66.5	
波兰 (Poland)	27.1	40.3	40.5	33.5	41.0	41.6
俄罗斯联邦 (Russian Fed.)	44.1	33.8	30.3	24.0	21.1	21.9
西班牙 (Spain)	29.0	26.1		32.2	32.3	
土耳其 (Turkey)	20.1	22.7	21.9	23.1	27.6	27.0
乌克兰 (Ukraine)	62.4	46.6	40.6	57.4	49.5	44.2
英国 (United Kingdom)	28.1	28.7		30.1	32.9	
澳大利亚 (Australia)	19.9	20.3		21.9	21.8	
新西兰 (New Zealand)	35.5			33.8		

资料来源：世界银行数据库 Source：World Bank Database.

转引自中华人民共和国国家统计局网站 (www.stats.gov.cn)，"国际统计数据 2008"。

8. 贸易条件

贸易条件（Terms of Trade）又称交换比价或贸易比价，即出口价格与进口价格之间的比率，就是说一个单位的出口商品可以换回多少进口商品。它是用出口价格指数与进口价格

指数来计算的，计算的公式为

贸易条件=（出口价格指数/进口价格指数）×100

贸易条件的概念主要用于进行不同时期的比较，即以一定时期为基期，先计算出基期的进出口价格比率并作为100，再计算出比较期的进出口价格比率与基期相比，如果大于100，表明贸易条件比基期有利；如果小于100，则表明贸易条件比基期不利，交换效益劣于基期。

需要注意的是，有时在某些论文、著作中见到的“贸易条件”名词，不是这里定义的进出口价格比率的概念，应该辨别清楚。

1.2.2 主要分类

1. 出口贸易、进口贸易和过境贸易

按商品流向划分，国际贸易可分为出口贸易、进口贸易和过境贸易。此外，还有再出口贸易和再进口贸易。

① 出口贸易（Export Trade）。出口贸易是将本国生产或加工的商品（包括本国拥有的劳务）输往国外的贸易活动。

② 进口贸易（Import Trade）。进口贸易是将外国生产或加工的商品（包括外国拥有的劳务）输入本国的贸易活动。

③ 过境贸易（Transit Trade）。过境贸易是指商品经过该国的国境或关境，在其境内未进行生产或加工而又运出境外的贸易活动。过境贸易又分为直接过境和间接过境两种。前者完全是为了转运而通过境内；后者则是在商品入境后，先存入海关仓库，又从海关仓库提出并运出境外。在总贸易体系中，过境贸易将计入该国的对外贸易总额中。

④ 再出口贸易（Re-Export Trade）。再出口又称为复出口，是指外国商品进口以后未经加工制造又出口。复出口在很大程度上同经营转口贸易有关。

⑤ 再进口贸易（Re-Import Trade）。再进口又称为复进口，是指本国商品输往国外，未经加工又输入国内。复进口多因偶然原因（如出口退货）所造成。

2. 总贸易和专门贸易

按进出口边界的标准划分，国际贸易分为总贸易和专门贸易。

① 总贸易（General Trade）。总贸易是“专门贸易”的对称，是指以国境为标准划分的进出口贸易。凡进入国境的商品一律列为总进口；凡离开国境的商品一律列为总出口。在总出口中又包括本国产品的出口和未经加工的进口商品的出口。总进口额加总出口额就是一国的总贸易额。美国、日本、英国、加拿大、澳大利亚、中国、前苏联、东欧等国采用这种划分标准。

② 专门贸易（Special Trade）。专门贸易是“总贸易”的对称，是指以关境为标准划分的进出口贸易。只有从外国进入关境的商品及从保税仓库提出进入关境的商品才列为专门进口。当外国商品进入国境后，暂时存放在保税仓库，未进入关境，不列为专门进口。从国内运出关境的本国产品及进口后经加工又运出关境的商品，则列为专门出口。专门进口额加专门出口额称为专门贸易额。德国、意大利等国采用这种划分标准。

3. 直接贸易、间接贸易和转口贸易

根据贸易主体中有无第三方，国际贸易可分为直接贸易、间接贸易和转口贸易。

① 直接贸易（Direct Trade）。直接贸易是“间接贸易”的对称，是指商品生产国与商品消费国直接买卖商品的行为。

② 间接贸易（Indirect Trade）。间接贸易是“直接贸易”的对称，是指商品生产国与商品消费国通过第三国进行买卖商品的行为。其中，生产国是间接出口，消费国是间接进口，第三国是转口。

③ 转口贸易（Entrepot Trade）。转口贸易是间接贸易中的第三国进口某种商品不进行消费，又将它作为商品再向别国出口的贸易行为。一般地，转口贸易属于再出口贸易，是过境贸易中间接过境的一部分。有时，商品实物直接从生产国运到消费国，只要两者之间不直接发生交易关系，而是经过第三国转口商间接发生交易关系，对于第三国仍然属于转口贸易范畴。

4. 有形贸易、无形贸易和服务贸易

(1) 有形贸易

有形贸易（Visible Trade）是“无形贸易”的对称，是指货物商品的进出口贸易。由于商品是可以看得见的有形实物，故称为有形贸易。国际贸易中的有形商品种类繁多，为便于统计，1950 年联合国经济社会理事会下设的统计委员会制定了《国际贸易标准分类》(Standard International Trade Classification，SITC)，用于国际贸易的统计和研究。该标准分类经历了四次修改，最近的第四次修订于 2006 年 3 月获得通过。

SITC 把国际贸易商品共分为 10 大类、63 章、233 组、786 个分组和 1 924 个基本项目。10 大类商品名称如下。

0 类　食品及主要供食用的活动物
1 类　饮料及烟草
2 类　燃料以外的非食用粗原料
3 类　矿物燃料、润滑油及有关原料
4 类　动/植物油，油脂和蜡
5 类　未列名化学品及有关产品
6 类　主要按原料分类的制成品
7 类　机械及运输设备
8 类　杂项制品
9 类　未分类的其他商品

在国际贸易中，一般把 0 到 4 类商品称为初级产品，把 5 到 8 类商品称为制成品。

(2) 无形贸易

无形贸易（Invisible Trade）是“有形贸易”的对称，是指劳务或其他非实物商品的进出口而发生的收入与支出。主要包括：和商品进出口有关的一切从属费用的收支，如运输费、保险费、商品加工费、装卸费等；和商品进出口无关的其他收支，如国际旅游费用、外交人员费用、侨民汇款、使用专利特许权的费用、国外投资汇回的股息和红利、公司或个人在国外服务的收支等。以上各项中的收入，称为“无形出口”；以上各项中的支出，称为“无形进口”。

有形贸易经过海关办理手续，故其金额显示在海关的贸易统计上，并且是国际收支表中的重要项目；无形贸易不经过海关办理手续，其金额不反映在海关的贸易统计上，但显示在国际收支表上。

(3) 服务贸易

服务贸易（Trade in Services）是无形贸易中最重要和最主要的组成部分，但并不是无形贸易的全部。所以，有人将服务贸易作为“有形贸易”的对称，即等同于无形贸易是不准确的。

根据关贸总协定乌拉圭回合达成的“服务贸易总协定”，国际服务贸易的提供方式有 4 种：跨境交付、境外消费、商业存在、自然人流动。服务贸易分为 12 个部门：商业服务，通信服务，建筑及有关工程服务，销售服务，教育服务，环境服务，金融服务，健康与社会服务，与旅游有关的服务，娱乐、文化与体育服务，运输服务，其他服务。

1.3 国际贸易的产生与发展

国际贸易的理论源自于国际贸易实践的发展，要更好地理解这些理论，就需要了解国际贸易实践的发展历史。

1. 对外贸易的产生

国际贸易属于一定的历史范畴，它是在一定的历史条件下产生和发展起来的。国际贸易或对外贸易的产生必须具备两个基本条件：一是社会生产力的发展，以及其引起的商品交换的扩大，这是贸易发展的客观基础和前提；二是国家的形成，有了国家才有不同的社会政治经济实体和国界的概念，贸易才能成为对外贸易。

在原始社会初期，人类处于自然分工状态，生产力极度低下，没有什么剩余产品可以用作交换。而且，没有私有制，没有阶级和国家，也就不存在贸易活动，更谈不上对外贸易。

原始社会后期，在人类历史上第一次社会大分工后，社会生产力得到了发展，产品开始有了少量剩余，在氏族公社、部落之间出现了剩余产品的物物交换。当时仍然没有阶级和国家，但这种交换是不同的社会实体之间的相互交换，因此有人称其为初级对外贸易。

随着生产力的继续发展，手工业从农业中分离出来，形成了人类社会第二次大分工。手工业是直接以交换为目的的生产——商品生产。商品生产与商品交换相互促进、不断发展，又促使货币产生，商品交换由物物交换逐渐变成了以货币为媒介的商品流通。随着商品流通的日益扩大，形成了第三次社会大分工，产生了专门从事商品交换活动的商人和商业。

在商品生产和交换的发展，货币、商人和商业产生的过程中，产生了私有财产和阶级，继而出现了国家。所以，在原始社会末期，两个基本条件已经具备，因此产生了真正的对外贸易。

2. 奴隶社会的对外贸易

奴隶社会是以奴隶主占有生产资料和奴隶为基础的社会。在这个社会中，自然经济占统治地位，生产的目的主要是为了自己消费，商品生产在整个生产中微不足道，进入流通中的商品数量很少。同时，由于交通工具简陋，使对外贸易的范围受到很大限制，规模增长缓慢。

在奴隶社会，对外贸易的商品主要是奴隶主的活生产工具——奴隶。对外贸易的主要商品还包括奴隶主阶级所追求的奢侈品，如宝石、装饰品、贵金属、香料、各种织物、丝料等。食品也是对外贸易的主要商品。

奴隶社会时期的贸易国家，主要有腓尼基、希腊、罗马、埃及、印度和中国等。我国在夏商时代已进入奴隶社会，贸易集中在黄河流域，主要在各诸侯国之间进行。

在奴隶社会，尽管对外贸易的范围和规模还不大，在社会经济中的地位并不重要，但其促进了手工业的发展和商品经济的扩大，对奴隶社会向封建社会的过渡，起到了一定的推动作用。

3. 封建社会的对外贸易

封建社会时期，对外贸易有了较大的发展。在封建社会早期，封建地租采取劳役和实物形式，进入流通领域的商品还不多。到了封建社会中期，随着商品生产的发展，封建地租逐渐由劳役和实物形式转变为货币地租，商品经济得到了较快发展。在封建社会后期，随着城市和城市手工业的发展，商品经济和对外贸易都得到了较大的发展，贸易范围不断扩大。

在封建社会，奢侈品仍然是对外贸易的主要商品，西方国家以呢绒、酒等商品换取东方国家的丝绸、香料和珠宝等。此外，瓷器、毛麻纺织品和部分农产品也是对外贸易的主要商品。总体上看，对外交换的商品种类不够多，规模仍不够大。

在欧洲封建社会的早期阶段，国际贸易中心位于地中海东部，阿拉伯民族是公元 7—8 世纪的贸易民族。公元 11 世纪以后，随着欧洲城市的兴起，西方国际贸易中心的范围扩大到北海、波罗的海和黑海沿岸。

我国封建社会时期很长。自秦朝建立统一的封建国家以后，贸易向境外逐渐扩展。直到明朝为止，对外贸易的发展总趋势是不断扩张和扩大的。西汉之前，就已经开辟了著名的“丝绸之路”。从唐朝到宋朝、元朝，海上贸易也得到了比较快的发展。中国的丝、茶、瓷器等通过“丝绸之路”和海路运往西方各国，为中国与西方各国之间的政治、经济、贸易、文化、宗教往来奠定了基础。唐朝首都长安城、元朝元大都，以及广州、泉州、扬州等城市都曾经是当时世界上著名的国际贸易中心。在明初，中外闻名的郑和率领船队 7 下西洋，大大促进了中国同世界各国的经济、贸易、文化、技术交流和友好关系的发展。

封建社会的对外贸易虽然较奴隶社会有了进一步发展，但由于自给自足的自然经济仍然占主导地位，因而贸易的规模和范围仍然是有限的。对外贸易在社会经济中的地位并不重要，只是经济生活中的一个补充。对外贸易发展缓慢，只是局部的现象，还不存在真正的世界市场，更不存在名副其实的世界贸易。

4. 资本主义形成和发展时期的国际贸易

世界上国际贸易真正开始获得巨大的发展，是在资本主义形成和发展时期。在资本主义的形成和发展过程中，商品种类日益繁多，国际贸易额急剧扩大，国际贸易活动范围遍及全球，国际贸易的地位与作用不断提高。并且，世界性商品交换的迅速发展，导致了世界货币的出现。

资本主义的形成和发展，又可分为三个时期或历史阶段。

（1）资本主义生产方式准备时期的国际贸易

16 世纪初至 18 世纪中叶的资本主义生产方式准备时期，是资本原始积累和工场手工业发展的时期。在这个时期，由于工场手工业的广泛发展，劳动生产率得到了提高，促进了国际贸易的进一步发展。然而，对这一时期的国际贸易产生更大和更直接影响的，是 15 世纪末开始的“地理大发现”及由此产生的欧洲各国的殖民扩张。

地理大发现的影响主要包括以下两个方面。第一，使欧洲的经济发生了巨大的变化，出现了商业革命——商业性质、经商技术及商业组织方面的巨大变化。贸易的扩大促进了商品生产的专业化分工，而各国的产品价格差所造成的巨大利润，推动了以牟利为目的的国际贸易的发展。同时，欧洲许多国家建立起专门在全世界从事贸易活动的新型合股公司。从此，国际贸易不再是少数商人的行为，而成为一个以赢利为目的的巨大产业。第二，地理大发现引发了长达两个世纪的殖民扩张和殖民贸易。这种殖民扩张和贸易，一方面是充满血腥暴力的极其残酷的剥削和掠夺，但另一方面在客观上极大地推动了洲与洲之间的国际贸易，从而初步形成了一个以西欧为中心的世界市场。

随着地理大发现和海外殖民地的开拓，欧洲贸易中心扩展到大西洋沿岸，其贸易范围遍及亚洲、非洲、美洲。

在资本主义生产方式准备时期，国际贸易促进了资本的原始积累，这种作用表现在为其提供了劳动力、资本与市场。在提供劳动力方面，资本主义发展初期都有以不同方式剥夺农民的土地、把农民变为“自由”工人的过程。另外，对外贸易的发展促进商品经济的发展，使小生产者发生两极分化。他们中间的破产者也为资本家提供了劳动力。

对外贸易提供了货币资本。在 16 世纪到 18 世纪，欧洲商业资产阶级通过对外贸易和其他掠夺手段，从世界各地运回黄金 200 吨、白银 12 000 吨，其中大部分转化为货币资本。

对外贸易还开辟了市场。欧洲殖民主义者在 16—18 世纪先后发动了一系列商业战争，不仅维护了殖民统治，而且扩大了市场。非洲和拉丁美洲广大地区都被纳入到世界市场中，既成为资本主义国家的商品销售市场，又成为它们的原料产地。

人类历史上最黑暗、最可耻一页的奴隶贸易，更是对资本的原始积累起到了全面的作用。欧洲殖民主义者将非洲黑奴贩卖到美洲，可以得到几十倍甚至几百倍的利益：他们运往非洲用以“交换”黑奴的货物需求，实际上扩大了其商品销售市场；他们在非洲用货物“交换”黑奴，在美洲用黑奴换取金银和糖、烟草、稻米等商品，都是极不平等的交易，从中获得的暴利，转化为了货币资本；贩卖到美洲的奴隶，为欧洲国家在美洲生产商品和原料提供了充足而极其“廉价”的劳动力。据统计，17 世纪末英国贸易所得利润中，将近三分之二的利润来自于殖民贸易。

另外，奴隶贸易本身对航运交通方面的需求，也刺激了欧洲殖民主义国家的经济发展，许多城市因此而兴盛繁荣起来。如英国的利物浦，因为奴隶贸易，从一个小渔村发展成为英国第三大港。

在资本主义生产方式准备时期，国际贸易已从单纯的互通有无变成了以牟利为主的商业行为，但决定贸易流向的仍然是各国的自然资源和各自固有的生产技能的差异。这段时期国际贸易的主要方式是暴力控制下的殖民贸易。殖民地在宗主国对外贸易中的比重和地位日益提高，宗主国从中攫取了巨额利润。

不过从整体来说，这一时期资本主义机器大工业尚未建立，交通、通信还不发达，所以国际贸易的范围、商品品种和贸易额等都受到了一定的限制。

(2) 资本主义自由竞争时期的国际贸易

资本主义自由竞争时期（18 世纪中叶至 19 世纪中叶）是资本主义生产方式得到确立的时期。由于资本主义生产方式准备时期的发展，一方面，基本完成了资本的原始积累，为资本主义生产方式的产生和发展奠定了基础；另一方面，海外市场尤其是美洲市场的开发，使得欧洲的贸易不平衡状况大大改善。国际贸易大大促进了欧美市场经济的形成和经济实力的加强。从18世纪60年代开始，欧美国家逐渐形成了资本主义的生产关系并先后发生了工业革命。

工业革命分为两个阶段。第一阶段的工业革命或称为第一次工业革命，大致从1760年开始到1870年，主要发生于英国，以后在法国、德国及美国也相继发生。当时的英国是全世界最大的殖民帝国，与殖民地的贸易以惊人的速度增长。殖民开发的需求促进了英国炼铁业、煤炭工业的发展，对纺织品的需求刺激了纺织工业的发展，导致了纺纱机、蒸汽机、炼铁技术等一系列重大的发明。纺织、冶金、煤炭成为英国工业革命中建立起来的三大支柱产业。

由于英国首先完成了工业革命，到1860年前后，英国工业发展达到鼎盛期，国内外贸易迅速扩大，确立了“世界工厂”地位和世界贸易中心地位。除了三大支柱产业之外，英国的机器制造业、航运业、银行和保险业等也占据了世界霸主地位。在19世纪的前70年里，仅占世界人口2%左右的英国，一直占据世界工业生产的1/3～1/2，世界贸易的1/5～1/4。

工业革命推动了资本主义机器大工业的建立，对世界贸易产生了巨大影响。从18世纪初到19世纪初的近100年里，世界贸易总额增长了1倍多。而仅在19世纪的前70年（1800—1870年）中，世界贸易就增长了6.7倍，平均年增长率超过9%。如果扣除价格下跌的因素，实际贸易量增长了9.6倍。国际贸易越来越成为欧美工业国家经济中不可缺少的重要部分。从1840年到1870年，英国的出口系数从9%上升到16%，法国和德国则都从原来的7%增加到16%。

在资本主义自由竞争时期，不仅贸易额空前迅速增长，而且商品的种类越来越多。商品结构不断变化，贸易方式也有了进步。世界交换的迅速发展，导致了世界货币的出现，各种信贷关系随之发展起来。经营国际贸易的组织机构纷纷建立并日益专业化，国家之间的贸易条约关系也逐渐建立。世界市场初步形成，大大促进了国际贸易。

（3）资本主义垄断时期的国际贸易

19世纪中叶至20世纪前期，资本主义从自由竞争逐渐过渡到垄断阶段。国际贸易也随之发生了重大变化，明显地带有垄断的特点，许多国家实行了保护贸易政策。

这个时期前期在欧洲和美国发生了第二次工业革命。第二次工业革命中新技术的大量、广泛应用强化了专业化分工，大大提高了劳动生产率，使生产规模大大扩大。

第二次工业革命期间，国际贸易的商品结构和流向都发生了重大变化：机器纺织品特别是棉纺织品成为欧洲最重要的大宗出口产品，并以低价、优质取代了中国、印度等国的手工纺织品，成为国际贸易中最主要的工业制造品；农产品和矿产原料成为初级产品贸易中的重要商品；随着英、法等国的殖民扩张和资本输出，机器设备成为重要的商品。世界总体上形成了一个以西欧、北美国家生产和出口制成品，其余国家生产和出口初级产品并进口欧美制成品的国际分工和世界贸易格局。世界贸易的基础已不仅仅是各国的天然资源，各国生产技术不同而产生的成本差异成为决定贸易模式的重要因素。

经过两次工业革命，欧美发达国家的生产力大大提高，经济体制和经济结构发生了巨大的变化。到1914年第一次世界大战爆发时，欧洲、北美、日本和澳大利亚都先后完成了工业化过程，从自然的农业手工业经济过渡到资本主义工业经济。

工业革命对世界贸易产生了极其深远的影响。工业革命大大提高了劳动生产力，物质产品大为丰富，并且大大促进了交通、通信的发展，国际贸易更加迅速方便。最重要的是，工业革命使世界从农业社会转向工业社会，形成了以欧美国家为主的现代工业经济为一方和其他国家组成的农业手工业等传统经济为一方的格局。真正的国际分工体系和真正的统一世界市场已经形成，国际贸易成为名副其实的世界贸易。

从 1870 年到第一次世界大战前的 1913 年，尽管除英国以外的主要欧美国家开始实行贸易保护主义政策，并且出现了几次经济衰退，世界出口总额仍然从 51.3 亿美元增加到 184 亿美元，43 年间又增长了近 2.6 倍，年平均增长率仍达 6%。

从 1914 年第一次世界大战爆发到 1945 年第二次世界大战结束，是世界经济和国际贸易波动、萧条的一段非常时期。两次世界大战和几次大的世界性经济衰退，大大削弱了欧洲各国的经济和军事实力，也极大地影响了世界贸易。第一次世界大战后，世界贸易缩减了 40%，直到 1924 年才略超过战前水平。紧接着是 1929 年至 1933 年的大萧条，贸易量又一次大幅度下降。加上各国实行的贸易保护政策，国际贸易一直处于萎缩状态。到第二次世界大战爆发前的 1937 年，世界出口总额也只有 254.8 亿美元，尚未恢复到 1929 年的水平（327.5 亿美元），甚至还低于 1924 年的水平（275.95 亿美元）。这种状态直到第二次世界大战结束后才得到改变。

5.“二战”后世界贸易的迅速发展

第二次世界大战后，世界经济又一次发生了巨大变化，国际贸易再次出现了飞速增长，其速度和规模都远远超过 19 世纪工业革命以后的贸易增长。从 1950 年到 2000 年的 50 年中，全世界的商品出口总值从约 610 亿美元增加到 61 328 亿美元，增长了 100 倍！即使扣除通货膨胀因素后，实际商品出口值也增长了 15 倍多，远远超过了工业革命后乃至历史上任何一个时期的国际贸易增长速度。而且，世界贸易实际价值的增长速度（年平均增长 6% 左右）超过了同期世界实际 GDP 增长的速度（年平均增长 3.8%左右）。这意味着多数国家的贸易依存度都在不断提高，国际贸易在现代经济中的地位越来越重要。继大西洋地区之后，太平洋地区逐渐成为新的世界贸易中心。

(1)“二战”后世界贸易迅速发展的原因

“二战”后世界贸易飞速发展的原因是多方面的，主要原因如下。

①“二战”后较长的和平时期，为生产力的发展提供了良好环境。尽管在“二战”后仍然存在着东西方长达四十年的冷战，但其毕竟没有产生直接的破坏。20 世纪 90 年代初冷战结束后，国际政治经济关系进一步缓和，有利于经济与贸易的发展。

②“二战”后的科技革命和信息产业革命，对生产力水平的提高和国际贸易的发展产生了前所未有的积极影响。第二次世界大战后，以美国为先导出现了新的技术革命，导致产生了一系列新产业。这意味着大量新的工业产品的涌现，以及国际分工的日益扩大和深入，从而使国际贸易更加成为必要。20 世纪 90 年代以后，以互联网为代表的信息技术革命不仅创造了又一个新产业，还为现代国际贸易提供了新的信息交流方式和交易方式。

③ 经济发展带来的收入增长促进了消费结构的变化，新的消费需求大大刺激了国际贸易尤其是工业制成品贸易的增长，对生产力和国际贸易的发展，产生了空前的“拉动”作用。

④ 国际经济秩序的改善，提供了较为稳定的经济政策国际间协调机制和不断完善的运行规则框架。国际货币体系在一定程度上提高了国际金融市场效率，降低了金融风险；关贸

总协定框架下的多回合谈判，以及世贸组织的建立，不仅大大降低了各国的贸易壁垒，还建立了简化、规范各国贸易行为和解决贸易纠纷的多边贸易体制。国际经济秩序的不断改善，使国际贸易有了一个相对稳定、公正和自由的环境。

(2)“二战”后世界贸易的特征

与工业革命后的世界贸易相比，第二次世界大战后的世界贸易有以下主要特征。

① 国际贸易中工业制成品的比重大大增加。1950 年，工业制成品出口占世界全部商品出口价值的 34.9%，20 世纪 60 年代这一比例增加到 50%以上，到 2000 年该比例已将近四分之三（74.85%）。工业革命后处于重要地位的纺织品、服装和钢铁等金属产品，让位于包括汽车在内的交通和机器设备、电气电子产品及化工产品。

② 服务贸易迅速发展，成为国际贸易的重要组成部分。由于科技的进步促进了发达国家劳动生产率的提高，制造业的就业比重也逐渐由上升转为停滞或下降。与此同时，随着人们收入的不断提高，人们对服务的需求越来越大，服务业在各国经济中的比重越来越大，服务贸易也相应地得到了发展。从 20 世纪 70 年代开始，服务贸易在国际贸易中的比重持续增大。1970 年世界服务业出口总值为 800 多亿美元，1980 年增加到 4 026 亿美元，1990 年又翻了一番，为 8 962 亿美元，2000 年则进一步达到 16 136 亿美元。服务贸易占世界贸易的比重也从 20 世纪 80 年代的 17%左右增加到 90 年代末的 21%左右。各国对服务贸易越来越重视，服务贸易总协定成为世界贸易组织的三个主要协议之一。

③ 发达国家之间的国际贸易成为世界贸易的主流。从工业革命到 20 世纪初，世界贸易的模式是发达国家出口工业制成品，发展中国家出口矿产和原料等初级产品，即所谓的“南北贸易”。“二战”后各种类型国家的对外贸易都得到了发展，但“北北贸易”即工业发展国家之间的贸易，其规模发展更快，其占世界贸易的比重不断提高。20 世纪 60 年代初，北美、西欧和日本相互之间的贸易量约占当时世界总贸易量的不到 40%，1983 年这一比重增加到 41%，1993 年达到 47%左右，到了 2000 年，世界贸易总额的将近 50%发生在欧美发达国家和日本之间。1999 年，全部工业国家 73%的出口产品销往其他工业国家，有 68%的产品从其他工业国家进口。

④ 区域性或局部性自由贸易发展迅速。“二战”后尤其是 20 世纪 90 年代以来，各种形式的区域性经济合作越来越多，其中包括欧洲自由贸易组织（EFTA）、北美自由贸易区（NAFTA）、南美共同市场（MERCOSUR）、东南亚国家的自由贸易区（AFTA）、东南非洲自由贸易区（COMESA）、亚太经合组织（APEC）等。1993 年正式取代了欧共体（EC）的欧盟（EU），其合作程度比其他区域性经济合作组织更高。目前，几乎所有的关贸总协定/世贸组织成员都参加了一个或数个区域性自由贸易协定。据统计，从 1948 年到 1994 年的 26 年中，关税总协定成员共签订了 124 项区域性自由贸易协议，而 1995 年世贸组织成立到 2000 年的 6 年中，世贸组织已收到了 100 项成员参加区域自由贸易的通知。

总之，从第二次世界大战结束到 21 世纪初的五十多年中，世界经济发生了天翻地覆的变化。国际贸易和投资的发展及其基础上逐步形成的国际货币体系，导致最后形成了资本主义经济体系和相应的经济秩序。科技革命和经济发展使得世界各国的经济日益融为一体，经济全球化已成为 20 世纪以来的主要趋势。

6. 进入 21 世纪的世界贸易

国际贸易在 21 世纪得到继续发展，贸易与经济增长的关联性进一步增强。经济全球化的深入发展、科技进步、产业结构调整，以及多边贸易体制的完善，既给世界贸易的发展带来了巨大推动力，有力地促进了世界经济发展，也带来了诸多不确定因素。近年来，受国际金融危机影响，全球经济正从发展中国家拉动的强劲增长期过渡到明显的不确定期，世界贸易的增长速度也大幅放缓。

21 世纪世界贸易的新变化主要体现在以下几个方面。

第一，世界贸易规模总体上呈现较快增长，而在金融危机冲击下出现停滞、下降。随着经济全球化的不断发展，世界贸易规模总体上呈现较快增长的局面。但是，金融危机使发达国家和许多发展中国家经济陷入停滞甚至衰退，严重影响了世界贸易的稳定发展。

进入 21 世纪，世界贸易增速的变动程度加大。2001 年和 2002 年，世界贸易仅增长 1%和 2.5%。2003 年，世界贸易量增长率达到 5.8%。2004 年和 2005 年世界贸易量均增长了 9%，2006 年回落至 8%。

20 世纪 90 年代以来的绝大多数年份中，世界贸易量的增长超过世界 GDP 的增长。因此导致世界贸易额与全球 GDP 之比持续上升，从 1988 年的 20%上升到 2005 年的 29%。

2007 年，世界贸易出现增长放慢势头。自 2008 年第 4 季度起，金融危机的影响开始显现，世界贸易出现罕见的负增长，主要贸易国家的进出口额以20%～40%的幅度下降。2008 年，世界商品贸易量增长只有 2%，不仅比 2007 年的 6%大幅下降，也远远低于 1998—2008 年的年平均增长率 5.7%。2009 年，世界贸易额根据世界贸易组织的估计下降 10%，出现了 27 年以来的首次负增长和 80 年来的最大跌幅。①

在金融危机的冲击下，发达国家进口需求大幅下降，发展中国家出口受阻，加上贸易融资的限制，全球总需求急剧减少。这些又导致大宗商品价格大幅波动，贸易保护主义抬头，严重阻碍世界贸易的增长。预计全球经济复苏将是一个缓慢的、曲折的过程，国际贸易可能需要几年时间才能恢复到危机前水平。

第二，贸易自由化取得实质性进展，贸易保护主义威胁增大。贸易自由化作为全球经济一体化进程中的重要组成部分，对全球经济发展的影响日渐明显。经过六十多年的努力，国际多边贸易体制在实现贸易自由化的目标上取得了巨大的进展。贸易自由化的程度不断加深、领域不断扩展，一系列多边贸易协定相继签署。各国通过多种方式积极参与贸易自由化进程，纷纷降低关税和非关税壁垒。贸易自由化成为国际贸易发展的主要趋势，范围已扩展到服务、技术等新领域。

20 世纪 90 年代成立的世界贸易组织，顺应了这种世界经济发展的趋势，使贸易自由化有了制度性的保证和实质性的进展。多边贸易体制的优越性促使越来越多的国家加入 WTO 代表的多边贸易体制，突出表现在发展中国家对多边贸易自由化的积极参与。

另外，贸易保护主义威胁也在增大。近年来，贸易保护主义和经济问题政治化倾向日趋严重。世界经济尤其是以美国为代表的发达国家经济发展减缓给世界贸易带来风险，“国际经济摩擦时代”已经到来。发达国家将国内就业乏力、产业结构调整缓慢等归因于贸易问题，竭力保护其夕阳产业，限制进口。在对外经贸政策上，以所谓“公平贸易”为借口，对发展中国家施压。在 WTO 谈判中，发达国家推进贸易自由化的意愿明显减弱。

① 数据引自“全球经济困境中的贸易——2009 年回顾及 2010 年展望”，商务部国际贸易经济合作研究院网站（www.caitec.org.cn），2009—12—25。

当前世界贸易保护主义的突出特点是：在符合 WTO 规则前提下提高贸易壁垒、贸易救济措施及“例外条款”遭到滥用。金融危机使得国际贸易进一步萎缩，使全球范围的贸易保护主义威胁进一步加大。

第三，多边贸易体制受阻，区域贸易则蓬勃发展。以 WTO 为代表的多边贸易体制担负着协调各国贸易政策、平衡国际贸易关系、减少贸易摩擦、促进世界经济发展的重任。特别是在金融危机爆发以来，WTO 与各国政府及其他国际经济组织一起，积极应对危机，高举维护贸易自由化的旗帜，运用自身的机制和条件，在促进世界贸易恢复增长、反对贸易保护中发挥着自身价值。WTO 争端解决机制的良好运行，有效地维护了多边贸易体制的权威。

WTO 多哈回合试图构建更为开放的贸易体制规则，自 2001 年启动已历时 8 年之久。以美国为代表的发达国家在知识产权、劳工、环保等问题上对发展中国家施压，在农业等谈判议题上更是拒不让步，致使多哈回合多边贸易谈判陷入停滞。金融危机使得多边贸易谈判取得突破的前景更加暗淡。

相对于 WTO 多边谈判，区域合作与双边自由贸易由于决策的有效性和对象选择的灵活性，开始加速发展。目前，绝大多数区域经济合作都以建立自由贸易区为主要形式，而双边的自由贸易协定更成为许多国家的首选。同时，区域经济合作的内容不断深化，范围更加宽广。

第四，世界贸易失衡继续加剧。20 世纪 90 年代以来，经济增长的地区差异显著扩大。受美、欧、日的影响，发达国家经济增长缓慢，外贸增长不稳定，总趋势逐渐放缓。另外，发展中国家的经济增长持续保持较高速度，经济增长和外贸增长快于发达国家。东亚和南亚地区在中国和印度的带动下增长势头最强，中、东欧转型经济体也实现了较高增长率。

经济增长的地区差异使得世界贸易的失衡日趋严重。一方面，发达国家不断增长的国内需求和发展中国家的出口导向战略使双方的贸易结构失衡，美国等发达国家贸易逆差和经常账户赤字迅速扩大；另一方面，发展中国家特别是亚洲发展中国家的贸易顺差不断增加。

第五，国际市场原油等大宗初级产品价格大幅波动，总体上呈现逐渐攀升趋势。自 1997 年开始，以美元计算的国际市场非能源类初级产品价格持续下跌。2002 年以来，由于世界经济强劲增长，国际市场需求转旺，使得初级产品供需关系紧张，再加上地缘政治和投机因素，国际市场非能源初级产品价格摆脱了持续低迷状态，呈现大幅上升的态势。虽然金融危机曾经使得大宗商品价格出现大幅下跌，但是总体上仍在高位徘徊，并呈现逐渐攀升趋势。

当前国际贸易还有许多特点，如高新技术的发展，继续推动商品结构的高级化和多样化；国际竞争不断加强，竞争越来越表现为综合实力的较量；国际资本流动与国际贸易相互结合的趋势不断加强，国际产业转移与国际贸易的发展相互促进；服务贸易继续快速发展，增速高于同期的世界经济和商品贸易的增速；国际贸易协调的范围和重点开始向以服务业、电信业、知识产权为代表的知识经济领域转移。

7. 中国对外贸易的发展

（1）中国古代的对外贸易

我国的对外贸易发展较早。早在西汉之前，就开辟了从新疆经中亚通往中东和欧洲的著名的“丝绸之路”。西汉时期，“丝绸之路”正式得到官方支持与保护，汉武帝两次派张骞出使西域，结交友邦，平定匈奴，并采取了一系列措施，保证了丝绸之路的畅通，使其成为欧亚大陆之间的主要贸易通道。中国和西方之间的丝绸贸易，达到相当大的规模。以“丝绸之路”为开端的对外贸易不仅翻开了中国真正意义上的外贸历史篇章，也是世界贸易史中的辉煌篇章。

中国的海路贸易同样历史悠久。早在春秋战国时期，中国就与日本、朝鲜有海上的贸易来往，汉代时又打通了南海与印度的海上航线。到了隋唐时期，不仅延长了航线的距离，还大大增强了海路贸易能力。

中国外贸的第二个辉煌时期是唐朝。唐代对外贸易繁荣的原因主要是当时经济技术的发达，也与唐朝政府推行的开放政策密切相关。在唐朝，陆路贸易基本上沿原有的“丝绸之路”进行，但政府加强了保护和管理。首都长安城不仅是中国政治、经济、文化中心，也是国际贸易的中心之一，还曾经成为世界上最大的商业中心。唐代还发展了海路贸易。唐代进行海路贸易的主要港口有广州、明州（今宁波）、扬州、交州等，其中广州更是唐代海路通商的中心。唐代的主要出口产品除了丝绸锦缎之外，还有瓷器、茶叶，以及漆器、纸、笔等。其中，瓷器博得各国青睐，使得西方国家称中国为“China”，并一直沿用至今。由于中国在财富和技术上的优势，中国的出口往往大于进口，西方国家的金银不断流入中国。

唐代鼓励对外贸易的政策在宋朝得以继续推行，宋朝的海上贸易得到了进一步发展，广州、泉州成为海上贸易繁盛的两大港口。宋代贸易的主要变化是，贸易通道从以陆路为主变成以海路为主。由于当时中东及西域各国的分割与战争，使得通往西方的陆路交通受到阻塞，陆路贸易由此处于衰落状态。但也正因为如此，宋朝的海上贸易得到了很大的发展，尤其到了南宋，通过海路与中国进行贸易的国家和地区已达50多个。

与历代王朝相比，元朝政府更重视商业。在元帝国建立之前，中国北方各民族之间、蒙古游牧部落与西方各国之间的通商已很普遍。元朝统治者没有受制于中国历史上“重农抑商”的理念，不仅允许权贵官吏从事贸易，还组织大规模的官方贸易。元朝的贸易中心是元大都（今北京），元朝建立了以元大都为中心的陆路驿站交通网络，远至中亚、西亚，甚至欧洲。同时，政府疏通整修大运河，保证了南北水运的畅通。因此，元大都成为各国货物的集散地。

元代的海路贸易港口主要是泉州、广州和庆元（即唐宋时期的明州，今宁波）。泉州于南宋末年已超过广州成为中国第一港，到了元代又继续发展，成为闻名中外的贸易与政治文化交流的枢纽。马可·波罗当时认为，泉州比西方最大的海港亚历山大更为发达。

在元朝，同中国进行贸易的国家大大增加。据元朝史志记载，同元代进行海路贸易的就有140多个国家和地区，遍及欧洲，东亚、南亚、西亚及东南亚。元代不仅在经济技术上而且在理念上大大推动了中国对外贸易的发展。

直至明朝初期，中国的对外贸易虽有波折，但一直还是稳步发展的。在维持自给自足的小农经济的同时，各朝都实行鼓励对外贸易的开放政策。与世界各国相比，中国经济是较为发达和开放的，而这种发达和开放又是相互促进的。通过对外贸易，我国的丰富物产和四大发明传播出去，同时把欧亚各国的物产输入我国，不仅起到了“互通有无”的作用，还直接、间接地促进了生产力的发展，保证了经济发达的基础。

（2）中国近代的对外贸易

到了明、清两朝，中国对外贸易的开放政策发生了改变，形成了近代史上的闭关自守。明朝初期，海禁政策实行将近200年，虽然具体执行有松有紧，但毕竟抑制了正常的海外贸易。与此同时，蒙古帝国的崩溃使得通往中西亚和欧洲的陆路贸易通道又被封锁，曾经异常繁荣的对外贸易很快衰落下来。

明朝在实行“海禁”的同时推行“朝贡贸易”，这不是等价交换的正常商业行为。这种“贸易”虽然造成了一种盛世景象，但不是正常的贸易发展，不仅没有促进中国的生产和消费，反而对国家经济和政府财政造成沉重的负担。

明朝最著名的海外开拓是“郑和七下西洋”。在28年里，明朝七次派郑和率领庞大船队，遍访亚非36国，在人类航海史上写下了辉煌的一页。这些远航虽然促进了与世界各国的经济、贸易、文化交流，维护和发展了友好关系，但其性质仍是“宣威异域”的“朝贡贸易”，并没有对中国的对外贸易有实质性的推动。

到明朝后期，由于“朝贡贸易”的衰落和海上走私的发展，明朝被迫放弃闭关自守的政策，对外贸易尤其是与欧洲国家的贸易有了比较快的发展。但是，这一段时期也正是欧洲地理大发现和疯狂向海外扩张的时候，与欧洲相比，中国已经被动和落后了。葡萄牙人和英国人先后控制了中国与欧洲的主要贸易，中国的对外贸易不再是中国人自己的行为，而开始成为欧洲国家通过贸易进行资本原始积累的一个组成部分。

明朝的闭关锁国政策到了清朝又得到了沿袭。清朝初期多次实行“禁海”政策，直到雍正五年（1727年）才真正开禁。此后，尽管清朝又实行了相对开放的贸易政策，但与欧美国家对外贸易的差距已经越拉越大。

在鸦片战争前，由于生产力发展滞后和闭关锁国政策的影响，中国的对外贸易已经发生了许多重大的变化。英国廉价的棉纺织品大量出口中国，在中国的进口产品中占据首位；英美开始大量向中国走私鸦片；自19世纪初开始，中国出现了黄金白银的净流出，即由贸易顺差变成贸易逆差；与中国进行贸易的国家由亚洲和阿拉伯国家为主变成以欧美国家为主。

从1840年鸦片战争开始，经过西方列强对中国的一系列侵略战争，中国的大门被彻底打开，中国基本上失去了对贸易的控制权。不仅中国的对外贸易基本上被欧美商人垄断，连中国的通商口岸海关也都受到西方列强的控制。

鸦片战争以后的将近四十年中，中国对外贸易经常出现逆差。而到了1877年，开始出现连年逆差。从1877年到1911年清朝灭亡的35年中，中国外贸逆差已累计达到近20亿海关两，约为15.7亿美元。

1911年辛亥革命后，民国政府经过多年努力，于1930年前后收回了关税自主权，并将进口关税从4%左右逐渐提高到30年代的27%左右。但到1949年中华人民共和国成立之前，中国的对外贸易仍然受到西方列强的控制。对外贸易是帝国主义及其代理人压榨和剥削中国人民的工具，发展缓慢。进出口商品结构极其简单，出口商品主要是工业原料和农副产品，进口商品除1913年前鸦片居首位外，主要是消费品和奢侈品。洋纱、洋布、洋油、洋面、“洋钉”、“洋火”等充斥中国市场，严重打击了民族经济的发展。从1911年到1948年的37年中，中国的外贸仍然年年逆差，累计已经接近57亿美元。

中国的贸易对象集中于少数帝国主义国家。自鸦片战争到甲午战争期间，英国在中国对外贸易中占80%以上，几乎处于独占地位。第一次世界大战后，日本和美国跃居第一位和第二位。第二次世界大战后，美国在中国对外贸易中居于垄断地位。

（3）当代中国的对外贸易

新中国成立后，对外贸易的发展经过了复杂、曲折的历程。

新中国成立初期，人民政府废除了帝国主义在中国的一切特权，重新构建了对外经济贸易体系，包括建立了新海关，成立了专营外贸的各级进出口公司。随着国民经济的恢复和发展，对外贸易也得到了恢复和一定的发展。国民经济恢复时期的1950年到1952年，贸易总额增长30.8%；1956年，第一次出现贸易顺差；1957年开始举办首届广交会。从1950年到1959年，中国的对外出口从5.5亿美元增加到22.6亿美元，贸易总额从11.3亿美元增加到43.8亿美元，贸易总额和进出口总额的增长速度均快于世界贸易的增长速度，形成了一次发展高潮。

由于“二战”后尤其是朝鲜战争爆发以后，以美国为首的西方国家对中国实行了长期的经济封锁和贸易禁运，在20世纪50年代，中国的主要贸易伙伴是苏联和其他东欧社会主义国家，与社会主义国家的贸易约占中国对外贸易的70%左右。同时，中国也和一些亚非拉国家建立了经济贸易关系。但当时对外贸易的主要指导思想是“互通有无，调节余缺”，整个贸易量并不很大。

20世纪60年代初，中苏关系恶化使得中国的对外贸易受到严重打击，1960年中国与苏东各国的贸易额都下降了近70%或更多。加上三年自然灾害的影响，对外贸易出现了第一次严重下降。到1962年，贸易总额连续三年下滑至“谷底”时，仅有26.6亿美元，比7年前还低。

1963年后，国民经济经过调整，工农业生产出现好转，对外贸易有了较大恢复。1966年后，由于“文化大革命”的干扰，对外贸易出现第二次严重下降，直到1971年才有所好转。两次严重下降，使得从1959年到1969年的10年中，中国的出口总额从22.6亿美元降到22.0亿美元，贸易总额从43.8亿美元减少到40.3亿美元。与此同时，世界出口总额则从1 145亿美元增加到2 742亿美元，中国出口在世界上的比重从1.9%下跌到0.8%。1970年的出口系数仅为2.61%，不仅远远低于当时发达国家和发展中国家的平均水平，比1950年的4.19%和1960年的4.59%也低得多。

20世纪70年代初我国对外关系取得重大突破，同时国民经济经过纠“左”整顿和调整，扭转了下滑的趋势。以形势好转为契机，对外贸易和经济技术交流有了比较快的发展，引进了一批技术先进的机器设备，出口额也有成倍增长。但整个“文化大革命”时期，中国的对外贸易发展与世界贸易相比，还是落后了。1978年，占世界人口将近四分之一的中国，出口额只有97.5亿美元，在世界出口总额中的比重进一步跌到0.74%。

(4) 改革开放以来外贸的新发展

1978年改革开放以后，中国的对外贸易开始了一个迅速增长的阶段。从1978年到2001年这短短的24年中，中国的年对外贸易总额从206.4亿美元增加到5 097.7亿美元，年平均增长率超过15%。其中出口总额从97.5亿美元增长到2 661.5亿美元，相当于改革开放前28年总和的28倍。出口系数达到23%，1995年贸易顺差首次突破百亿美元大关，达到167亿美元。对外贸易总额的世界排名也由1976年的第34位上升到第6位。2000年，中国出口占世界出口总额的比重已超过4%。

贸易方式不断创新。在一般贸易发展的基础上，采用了“三来一补”、进料加工、对销贸易、边境贸易等灵活多样的贸易方式。其中，加工贸易的发展最为突出。1981年加工贸易只占我国进出口总值的6%，1998年最高上升到53.4%，2008年回归到41.1%。

2001年，中国加入了世贸组织，这是外贸史上的一个里程碑，也标志着整个国家的对外开放进入了新阶段。中国政府切实全面履行各项入世承诺，大幅度削减关税水平，逐步取消非关税壁垒，进一步放宽服务市场准入。同时，逐步熟悉与积极参与了WTO争端解决机制，妥善处理各种贸易摩擦，创造了良好的国内经济秩序和对外开放环境，显示了重信用守承诺的负责任的大国形象，受到了国际社会的积极评价。

入世以后中国积极参与多边规则的制定，全面参与了多哈回合谈判。在整个谈判中，坚持WTO原则，与发展中成员集团保持团结，在各项议题的谈判中均提出了自己的提案。入世带来更重要的变化是我国企业、政府和人民群众在思想观念上有了很大的转变，以市场经济规律为基础的法治建设有了突飞猛进的发展。

我国利用入世带来的机遇，积极参与经济全球化进程，充分利用全球产业转移和分工，优化产业结构，成功应对各种挑战，对外贸易进入了历史上最好最快的发展时期。2001年我国进出口总值为5 097亿美元，2002年突破6 000亿美元大关，2004年突破1万亿美元大关，2007年再破2万亿美元大关，2008年达到25 616亿美元，比2001年增长了4倍多，比1978年增长了123倍。我国进出口总值1978—2008年年均增长18.1%，2002—2008年年均增长25.9%，外贸依存度2007年升至67%。

对外贸易顺差大幅增加。2005年一举突破1 000亿美元，2007年突破2 000亿美元，2008年接近3 000亿美元。

2004年我国进出口贸易总额超过日本居世界第三位（仅次于美国与德国），出口总值2001年列世界第6位，2004—2006年稳居第3位，2007—2008年上升到第2位。2007年，中国出口额占世界出口总额的比重提高到8.8%。国际社会认为，中国已经成为世界贸易增长的重要动力。

贸易规模增长的同时，进出口商品结构不断优化。2008年，初级产品和工业制成品所占比重分别为5.4%和94.6%，机电产品出口占出口总额的比重达57.6%，高新技术产品出口占出口总额的比重为29.1%。机电产品和高技术产品在我国出口贸易中的主导地位日益明显，2007年我国机电产品出口已位居世界第二。出口市场也逐步多元化，目前机电产品出口已覆盖220多个国家和地区。机电产品和高新技术产品也逐渐成为我国进口的主要商品。2008年机电产品进口占进口总额的比重提高到47.5%，高新技术产品进口占进口总额的比重达到30.2%。机电产品、高新产品进口的快速增长，不仅弥补了国内经济建设资源和技术的不足，也为产业结构调整和升级创造了条件。

贸易主体结构的变化也不可忽视。2008年国有企业占进出口总额的23.9%，外资企业占55%以上，民营企业从以前的微乎其微已经上升到了21%。

2003年以来，自由贸易区建设从无到有，取得重大进展。与五大洲的29个国家和地区建设12个自贸区。

“市场多元化战略”取得了很大成效。我国贸易伙伴已发展到220多个。2007年，发达国家和发展中国家分别占贸易总额的51.4%和48.6%。

服务贸易也有较快发展。服务贸易进出口总额由2001年的726.1亿美元上升到2005年的1 582.0亿美元，2008年已超过3 000亿美元。其中，服务贸易出口1 464.5亿美元，世界排名由第7位上升至第5位；进口1 580亿美元，世界排名第5位。

2008年下半年开始，世界金融危机使我国的进出口不可避免地受到严重冲击。金融危机造成外需疲弱、订单萎缩，引发贸易保护主义抬头，以及促使贸易风险进一步增大，给我国对外贸易造成了巨大困难。

面对金融危机，中国政府积极应对，及时采取有力对策措施，保持了经济平稳发展，创造了抑制外贸持续大幅下滑的环境条件；出口企业纷纷采取措施，通过加快结构调整、强化内部管理，有效缓解了严峻环境的影响。我国领先全球经济复苏，在全球贸易下降22%的情况下，我国进口、出口额只比上年下降了11.2%和16%，取代德国成为世界第二大进口国和第一大出口国，对遏制全球贸易急剧下滑起到了举足轻重的作用，极大地提振了稳定与恢复全球经济的信心。根据联合国最新发表的报告预测，2009年中国对全球经济增长的贡献率将超过50%，成为带动全球经济复苏最强大的引擎。

从上述对外贸易和经济发展情况来看，中国无疑是经济全球化、WTO体系的受益者，同时中国经济对世界经济的贡献也在不断增长，形成了共赢的格局。

我国虽然已成为贸易大国，但要实现向贸易强国的转变仍然任重道远。我国依靠数量增长的粗放型贸易增长方式还没有根本扭转，这种方式造成我国资源的巨大浪费与低效利用，成为经济可持续发展与环境保护的重大障碍，此外这种方式的外贸增长，也很容易引起贸易摩擦。大量贸易顺差，人民币升值也使我国外贸增长面临越来越大的压力。这次国际金融危机，让我们更清楚地认识到转变贸易增长方式的必要性。

近几年，我国各级政府与部门大力贯彻科学发展观，采取一系列政策措施，认真实施科技兴贸和市场多元化战略，推动企业加快转变外贸增长方式，调整对外贸易结构，立足以质取胜。企业积极应对国内外环境变化，挖掘自身发展潜力，竞争力进一步提升。经过这次金融危机的考验，总结经验教训，提高了未来抗国际风险的能力。展望未来，我国外贸规模快速增长将转变为适度增长，通过优化贸易内部结构，提高贸易竞争力，努力增加贸易利益，实现对外贸易的可持续发展。

1.4 国际贸易的作用与特点

1.4.1 国际贸易的作用

关于国际贸易的作用，有许多种看法。

1. 国际贸易理论和学说的看法概述

在各种国际贸易理论和学说中，都有对国际贸易作用的评价或预期。

各种自由主义国际贸易理论的一个基本共同点，即认为国际贸易具有互利性，各国均可通过贸易来获得贸易利益。斯密和李嘉图等古典经济学家认为，贸易利益包括财富的增加和生产力的有效利用。穆勒认为，贸易利益不仅是直接利益，还包括间接的动态的利益，“具有改进生产过程的趋向”。许多当代国际贸易理论和学说进一步发展了对国际贸易作用的认识，规模经济贸易学说和产业内贸易理论等都认为，生产者和消费者对差异产品的追求是国际贸易产生的原因，结果是出口、进口双方都得到利益：出口方的利益是厂商获得的市场与规模经济利益的总和；进口方利益则是获得差异产品消费上的满足，进而是福利水平的提高。

大多数贸易保护主义的理论也不是全面否定国际贸易的作用。重商主义理论认为，对外贸易（顺差）可以积累货币财富。李斯特的保护幼稚产业论提出，保护贸易是过渡性的和仅保护幼稚工业，说明了他承认国际分工和贸易的利益；凯恩斯的对外贸易乘数理论认为，当贸易差额为顺差时，外贸能提高国民收入，增加就业。中心-外围说则认为贸易利益的分配是不平等的，主要为发达国家所占有。

许多国际贸易理论和学说也指出了对外贸易的消极后果，如国际不平等交换理论、中心-外围说等对发达国家利用国际贸易损害落后国家利益的问题进行了分析；许多贸易保护主义的理论认为，进口贸易或贸易逆差会造成市场缩小、利润降低、失业、国内企业倒闭等不良后果。

2. 国际贸易的历史作用

马克思、列宁在对资本主义、帝国主义发展过程的研究中，揭示了对外贸易与资本主义生产方式之间的本质联系。

根据马克思、列宁的有关论述，对外贸易促进了资本主义生产方式的诞生：促进了资本的原始积累，这种作用具体表现在它为资本主义生产提供了劳动力、资本与市场；对外贸易的扩大使货币变成世界货币；对外贸易的发展，商品货币关系在世界范围内的扩大，同时也就是资本主义生产关系在世界范围内的扩展，促进了资本主义世界体系的形成。

在资本主义生产方式确立以后，由于这种生产方式的内在要求，又决定着资本主义国家必须依赖对外贸易，对外贸易促进了资本主义国家的经济发展。

当然，对外贸易不是资本主义生产方式确立的决定因素，决定资本主义生产方式产生的是社会生产力的发展和生产关系的变化。对外贸易对于资本主义生产方式的促进作用，是通过社会发展的内在规律而发生作用的。

按照唯物史观，对外贸易和生产力、经济发展的关系，实质上是生产和交换的关系。不只限于资本主义的产生和发展阶段，生产对贸易的发展起决定性的推动作用，对外贸易对生产和经济发展具有反作用，反过来会推动生产力的发展。国际贸易在整个人类社会发展史中的积极作用，是促进了自然经济的瓦解、商品经济的发展。

3. 对外贸易是“经济增长的发动机”学说

20世纪30年代，经济学家罗伯特逊（D. H. Robertson）提出了对外贸易是“经济增长的发动机”（“Engine for Growth”）的学说命题。在50年代，纳克斯（Ragnar Nurkse）根据对19世纪英国与新移民地区的经济发展原因的分析，进一步补充和发展了这一学说，有人称之为R－N学说或学派。纳克斯认为，19世纪国际贸易的发展是许多国家经济增长的主要原因。一方面，因为按比较成本规律进行国际贸易，进行专业化分工，使资源得到更有效的配置，各国都能增加其具有比较优势的产品的产量，都得到了多于自己生产的消费量。这是对外贸易的直接利益。另一方面，也是最重要的方面，就是对外贸易产生间接的动态利益，即随着对外贸易的发展，通过一系列的动态转换过程，把经济增长传递到国内各个经济部门，从而带动国民经济的全面增长。

20世纪60年代以后，随着亚洲一些国家和地区通过出口导向型而成为新兴工业化国家和地区以后，这一学说再度流行，西方经济学家进一步补充了这一学说。他们认为，对外贸易较高速的增长，特别是出口的高速增长会带来以下几个重要的动态利益：出口扩大意味着进口能力的提高；对外贸易的发展使国内的投资流向发生变化，资本会集中于有比较优势的领域即最有效率的领域，进行专业化生产；产生规模经济利益；出口扩大还会加强产业部门之间的相互联系，促进国内统一市场的形成，这一点对经济运行机制不健全的国家尤其重要；出口的不断扩大会鼓励外国资本的流入，外资的流入不但能解决国内投资不足的难题，而且会促进先进技术和管理知识的传播；直接面对世界市场上的激烈竞争压力。

R－N学说提出对外贸易能带动或激发经济增长，是正确的。但是，该学说过分夸大了对外贸易的作用，不谈生产对对外贸易的决定性作用，并且将对外贸易看作经济增长的唯一因素，忽略了经济增长机制的基础作用，因此又是片面的。

4. 对出口、进口贸易的影响的分别考察

一些经济学家对出口贸易和进口贸易的影响作了细分，分别考察了它们的不同影响。

（1）出口贸易的发展对于出口国经济增长的影响

① 出口的增长会使得出口商品的市场日益扩大，市场的扩大反过来促进生产规模的扩大，从而带来规模经济的效益。规模经济效益使生产效率不断提高，单位成本不断下降，既可以提高利润率，又会增强国际竞争能力。

②出口的扩大，不仅会直接促进出口产业的发展，而且会带动与出口产业相关的产业群的发展。例如，汽车出口会带动钢铁业、玻璃业、橡胶业、塑料业等产业的发展。

③ 出口贸易的发展会带动基础设施和公用事业的发展，如交通运输业、通信事业、供电、供水、金融、保险及各种个人服务行业都会相应地发展。

④ 出口贸易的增长能够扩大就业，增加收入和资金的积累，促进投资的增长。

⑤ 出口贸易的发展增加了外汇收入，为进口贸易的发展创造了条件。

（2）进口贸易的发展对于国内经济增长的影响

① 进口新的产品，带动消费者的消费偏好，刺激国内对新产品的需求增长，对国内生产这些新产品产生“拉动”作用。

② 进口先进技术、设备，推动国内的技术改造，形成新的生产能力，从而提高国内生产力水平。先进技术、设备的进口对经济落后国家的经济发展，具有决定性的意义。

③ 进口国内的短线产品和稀缺物资，在保证生产正常发展、调整生产结构、促使经济均衡发展方面起着重要作用。同时在稳定物价和满足人民生活需要方面也起着极其重要的作用。

5. 综合评价和实际考察

（1）国际贸易对经济发展的影响

综合众多经济学家的观点，国际贸易对经济发展产生的积极影响主要有：互通有无，从而满足各国最终消费和中间消费的需求，这是所有贸易活动的原始功能和基本功能；实现价值的转换，增加劳动和土地等的交换价值，增加居民的年收入；增加居民的就业；充分利用国内资源，可以把由于国内需求不充分而未被消费的产品和未被利用的资源转到出口贸易上来，即“剩余出口”；实现和推动生产规模的扩大，产生规模经济效果；刺激和带动资本的国际流动；作为媒介传播新观念、新技术、新管理和其他技能；促进国内统一市场的形成；促进反垄断，产生国际“竞争效益”。国际贸易的发展，将国内企业推到国际竞争之中，迫使其树立“危机意识”，不断创新、改革。国际“竞争效益”最终体现在提高企业和整个国家的竞争力上。

（2）国际贸易在国际政治经济关系中的作用

许多专家、学者从政治经济学的角度分析了国际贸易的政治与经济利益，即国际贸易在国际政治经济关系中的作用。

① 对外贸易是世界各国对外经济关系的核心，是各国对外关系的基础和纽带，即具有扩大各国和地区相互交往、促进相互经济合作的积极作用。

② 对外贸易是各国经济活动相互“传递”——影响和带动的重要渠道。

③ 对外贸易是各国进行政治斗争、维护社会制度和维护本国经济权益的重要手段。

④ 当代社会，对外贸易还是坚持正义、维护世界和平的重要手段。这主要是指通过国际贸易制裁，制裁违背联合国宪章的行为，制裁违犯人权、实行种族歧视的国家。

总之，国际贸易是世界各国对外关系的重要基础和纽带，是各国共同改善国际政治经济环境的重要手段，在当今世界正日益成为人类文明发展的基石。

（3）对历史与现实的实际考察

如果实际观察、分析经济发展的历史，可以证实国际贸易的发展与经济发展水平有密切的关系。国际贸易一方面反映了经济发展的水平，另一方面也作为增长的动力，推动了经济的发展。

从整个世界的发展历史来看，世界经济的发展与国际贸易的发展是正相关的。商业的扩张可以推动工业的进步，商业大革命经常是产业革命的前奏。在两次工业革命以前，如果没有国内外贸易的发展，工业进步几乎是不可能的。第二次世界大战后是世界经济增长最快的时期，也是国际贸易增长最快的阶段。

从具体国家和地区来看，一国参与国际贸易的程度与其经济发展水平有密切的关系。根据纳克斯的分析，19世纪，资源贫乏的英国在工业生产发展和人口大量增长以后，对新居住地（美国、加拿大、澳大利亚、新西兰、阿根廷、乌拉圭、南非等）食品和原材料的进口需求大幅度增长。例如，从1815年到1913年，英国人口增加了三倍，实际国民生产总值增加了10倍，进口却增加了20倍。这样，出口部门成为推动新居住地经济增长的主导部门。也就是说，国际贸易在19世纪对这些国家起到了“增长发动机”的作用。中国在明、清时期的“闭关锁国”政策，是导致中国落后的重要原因之一，则从反面提供了一个典型的例证。

在当代，美国是经济最发达的国家，其对外贸易总额在世界上一直名列前茅是一个主要原因。“二战”后，众多石油输出国和瑞典、丹麦等国靠出口初级产品“致富”，瑞士、日本等自然资源较贫乏的国家，靠出口制成品带动了经济的快速增长。我国自1978年实行改革开放以来，对外贸易与经济水平同步增长。这些现实的事例进一步证明了国际贸易的积极作用。

其他的一些实证研究也证明了国际贸易在经济发展中起着重要的作用。

1.4.2 国际贸易的特点

国际贸易是一种国际经济活动。从经济学的角度分析，国际经济与国内经济既有共同性，又存在着明显的区别。国际经济是国内经济的延伸，两者有着明显的类似和密切的联系，主要体现在经济活动的内容或方式，经济运行过程及其所产生的问题具有共同性。

国际经济又是国内经济在特殊条件下的延伸，形成了国际经济运动的一些特有规律。因此，国际经济与国内经济之间存在明显的差别，主要是运行范围和条件的不同。

1. 国际贸易与国内贸易的共同性

① 在社会再生产中的地位相同。国际贸易和国内贸易都是商品和服务的交换，虽然活

动范围有所不同，但都是商业活动，都处在社会再生产过程中的交换环节，处于社会再生产过程中的中介地位。

② 有共同的商品交易方式。商品交易方式的实质即商品流通运动方式完全一样，即 G（货币）- W（商品）- G（货币）；商品交易过程即交易程序基本相同，都要进行交易磋商、签订和履行合同等；商品交易的具体形式基本相同，像经销、代理、招标、拍卖、期货交易、加工贸易等，国际贸易和国内贸易都可以运用。

③ 目的和基本规律相同。国际贸易与国内贸易的经营目的，都是通过交换获得更多的经营利润或经济效益。同时，两者都受商品经济规律的影响和制约，如价值规律、供求规律、节约流通时间规律等。只要从事贸易活动，就必须遵循这些经济规律。

2. 国际贸易与国内贸易的差别

国际贸易与国内贸易的差别，主要是程度上的差别，可具体归结为经营的困难程度、复杂程度和风险性三大方面。

（1）国际贸易的困难大于国内贸易

① 语言不同。世界各国语言差别很大，为了使国际贸易顺利进行，必须采用一种共同的语言。虽然国际贸易中通行的商业语言是英文，但英文在有些地区使用还不普遍。因此，除了非英语国家的国际贸易人员要学习、掌握英文外，与尚未普及英文使用的地区打交道，还要掌握该地区的语言。

② 风俗习惯不同。各贸易国家的风俗习惯、宗教、信仰并不完全一致，有的差别很大，这些都给国际贸易的顺利进行造成了很大的困难。

③ 法律、政策不同。要使国际贸易顺利开展，必须熟悉有关各国的商业法律、政府政策，但这些法律、政策各不相同，这就大大增加了掌握、运用法律、政策的难度；同时，因缺乏国际贸易共同法规，一旦出现贸易纠纷，不易顺利解决。

④ 市场环境不同。对外贸易要进入国外市场，必须进行市场调研，掌握市场动态，了解贸易对象和合作伙伴。但各国的市场环境包括需求结构、消费习惯、供销渠道等各不相同，收集和分析信息资料比国内贸易困难得多。

⑤ 商业习惯、思维方式不同。国际贸易必须与国外贸易对象进行接洽、交易，许多场合还要与国外合作伙伴共同工作，而不同国家商人的商业习惯、思维方式不同，不易相互沟通、理解和协调，因而接洽、交易的困难要大得多。

（2）国际贸易比国内贸易复杂

① 计价与结算货币的选择。由于各国都有自己的货币，采用何种货币计价、何种货币结算、各种货币如何兑换等就成了国际贸易必须解决的复杂问题。

② 海关制度。国际贸易一般都要经过海关。海关对于货物进出口有许多规定，了解这些规定，履行报关手续，是国际贸易必须做的复杂事务。

③ 国际汇兑。国际贸易货款的收付是跨越国界的，要经过有关国家的经营国际汇兑的银行进行。支付工具、支付方式和承办银行的选择是复杂的决策过程，汇价波动也是本国货币没有的复杂问题，还要了解有关国家的外汇管理制度和其他金融制度，从而使国际汇兑相当复杂。

④ 货物的运输与保险。国际贸易的运输，由于要跨越国界，而且大多数采用海运，一般运输环节多、周期长、影响因素多，还要办理运输保险，因此手续繁多，工作复杂。

（3）国际贸易比国内贸易风险更大

① 信用风险。信用风险主要是指在交易期间买卖双方的财务经营发生变化，影响顺利履约甚至危及履约的情况。由于前面所述的国际贸易的困难和复杂性，出现信用风险的可能性增加，而了解对方信用又比较难，因此信用风险比国内贸易更大。

② 商业风险。由于国际贸易环节多、周期长、涉及因素多，贸易纠纷又不易解决，进口商不能顺利收到货物，出口商不能顺利结清货款的商业风险比国内贸易大得多。

③ 汇兑风险。国际汇兑环节较多，不论哪个环节出了问题，都会影响正常汇兑。而且，交易双方最少有一方要以外币计价和结算，外汇汇率的不断变化，会增加汇兑风险。

④ 运输风险。与前几个风险类似，国际货物贸易环节多、周期长、影响因素多，另外海运更容易受到自然灾害的影响，运输风险增多增大。

⑤ 价格风险。价格风险是指贸易双方签约后，货价上下波动对买卖双方造成的风险。因为国际贸易一般周期较长，价格波动的可能性更大，加上国际贸易的货物许多是大宗交易，故价格风险更大。

⑥ 政治风险。一些国家因政治变动，修改甚至完全改变政策法律，常常给贸易商带来风险。有些国家由于外交关系恶化，或者由于战争造成的政治风险，对国际贸易的威胁更大。

本章小结

国际贸易的概念有狭义和广义之分，后者包括货物与服务。国际贸易理论与实务课程分为理论和实务两大部分。国际贸易理论主要研究国际贸易的各种规律与问题，其成果是各种国际贸易理论和学说，以及相关的政策、措施；国际贸易实务是国际贸易理论、相关商务知识和法律知识的具体应用，是实践性很强的综合性应用学科。

国际贸易和对外贸易的基本概念，主要有：国际贸易和对外贸易；国际贸易和对外贸易的贸易值、贸易量；对外贸易差额；净出口和净进口；国际贸易和对外贸易的商品结构；国际贸易和对外贸易的贸易地理方向；对外贸易系数，出口系数和进口系数；贸易条件。

按照不同分类方法，国际贸易主要有以下分类：进口贸易、出口贸易和过境贸易；总贸易和专门贸易；直接贸易、间接贸易和转口贸易；有形贸易和无形贸易。服务贸易是无形贸易最重要和最主要的组成部分，但不是无形贸易的全部。

国际贸易是在一定的历史条件下产生和发展起来的。国际贸易的产生必须具备两个基本条件：社会生产力的发展及商品交换的扩大和国家的形成。真正的对外贸易产生于原始社会末期。封建社会的对外贸易虽然较奴隶社会有了进一步发展，但自给自足的自然经济仍然占主导地位，贸易的规模和范围仍然有限。资本主义形成和发展时期，国际贸易开始获得巨大发展。工业革命对世界贸易产生了极其深远的影响。

第二次世界大战后，现代国际贸易出现了飞速增长。21世纪国际贸易得到继续发展，但近年来金融危机的影响，使世界贸易的增速大幅放缓。

我国的对外贸易发展较早。中国经济在世界上一直是较为发达和开放的，对外贸易也保持繁荣。近代的落后和闭关自守，使对外贸易与欧美国家的差距越拉越大。新中国成立后，对外贸易的发展经过了复杂、曲折的历程。改革开放以后，中国的对外贸易开始了一个迅速增长的阶段。中国是经济全球化、WTO体系的受益者，同时中国经济对世界经济的贡献也在不断增长。我国虽然已成为贸易大国，要实现向贸易强国的转变仍然任重道远。

关于国际贸易的作用，有许多种看法。各种自由主义国际贸易理论的一个基本共同点，即认为国际贸易具有互利性，各国均可通过贸易而获得贸易利益。大多数贸易保护主义的理论也不是全面否定国际贸易的作用，许多国际贸易理论和学说也指出了对外贸易的消极后果。马克思、列宁揭示了对外贸易与资本主义生产方式之间的本质联系。罗伯特逊、纳克斯提出对外贸易是“经济增长的发动机”学说，肯定了对外贸易的积极作用。国际贸易的发展与世界经济发展水平、一国参与国际贸易的程度与其经济发展水平有密切的关系，具有积极影响。

国际贸易与国内贸易相比，既具有共同性，又存在明显的差别。国际贸易与国内贸易的共同性主要有：在社会再生产中的地位相同、有共同的商品交易方式、目的和基本规律相同。国际贸易与国内贸易的差别，主要可归结为国际贸易在经营的困难程度、复杂程度和风险性三大方面，都大于国内贸易。

关键术语

国际贸易　对外贸易　对外贸易值　对外贸易量　贸易差额　对外贸易商品结构　对外贸易地理方向　对外贸易系数　贸易条件　出口贸易　进口贸易　有形贸易　无形贸易　服务贸易

复习思考题

1. 国际贸易的主要研究对象是什么？
2. 试述国际贸易的有关概念。
3. 试述国际贸易的分类。
4. 国际贸易产生必须具备哪些条件？
5. 联系实际谈谈对国际贸易重要性的认识。
6. 简要说明国际贸易的特点。

本章阅读资料

2009年WTO《世界贸易报告》：在危机中坚持贸易开放

WTO每年发布一份世界贸易报告，旨在加深读者对贸易趋势、贸易政策问题及多边贸易体制的理解。今年的报告主题是“贸易政策承诺与应变措施”。报告考察了WTO贸易协定中规定的政府可以在经济不景气时采用的措施及这些措施可以发挥的作用。应变措施也被称为例外条款或安全阀，这些措施使成员政府在贸易承诺上享有一定的灵活度，并可以用以应对作承诺时无法遇见的情况。应变措施致力于在承诺和灵活度之间寻求一个平衡，灵活空间过大则会减损承诺的价值，而过少则会招致规则难以维续。可信的承诺和灵活度之间的冲突常常在贸易谈判时浮出水面。

今年贸易增长预期普遍悲观。虽然下滑貌似有所缓解，但经济形式依然严峻。持续下滑的可能使WTO经济学家进一步调低了对2009年世界货物贸易的预测，从先前估计的下降9%调整到10%。世界各国政府的应对举措将对危机的范围和持续时间起决定性作用。WTO总干事帕斯卡·拉米在评论报告时称：“今年世界贸易报告的主题与在经济困境下保障贸易渠道开放密切相关。为应对不可预见的市场情况而设计的应变措施对于维护贸易协定的效力和稳定、防范保护主义飙升至关重要。”

该报告从经济学、法律和政治经济学角度分析了若干应变措施，阐明了各国为什么会在贸易协定中纳入应变条款，为什么可以采取应变保护措施以及这些措施对本国经济和贸易体制的整体影响。

虽然这些应变措施会限制贸易流量，但也为政府提供了政治空间，可以在政治压力积聚时起到安全阀的作用。应变措施可以被看作是一种政策调整工具，可以暂时缓解国内对进口竞争的恐惧、给国内公司作出必要调整的时间。同时采取应变措施也可以防止贸易伙伴睚眦必报、有助于维护国际贸易的法制——以明确规定的和可以预测的政策措施取代肆意的保护主义行为。最后，应变措施反应出一个简单的事实，即未来是不确定的，预测所有可能的情况既不经济又不可能，所以应变措施是必要的。

在贸易协定中纳入应变措施有助于政府决心大胆进行贸易开放。有了应变措施作为政策调整工具，政府会更愿意进一步作出承诺。此外应变措施维护了协议的可信度。

但贸易政策的灵活度不是没有代价的。报告强调应明确区分在贸易协定中纳入灵活度的初衷与使用这种灵活度的后果。贸易应变措施虽然可以保障进一步开放、维护贸易协定的稳定，但并非无须付出代价。第一，如果不存在市场失灵，贸易限制会造成经济福利的减损。第二，灵活度可能会使先前的承诺大打折扣。

报告还分析了WTO的条款是否在两者间取得了平衡——即给政府必要的空间应对经济困境的同时，也限制了政府将这些措施用于保护主义的目的。报告主要考察了保障措施，如关税和配额、反倾销税、反补贴税等，并探讨了其他的政策选择，如对关税的重新谈判、征收出口税及在约束关税范围内提高适用关税。

该报告的主要结论是：政府在经济危机的重压下往往会采取限制贸易的措施，若压力得不到缓解则会愈演愈烈。应变措施在危机中能起到安全阀的作用，对维护以规则为基础的多边贸易体制大有裨益。由于灵活度是需要代价的，因此有必要加以限制——关键是透明度和有效监控，特别是在经济衰退之时。只有成员方在采取贸易应变措施时积极向WTO相关机构作出全面和及时的通报才能保证这些措施得到有效的监控。

拉米在发布会上还比较了20世纪30年代的经济危机——危机的根源都不在贸易政策，但贸易政策如果偏向保护主义则会加深经济危机的严重程度，拖延恢复的时间。然而较上次危机而言，我们仍是幸运的——因为自20世纪40年代末，宏观经济管理逐步完善，WTO规则和纪律也不断巩固，政府更加自律。但拉米也注意到自此次危机以来，各种限制性贸易措施此起彼伏，应及早予以重视，保持贸易体制的健康和开放。（张蔚蔚根据WTO网站资料编译）

资料来源：2009年WTO《世界贸易报告》：在危机中坚持贸易开放［J］．世界贸易组织动态与研究，2009（09）：41－42.

讨论题：

（1）WTO为什么提出“危机中坚持贸易开放”？如何认识经济发展和国际贸易的相互关系？

（2）如何认识国际贸易政策的原因和效果？贸易政策措施如何体现贸易保护与自由贸易的辩证关系？

（3）如何认识世界多边贸易体制的作用？

第2章

传统的国际贸易理论

学习目标 熟练掌握绝对优势理论、比较优势理论，熟练掌握要素禀赋论的主要内容，理解里昂惕夫之谜的产生及其解释。

国际贸易理论是国际经济学的一个重要组成部分，是各国制定国际贸易政策的基石。西方国际贸易理论是随着资本主义生产方式产生和发展而发展起来的，它基本可以分为两大派别：一派是西方传统国际贸易理论，即自由贸易理论；另一派是西方传统国际贸易理论的反对派，即保护贸易理论。从经济学说史上看，两大学派都是从重商主义分离出来的。

长期以来，在国际贸易理论界占据主流地位的是主张自由贸易的传统贸易理论。自由贸易理论的核心是自由贸易可使参与贸易的双方都得到更多的贸易利益。通过国际贸易不但能够扩大贸易双方的生产总量，而且能够提高双方国民的消费总量，使贸易双方国民的福利水平都得到提高。因此，各国应取消对进出口贸易的限制和障碍，取消给予本国进出口商品的各种特权和优待，使商品自由进出口，在国内外市场上实现自由竞争。

自由贸易理论开始于亚当·斯密的绝对优势论，经过大卫·李嘉图的比较优势论与赫克歇尔-俄林的要素禀赋理论，不断地完善、修正和补充，逐渐形成了关于自由贸易的较为完整的理论体系。斯密与李嘉图的贸易理论是古典经济学理论体系的一部分，被称为“古典贸易理论”。赫克歇尔-俄林的要素禀赋理论被称为“新古典贸易理论”。

2.1 绝对优势论

西方传统国际贸易理论体系的建立是从绝对优势论开始的，绝对优势论的提出有其时代背景。

2.1.1 绝对优势论的产生背景

绝对优势论（Theory of Absolute Advantage）是英国古典政治经济学的重要代表人物亚当·斯密（Adam Smith）建立的自由主义国际贸易理论。

斯密所处的时期是从工场手工业向机器大工业过渡的时期。18 世纪末至 19 世纪初，英国的工业革命逐渐展开，其经济实力已经超过欧洲的另外两个竞争对手——法国和西班牙。

新兴的资产阶级为了从海外市场获得更多的廉价原料并销售其产品，迫切要求扩大对外贸易，而重商主义的一系列贸易保护政策却严重束缚了对外贸易，新兴资产阶级迅速发展的强烈愿望难以实现。处在年轻时期的英国工业资产阶段，为了清除前进道路上的障碍，迫切需要一个自由的经济学说为它鸣锣开道。亚当·斯密站在工业资产阶级立场上，在1776年发表的《国民财富的性质和原因的研究》(简称《国富论》)一书中，猛烈抨击了重商主义，创立了自由放任的自由主义经济理论，在理论上为资本主义的自由发展铺平道路，为新兴的资产阶级服务。同时，在国际贸易领域，首次提出了主张自由贸易的绝对优势论。

链接2－1

亚当·斯密

亚当·斯密（Adam Smith，1723—1790年）于1723年诞生在苏格兰法夫郡的克考第。斯密自小博览群书，在十四岁时就进入了格拉斯哥大学学习。1740年，他又进入牛津大学深造，闭门苦读了六年。由于某些政治事件的原因，斯密于1746年回到克考第。之后，他经常到爱丁堡作讲演，内容涵盖法学、政治学、社会学和经济学。这时，斯密开始对政治经济学表现出了特殊的兴趣。

到了18世纪50年代，斯密就提出经济自由主义的基本思想。从1751年开始，斯密在格拉斯哥大学连续任教十二年，先后讲授逻辑学和道德哲学（即社会科学），颇受学生欢迎。在这段时期，斯密参加了政治经济学俱乐部活动。

1759年，斯密发表了他的第一部科学巨著《道德情操论》。这部著作标志着他哲学和经济思想的形成。在讲稿的经济学部分中，已出现了《国富论》中思想的萌芽。

1765—1766年在法国巴黎期间，斯密批判性地借鉴重农主义学派，沿着英国传统的道路，在劳动价值论的基础上创立了自己的经济理论。竞争和自由是其经济学的基石，作为一条主线贯穿于整部《国富论》之中。

1767年春，斯密回到克考第开始写作。1776年3月，《国民财富的性质和原因的研究》(即《国富论》)在伦敦出版，其后被翻译成多种语言。著作中坚定地提出经济自由主义，重新定义了价值、劳动分工、生产过程、自由贸易、制度发展、天赋人权、政府的作用和资本的作用。斯密将其渊博的学问、深刻的洞察力和别具一格的幽默贯注于这部著作之中。《国富论》无疑是政治经济学史上最引人入胜的著作之一。

斯密成名后，曾在海关工作，但大部分时间还是致力于精练修改他的这部著作。1790年7月，斯密于爱丁堡逝世，享年68岁。

资料来源：新帕尔格雷夫经济学大辞典第四卷。转引自：海闻，林德特，王新奎．国际贸易．上海：上海人民出版社，2003。

2.1.2 绝对优势论的主要内容

绝对优势论（Theory of Absolute Advantage）又称绝对成本论（Theory of Absolute Cost)、绝对利益论。根据绝对优势论，各国应该专门生产并出口其具有“绝对优势”的产品，不生产而进口其不具有“绝对优势”的产品。如果每个国家都按照绝对优势去进行国际分工基础上的专业化生产，然后彼此进行贸易，则对所有国家都是有利的。

1. **国际分工理论**

绝对优势论建立在国际分工理论的基础之上。

斯密对其理论的论述中，首先分析了劳动分工的利益。他认为，国民财富的增长有两条途径：一是提高劳动生产率；二是增加劳动数量，其中前者的作用更大。而劳动生产率的提高则主要取决于分工。裁缝之所以自己不去制作靴子，是因为从鞋匠那里购买靴子比自己在家生产要便宜；而裁缝擅长做衣服，在做衣服方面裁缝比鞋匠能干，裁缝应该用衣服来换靴子。由于分工会使工人的技巧因业专而日进，且可免除由一种工作转移到另一种工作所浪费的时间，便于改良工具和发明机器，因此能够提高劳动生产率，增加国民财富。

在斯密看来，适用于一国内部的不同职业之间、不同工种之间的分工原则，也适用于各国之间。斯密认为，国际贸易和国际分工的原因和基础是各国间存在的劳动生产率和生产成本的绝对差别，即“绝对优势”。产生“绝对优势”的原因是各国之间生产技术的绝对差别。

斯密认为，每一个国家都有其适宜于生产某些特定产品的绝对有利的生产条件，即“绝对优势”。如果根据绝对优势去进行专业化生产，然后彼此进行交换，则各国都能从中获得更大的好处，这就是“绝对利益”。

绝对优势可用劳动生产率来衡量，即用单位（劳动）要素投入的产出率来衡量。产品 j 的劳动生产率可用 $\frac{Q_j}{L}$ 来表示，其中 Q_j 是产量，L 是劳动投入。一国如果在某种产品上具有比别国高的劳动生产率，该国在这一产品上就具有绝对优势。相反地，劳动生产率低的产品，就不具有绝对优势，而是绝对劣势。

绝对优势也可用生产成本来衡量，即用生产 1 单位产品所需的（劳动）要素投入数量来衡量。单位产品 j 的生产成本（劳动使用量）可用 $\frac{L}{Q_j}$ 表示。如果一国生产某种产品所需的单位劳动比别国生产同样产品所需的单位劳动要少，该国就具有生产这种产品的绝对优势，反之则具有劣势。

由于绝对优势体现为生产某产品的成本优势，即该国生产特定商品的实际成本绝对地低于其他国家所花费的成本，所以绝对优势论又称为“绝对成本论”。

2. **自由放任原则**

斯密的自由贸易理论是其整个经济自由主义理论的一个有机组成部分。“自由放任”是斯密整个经济理论的中心思想，也是其国际分工理论和自由贸易政策的基本原则。他极力论证实现这一原则的必要性与优越性。

作为工业资本家的代表人物，斯密强烈反对封建主义和重商主义。他认为要增加社会财富，最好的办法就是给私人的经济活动以完全的自由，顺其自然，自由放任，而不应当人为地加以限制。

斯密认为，自由竞争和自由贸易是实现自由放任原则的主要内容。自由贸易是增加国民财富的最佳选择。只有在自由贸易条件下，各国才能充分享受自然分工导致的绝对优势所带来的利益。所以，斯密自由贸易的思想要求一国实行自由贸易政策，取消国际贸易中的各种垄断、特权和限制，放弃政府对贸易的干预。

3. **绝对优势论的贸易模型**

绝对优势论与其他规范经济分析一样，将许多国际贸易的有关因素、条件作了固定或简单化的假设。绝对优势论的基本假设如下。

① 世界上只有两个国家，也只生产两种产品，这种分析框架称为2×2模型。

② 两种产品的生产都只有一种要素投入，即劳动要素。

③ 劳动要素始终处于充分就业状态，而且它们在国内是充分流动的，在国际间是完全不能流动的。

④ 两国在不同产品上的生产技术不同，存在着劳动生产率上的绝对差异。

⑤ 规模报酬不变。生产是在成本不变的条件下进行的，不考虑规模经济的影响。

⑥ 生产要素市场和产品市场都是完全竞争市场。

⑦ 无运输成本。

⑧ 两国都实行自由贸易，相互之间的贸易是平衡的。

假设两个国家是“英国”和“法国”，两国都生产两种产品“小麦”和“布”，但生产技术不同，劳动是唯一的生产要素。在国际分工发生前，英、法两国各自生产小麦和布两种产品，所消耗的劳动力数量如表2-1所示。

表2-1　国际分工前

	小麦		布	
	劳动力/人	产量/吨	劳动力/人	产量/匹
法国	100	50	100	20
英国	150	50	50	20
合计	250	100	150	40

通过劳动生产率和生产成本两种方法确定两国各自具有的绝对优势的产品是一致的，即法国生产小麦、英国生产布具有绝对优势。按照绝对优势的贸易理论，法国应该专业化生产小麦，英国应该专业化生产布。进行国际分工后，两国各自生产的商品数量如表2-2所示。

表2-2　国际分工后

	小麦		布	
	劳动力/人	产量/吨	劳动力/人	产量/匹
法国	200	100		
英国			200	80
合计	200	100	200	80

两国进行专业化分工后，法国专门生产小麦，英国专门生产布，法国将其所有的劳动力资源200人用于生产小麦，可生产100吨小麦；英国将其所有的劳动力资源200人用于生产布，可生产80匹布。所以，在同样的劳动投入情况下，小麦的生产总量并没有变化，但布的生产总量由原来的40匹增加到80匹。因此，从世界范围来看，虽然技术条件等并没有变化，而仅仅是由于开展了国际分工，两国都专业化生产其具有绝对优势的产品，使世界范围内的总产量增加了。现假定国际市场上按照1吨小麦换1匹布的交换比例开展国际贸易，则交换后两国各自可供消费的两种商品的数量如表2-3所示。

表 2-3 开展国际贸易后

	小麦/吨	布/匹
法国	50	50
英国	50	30
合计	100	80

按照 1∶1 的交换比例开展国际贸易后，虽然两国小麦的消费数量没有发生变化，但布的消费数量都增加了。这说明两国按照绝对优势理论进行专业化生产并开展国际贸易，对英、法两国都有好处，使两国的可供消费的商品的数量都增加了。

根据绝对优势理论，自由贸易所带来的利益大致有三个方面。第一，互通有无，交换多余的使用价值。也就是说，把本国多余的商品输出国外，换回本国无法生产或生产不足的商品，满足了双方需要。第二，增加社会价值，获取更大利益。由于各国的社会劳动生产率参差不齐，商品价值的货币表现自然不尽相同，这样通过对外贸易得到的某些商品的数量会超过本国所可能生产的，从而节省了本国的劳动力或增加了使用价值。第三，互惠互利，共同富裕。一国从对外贸易中得到的主要利益在于输出了本国消费不了的剩余货物，因此即使两国贸易平衡，由于都为对方的剩余货物提供了市场，双方还是都有利益。所以，对外贸易具有共同利益，而不是一方得益，一方受损。总之，国际贸易可以是一个“双赢”的互利局面，而不是重商主义所说的“零和游戏”。

2.1.3 对绝对优势论的评价

绝对优势论是最早的主张自由贸易的理论，也是第一次系统分析国际贸易的经济学理论。斯密第一次从生产领域分析、解释了国际贸易的起因和利益，用劳动价值论揭示了国际分工、自由贸易的必要性，也首次论证了贸易双方都可以从国际分工与交换中获得利益的思想，具有一定的科学性。绝对优势论为以后的国际贸易理论的发展奠定了基础，具有里程碑式的理论意义。

斯密的绝对优势论反映了当时社会经济发展的客观要求，成为当时英国产业资产阶级反对贵族地主和重商主义者、发展资本主义的有力理论工具，在历史上起过进步作用。斯密的一些观点，如分工能提高劳动生产率、国际分工、国际贸易对所有参与国家都是有利的等见解，直到今天仍具有重大的现实意义。

绝对优势论也有明显的缺陷。

在这个理论看来，在国际贸易中，各个国家都必须有某种产品能够在国际市场上处于绝对优势地位，即其产品的生产成本要绝对低于外国产品的生产成本。一个国家如果没有任何一种产品具有绝对优势，该国是否能从国际贸易中获得利益呢？换句话说，这类国家有没有进行国际贸易的必要呢？按照斯密的观点，这些国家就没有必要进行国际贸易。但是，实际情况并非如此。当时许多国家的所有产品都处于劣势，而这些经济落后的国家并没有被排斥在国际贸易之外。斯密本人对这种情况没有能够作出合理的解释。可以说，在国际贸易中绝对优势论仅是一个特例，并不具有普遍意义。

绝对优势论的假设过多并且许多与现实不相符合，简化了现实中错综复杂的国际贸易关系，把国际经济情况抽象成静态的、凝固的状态。例如，认为各国的绝对优势是固定不变的，假设不存在技术进步和经济发展，没有考虑规模经济对国际贸易的影响，没有考虑贸易商品的运输成本和其他交易成本，等等。这些假设的过于苛刻和脱离实际，大大削弱了其适用性，同国际贸易运作的现实存在本质上的矛盾。

2.2 比较优势论

2.2.1 理论产生的背景

1817年，大卫·李嘉图（David Ricardo）在其代表作《政治经济学及赋税原理》中提出了比较优势论（Theory of Comparative Advantage）。

李嘉图生活的时代是英国的社会经济、政治和意识形态激烈变动的时代，当时发生了许多具有世界历史意义的重大事件，如英国的工业革命、法国的资产阶级革命和拿破仑战争等。从工场手工业到机器大工业，英国工业革命迅速发展，使社会生产力得到了迅速的发展。城市和工业中心纷纷涌现，劳动生产率极大地提高，给英国资产阶级提供了数量巨大而成本低廉的商品，为他们扩大出口提供了物质基础。到19世纪初，英国的出口总额空前增长，英国开始成为“世界工厂”，英国的商品远销到世界各地。

工业革命使社会生产关系也发生了深刻的变革，工业资产阶级的经济实力和政治实力迅速上升，与贵族地主阶级之间的利益冲突日益尖锐。当时，英国因与法国的战争频繁发生及自然灾害，导致国内物价不稳，阶级冲突不断。1815年，英国议会在地主和农业资本家的要求下，通过议会颁布《谷物法》，规定小麦每夸脱售价跌到80先令时，禁止谷物进口。《谷物法》立即遭到工业资本家的反对，就其利弊与地主和农业资本家展开了激烈争论。李嘉图站在当时进步的工业资本家的立场上反对《谷物法》，在工业资产阶级迫切需要找到谷物等产品的自由贸易思想依据时，李嘉图适时而出。在《政治经济学及赋税原理》这本具有划时代意义的著作中，李嘉图系统、全面地阐述了他的经济思想，将古典政治经济学推向高峰，并以此为基础提出了比较优势思想，为英国及世界的贸易和经济的发展奠定了思想基础。

作为古典政治经济学的重要人物，李嘉图与斯密一样，代表工业资本家的利益，竭力主张自由贸易，论证自由贸易的优越性。不过，李嘉图并非只是重复斯密关于自由贸易的利益的观点，而是在斯密绝对优势论的基础上，提出了更加系统的更有普遍意义的自由贸易理论——著名的比较优势论，从而建立了一个比较系统的国际贸易理论体系。

2.2.2 比较优势理论的主要内容

比较优势论（Theory of Comparative Advantage）又称为“比较成本论”（Theory of Comparative Cost），用“比较优势”或“比较成本”的概念来分析国际贸易的基础。所谓“比较优势”，是指如果与生产其他商品的成本相比，一个国家生产某种产品的成本比另一个国家低，那么该国就在这种商品的生产上与另一个国家相比具有比较优势。

1. 比较优势论的基本思想

比较优势论认为，国际贸易的基础是生产技术的相对差别（而非绝对差别），以及由此产生的相对成本的差别。每个国家都应集中生产并出口其具有“比较优势”的产品，进口其具有“比较劣势”的产品，这样各国都能从贸易中得到“比较利益”。

与绝对优势相对应，比较优势又可称为相对优势，因此比较优势论又称为相对优势论、相对成本论。李嘉图指出，从个人之间的分工来看，每个人都可以拥有生产某种产品的比较优势。例如，在制鞋和帽两方面甲都比乙强，不过制帽只强 1/5，而制鞋要强 1/3，甲的更大优势在制鞋，乙的更小劣势是制帽。所以，甲专门制鞋而乙只制帽，然后双方通过交换都能得到更多的鞋和帽。这就是说，尽管乙在两方面都具有绝对劣势，但那种绝对劣势较小的商品生产（制帽）实际上就是他能得到“比较利益”的相对优势。因此，相对优势既是指更大的绝对优势，也可以是较小的绝对劣势。

李嘉图进一步强调，这种优势标准其实更加适用于国际贸易。如果一国在两种商品生产上较之另一国均处于绝对劣势，但只要处于劣势的国家在两种商品生产上劣势的程度不同，处于优势的国家在两种商品生产上优势的程度不同，则处于劣势的国家在劣势较轻的商品生产方面具有比较优势，处于优势的国家则在优势较大的商品生产方面具有比较优势。

某种商品所具有的比较优势可以用相对劳动生产率、相对生产成本方法来确定。相对劳动生产率是不同产品劳动生产率的比率或两种不同产品的人均产量之比。可用公式表示为

$$\text{产品 A 的相对劳动生产率(相对于产品 B)}=\frac{\text{产品 A 的劳动生产率(人均产量 }Q_{A}/L)}{\text{产品 B 的劳动生产率(人均产量 }Q_{B}/L)}$$

如果一个国家某种产品的相对劳动生产率高于其他国家同样产品的相对劳动生产率，该国在这一产品上就拥有比较优势；反之，则有比较劣势。

相对成本，指的是一个产品的单位要素投入与另一产品单位要素投入的比率。可用公式表示为

$$\text{产品 A 的相对成本(相对于产品 B)}=\frac{\text{单位产品 A 的要素投放量}(a_{LA})}{\text{单位产品 B 的要素投放量}(a_{LB})}$$

如果一国生产某种产品的相对成本低于别国生产同样产品的相对成本，该国就具有生产该产品的比较优势。

2. 比较优势的贸易模型

事实上，在大卫·李嘉图发表《政治经济学与赋税原理》两年前，罗勃特·托伦斯在《关于玉米对外贸易的论文》中就已提出了比较优势的概念。所以说，托伦斯也是比较优势理论的创始者之一，但李嘉图是第一个用具体数字来说明这一原理的经济学家。

他举了一个有名的例子，运用 2×2 分析模型，成功地论证了国际贸易的基础是比较优势而不是绝对优势这一命题，得出了贸易的结果使各贸易参与国都更加富裕的结论。

比较优势论的基本假设与绝对优势论完全相同。具体假定两个国家英国和葡萄牙都生产毛呢和葡萄酒两种产品，但两国生产两种产品的劳动生产率不同，每单位产品所耗费的劳动量如表 2-4 所示。

表 2-4　国际分工前

	毛呢		酒	
	劳动力/（人·年）	产量单位	劳动力/（人·年）	产量单位
葡萄牙	90	1	80	1
英　国	100	1	120	1

如果按照斯密的绝对优势贸易理论，两国似乎没有进行国际贸易的可能性。而按照比较优势论的方法，可以确定两国各自具有比较优势的商品。

用相对劳动生产率来衡量，葡萄牙毛呢的相对劳动生产率是 0.89，酒的相对劳动生产率是 1.125；英国毛呢的相对劳动生产率是 1.2，酒的相对劳动生产率是 0.83。由此可见，英国毛呢的相对劳动生产率较高，所以英国在毛呢的生产上具有比较优势；葡萄牙酒的相对劳动生产率较高，所以葡萄牙在酒的生产上具有比较优势，如表 2-5 所示。

表 2-5　两国生产商品的相对劳动生产率

	毛呢	酒
葡萄牙	0.89	1.125
英　国	1.2	0.83

用相对成本来衡量，葡萄牙毛呢的相对成本是 1.125，酒的相对成本是 0.89；英国毛呢的相对成本是 0.83，酒的相对成本是 1.2。由此可见，葡萄牙酒的相对成本较低，所以葡萄牙在酒的生产上具有比较优势；英国毛呢的相对成本较低，所以英国在毛呢的生产上具有比较优势，如表 2-6 所示。

表 2-6　两国生产商品的相对成本

	毛呢	酒
葡萄牙	1.125	0.89
英　国	0.83	1.2

由此可见，两种方法的结论是相同的，都能确定两国各自具有的比较优势的产品。然后，两国开展国际分工，专门生产其具有比较优势的产品，即葡萄牙专门生产酒，英国专门生产毛呢，其结果如表 2-7 所示。

表 2-7　国际分工后

	毛呢		酒	
	劳动力/（人·年）	产量单位	劳动力/（人·年）	产量单位
葡萄牙			170	2.125
英　国	220	2.2		

在葡萄牙专门酿酒而英国专门生产毛呢的情况下，两国的一年劳动总量，即葡萄牙的（90＋80）人·年和英国的（100＋120）人·年，就能生产比分工前更多的产量。如表 2-7 所示，葡萄牙生产出 2.125 单位酒，比原先多出 0.125 单位，英国生产出 2.2 单位毛呢，比原

先增加了 0.2 单位。显然，按照比较优势进行国际分工，一定的劳动总量就能创造出更多的财富或使用价值。

至于两国从贸易中获得利益的多寡，则取决于这两种商品的国际市场交换比率。李嘉图假定这里的交换比率为 1 单位毛呢与 1 单位酒相交换，则交换后两国各自消费的两种商品的数量如表 2-8 所示。

表 2-8 国际交换后

	毛呢（单位）	酒（单位）
葡萄牙	1	1.125
英 国	1.2	1

按照李嘉图假定的交换比率，如果葡萄牙用 1 单位酒与英国 1 单位毛呢相交换，两国所得的贸易利益可用表 2-8 说明，即葡萄牙增加了 0.125 单位酒，英国增加了 0.2 单位毛呢。

可以看到，李嘉图的比较优势论不仅论述了国际贸易能够互惠互利，而且阐明这种国际贸易利益具有适用于所有国家的普遍意义。更重要的是，他指明了取得国际贸易利益的关键所在，那就是在自由贸易条件下扬长避短、发挥自己的相对优势。

链接 2-2

大卫·李嘉图

大卫·李嘉图（David Ricardo，1772—1823 年）于 1772 年出生于英国伦敦一个富有的交易所经纪人家庭。他所受的学校教育不多，14 岁就开始跟随父亲在交易所做事。后来，因婚姻和宗教问题与父亲脱离关系，自己经营交易所，干得非常成功，十年之后就拥有了 200 万英镑的财产。

功成名就后，他利用空闲时间学习了自然科学。1799 年李嘉图在巴思逗留期间偶然得到一本《国富论》，成为这本书的一个真正“赞赏者”。同时，当时英国脱离金本位制的特定环境使李嘉图对政治经济学产生了很大的兴趣。李嘉图对经济理论的研究和著作，几乎涉猎了经济学中的所有方面，他首先研究的是货币。李嘉图是货币数量论的倡导者。之后，他出版了《论谷物低价对资本利润的影响》。在书中，他主要研究了价值理论。他以斯密的价值理论为出发点研究价值问题，力图在基本点上纠正斯密价值学说的混乱和矛盾。最终，他在分析、批判前人经济理论的基础上，结合时代提出的问题，将经济理论推上了一个新的阶段。1817 年 4 月，他的名著《政治经济学及赋税原理》出版。该书包含了他丰富的经济思想，在经济史上有着很重要的地位。1819 年，他成为一名议员，积极参与讨论银行改革、税收提议等问题，并成为了伦敦政治经济俱乐部的奠基人。终其一生，李嘉图都以严谨的思维、数学逻辑性和精确性著称，他是古典政治经济学的集大成者。

李嘉图对国际贸易理论有开创性的贡献，他是贸易自由的坚决支持者。在他的主要著作《政治经济学及赋税原理》中，李嘉图以一个有关国际贸易的一般理论支持了自己的观点。该理论包括了比较优势学说，该学说或许可以说成是政治经济学中最广泛地为人所接受的“真理”（马歇尔，1887）。这个基本思想在后来被无数经济学者们引用并发展。

他还从比较耗费原则中得出了与在贸易自由条件下和谐发展国际经济关系理论相适应的结论。

资料来源：新帕尔格雷夫经济学大辞典第四卷。转引自：海闻，林德特，王新奎．国际贸易．上海：上海人民出版社，2003。

3. 比较优势论的发展——相互需求论

李嘉图的学生约翰·穆勒对老师的比较优势论作了发展和补充，提出了相互需求论。

相互需求论（Reciprocal Demand Theory），实质上是由国际供求关系决定国际商品价值的理论。穆勒认为，国际供求关系决定商品的国际价值。当两国进行交易而又限于两种商品时，两国的这两种产品的国内交换比例或比较优势决定了国际交换比例的上下限。贸易双方互利交换的范围应该介于该上下限之间。如果超出了这个范围，只能对一方有利，而对另一方不利，即所有的贸易利益都被一方所独占。

双方贸易利益的大小取决于两国国内交换比例之间范围（即互惠贸易范围）的大小。而在互利范围之内，双方贸易利益的分配取决于贸易双方的实际的商品交换比例，即贸易条件。如果一国既定数量的出口品，可以换回更多的进口品，则意味着该国贸易条件的改善，它可以从国际贸易中获得更多利益；反之，则是贸易条件恶化。

实际交换比例的确定或者说贸易条件是由两国间相互需求的强度决定的。如果甲国对乙国商品的需求强度越大，那么乙国商品的国际价格会越高，这样乙国相对于甲国，从国际贸易中获利就相对地大；反之，乙国的获利就会相对的小。

这样，穆勒在国际价值原理的基础上，用两国商品交换比例的上下限解释了贸易双方互利交换的范围，用贸易条件说明了贸易利益的分配，用相互需求强度解释了贸易条件的变化。

穆勒的相互需求原理虽然解释了均衡的国际交换比率的确立，但仍然只是一般陈述，不够精确。马歇尔在穆勒的理论基础上，提出供应条件理论，并用供应条件曲线对相互需求原理作出了几何的图解分析。马歇尔的图解分析说明了互利贸易的范围是介于两国国内交换比例之间。两国产品的交换比例越接近于本国国内交换比例，本国获利越少；相反，越接近于对方国家国内交换比例，本国获利越多。马歇尔还和埃奇沃斯共同提出了提供曲线，用提供曲线进行一般均衡分析。提供曲线又称相互需求曲线，它反映的是一国为了进口其需要的某一数量的商品而愿意出口的商品数量。从另一个角度看，提供曲线反映了一个国家在不同的相对价格水平即交换比价下所愿意进口和出口的商品数量。也可以说，两国商品交换比例恰好是进口国在这种比例下愿意接受的商品数量等于出口国在这种比例下愿意提供的商品数量。

穆勒和马歇尔的理论共同构成了相互需求论，补充解决了比较优势论没有涉及的国际贸易互利的范围问题，以及双方在利益分配中各占多少的问题，充实了比较成本论的内容，成为后来的新古典学派国际贸易理论的基石。

2.2.3 对比较优势论的评价

比较优势论完善了古典贸易理论，它的问世标志着国际贸易理论体系的建立，作为反映国际贸易领域一般原则和规律的学说，具有很高的科学理论价值和现实意义。

比较优势论把对国际贸易的研究彻底地从流通领域转到生产领域，指明了国际贸易理论研究的方向。它揭示了国际贸易中的一个客观规律，一个国家无论生产力水平高低，只要参与国际分工和国际贸易，都可以从中获得实际利益。这样，比较圆满地说明了开展国际贸易的一般基础，比绝对优势论具有更普遍的意义，从而使其成为100多年来西方国际贸易理论的基础。比较优势论以后的大部分国际贸易理论，都是在其基础上补充或发展而来的。

从历史的角度看，比较优势论为英国当时的工业资产阶级争取自由贸易提供了有力的思想武器，而自由贸易政策又促进了英国生产力的迅速发展，对当时世界主要资本主义国家的对外贸易的发展、世界贸易体系的建立都产生了重大影响。比较优势论对推动世界自由贸易的发展成效卓著。

李嘉图的比较优势论对当代的国际贸易发展仍然具有不可忽视的实际意义。它不但对实物贸易，而且对国际服务贸易、技术贸易和国际直接投资都有相当的指导作用。随着全球经济的进一步发展，李嘉图的比较优势理论已经渗透到国家竞争、跨国公司战略等相关的思想中，并发挥着积极的指导作用。李嘉图的比较优势理论是多边贸易体制——关贸总协定/世界贸易组织——贸易自由化的理论基础。

另外，比较优势论仍然存在诸多方面的局限性。比较优势论的基本假设与绝对优势论完全相同。绝对优势论的假设过多，且大多与现实不相符合的缺陷，在比较优势论中同样存在。

传统的自由贸易理论要求各国采取完全自由贸易政策，对国际贸易活动采取不干预的基本立场，完全取消对进出口贸易的限制和障碍。而实施完全自由贸易政策需具备许多前提条件，如各国经济体制及政治制度完全相同，贸易政策、经济政策完全相同，各国的生产要素能够自由流动等。然而，当今世界并非大同社会，不可能具备这些前提条件。无论是发达国家还是发展中国家，都根据自身的经济条件来选择贸易政策，即使同为发达国家或发展中国家，其贸易政策取向也不尽相同。因此，完全的自由贸易不可能实现，也就不可能产生理想的自由贸易效果。事实上，国际贸易双方得到的利益往往是不均等的。特别是，发达国家在与落后国家贸易时，经常凭借实力强迫对方进行不平等交换，落后国家必然是受益较小的一方，甚至成为受害者。

比较优势论将比较优势看作一国固有的、不可改变的状态，这不利于落后国家积极努力地改善其国际分工及贸易地位，也不符合国际经济史特别是近代国际贸易发展史上美、德、日等发达国家经济贸易飞跃发展的事实，不符合当代亚洲“四小龙”的崛起、其他许多发展中国家经济快速发展的事实。

此外，由比较优势带来的比较利益并不是贸易利益的全部，特别应该注意的是，贸易不仅能给一国带来比较利益这样的静态利益，还能为一国带来动态利益。所以，不能将比较利益看作国际贸易原因的最一般性的解释，比较优势也并不是进行国际贸易的必要条件。

2.3 要素禀赋理论

2.3.1 要素禀赋理论的产生

要素禀赋论的产生始于对斯密和李嘉图贸易理论的质疑。在斯密和李嘉图的理论中，技术差异是各国在生产成本上产生差异的主要原因。可是，到了20世纪初，各国尤其是欧美之间的交往已经比较普遍，技术的传播已不是非常困难，不同国家的生产技术已非常接近甚至相同，但成本差异仍然很大。对此，斯密和李嘉图的理论无法解释。

1919年，埃利·赫克歇尔发表了题为《对外贸易对收入分配的影响》的著名论文，认为除了技术差异以外，一定有其他原因决定各国在不同产品上的比较优势，而其中最重要的是各国生产要素禀赋的差异。赫克歇尔从生产要素的禀赋和使用比例来阐述了贸易的基础，也揭示了贸易对生产要素价格的影响，从而提出了建立在生产要素禀赋基础上的比较优势理论。

作为赫克歇尔的学生，贝蒂尔·俄林（Bertil Ohlin）对其老师的要素禀赋论作了重大补充和发展。俄林对其理论的阐述首见于他1924年发表的博士论文《贸易理论》中，而后在1933年出版的《区间贸易和国际贸易论》中，以赫克歇尔所提出的要素分析原理为基础，更周密地论证了要素禀赋差异决定国际贸易的原因和贸易流动的方向，提出了完整的要素禀赋理论，在西方经济学界产生了巨大的影响。

要素禀赋论（Factor Endowment Theory）又被称为赫克歇尔-俄林模型，简称赫-俄模型（H-O模型）或赫-俄定理。要素禀赋论对古典国际贸易理论，尤其是李嘉图的单一要素模型作出了修正和完善，从各国要素禀赋的差异来解释国际贸易的成因，论证了国际分工的好处和自由贸易的必要性，从而在马歇尔等人的理论之后，全面地确立了新古典国际贸易理论的基本框架。

链接2-3

赫克歇尔小传

埃利·赫克歇尔（Eli Filip Heckscher，1879—1952年），瑞典著名经济学家、经济史学家，乌普萨拉大学哲学博士，曾任斯德哥尔摩商学院经济统计学教授和斯德哥尔摩学院经济史教授。作为瑞典著名经济学家，赫克歇尔以其杰出的生产要素禀赋论闻名于世。在赫克歇尔的学术生涯中，他将绝大部分精力致力于经济史研究。“生产要素禀赋论”是他在长期潜心研究各国及瑞典经济史过程中逐渐形成的。赫克歇尔的博士论文《瑞典经济发展中铁路的重要性》就是研究经济史问题的。1929年赫克歇尔创建斯德哥尔摩经济史研究所，并任第一任所长，成为瑞典经济史研究的创始人。赫克歇尔对经济史有独特理解，强调经济理论的重要性，对经济史的研究兼有经济学家和统计学家的特点。其对经济史的研究主要涉及两个方面：一是对欧洲各国政府干预经济的历史研究；二是对瑞典经济史的研究。代表作主要有《重商主义》、《大陆体系》、《世界大战经济》、《1914—1925年的瑞典货币政策》及《瑞典经济史》等。赫克歇尔于1931年出版的《重商主义》一书曾被公认为是他最重要的经济史著作。他通过选择典型国家的典型经济政策加以分析，从而该书成为“作为欧洲共同问题的重商主义经济政策史论”。

资料来源：胡代光，高鸿业．西方经济学大辞典．北京：经济科学出版社，2000。

链接 2－4

俄林小传

贝蒂尔·俄林（Bertil Ohlin，1899—1979 年），瑞典著名经济学家和政治学家，以《贸易理论》获经济学博士学位，是当代瑞典学派的奠基人和主要代表人物。1977 年俄林获诺贝尔经济学奖。1917—1919 俄林进入斯德哥尔摩商学院学习，师从赫克歇尔，曾任丹麦哥本哈根经济学教授、斯德哥尔摩商学院教授。其主要经济论著有《贸易理论》(1924)、《对外贸易与贸易政策》(1925)、《地区间贸易与国际贸易》(1933)、《货币政策与公共工程：解决失业的工具》(1934)、《国际经济重建》(1936)、《资金市场与利率政策》(1941)、《经济活动的国际布局（论文集)》(1977) 等。此外，俄林还以专家的身份为联合国、国际联盟等国际组织撰写研究报告，主要有 1931 年的《世界经济萧条的进程与阶段》、1955 年的《欧洲经济合作社会观》。1969—1975 年俄林担任诺贝尔经济学奖委员会主席。

俄林在经济学上的主要贡献在于他提出的生产要素禀赋论，这一学说奠定了现代国际贸易理论的基础，并使他荣获诺贝尔经济学奖。瑞典皇家科学院认为“俄林的古典研究《地区间贸易与国际贸易》，使他被认为是现代国际贸易理论的创始人。其理论显示，生产要素将决定国际贸易与国际分工的形态，并且说明了国际贸易对资源配置、相对价格与收入分配的影响。俄林指出区域贸易与国际贸易的相似与差异之处，并且说明国际贸易与产业区位之间的关系”。俄林在现代西方经济学史上的第二大贡献为在经济稳定政策方面的成就。从 20 世纪二三十年代起俄林长期致力于建立宏观经济理论，注重研究总有效需求水平同总供给的关系。此外，他在区域经济学、通货膨胀和“超充分就业”问题的研究中也做出了贡献。

资料来源：胡代光，高鸿业．西方经济学大辞典．北京：经济科学出版社，2000。

2.3.2 要素禀赋理论的主要内容

1. 要素禀赋论的基本论点

根据要素禀赋论，产生国际贸易的前提条件可以概括为相互进行交换的国家之间生产要素的相对稀缺程度（即生产要素的相对价格）的差异和不同产品中所用生产要素的不同比例。各国在生产那些能较密集地利用其较丰裕的生产要素的商品时，必然会有比较利益产生。所以，每个国家将专业化地生产并出口能较密集地使用其相对丰裕的生产要素的商品，以换取那些需要较密集地使用其相对稀缺的生产要素进行生产的进口商品。各国按各自的要素禀赋进行分工，能使生产要素得到最有效的利用，提高劳动生产率，降低价格，在此基础上开展自由贸易，各国均可获利。

2. 有关概念

(1) 生产要素和要素禀赋

生产要素（Factor of Production)，是指生产活动必须具备的主要因素，或在生产中必须投入或使用的主要手段。在新古典经济学中，生产要素通常指土地、劳动和资本三要素。而根据要素禀赋论的基本假设，只有劳动和资本两种生产要素。

要素禀赋（Factor Endowment）是指一国拥有各种生产要素的数量。要素禀赋论所说的国家之间要素禀赋的差异并不是指生产要素的绝对量在两个国家不同，而是指各种生产要素的相对丰裕或稀缺程度在两个国家不同。换句话说，一国某种要素的稀缺和丰裕是一个相对概念，是相对另一个给定国家来说的，与该国的绝对要素量无关。

（2）要素丰裕度

要素禀赋论所说的“生产要素的相对稀缺程度”或相对丰裕程度，称为要素丰裕度（Factor Abundance），是指一国所拥有的两种生产要素的相对比例。丰裕程度用资本与劳动的比率即“人均资本”来衡量。

具体衡量要素的丰裕程度有两种方法：一是以生产要素供给总量衡量，若一国某要素的供给比例大于别国的同种要素供给比例，则该国相对于别国而言，该要素丰裕；另一种方法是以要素相对价格衡量，若一国某要素的相对价格——某要素的价格和别的要素价格的比率低于别国同种要素相对价格，则该国该要素相对于别国丰裕。以总量法衡量的要素丰裕只考虑要素的供给，而以价格法衡量的要素丰裕考虑了要素的供给和需求两方面，因而较为科学。

（3）要素密集度和要素密集型产品

要素禀赋论所说的“不同产品中所用生产要素的不同比例”，称为要素密集度（Factor Intensity），一般是指某种产品投入两种生产要素的相对比例。要素密集度也是一个相对的概念，与生产要素的绝对投入量无关。

如果某要素投入比例大，称为该要素密集程度高。在只有两种商品（X和Y）、两种要素（劳动和资本）的情况下，如果Y商品生产中使用的资本和劳动的比例大于X商品生产中的资本和劳动的比例，则称Y商品为资本密集型产品，而称X为劳动密集型产品。

不同的产品所含的要素密集程度不一样，即使同一种产品，在不同国家，其要素密集程度可能也会不同。例如，生产布，在中国生产可能比在美国生产所含的劳动比重大。不论生产不同产品还是生产同种产品，只要各国生产时所投入的生产要素组合比例不同，就会产生比较成本差异，从而引起国际分工和国际贸易。

3. 要素禀赋论的基本假设条件

要素禀赋论基于一系列简单的假设前提，主要包括以下9个方面。

① 只有两个国家、两种商品、两种生产要素（劳动和资本）。

② 两国的技术水平相同，即同种产品的生产函数相同。这一假设主要是为了便于考察要素禀赋，从而考察要素价格在两国相对商品价格决定中的作用。

③ 两种商品的要素密集度不同，一种为劳动密集型，另一种为资本密集型。由于两个国家生产同种产品的技术相同，生产函数相同，所以同种商品在两个国家密集度是相同的。没有要素密集型转变的情况。

④ 资源充分利用。假定两国在贸易前后都能生产出最大可能的产量。

⑤ 假定在各国内部，生产诸要素是能够自由转移的，但在各国间生产要素是不能自由转移的。若没有国际贸易，两国的两种要素之间将存在着收益上的差异。

⑥ 生产规模报酬不变。这意味着如果在任何一种商品生产中的劳动量和资本量一同增加，则该商品的产出也以相同比例增加。

⑦ 两国的消费偏好相同。这意味着当两国的商品相对价格相同时，两国以相同的比率消费两种商品。

⑧ 完全竞争的商品市场和要素市场。两国都有足够多的生产者和消费者，市场上无人能够购买或出售大量商品或生产要素，从而能够左右商品的价格和要素市场的价格。完全竞争也意味着商品价格等于其生产成本，没有经济利润。

⑨ 无运输成本，无关税或其他阻碍国际贸易自由的障碍。这一假设也是为了简化分析，以便于集中讨论贸易的原因及结果。运输成本和关税的多少只是在最终产品价格上的单调增减。

在以上这些基本假设中，后面四个与古典贸易理论完全相同。技术水平相同的假设是为了简化分析，而有别于古典贸易理论，并不意味着赫克歇尔和俄林认为不存在技术的差别。

4. 要素禀赋论的理论分析

要素禀赋论的分析思路是：商品价格差异是国际贸易的基础，而商品价格的差异是由于商品生产的成本比率不同；商品生产成本比率不同，是因为各种生产要素的价格比率不同，而生产要素价格比率不同，则是由于各国的生产要素禀赋比率的不同。因此，生产要素禀赋比率的不同，是产生国际贸易的最重要基础。

赫-俄模型假定各国的劳动生产率或者说技术水平是相等的，在此前提下，产生比较利益或者说比较成本差异的原因有两个：一是各个国家生产要素的相对丰裕或稀缺程度，即要素丰裕度；另一个是生产各种商品所使用的各种生产要素的组合比例不同，即要素密集度。

一般来说，一个国家的某种生产要素丰裕，其价格就比较低。比如，劳动力丰富的国家，工资（劳动力价格）就低一些，资本丰裕的国家，利息率（资本的价格）就低一些。反之，比较稀缺的生产要素价格就高些。每一个国家各种生产要素的丰裕程度不可能一样，其要素价格也会有的高些，有的低些。各国生产要素禀赋比率不同，是产生比较成本差异的重要决定因素。

总之，一个国家要素禀赋的特点决定了该国最适宜生产的商品。劳动力相对丰裕的国家，一般拥有生产劳动密集型产品的比较优势，而资本丰裕的国家，则具有生产资本密集型产品的比较优势。各国在进行国际贸易时，出口密集使用其相对丰裕和便宜的生产要素的商品，而进口密集使用其相对缺乏和昂贵的生产要素的商品，就可以使各国的资源都得到充分有效的使用，都可获得比较利益。

5. 要素价格均等化理论

赫克歇尔和俄林在阐述生产要素禀赋是贸易的基础的同时，也揭示了贸易对生产要素价格的影响。赫克歇尔和俄林认为，封闭条件下产品的相对价格差异导致国际贸易的发生。随着贸易的开展，产品的相对价格不断调整，贸易参加国国内的相对价格等于均衡价格，密集使用丰裕要素的产品的相对价格会因为出口的增加而上升，密集使用稀缺要素的产品的价格会因进口而下降。两个国家两种产品的价格最终会趋于一致。这就是国际贸易可能导致要素价格均等化的理论。

要素价格均等化的论点由赫克歇尔首先提出。俄林则认为，虽然各国要素缺乏流动性使世界范围内要素价格完全相同的状态不能实现，但是商品贸易可以部分代替要素流动，弥补缺乏流动性的不足。因此，国际贸易使要素价格存在均等化的趋势。萨缪尔森于1948年发表了《国际贸易与要素价格均等化》一文，在赫-俄理论的基础上，考察了国家贸易对生产要素价格的影响，论证了自由贸易将导致要素价格均等化（The Factor-Price Equalization Theorem）。萨缪尔森认为，在完全竞争和技术不变的条件下，产品的价格等于其边际成本，边际成本由生产要素投入的数量和价格决定。国际贸易改变了产品的相对价格，必然也将改变生产要素的相对价格。自由贸易将带来国际同质生产要素相对和绝对的价格均等。

由于萨谬尔森发展了赫克歇尔和俄林的理论，有学者将赫克歇尔-俄林模型改称为“赫克歇尔-俄林-萨缪尔森模型”，简称“赫-俄-萨模型”（H－O－S模型）。

链接 2－5

萨缪尔森小传

保罗·萨缪尔森（Paul A. Samuelson）1915 年生于美国印第安纳州加里城，美国著名经济学家，1935 年芝加哥大学学士、1936 年 哈佛大学硕士、1941 年哈佛大学博士。其博士论文《经济理论的运营意义》（*The Operation Significance of Economic Theory*）获哈佛大学威尔斯奖。在 1947 年美国经济学会年会上，学会会长保罗·道格拉斯把美国第一届克拉克奖章授予萨缪尔森，并预言萨缪尔森将在经济学领域前途无量。1970 年萨缪尔森荣获诺贝尔经济学奖。萨缪尔森曾任麻省理工学院经济学助理教授、副教授、经济学教授、客座教授，1945 年任弗莱契法律与外交学院（Fletcher School of Law and Diplomacy）国际经济关系教授。此外，萨缪尔森还曾担任美国计量经济学学会会长、经济学学会会长、国际经济学学会会长和终生荣誉会长，以及一系列政府机构和公司任经济顾问和研究员。

萨缪尔森在经济学领域的贡献普遍而深远。瑞典皇家科学院认为萨缪尔森“不仅以严谨的方法改写了许多经济理论，而且在古典经济理论领域做出了一些突破性贡献”。其主要贡献在于：以对应原理把静态经济学和动态经济学紧密结合起来；把乘数理论与加速原理相结合阐发了经济周期模型；以显示偏好理论改造了消费理论基础；发展和修改了国际贸易理论的一些重要定理，诸如要素价格均等定理、时际效率定理、大道定理等，并澄清了公共物品在资源配置理论中的地位。主要著作有：《经济分析基础》（*Foundations of Economic Analysis*）、《经济学》（*Economics*）、《线性规划与经济分析》（*Linear Programming and Economic Analysis*）、与多夫曼、索洛合著《经济学文选》（*Readings in Economics*）、《萨缪尔森科学论文选》（*The Collected Scientific Papers of Paul A. Samuelson*）等。萨缪尔森作为新古典经济学和凯恩斯经济学综合的代表人物，其理论观点体现了西方经济学的正统的理论观点，并且成为西方国家制定经济政策的理论基础。20 世纪 70 年代，西方国家的“滞胀”困境使萨缪尔森的经济理论受到了来自各方面的挑战，以萨缪尔森为代表的经济理论的正统地位发生动摇。虽然如此，西方国家的经济仍然离不开萨缪尔森的经济理论。萨缪尔森也从其他学派（货币学派、理性预期学派、供给学派）的经济理论中吸收了许多重要观点，修正和完善了自己的理论，使之适合于经济情况的瞬息万变。

资料来源：胡代光，高鸿业．西方经济学大辞典．北京：经济科学出版社，2000。

2.3.3 对要素禀赋论的评价

要素禀赋论是比较优势论的发展和完善。要素禀赋论进一步解释了比较优势论，使其更加完善和更加有说服力。

第一，李嘉图用比较成本差异论证了贸易互利性的普遍原理，而赫-俄进一步用生产要素禀赋差异解释了比较成本差异的原因，解决了李嘉图留下的问题。

第二，比较优势论是建立在单个生产要素生产效率的国别比较基础之上的，而要素禀赋论认为国际贸易的基础是两种或更多种要素资源禀赋上的差别。

第三，赫-俄把李嘉图的个量分析扩大为总量分析，不是仅比较两国两种产品的单位劳动耗费的差异，而是从一国经济结构中的资本和劳动力等最基本生产要素的总供给差异来解释国际分工和贸易格局。

第四，赫-俄还进一步揭示了国际贸易对一国经济结构和收入分配的影响。因为国际贸易可以引起一国不同生产要素的供求变化并导致其价格变化，最后逐渐达到要素价格比率的国际均等化，从而改变一国的经济结构，使生产要素得到最有效的利用，实现收入增加。这些分析对于一国如何利用本国的资源禀赋优势参与国际分工和贸易并获得利益，无疑具有积极意义。

赫-俄模型很好地说明了资源禀赋存在差异的国家为什么会开展贸易，说明了开展贸易对贸易国商品价格、生产和消费的影响，给贸易国带来的利益，同时也为国家制定对外贸易战略提供了理论依据。

要素禀赋论客观地描绘和分析了国际贸易的实践，同以往的国际贸易纯理论相比，它更贴近于国际贸易现实。因此，要素禀赋论成为现代国际贸易理论的基础，在贸易思想史上具有极为重要的理论地位。

但是，要素禀赋论也存在着缺陷和错误。这一学说仍然是建立在几个严格的假设条件基础上的，如自由贸易、完全竞争、两国的生产技术水平一致、同种商品在两个国家密集度相同等，而这些假定与现实有一定距离。特别是，该理论仍然忽视技术进步这一当今世界经济中的重要因素，影响了其理论的普遍适用性。

要素禀赋论很好地说明了资源禀赋存在差异的国家为什么会开展贸易，但是它不能解释要素禀赋相同或相似的国家之间为什么可以开展贸易。

要素禀赋论以新古典经济学的生产要素理论来反对马克思的劳动价值论，把资本主义的生产关系、资本家阶级追逐超额利润使市场和生产无限扩大等这些最重要的原因掩盖了，即抹杀了国际分工和国际贸易发展的最重要的原因。

2.4 里昂惕夫之谜

自从 20 世纪初赫克歇尔与俄林提出了要素禀赋论后，在很长一段时间里，它成为解释工业革命后贸易产生原因的主要理论。但是，这一理论在 1953 年美国著名经济学家华西里·里昂惕夫所作的第一次实证检验中遇到了严重挑战。

2.4.1 里昂惕夫之谜的产生

里昂惕夫是投入-产出学说的创始人，为了证明赫-俄模型的正确性，在 20 世纪 50 年代初，他采用投入-产出分析法对美国的进出口商品结构进行了具体计算。

根据大家的共识，美国是资本要素丰裕而劳动要素相对稀缺的国家。按照赫-俄模型，美国的贸易结构自然应该是出口资本密集型商品，进口劳动密集型商品。

里昂惕夫计算了1947年美国出口行业与进口竞争行业的资本存量与工人人数比率。他的计算不仅算出这两类行业（每个行业都有数十个产业）所使用的资本和劳动量，而且计算出各种产品所使用的购自其他产业的产品中所包含的资本和劳动量。

如果赫克歇尔-俄林的预测是正确的，作为总体的美国出口行业的资本劳动比率（K_x/L_x），应该高于美国进口竞争行业的资本劳动比率（K_m/L_m），即关键比率（K_x/L_x）/（K_m/L_m）应该大于1。可是，里昂惕夫所发现的恰好是完全相反的结果：1947年，美国的关键比率（K_x/L_x）/（K_m/L_m）只有0.77。这就是说，美国向世界其他国家出口的是劳动密集型产品，而换取的是相对资本密集的进口产品。

里昂惕夫发表其验证结论后，使西方经济学界大为震惊，这就是著名的“里昂惕夫之谜”（Leontief Paradox）或“里昂惕夫悖论”。

链接2-6

里昂惕夫小传

里昂惕夫（Wassily Leontief，1906—1999年），美国著名经济学家，投入-产出经济学创始人，生于俄国彼得堡，曾就读于列宁格勒大学与柏林大学，1925年在柏林大学获经济学哲学博士学位，1973年获第四届诺贝尔经济学奖（“for the development of the input-output method and for its application to important economic problems”）。1927—1930年在德国Kiel经济研究所工作，1931年移居美国。曾任哈佛大学教授，在哈佛期间兼任美国劳工部顾问等多种政府职务。1975年里昂惕夫就任纽约大学经济分析研究所所长。代表作为《投入产出经济学》，该书收录了他在1947—1965年公开发表的11篇论文，其中有两篇主要研究国际贸易，即《国内生产与对外贸易：美国地位的再审查》（1953年）和《要素比例和美国的贸易结构：进一步的理论和经济分析》（1956年）。里昂惕夫在经济学上的贡献主要在于发展了投入产出方法，并应用于重要的经济学问题研究。投入产出分析的核心是在线性化假设之下表示部门间购进和售出的相互依存关系的投入产出表。该方法主要用于经济计划和经济预测，其基本的数学工具是矩阵代数。20世纪40年代发展起来的大型、高速数字计算机技术，使投入产出方法的实际应用具备了现实条件。

资料来源：胡代光，高鸿业．西方经济学大辞典．北京：经济科学出版社，2000。

2.4.2 对里昂惕夫之谜的解释

“里昂惕夫之谜”的出现引起了国际贸易理论界的很大震动。一些学者采用投入产出法又对美国和其他一些国家进行验证，得出了互相矛盾的研究结果。

里昂惕夫本人在1956年又对美国1947—1951年的数据进行了检验，结果与1953年的研究一样。其他经济学家对美国其他年份的净出口产品的资本劳动比率（K/L）也作了分析。表2-9列出了其中的一些检验结果。

表 2-9　赫-俄模型的实证检验：美国数据

学　者	数据年份	$(K_x/L_x)/(K_m/L_m)$ =（H－O 预测：>1）
里昂惕夫（Leontief，1954）	1947	0.77
里昂惕夫（Leontief，1956）	1947/51	0.94（或不包括自然资源行业，1.14）
鲍德温（Baldwin，1971）	1958/62	0.79（或不包括自然资源行业，0.96）
斯特南德和马斯克斯（Sternand & Maskus，1981）	1972	1.05（或不包括自然资源行业，1.08）

资料来源：海闻，林德特，王新奎．国际贸易．上海：上海人民出版社，2003。

从表 2-9 中可以看到，用 1972 年的数据检验时，美国出口产品中的资本劳动比（K_x/L_x）高于进口产品中的资本劳动比（K_m/L_m），基本符合美国是一个资本充裕国家的假设和 H-O 模型的预测。但是，用“二战”后到 1971 年这段时间的数据来检验，美国出口产品与进口产品的 K/L 之比都小于 1，“里昂惕夫之谜”仍然存在。

对其他国家的验证，得出了更多互相矛盾的研究结果。例如，日本是一个劳动要素丰裕的国家，却出口资本密集型产品，进口劳动密集型产品。但若仔细地分析，它向欠发达国家出口资本密集型产品，对美国和西欧出口的则为劳动密集型产品。又如，对原东德的验证证实了赫-俄的结论。还有，关于加拿大和印度对外贸易的研究结果表明，它们都向美国出口资本密集型产品，进口劳动密集型产品。可见，里昂惕夫之谜有着一定的普遍性。这样，围绕如何解释里昂惕夫之谜的问题，西方学者们提出了各种各样的理论见解。

(1) 要素非同质论

这种观点认为，要素禀赋论假定各国的每一种生产要素本身都是同一的，没有任何差异。然而每种生产要素实际上都不是同一的，它包含着许多小类或亚种，它们的组合也是千差万别的，因此各国的要素禀赋不仅有数量上的差异，还有质量上的差异。忽略要素禀赋质的差异，就难以对贸易格局作出合理的解释。

里昂惕夫自己在分析“谜”产生的原因时，就实际上提出了生产要素（劳动力）非同质的问题。他认为美国对外贸易结构出现进口资本密集型产品、出口劳动密集型产品的原因，在于美国工人具有比其他国家工人更熟练的技术和更高的劳动生产率，美国工人劳动的效率和技能大约要比其他国家高 3 倍。运用同样数量的资本，美国工人可以多产出 3 倍。如果劳动以效率单位来衡量（即按美国的劳动量乘以 3 计算），那么美国将是劳动相对丰裕、资本相对稀缺的国家，它将以劳动密集型产品交换其他国家的资本密集型产品。这样，里昂惕夫之谜就不存在了。

(2) 人力资本说

1960 年，舒尔茨系统阐述了人力资本理论。他提出了著名的观点：人力资源是一切资源中最主要的资源，在经济增长中，人力资本（Human Capital）的作用大于物质资本的作用。

克拉维斯、基辛、肯恩和鲍德温等人用人力资本理论来解释“里昂惕夫之谜”。人力资本说认为，产生里昂惕夫之谜的一个重要原因是里昂惕夫所定义的资本仅仅包含物质资本，而忽略了人力资本。美国出口部门中熟练劳动的比例大于进口部门，而非熟练劳动转化为熟练劳动，需要投入大量的教育和培训费用，这种投入也是一种资本投入。美国的熟练劳动比外国劳动含有更多的人力资本，把人力资本这一部分加到实物资本上，就会使美国出口品的资本密集度高于进口替代品。里昂惕夫自己的要素非同质论，实际上也是说明美国是一个人力资本相对丰富的国家。所以，对外贸易中，美国出口自己资源优势比较大的产品。

(3) 技术进步说

技术进步说也称为研究开发要素说，是基辛等人提出的。该学说认为，人力资本能够提高劳动生产率，而技术进步却能提高土地、劳动和资本三者作为一个整体的全部要素生产率。技术进步是对过去研究和开发进行投资的结果，因此技术和人力资本一样，可以被看成是一种资本或一个独立的生产要素。一个国家越重视技术进步的作用，即重视研究与开发，产品的知识与技术密集度就越高，在国际市场竞争中就越有利。基辛认为，里昂惕夫之谜与其说是一个悖论，倒不如说美国在技术水平上具有比较优势，出口技术密集型产品。为了验证其假说，基辛运用1960年美国的技术系表，对14个国家的46个产业1962年的进出口进行实证分析，结果发现美国出口产品的技术密集程度远远高于其他国家。相关分析结果进一步确定美国在高技术劳动上具有比较优势，美国贸易模式符合要素禀赋理论。

(4) 自然资源说

一些经济学家认为，里昂惕夫的计算局限于资本和劳动两种生产要素，没有考虑自然资源这一生产要素的作用。各国的自然资源的种类和数量有很大不同。阿拉伯半岛富有石油但几乎没有什么其他资源；日本只有很少的耕地且实际上没有矿产或森林；美国拥有丰裕的耕地和煤。很明显，各国自然资源禀赋的不同，直接影响到产品中的资本-劳动力比率。美国进口替代工业之所以是资本密集型的一个原因，是因为美国是大量矿产和木材的进口国。这些产品不仅使用大量自然资源，而且还使用大量资本。在出口方面，美国出口的农产品碰巧相对来说是使用大量劳动力和土地的。从这个意义上说，里昂惕夫之谜看来是一种幻景：美国进口的自然产品碰巧其资本/劳动力比率是高的，而出口的其他产品碰巧其资本/劳动力比率是低的。可见，要计算美国的出口工业和进口替代工业中的生产要素含量，不能忽视自然资源的作用。

(5) 贸易壁垒说

贸易壁垒说又称为关税结构说，该理论认为，要素禀赋论假定贸易是自由的，而在现实中几乎所有的国家（包括美国）都或多或少地实行一定程度上的贸易保护，尤其在“二战”后初期。美国不进口许多相对说来是劳动密集型的产品，是因为美国为了保护国内劳动密集型行业，限制或者禁止这类产品的进口。许多研究成果表明，美国进口的劳动密集度高的产品要比劳动密集度低的产品受到更多的进口壁垒限制。有研究报告认为，美国现有的进口壁垒对产值中劳动力含量（或称为就业含量）高于平均水平的产品限制最严，尤其是对包含非农业非熟练劳动的产品的进口限制是最多的。所以，美国受到较多保护的是技术较落后的工业，是那些相当大量地使用低技能工人的工业，如棉纺织业和织袜业。

另外，别的国家也可能对它们的缺乏竞争力的资本密集型商品进行较高的贸易保护，从而使得美国资本密集型商品的出口受到了一定程度的影响。

因此，有人认为，如果美国和其他国家实行自由贸易，美国就会进口比现在更多的劳动密集型商品或出口更多的资本密集型产品，里昂惕夫之谜就有可能消失。

(6) 需求偏好说

该理论认为，要素禀赋的差异确实决定了一国的比较利益，促使其出口那些密集使用丰裕生产要素所生产的商品，不过需求偏好状况可能会抵消这种作用。如果一国的需求状况特别偏好那些密集使用了本国丰裕生产要素所生产的商品，这就可能使得这类物质数量上十分丰富的商品相对需求而言却是稀少的，因而它此时就会改变原先的贸易结构，进口而不是出口该类商品。因此，美国尽管是一个资本丰富的国家，如果它对资本密集产品相对说来有很高的国内需求，则完全可能进口这类商品。可见，单是根据进出口商品的生产要素数量，并不能对要素禀赋说作出任何推论。应该说，这种说法在理论上能够解释“里昂惕夫之谜”，但它未能找到多少经验证据予以支持，因而没有被人们接受。

(7) 要素密集逆转说

按照要素禀赋论，同种商品在两个国家密集度是相同的，即无论生产要素的价格比例实际如何，某种商品总是以某种要素密集型的方法生产的，这种论断不一定正确。某种商品在某个国家既定的生产要素价格条件下是劳动密集型的，但在另一个国家的既定的生产要素价格条件下却可能是资本密集型的，即要素密集度逆转（Factor Intensity Reversal）。比如，小麦在发展中国家是劳动密集型的产品，而在美国却可能是资本密集型的。因此，同一种商品的产出可以存在要素密集度的变换。根据这种解释，美国进口的产品在国内可能用资本密集型生产，但在国外却是以劳动密集型生产，从美国的角度看，就会造成进口以资本密集型产品为主的错觉；同时，美国的出口商品在国内可能是劳动密集型产品，在别国却是资本密集型产品，用美国标准衡量也会造成出口是劳动密集型产品的假象。只要贸易双方有一方存在要素密集型变换这种情况，其中一国就必然存在里昂惕夫之谜。

(8) 跨国公司的作用

这种解释认为，美国的跨国公司遍布世界各地，这些跨国公司的子公司向美国大量返销产品。跨国公司子公司的产品主要是利用东道国的各种资源加上美国的资本和技术生产出来的，其中相当多的产品属于资本密集型。这类产品的返销，是美国进口资本密集型产品的重要原因之一。

本章小结

绝对优势论又称为绝对成本论，是英国古典政治经济学的重要代表人物亚当·斯密建立的最早的自由贸易理论，也是第一次系统分析国际贸易的经济学理论，被称为“古典贸易理论”。绝对优势论建立在国际分工理论和自由放任原则的基础之上。根据绝对优势论，各国应该专门生产并出口其具有“绝对优势”的产品，不生产而进口其不具有“绝对优势”的产品，这样对所有国家都是有利的。绝对优势论第一次从生产领域分析、解释了国际贸易的起因和利益，为以后的国际贸易理论发展奠定了基础。

比较优势论又称为比较成本论、相对优势论，是大卫·李嘉图在绝对优势论的基础上提出的更系统、更有普遍意义的自由贸易理论。比较优势论认为，国际贸易的基础是生产技术的相对差别（而非绝对差别），以及由此产生的相对成本的差别。每个国家都应集中生产并出口其具有“比较优势”的产品，进口其具有“比较劣势”的产品，这样各国都能从贸易中得到“比较利益”。比较优势理论在更普遍的基础上解释了贸易产生的基础和贸易利益，完善了古典贸易理论，从而使其成为100多年来西方国际贸易理论的基础。比较优势论以后的大部分国际贸易理论都是在其基础上补充或发展而来的。

穆勒和马歇尔的理论共同构成了相互需求论，补充解决了国际贸易互利的范围及双方的利益分配问题，充实了比较优势论，成为新古典学派国际贸易理论的基石。

要素禀赋论又被称为赫克歇尔-俄林模型，简称H－O模型。要素禀赋论对古典国际贸易理论，尤其是李嘉图的单一要素模型作出了修正和完善，从各国要素禀赋的差异来解释国际贸易的成因，论证了国际分工的好处和自由贸易的必要性，从而在马歇尔等人的理论之后全面地确立了新古典国际贸易理论的基本框架。根据要素禀赋论，国际贸易的基础是生产要素的相对稀缺程度的差异和不同产品中所用生产要素的不同比例。每个国家将专业化地生产并出口能较密集地使用其相对丰裕的生产要素的商品，以换取那些需要较密集地使用其相对稀缺的生产要素进行生产的进口商品。各国按各自的要素禀赋进行分工，能使生产要素得到最有效的利用，在此基础上开展自由贸易，各国均可获利。

里昂惕夫在20世纪50年代初，采用投入-产出分析法用美国的数据对H－O模型进行实证检验，发现其结果与H－O模型完全相反。其验证结论发表后，使西方经济学界大为震惊，这就是著名的“里昂惕夫之谜”。

围绕如何解释里昂惕夫之谜，西方学者提出了各种各样的理论见解。对里昂惕夫之谜的解释包括要素非同质论、人力资本说、技术进步说、自然资源说、贸易壁垒说、需求偏好说、要素密集逆转说和跨国公司的作用等。其中有一部分赋予要素新的含义，由此产生了国际贸易新要素理论。

关键术语

绝对优势　比较优势　相互需求论　要素禀赋论　赫克歇尔-俄林模型　生产要素　要素禀赋　要素丰裕度　要素密集度　里昂惕夫之谜

复习思考题

1. 亚当·斯密的绝对优势理论的主要内容是什么？
2. 试评述李嘉图的比较优势理论。
3. 简要介绍要素禀赋论的产生。
4. 里昂惕夫之谜是如何产生的？
5. 在分析中国加入世界贸易组织（WTO）的利弊时，有人说“为了能够打开出口市场，我们不得不降低关税，进口一些外国产品，这是我们不得不付出的代价”。请分析评论这种说法。

本章阅读资料

别忘了自由贸易的好处

2009年5月8日结束的第二次中欧经贸高层对话，明确强调了反对贸易保护主义。

此前英国《金融时报》网站5月7日刊载了中国国务院副总理王岐山撰写的题为《中英两国需联手应对危机》的文章。文章说中欧应当共同反对贸易保护主义以应对经济危机，应当本着合作的精神，妥善解决贸易分歧和争端，稳步扩大共同利益。

自从去年底法国总统萨科齐大摇大摆地宣称“自由主义结束了”，贸易保护主义就开始出现卷土重来的迹象。1月28日，包含该条款的高达8 190亿美元的美国新经济刺激方案被美国众议院通过。更有甚者，即将在美国参议院讨论的该方案，把必须是“美国制造”的应用范围扩展到经济刺激计划项目所需的各种制成品。但这个“只买美国货”的条款，不仅招致邻国加拿大及美国部分商业贸易伙伴的反对，美国航空航天工业协会、美国商会等十大商业协会也联名上书参、众两院，反对通过该条款。

新加坡《联合早报》在去年12月初就曾发出了“请别忘记自由贸易的优点”的疾呼。尽管这篇文章的发表时间已与现在有些时日，但是其观点却是永久“保险”、永久有效的。文章从历史的角度分析了自由贸易，一个世纪之前，在全球化初期产生的危机中，在英国，对自由贸易的要求激起了一个真正的群众运动。自由贸易动员了数百万人。对仍然没有公民权的妇女来说，自由贸易是一种公民权的替代：议会通过为便宜的进口商品打开大门，维护了他们作为消费者的利益。对许多民主人士来说，这是一种和平和社会正义的力量，将特殊利益群体的权力最小化并教导公民有关公平和国际理解的内容。文章认为贸易保护主义对财富、民主和和平都是有害的，新贸易保护主义浪潮是一大威胁。那时候，自由贸易在英国打败了贸易保护主义的一个原因是自由贸易的支持者迎合了人们的感情和身份需求，而不仅仅是他们对更多财富和廉价食品的合理兴趣。

自由贸易能改善世界民众的福祉，不是吗？如果否认这一点，那么可能就无法解释美国一些经济学家对于中国经济复苏所寄予的“深情厚望”，他们甚至迫切地希望中国能够快速实现复苏，支撑起全球的需求。美国纽约大学教授Brad Setser近日指出，中国的经济刺激计划的好处正在让世界受惠，也包括美国，如通用就是个受惠者，他认为这个观点是公允的。并且，他也希望中国第二季度的贸易数据出现与第一季度明显的不同。

自由贸易无论是从历史上还是从现实中，都能显示出它的确会给民众带来福祉，自由贸易的正当性是不容置疑的，只不过现实中是一些政客为了某些政治因素才将它有时玩弄于股掌。但也不是所有的政客都是如此，芬兰总理马蒂·万哈宁（Matti Vanhanen）的做法就是令人赞赏的。他说：“自由贸易是我们的原则。我们必须确保在全球贸易中每个人都遵守公平的规则，我们不会接受某些国家对本国企业进行各种不合理的补贴和资助。”他倡议，未来世贸组织应发挥更大作用。新西兰总理约翰·基对自由贸易的观点也是如此，他认为自由贸易将是各国应对危机的最佳手段。

或许，美、英、法等国复苏经济的政策不应该将注意力放在贸易保护主义之上，这种“病急乱投医”无疑是一种历史的倒退与胡乱的不负责任。美、英应该致力于国内的经济刺激，比如对金融业加强监管。《金融时报》4月15日文章指出，如果真的要迎接一个新时代的到来，那么英、美两国首先应该停止对金融界的偏爱。美、英等国应该将注意力集中在国内，一方面寻求刺激国内经济的正途，另一方面也需要对闯祸的、风险意识薄弱的金融行业加强监管，而不应将经济复苏的重任赋予贸易保护主义。

资料来源：《中国经济》（网上杂志）2009 年 5 月刊，economyofchina. com.

讨论题：

（1）自由贸易有哪些好处？

（2）各种自由贸易理论如何论述自由贸易的好处？如何看待各种自由贸易理论的论证和解释？

第3章

国际贸易新理论

学习目标 掌握产业内贸易理论的主要内容及产业内贸易指数的含义，掌握偏好相似理论对贸易基础的解释，掌握规模经济的含义及其分类，理解规模经济国际贸易理论，了解可获得性说，掌握技术差距论、产品生命周期理论，理解国家竞争优势论的主要内容。

第二次世界大战以后，随着生产力的不断发展、科学技术的进步，以及国际政治经济形势的相对稳定，国际贸易的规模越来越大，国际贸易的商品结构和地区分布与“二战”前相比也发生了很大变化：同类产品之间及发达工业国之间的贸易量大大增加，产业领先地位不断转移，跨国公司内部化和对外直接投资兴起。对这些新情况，用传统的比较优势理论——认为贸易只会发生在劳动生产率或资源禀赋不同的国家间的经典理论——很难作出有力的解释。并且，古典与新古典国际贸易理论都假定市场是完全竞争的，这与当代国际贸易的现实也不相吻合。

因此，经济学家们在里昂惕夫之谜的推动下不断探索，形成了各种各样的国际贸易新理论或称为当代国际贸易理论。其中，最具代表性的有“产业内贸易理论”、“偏好相似理论”、“规模经济贸易理论”、“国家竞争优势理论”等。

3.1 产业内贸易理论

产业内贸易理论是“二战”后适应国际贸易新特点而产生和发展起来的一种国际贸易新理论。

第二次世界大战以前，国际贸易基本格局是不同产品相交换的产业部门间贸易，因而比较成本论、资源禀赋论等分析问题的着眼点都在于各国因劳动生产率、要素拥有量不同而引起的进出口商品结构的差异。“二战”后，各国特别是工业国之间的比较利益差别在缩小，因而按照传统理论，可以预期各国（特别是工业国）之间的贸易会越来越少，国际贸易将会因相对技术方面的差异变小和要素价格均等化的趋势而越来越缺乏基础。然而，事实恰好相反：产业结构相似的国家之间的贸易显著增强，特别是发达工业国之间的贸易发展得最快。同时，大量的国际贸易在同一产业内进行，甚至还出现相同产品的互相买卖。这是传统贸易理论无法给予解释的，产业内贸易理论正是在这样的历史背景下产生的。

3.1.1 产业内贸易理论的内容

1. 产业内贸易的含义

产业内贸易（Intra-industry Trade）是相对于产业间贸易（Inter-industry Trade）而言的。产业内贸易是产业内国际贸易的简称，是指一个国家或地区在一段时间内，同一产业部门产品既进口又出口的现象。比如，日本向美国出口轿车，同时又从美国进口轿车；中国向韩国出口某种品牌的衬衣，同时又从韩国进口其他品牌的衬衣。产业内贸易还包括中间产品的贸易，即某项产品的半制成品、零部件在两国间的贸易。

在产业间贸易中，同一产业产品基本上是单向流动，即要么进口，要么出口；而产业内贸易是双向流动的，因此产业内贸易又叫双向贸易（Two-way Trade）。产业间贸易，一般是通过分别处于不同国家的独立企业交易来完成的；而产业内贸易则通过内部和外部两个市场来实现。所谓内部市场，是指跨国公司利用其特殊优势，在其子公司和子公司、子公司和母公司之间进行贸易所形成的内部化交易机制。与此相对应，独立企业之间进行交易所形成的市场称为外部市场。

由此，产业内贸易可以表述为：同一产业内的产品，主要是制成品通过外部市场与内部市场在不同的国家或地区间的双向贸易。

2. 产业内贸易理论的基本内容

经过很多经济学家的努力，产业内贸易的研究成果不断丰富，形成了自己独立的理论体系。

产业内贸易理论的代表人物是巴拉萨、格鲁贝尔、劳埃德等人，特别是1975年美国学者格鲁贝尔和澳大利亚学者劳埃德合作出版的《产业内贸易：差别产品的国际贸易理论和计量》，对产业内贸易理论作出了系统化表述。20世纪70年代末到80年代初，克鲁格曼、迪克西特、斯蒂格利兹、兰卡斯特等人又对产业内贸易理论进行了补充，使产业内贸易理论的影响进一步扩大。

产业内贸易理论是以不完全竞争的市场结构和规模经济的存在为假设前提的。该理论认为，国际贸易不一定是比较优势的结果。在不完全的竞争市场上，国家之间即使不存在技术水平、资源禀赋的差异，也可以追求生产的专业化和进行国际贸易。产业内贸易使贸易参加国获得两方面的利益：一方面是规模经济导致的低成本和产品的低价格，另一方面是消费者享受了更多的差异产品，产品选择性的增加提高了其需求的满足程度。

产业内贸易理论以产品的差异性、需求偏好相似和规模经济解释产业内贸易的原因或基础。

产品的差异性是产业内贸易的基础。由于人、财、物力和科技方面的约束，一国不可能在具有比较优势的产业生产所有的差别化产品，因此每一产业内部的系列产品常产自不同的国家。各国对同类的系列差别化产品产生相互需求，就会产生产业内贸易。也就是说，生产者和消费者对差异产品的追求是产业内贸易产生的根本原因。

格鲁贝尔和劳埃德在《产业内贸易》中，将产业内贸易分为同质产品的产业内贸易和差异产品的产业内贸易两大类。同质产品（Homogeneous Products）是指性质完全一致因而能够相互完全替代的产品。这类商品在一般情况下大多属于产业间贸易，但由于市场区位不同、市场时间不同等，也存在一定程度的产业内贸易现象。格鲁贝尔和劳埃德认为同质产品的产业内贸易是由于运输、储存、销售和包装等成本引起的。

同质产品的产业内贸易一般有如下原因。

第一，大宗原材料的国际贸易。例如水泥、黄沙和砖瓦等，这些产品的运输成本占整个产品成本的比重非常大，从而使这些产品的贸易半径比较小。这种产品的消费者会从最近的原料生产地来获得这些产品，而自然资源的可得性决定了这些产品生产的区位，因此会出现一个国家同时进口和出口这些产品的情况，即同质产品的产业内贸易。

第二，转口贸易和再出口贸易活动。一些国家和地区进行大量的转口贸易和再出口贸易，如新加坡。转口和再出口贸易的商品其基本形式没有发生变化，只是通过提供仓储、运输等服务来实现商品的增值，形成统计上的同质产品产业内贸易。

第三，产量的季节性差别导致的国际贸易。一国供给和需求的季节不一致及自然灾害可能会引起一个国家进口一些其他季节出口的产品。例如，一个南半球的国家可能在它的农产品尤其是水果、蔬菜类产品收获之前，从北半球某个国家进口，而在收获之后又向那个国家出口，这样也会出现产业内同质产品的贸易。

第四，由于合作生产和特殊的技术条件，引起了一些完全同质的服务进行国际贸易，如金融服务贸易中，常常既走出去又引进来，同时存在“进口”与“出口”。

第五，政府干预造成价格扭曲，造成企业追求套利的产业内贸易。企业为了占领其他国家的市场而出口同种产品，尤其是相互倾销；在存在出口退税、进口优惠时，国内企业不得不出口以得到退税，再进口以享受进口优惠。

另外，跨国公司的内部贸易也会形成产业内贸易。因为同种商品的产品与中间产品和零部件大都归入同组产品，因而形成产业内贸易。

对于同质产品的产业内贸易作出理论解释比较简单，只要加入运输成本、政府干预等一类因素的分析，大都仍然能用赫-俄学说加以说明。因此，产业内贸易理论的主要内容是差异产品的产业内贸易。

差异产品（Differentiated Products）又叫异质产品，是具有差别性特征的产品。产品差别可具体表现在同类产品的质量性能差别，规格型号差别，使用材料的差别，色彩及商标牌号的差别，包装装潢的差别，广告、售前、售后服务的差别，企业形象与企业信誉的差别等方面。

资料表明，大多数的产业内贸易发生在差异产品之间。属于同一产品大类的差异产品在现代经济中有着很高的占有率。在制造业中，产业内贸易商品明显偏高的是机械、药品和运输工具。例如，在汽车产业，福特、通用、丰田、奔驰和宝马等品牌的产品，是有多方面差别的；即使是碳酸饮料，不同厂家生产的品牌不同也被认为是差异产品。

差异产品又分为垂直差异产品和水平差异产品。垂直差异产品是指仅仅在质量、档次上存在差异的产品；水平差异产品是指同样质量档次，但其特色或特质不同的产品。比如，不同质量档次、不同价格的同一品牌的电视机为垂直差异产品；同样质量档次的电视机在款式和外观色彩上不同即为水平差异产品。实际上，差异产品往往既表现出垂直差异的特点，又表现出水平差异的性质。

从需求方面看，产生产业内贸易的原因在于不同国家需求结构的相似性和多样性。因此，产业内贸易理论与下一节要介绍的需求偏好相似理论是相互联系的。

人均收入水平是决定购买力水平和购买商品结构的重要因素。国家之间人均收入水平差别越大，社会需求结构差别就越大，国家之间的产业结构和产品结构差别也就越大，此时国家之间发生产业间贸易的可能性越大而发生产业内贸易的可能性越小。反之，国家之间人均收入水平越相近，社会消费需求结构越相似，产业结构和产品结构也越相似，国家之间的相互需求规模越大，发生产业内贸易的可能性越大。

需求偏好的相似性对于产业内贸易的发生是必要条件而不是充分条件，充分条件在于消费需求偏好的多样性：人均收入水平越高，消费需求结构越复杂，从而产品差别的重要性越大，产品的细小差别都可能导致消费者的不满意而丧失市场需求。人均收入水平越低，消费需求结构越简单，国民只追求产品的主要使用价值而对产品差别不怎么重视。在需求偏好具有多样性的国家，国内虽然可以生产同类产品，但国民却对同类产品中的各种差异产品具有不同的需求，同类产品的国际贸易就得以产生。所以，需求偏好的多样性是产业内贸易的利益来源，这种利益主要是指不同的消费者偏好由于消费不同产品而得到的满足。

从供给角度看，产业内贸易产生的原因是规模经济和产品差异之间的相互作用。企业规模经济是产业内贸易的主要利益来源，对规模经济的追求即对超额利润的追求是产业内贸易产生的动力。因此，产业内贸易理论与后面要介绍的规模经济理论也是相互联系的。

产业内贸易以产业内的国际分工为前提。规模经济导致了各国产业内专业化分工的产生和发展，从而使得以产业内专业化为基础的产业内贸易得以迅速发展。生产厂家之间的国际专业化分工越细，越有利于扩大生产规模，扩大市场规模，充分实现企业生产的规模经济效应。因为生产和市场的细分化虽然减少了国内消费者数量，但国际贸易可以使企业面对同类型的更大规模的国际消费群体，生产和销售突破本国市场规模的限制，获得更高经济效益。同时，产业内的国际专业化分工也有利于减少各国生产企业之间的市场竞争程度。所以，发生产业内贸易的产业往往都是规模经济现象比较明显的产业。

另外，规模经济和产品差异之间有着密切的联系。正是由于规模经济的作用，使得生产同类产品的众多企业优胜劣汰，最后由一个或少数几个大型企业垄断了某种差异产品的生产，并成为差异产品出口商。

为了充分发挥规模经济效应，国际市场的开放和一体化是必要的基础条件。

3.1.2 产业内贸易的测度

对于产业内贸易水平的测度，即计算产业内贸易指数（Intra-industry Trade Index，IIT），不同的经济学家提出了不同的统计公式。格鲁贝尔和劳埃德在其 1975 年的论著中提出的测量方法，简称为 G－L 指数，是比较权威的测量产业内贸易的方法。G－L 指数不仅可以测度行业总贸易中产业内贸易的比例，也可以根据该指数通过加权平均测量整个经济的产业内贸易水平。G－L 指数不仅量化了产业内贸易的大小，也可反映商品多样性需求和规模经济发展状况等。

由于产业内贸易是同类产品的贸易，因此对同类产品如何界定就非常重要。如果同类产品的“类”界定得较为宽泛，则产业内贸易的规模就比较大，产业内贸易占总贸易的比重就高；相反，如果同类产品的“类”界定得较狭窄，则产业内贸易规模会比较小，产业内贸易占总贸易的比重就相应较低。

格鲁贝尔和劳埃德计算产业内贸易指数时，同类产品是按联合国的《国际贸易标准分类》（SITC）的三位数来划分的。在第 1 章中已经介绍过，SITC 把国际贸易商品共分为 10

大类、63章、233组、786个分组和1924个基本项目，按三位数划分即在SITC中同一"组"的产品就是同类产品。

格鲁贝尔和劳埃德计算某个行业产业内贸易指数的计算公式为

$$\mathrm{IIT}_i = \frac{(X_i + M_i) - |X_i - M_i|}{(X_i + M_i)}$$

或者表示为

$$\mathrm{IIT}_i = 1 - \frac{|X_i - M_i|}{X_i + M_i}$$

在上列两个公式中，i 表示第 i 个行业部门，X_i 和 M_i 分别表示该部门的出口量和进口量，IIT_i 即G-L指数。如果该行业出口量恰好等于其进口量，那么 $\mathrm{IIT}_i=1$，达到最大值，即全部贸易都是产业内贸易；如果贸易是单向的，即要么都是出口，要么都是进口，则 $\mathrm{IIT}_i=0$，达到最小值，则完全没有产业内贸易。通常的情况是，$1>\mathrm{IIT}_i>0$。IIT_i 越接近于1，产业内贸易的重要性越大，产业间贸易的重要性越小；反之，IIT_i 越接近于0，产业内贸易的重要性越小，产业间贸易的重要性越大。

一国所有行业的产业内贸易指数为

$$\mathrm{IIT}_i = \frac{\sum_{i=1}^{n}(X_i + M_i) - \sum_{i=1}^{n}|X_i - M_i|}{\sum_{i=1}^{n}(X_i + M_i)} \times 100\%$$

产业内贸易指数主要是从一个行业部门的角度来研究产业内贸易程度的。所以，产业内贸易指数的大小受到三个主要因素的影响：一是与该行业部门的产品特性有关，因为有些行业部门的产品生产和消费具有明显的地域性，难以发生大规模的产业内贸易；二是与该行业部门的成熟程度有关，高度发达成熟的行业部门容易发生产业内贸易，幼稚工业部门就难以发生产业内贸易；三是与行业部门的划分有关，如果行业部门的划分细致，产业内贸易的指数就比较小，如果行业部门的划分很粗略，产业内贸易指数就比较大。

链接3-1

表3-1是2007年中国、美国、德国SITC制成品各章的G-L指数。

表3-1　2007年中国、美国、德国SITC制成品各章G-L指数

各章代码	各章名称	中国	美国	德国
51	有机化学品	0.48	0.70	0.90
52	无机化学品	0.63	0.80	0.76
53	染色原料等	0.63	0.68	0.58
54	医药品	0.36	0.71	0.85
55	香精油、香料等	0.65	0.82	0.72
56	化学肥料	0.88	0	0.66

续表

各章代码	各章名称	中国	美国	德国
57	初级形态塑料	0.30	0.59	0.76
58	非初级塑料	0.73	0.86	0.57
59	其他化学品	0.66	0.69	0.75
61	皮革制品	0.42	0.75	0.94
62	橡胶制品	0.34	0.66	0.83
63	软木制品	0.15	0.34	0.81
64	纸类制品	0.67	0.84	0.78
65	纺织纱等	0.46	0.63	0.80
66	水泥等产品	0.37	0.68	0.75
67	钢铁	0.59	0.57	0.85
68	有色金属	0.51	0.53	0.90
69	其他金属制品	0.35	0.68	0.75
71	动力机械等	0.73	0.77	0.81
72	特种专用机械	0.58	0.79	0.48
73	金属加工机械	0.53	0.84	0.57
74	通用机械与零件	0.76	0.88	0.58
75	办公类机器等	0.43	0.60	0.88
76	电信、录音设备	0.39	0.46	0.89
77	电力机械及零件	0.54	0.73	0.81
78	陆用车辆	0.49	0.64	0.56
79	其他运输设备	0.23	0.47	0.84
81	预制建筑物等	0.06	0.40	0.79
82	家具及零件	0.08	0.29	1.00
83	行李箱类用品	0.06	0.15	0.67
84	服装、服饰类	0.03	0.10	0.70
85	鞋类	0.06	0.08	0.68
87	专业、科学仪器	0.62	0.85	0.68
88	摄影仪器类	0.82	0.69	0.78
89	杂项制品，如武器	0.32	0.70	0.81

数据资料摘引自：喻志军．中国外贸竞争力评价：理论与方法探源 基于“产业内贸易指数”与“显示性比较优势指数”的比较分析．统计研究，2009，26（5）：96.

3.2 偏好相似理论

3.2.1 偏好相似理论的产生背景

商品价格的差异是产生贸易的重要原因，众多贸易理论都是从生产或供给方面来分析价格差异的。由于商品的价格是由供求两方面决定的，在同样的生产条件下，商品的价格会由于需求的不同而不同。而在以前从供给方面对贸易的分析中，都假定需求是给定的，没有探讨过各国的需求有什么差别，以及这种差别是怎样决定的。事实上，各国对各种商品的需求是很不同的。亚洲人喜欢吃大米，欧美人主要吃面包；中国人过年要放鞭炮，欧美人过圣诞则要点彩灯，装饰圣诞树；大多数地方的俄国人一年中有将近一半的时间戴皮帽、穿大衣，越南人却整年一件无领衫。因此，各国消费者对大米、面包、鞭炮、圣诞树、皮帽子和无领衫的需求肯定不会相同。即使在同样的价格下，各国消费者愿意并且有能力购买的商品数量可能会有很大不同。

1961年，瑞典经济学家斯戴芬·伯伦斯坦·林德（Staffan Burenstam Linder）在他的著作《论贸易的转变》一书中提出了偏好相似理论，第一次从需求角度分析国际贸易的原因，用国家之间需求结构的相似来解释制成品的产业内贸易的发展，从而成为国际贸易新理论的又一重要组成部分。

3.2.2 偏好相似理论的基本内容

偏好相似理论即需求偏好相似理论（Theory of Demand Preference Similarity），又称为重叠需求理论（Overlapping Demand Theory）。该理论认为，两国之间的贸易关系是由两国需求偏好的相似程度与收入水平决定的。人均收入水平决定其需求偏好，两国的人均收入越接近，需求偏好越相似，两国的需求重叠部分就越大，贸易可能性也就越大。如果两国需求结构完全一样，一国所有可供进出口的物品也就是另一国可供进出口的物品。

偏好相似理论从需求的角度分析说明了当代发达工业国之间的产业内贸易得到更大发展的原因。

林德指出，偏好相似理论主要是针对工业产品，即制成品。因为制成品的品质差异较明显，其贸易形态和方向取决于需求结构，两国需求结构相似即偏好相似是制成品贸易的基础。并且，收入变动又是引起制成品需求变动的主要因素。发达国家的人均收入水平较高，它们之间对制成品的需求重叠范围较大，这就是制成品的贸易主要发生在收入水平比较接近的发达国家之间的基本原因。所以，偏好相似理论适用于解释制成品贸易。

偏好相似理论认为，国际贸易是国内贸易的延伸，产品出口的可能性取决于它的国内需求。一种工业品要成为潜在的出口产品，首先必须是一种在本国消费或投资生产的产品，并且这种产品在国内有广泛的需求。各国应当出口那些在国内已经存在大规模需求的产品，这种产品才是具有最大相对优势的产品。因为企业只有熟悉了国内市场，才可能熟悉国外市场。企业首先是在对国内需求了解的基础上满足国内市场的需求。只有当一个企业的规模日益扩大，感到本国市场狭小时，才会想到扩大销售范围，将产品推向国际市场。通过产品的出口，保证规模经济，同时还可以进一步扩大生产规模，增加盈利。所以说，不管一种产品的最终出口份额如何之大，出口终究是市场的扩大，而不是它的开端。

另一方面，在长期致力于满足国内需求的过程中，企业规模日益扩大，成本降低，获得向具有相似偏好和收入水平的国家出口该类商品所必需的经验和效率，产品才会具备国际竞争力。国内市场的需求对新产品的研制是更为必需的。市场需求是技术创新的原动力。如果所要解决的问题不是技术创新者所处环境内的身边的事物，发现和解决这个问题都是非常困难的。因此，创新产品一般是适应本国市场需求的产品，它的生产和销售首先在本国市场中进行，然后才逐渐地适应于出口的需求。并且，一种新产品要最终适合市场需要，在生产者和消费者之间必须反复交流信息，如果消费者是在国外，信息成本将非常高昂。所以，只有在国内有较大需求的产品，才会是具有竞争力的相对优势产品。

由于有可能出口的工业品必须是本国消费或投资生产的产品，该工业品首先是为了满足本国市场喜好和收入水平而生产的。因此，该产品的出口国家就是那些收入水平相近、对产品的偏好相似的国家。两个国家的需求偏好越相似，这两个国家之间的贸易可能性越大，贸易量也越大。

林德认为平均收入水平的相似可以用作需求结构相似的指标，人均收入水平与消费品和资本品的需求类型有密切联系。

根据恩格尔定律，一个国家人均收入的增加，将会引起需求结构的变化，即需求的高级化，也就是对更高质量工业制成品的需求。新增加收入中，只有一部分用来购买跟过去消费品相同的产品，以满足需求的量的变化，而用其更多的一部分去购买新产品，以满足需求的结构的变化。

对机器设备等资本货物的需求跟人均收入之间同样有一种相互适应的情况。人均收入水平的高低，与一个国家现有资本存量的多少关系很大，资本存量丰富的国家，一般也都是人均收入水平较高的国家，且都是工业比较发达的国家。这类国家要比那些资本稀缺的国家需要更先进更复杂的资本设备。收入水平较低的国家，如同它们选择质量较低的消费品一样，往往也选择通用技术的简单资本设备。因此，人均收入水平的差别，也大体上表明对资本货物需求结构的差别。

总之，人均收入水平较高的国家对消费品和资本品的需求档次较高，人均收入水平较低的国家对消费品和资本品的需求档次较低，人均国民收入越一致的国家，其需求结构也越相似，相互之间贸易的可能性越大。

另外，由于收入分配的不平均，贫困国家中的高收入者和富国中的低收入者可能需要同一种产品，这种需求偏好的重叠使平均收入水平相差较大的国家之间也存在一定的贸易可能性，这就是“战后”国际贸易格局形成的原因。

林德假设，一国的需求由其“代表性消费者”的需求倾向（Propensity to Demand）决定。不同收入阶层的消费者偏好不同，收入越高的消费者越偏好奢侈品（Luxury Goods），收入越低的消费者越偏好生活必需品（Necessities）。一国的“代表性消费者”的需求倾向会随着该国人均收入的提高逐渐转向奢侈品并造成社会需求的转移。当人们收入提高，对工业消费品特别是奢侈品的需求增加时，本国的工业品和奢侈品生产也会增加。

两国之间的需求结构越接近，则两国之间进行贸易的基础就越雄厚。若两国的需求结构相同，则对任意一个国家的企业来说，它会发现对其产品的需求，不仅在国内，还有国外。

为了满足市场需求，生产企业不断地扩大生产，改进技术，结果是产量增加的速度超过需求增长的速度，从而使该国有能力向别国出口。对于该国出口的工业产品，只有与之收入相近的国家才会有需求，因此进口工业产品的主要国家也是收入较高的国家。根据林德的理论，工业制成品在发达国家之间的贸易会随着收入的不断提高占据越来越重要的地位。

3.3 规模经济贸易理论

为了进一步解释产业内贸易发生的原因，20 世纪 70 年代，格雷和戴维斯等人对发达国家之间的产业内贸易现象进行了研究。他们发现，产业内贸易主要发生在要素禀赋相似的国家，产生的原因是规模经济和产品差异之间的作用。由此，把规模经济现象纳入了国际贸易理论的分析领域。

随后，克鲁格曼、罗默等人将规模经济的思想融于国际贸易的基本理论，在规模经济和不完全竞争的基础上发展形成了“规模经济贸易理论”（Economies of Scale and Trade Theory），并成为新贸易理论（New Trade Theory）的主流观点。

规模经济贸易理论的主要观点是：企业的规模经济是形成产业内贸易的主要原因之一。即使比较优势不存在，国际贸易仍可产生。发达国家之间工业产品的产业内贸易的基础是规模经济，而不是技术不同或资源配置不同所产生的比较优势。在不完全竞争的条件下，规模经济使得国际贸易仍是互利的。

3.3.1 规模经济与规模报酬递增

规模经济（Scale Economy）也称为“规模报酬递增”（Increasing Returns to Scale），是指在一定时期内，企业扩大生产规模可以降低平均成本，从而提高利润水平。或者说，规模经济是生产规模扩大时，其单位成本下降所带来的利益或经济性。规模经济理论是经济学的基本理论之一，也是现代企业理论研究的重要范畴。

从经济学说史的角度看，亚当·斯密在阐述劳动分工对经济增长的作用时就强调了规模报酬递增的重要性。在斯密之后，马克思及斯密理论的继承者阿林·杨格也都从分工角度对市场与经济规模的关系进行了研究。新古典经济学的创始人马歇尔是第一个明确提出“规模经济”概念，并较为系统地研究规模经济问题的经济学家。他还论述了规模经济形成的两种途径，即“内部规模经济”和“外部规模经济”。同时，马歇尔研究了规模经济报酬的变化规律，指出规模报酬将依次经过规模报酬递增、规模报酬不变和规模报酬递减三个阶段。穆勒也从节约生产成本的角度论述了大规模生产的好处。

从微观经济角度讲，产品的长期平均成本会受生产规模的影响。如果生产规模太小，劳动分工、生产管理等都会受到规模限制，产品的平均成本会比较高；随着规模的扩大、产量的增加，这种限制会减少，每单位投入的产出会增加，产品的平均成本会下降。微观经济理论称之为“规模报酬递增”。随着产量的不断增加，这种递增的规模报酬会达到顶点，即最佳规模。在最佳的生产规模中，产品的平均成本达到最低点，并且在一定的范围中，平均成本不会再因产量的增加而降低。这一阶段称为“规模报酬不变”（Constant Return to

Scale)。不过，这种成本不变的状况不会永远保持下去。如果生产规模继续扩大，平均生产成本会因为规模过大，管理和合作效率下降而上升。这个阶段出现的是“规模报酬递减”(Decreasing Returns to Scale) 或“规模不经济”。如果用图来表示，长期平均生产成本会随着产量（规模）的扩大而下降、不变、上升，从而形成 U 字形（如图 3－1 所示）。

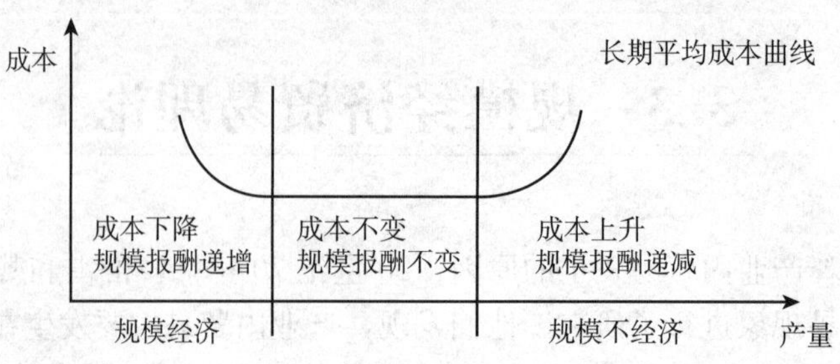

图 3－1　企业的长期平均成本与规模经济

规模经济又可分为“内部的”与“外部的”两种。

内部规模经济（Internal Economies of Scale）是指由于企业自身规模的扩大（即产量的增加），导致企业长期平均成本下降、收益增加的现象。这是通常意义上的规模经济。企业在扩大生产规模时，分摊到每个产品上的固定成本（管理成本、信息成本、研究与开发成本等）会越来越少，还会由于采用效率更高的特种生产要素和进行企业内部的专门化生产，而从企业内部导致产品的平均成本下降，收益增加。具有内部规模经济的一般都为大企业、大公司，多集中于研究与开发、管理、销售成本较高的制造业和信息产业，如汽车、飞机、钢铁、计算机及软件等。

外部规模经济（External Economies of Scale）主要是指由于产业内企业数量的增加所引起的产业规模的扩大，导致企业长期平均成本下降的现象。外部规模经济是由“集聚效应”带来的规模经济，由于各种原因使得产业在一个或几个特定的区域内集中生产，企业可以利用外部的各种有利条件而获得利益。导致外部规模经济发生的原因主要有专业化供应商队伍的形成，知识外溢、技术扩散，劳动力市场共享等方面。这种产业集聚使整个产业的劳动生产率得到提高，所有企业的成本下降。产业规模越大，生产成本越低，并且在信息收集、产品销售等方面的成本也会降低。外部规模经济一般出现在竞争性很强的同质产品行业中。例如，在美国的“硅谷”有几千家计算机公司，集中在一起，形成了外部规模经济。在我国，北京的“中关村电脑城”，浙江的“纽扣城”、“电器城”、“小商品市场”，以及许多工业园区，也都具有获取外部规模经济的性质。

最主要的外部规模经济一般来自于知识的积累。当某个企业通过经验积累而提高其产品质量或生产技术时，其他企业可通过对该技术的模仿从中获益。随着该产业整体知识的不断累积，这种知识外溢有助于产业内各企业的生产成本下降。如果产业知识随时间推移而积累导致的劳动生产率提高而非单纯成本下降，则外部规模经济就是动态的。一般情况下，知识累积最初由个别企业突破，而后通过各种形式的“外溢”与模仿传播至整个产业，导致整个产业整体知识积累的增加，由此使产业平均成本不断下降。这个过程与单个企业的“干中学”(Learning by Doing) 相似，实际上是单个企业“干中学”模式的放大。

3.3.2 规模经济与国际贸易

尽管规模经济理论在经济学发展的早期起着相当重要的作用，但是在20世纪70年代之前，在主流经济学框架中对规模经济现象进行研究的文献为数不多，经济学家都没有重视规模报酬递增对国际分工及贸易的影响。

比较优势理论的基本假设是规模报酬不变，即假定某个产业中的投入增加一倍，其产出也相应地增加一倍。而在以后新古典经济学占统治地位的经济理论界，关于国际分工和贸易的分析都深受均衡理论中的规模报酬递减思想的影响。马歇尔自己在提出“规模经济”概念时，认识到了报酬递增与完全竞争的市场结构之间存在不协调性。后来，斯拉法在研究中发现，无论递增还是递减的规模报酬都不能与企业理论中的完全竞争假设或局部均衡的产业供给曲线假设相协调，即规模报酬不变与完全竞争是相容的。以后，虽然杨格在斯密劳动分工思想的基础上明确提出了规模报酬递增的思想，但没有人对其加以重视。

20世纪70年代，格雷和戴维斯、坎姆、克鲁格曼、罗默等人突破了完全竞争和规模报酬不变的假定，用规模报酬递增解释传统贸易理论无法解释的当代国际贸易的难题，从而建立了规模经济贸易理论。

规模经济有内部规模经济和外部规模经济之分，无论是哪一种规模经济，企业都可以通过参与国际贸易获得利益。

1. 外部规模经济与国际贸易

外部规模经济与完全竞争的市场结构是兼容的，因此外部规模经济可以不改变完全竞争市场的前提解释国际贸易的原因。

外部规模经济理论表明，行业规模大的国家比行业规模小的国家在该行业中更有效率。换句话说，外部规模经济可引起国家产业水平上的规模报酬递增。由于进入某个行业的企业增加，在外部规模经济的作用下，该行业产品成本降低，使得产品能够出口到国外市场。而之所以有更多的产品供出口，是因为行业内企业数量的增加提高了整个行业的产量。这种贸易的基础不是要素禀赋差异形成的比较成本差异，而是外部规模经济形成的比较成本差异。也就是说，外部规模经济是国际贸易的独立原因。

1964年，经济学家默瑞·坎姆提出了外部规模经济导致国际贸易（“北北贸易”）的一个模型，说明了两个技术相同、资源禀赋相同，甚至需求相同的发达国家，由于规模经济可以进行贸易。

坎姆模型假设有A、B两个国家都生产X、Y两种产品，并且生产这两种产品的行业都具有外部规模经济。随着行业规模的扩大和生产量的增加，单位产品的成本下降。当一国专业化生产一种产品的时候，该产品的生产成本达到最低。

在没有贸易的情况下，任何一国都必须根据本国的生产能力和消费偏好来决定两种产品的产量，根据比较优势理论，两国不会发生贸易。但是，如果A国的X产品生产发展迅速，有更多的人从事生产，由于规模经济，X的相对成本下降而Y的相对成本上升。另一方面，B国的Y产品生产扩大，Y的相对成本下降而X的相对成本上升。这时，两国的生产成本发生了变化：A国X产品的相对成本低于B国，而B国Y产品的相对成本低于A国，两国都有贸易的动力，A国会出口一部分X产品而进口一部分Y产品，而B国则正好相反。两国进行交换，其结果是两国都能在低于封闭经济中的价格下消费，社会福利水平都能增加。

极端的情况是，两国都集中生产一种产品，然后进行交换，双方的社会福利水平会达到最优状况。

外部规模经济的存在决定了贸易模式，使一国成为某种商品的出口国。出口产业的建立可能由比较优势决定，也有可能是由偶然或历史因素决定。但一国一旦建立起大于别国的生产规模，该国就会获得更多的成本优势，逐步巩固自己的地位，这样即使其他国家更具有比较优势，也很难成为该产品的出口国。这方面最典型的例子就是瑞士的钟表业。瑞士的钟表业在历史上曾经具有比较优势，由于这种“先行者优势”，瑞士的钟表始终在世界市场上处于领先地位。

强烈的外部规模经济会巩固现有的贸易模式，可能导致一国被“锁定”在某种已无比较优势的专业化分工模式中，即使别的国家存在更廉价的技术也是如此。这时，以外部经济为基础的贸易也有可能使一国福利水平比没有贸易时下降。

2. 内部规模经济与国际贸易

内部规模经济可以解释不完全竞争市场前提下国际贸易的原因。

一般情况下，内部规模经济的实现依赖于企业自身规模的扩大或产出的增加。在参与国际贸易以前，垄断竞争企业面对的只是国内的需求，需求量有限。参与国际贸易后，外国需求增加，从而总需求增加，企业的生产相应扩张。在短期内，需求的突然扩张使得企业的平均成本比产品价格下降得更快，形成超额利润。超额利润会吸引更多的国内企业进入该行业。新进入的企业生产的产品对原有企业的产品具有很大的替代性，使得市场对原有企业的需求下降，所以长期内超额利润消失。但是，由于企业在参与国际贸易后面对着更有潜力、更富有弹性的需求，使得其获得了更低的长期生产成本，从而获得了比较优势，形成贸易发生的基础。

企业内部的规模经济主要是由以下两个原因产生的：一是固定成本，只要企业的生产经营活动中存在固定成本，那么就一定会在企业内部出现规模报酬递增的现象；二是生产要素之间的互补性。比如在高技能工人身上投资的报酬会随着投资规模的扩大出现递增的特征。

对于研究和开发费用等成本支出较大的产业，规模经济显得尤为重要：如果没有国际贸易，这类产业可能无法生存。研究和开发费用可以说是一种固定的成本费用，随着产量的增加，单位产品的固定成本降低，如果这种产品仅在国内销售，较低的产量是单位产品的生产成本保持在高位水平，企业难以实现规模经济甚至无法收回投入的研究和开发费用。如果允许国际贸易发生，产品进入国际市场会导致企业产量的增加，从而实现规模经济下的生产。

在规模经济较为重要的产业，国际贸易可以使消费者享受到比封闭条件下更多种类的产品。因为规模经济意味着在一国范围内只能生产有限的产品种类，如果允许进口，国内市场上就可以购买到更多的产品，这也是福利增加的表现。

所以，对于垄断竞争企业来说，开放贸易的短期结果是：企业产量增加，平均成本下降，出现短期超额利润。这时，产品价格可能下降，从而使得本国消费者也受益，消费者剩余增加；但短期内价格也有可能上升，造成国内消费量下降，消费者受损。

开放贸易的长期影响是：企业产量增加（比没有贸易时增加但不一定比短期内的产量多），平均成本和产品价格都下降且两者相等，企业利润回到零，本国消费者消费量增加，消费者剩余增加。从社会福利角度考虑，无论短期长期，整个社会福利都比没有参与贸易时增加。

3.4 其他国际贸易新理论

3.4.1 可获得性说

可获得性说（Availability Theory）亦称存在性理论，由美国经济学家克拉维斯于1956年首先提出。

克拉维斯认为，国际贸易商品可区分为可获得性商品和不可获得性商品。所谓可获得性商品，是指一国能以有利条件，如特殊的资源、先进的技术进行生产的供给弹性大的产品；不可获得性商品，是指一国无法生产或即使能生产也必须付出很高代价、供给弹性小的商品。例如，石油是中东地区等国的可获得性商品，而对于没有石油资源的国家而言则是不可获得性商品；咖啡、香蕉等热带产品，对加勒比海和太平洋地区的国家来说是可获得性商品，但对北美、西欧等国来说，因其自然条件不适于生产这些商品，即使能在温室中培养，也要花极高的代价，因而是不可获得性商品。又如，某些高技术产品，如电子计算机、飞机等在某些国家如美国能通过采用先进技术、开发新产品等方式降低成本，供给弹性较大，因而是美国的可获得性商品；而在另一些国家，由于种种条件的限制不能生产或生产成本较高，供给弹性较小，因而是这些国家的不可获得性商品。

基于对商品的可获得性和不可获得性的认识，克拉维斯认为，各国对某种商品的获得可能性的不同，即可获得与不可获得的差别，亦即供给弹性的差异，是国际贸易产生的一个重要原因。拥有可获得性商品的国家将这种商品出口到不可获得这种商品的国家，对某种商品供给弹性大的国家将向对该商品供给弹性小的国家出口这种商品，这就是可获得性学说的内容。

在实际的经济社会，不乏因拥有某些特殊资源或先进技术而产生国际贸易的例子。除了上述提及的产品出口外，英国出口毛纺织品，法国出口高级香水，日本、德国出口照相机，苏格兰出口威士忌酒，瑞士、日本出口手表等，均适用可获得性理论。

3.4.2 技术差距论

技术差距理论（Technological Gap Theory）是把技术作为独立于劳动和资本的第三种生产要素，探讨技术差距或技术变动对国际贸易影响的理论。由于技术变动包含了时间因素，技术差距理论被看成是对传统贸易理论的动态扩展。

技术差距理论产生于1961年，波斯纳在《国际贸易与技术变化》的论文中提出了技术差距模型或称创新与模仿理论。波斯纳把国家间的贸易与技术差距的存在联系起来，把技术创新和技术转移看作是贸易的一个决定性因素。他认为，技术实际上是一种生产要素，并且实际的技术水平一直在提高。但是各个国家的发展水平不一样，这种技术上的差距可以使技术领先的国家具有技术上的比较优势，从而出口技术密集型产品。随着技术被进口国模仿，技术的差距会逐渐消失，所以以技术差距为基础的贸易也会随之消失。

技术差距论认为，工业化国家之间的工业品贸易，有很大一部分实际上是以技术差距的存在为基础进行的。可以通过模仿时滞（Imitation Lag）的概念来解释国家之间发生贸易的可能性。在创新国（Innovation Country）和模仿国（Imitation Country）的两国模型中，创新国开发一种新产品成功后，具有技术领先优势，在模仿国掌握这种技术之前，可以向模仿国出口这种技术领先的产品。随着专利权的转让、技术合作、对外投资或国际贸易的发展，创新国的领先技术流传到国外，模仿国开始利用自己的低劳动成本优势，自行生产这种商品并减少进口。创新国逐渐失去该产品的出口市场，因技术差距而产生的国际贸易量逐渐缩小，最终被模仿国掌握。技术差距消失，以技术差距为基础的贸易也随之消失。

1966 年，胡弗鲍尔利用模仿时滞的概念，解释了合成材料产业的贸易模式，即一个国家在合成材料出口市场的份额，可以用该国的模仿时滞和市场规模来解释。当他按照各国的模仿时滞对国家进行排序时发现，模仿时滞短的国家最新引进新合成材料技术，并开始生产和模仿时滞长的国家出口，随着技术的传播，模仿时滞长的国家也逐步开始生产这种合成材料，并逐步取代模仿时滞短的国家的出口地位。对技术差距理论的经验研究支援了技术差距论的观点，即技术是解释国际贸易模式的最重要的因素。

3.4.3 产品生命周期理论

产品生命周期理论（Theory of Product Life Cycle）是关于产品生命周期的不同阶段决定生产与出口该产品的国家发生转移的理论，是对技术差距理论的发展。该理论在技术差距论的基础上，将市场营销的产品生命周期理论与技术进步结合起来阐述国际贸易的形成和发展。

在许多西方学者看来，用技术差距来解释技术要素对于国际贸易的重要性，还没有清楚地说明仿效差距的具体演变过程，也未指明技术创新所创造的新产品会对国际贸易产生哪些影响。为了回答这些问题，1966 年，美国经济学家弗农分析了产品技术的变化及其对贸易格局的影响，用“产品生命周期”理论直接解释美国制成品出口的周期性变化，以及贸易模式的动态变化，建立了国际贸易的产品生命周期理论。以后许多经济学家，如威尔斯、赫希哲等对该理论进行了验证，进一步充实和发展了这一理论。

弗农把产品生命周期分为产品创新阶段、产品成熟阶段、产品标准化阶段。每一阶段都有许多不同的特点，这些特点可以从技术特性、产品要素特性、产品成本特性、进出口特性、生产地特性和产品价格特性进行考察。

1. 产品创新阶段

产品创新阶段（The Phase of Introduction）也称创始阶段或新产品阶段，其特点是：少数在技术上领先的国家的企业发明并垄断着制造新产品的技术，由于国内拥有开发新产品的技术条件和吸纳新产品的市场，并且新产品的设计和改进要求靠近市场和供应者，因此新产品开发出来后便在创新国内投入生产，该创新企业在生产和销售方面享有垄断权；从产品要素特性看，产品设计尚需逐步改进，工艺流程尚未定型，需要科学家、工程师和技术熟练工人的大量劳动，因此产品是技术密集型的；从成本和价格特性看，这一阶段，没有竞争者或其数目很少，所以成本对于企业来说不是最重要的问题，产品没有相近的替代品，因此产品价格比较高；从产品的进出口特性看，新产品的制造企业垄断着世界市场，新产品不仅满足了国内市场需求，而且出口到与创新国家收入水平相近的国家和地区。由于国外还不能生产该产品，对该新产品的需求完全靠从该创新国家进口来满足，国外的富有者和在创新国的外国人开始购买这种产品，出口量从小规模开始，逐渐增加。

2. 产品成熟阶段

产品成熟阶段（The Phase of Maturation）的特点是：从技术特性看，生产技术已经定型且到达优势极限，由于出口增大，技术诀窍扩散到国外，一些发达国家开始仿制新产品，创新国技术垄断的优势开始丧失；从生产地特性看，创新国从事新产品制造的公司开始在别国设立子公司进行生产；从产品要素特性看，由于产品大致已定型，转入正常生产，只需扩大生产规模，使用半熟练劳动力即可，因此生产的产品由技术密集型转变为资本密集型；从产品成本特性看，随着新产品日趋成熟，生产成本会有所下降，仿制国不需支付国际运费和交纳关税，也不需要花费在创新阶段支出的高昂发明费用，因而成本要比创新国的进口产品低，而对企业来说，竞争者数目增多，产品的成本变得日益重要；从价格特性看，由于这一阶段是产品增长时期，新产品在国外打开销路后，吸引了发达国家的大量消费者，产品有了广泛的市场，参加竞争的企业数量很多，消费需求的价格弹性加大，企业只有降低价格才能扩大自己的销路，而创新国产品在仿制国处于价格竞争劣势；从进出口特性看，创新国企业只能逐步退出仿制国的市场，它的出口市场开始缩小。仿制国企业在本国生产新产品的成本虽然能够和创新国进口货相竞争，但在第三国的市场上就不一定能和创新国的产品相竞争。因此，在成熟阶段，创新国虽然可能对仿制国的出口有所下降，但对其他大多数国家的出口仍可继续，当然出口增长率在逐渐降低，而仿制的发达国家开始从进口的谷底逐渐上升。

到了产品成熟阶段的后期，其他国家的产品开始在第三国市场上和创新国产品竞争，并逐渐替代了创新国而占领了这些市场，当这些国家成本下降的程度抵补了向创新国出口所需的运费和关税外，还能与创新国的产品在创新国市场上竞争，则创新国的产品开始从出口转变为进口，并逐渐走向进口谷底，与此同时，仿制的发达国家开始走向出口的高峰。

3. 产品标准化阶段

产品标准化阶段（The Phase of Standardization）的特点是：从技术特性看，产品已完全标准化，不仅一般发达国家已掌握产品生产技术，就是一些发展中国家也开始掌握这种产品技术；从产品生产地的特性看，产品生产地已逐渐开始向一般发达国家，甚至发展中国家转移，范围在不断扩大；从产品要素特性看，资本要素投入虽然仍很重要，但非熟练劳动投入大幅度增加，产品要素密集性也可能改变；从成本特性上看，由于其他国家的企业产量不断增加，生产经验不断积累，加之工资水平也低，所以产品成本开始下降；这一时期参与此类产品生产的企业日益增多，竞争更加激烈，产品成本与价格在竞争中的作用十分突出，劳动力成本可能成为决定产品是否有比较优势的主要因素。

原来的创新国既因更新换代逐渐失去了技术上的比较优势，又缺乏生产要素配置上的比较优势，对此类产品不得不开始进口，于是该产品的生命周期在创新国结束。创新企业若想继续保持优势，选择只有一个，即进行新的发明创新，但是这种产品的周期在其他发达国家仍继续着。当它们大量出口该种产品时，有一些后起的发展中国家也会开始仿制它们的产品，进而同它们展开市场竞争。原来处于出口高峰的发达国家也开始滑向进口的深谷，即按照产品生命周期不断地演进，直到它们的市场也被后起国家的同类产品所占据为止。

这时发达国家要想保住市场，必须研究提高和改进技术，使产品升级换代，才能在竞争中取胜。但是，与其花力气在国内研究改进技术，不如将一些标准化的产品转移到技术水平较低、劳动力价格低廉、地价便宜的发展中国家生产。这样，承接转移的发展中国家就开始把产品出口到创新国家和其他发达国家，并开始从进口的深谷走向出口的高峰。

事实上，不同类型的国家在不同阶段上具有不同的相对优势。第一种类型是以美国为代表的最发达的工业化大国，它们工业先进，技术力量雄厚，资本和自然资源相对丰富，国内市场广阔，在生产新产品和增长产品方面具有很强的相对优势；第二类是国土较小的工业化国家，由于拥有相对丰富的科学和工程实践经验，在研究开发和生产某些新产品方面具有相对优势，但是由于国内市场狭小，过分依赖出口，生产成熟产品缺乏优势，因此它们主要适合于研究开发新产品或者生产某些种类的新产品；第三类是大多数发展中国家，拥有相对丰富的不熟练劳动，可以弥补相对缺乏的资本，因此生产标准化的成熟产品具有优势。并且，成熟产品的国际市场比较健全，出口也比较容易。总之，不同国家应该只生产那些在生命周期中处于本国具有相对优势阶段的产品。只要适当运用其优势，就可以获得较大的动态利益。

产品生命周期理论从产品生命运动过程的角度，说明了比较优势是一个动态的发展过程，解释了技术差距的规模、差距扩大或者缩小的原因。比较优势随着产品生命周期的变化从一种类型国家转移到另一种类型国家，因而不存在那种一国能永远具有相对优势的产品。显然，产品生命周期理论比传统的贸易理论前进了一大步，而且可以用来解释工业品的国际贸易格局。

3.4.4 国家竞争优势理论

国家竞争优势理论（The Theory of Competitive Advantage of Nations）又称钻石理论，由迈克尔·波特（Michel E. Porter）在他的《国家竞争优势》一书中提出。该理论在赫-俄理论与产品生命周期理论的基础上，从产业和企业参与国际竞争的角度来解释国际贸易现象，提出了国家竞争优势的观点。国家竞争优势理论弥补了比较优势理论的不足，为贸易理论的发展做出了巨大的贡献。

国家竞争优势理论的中心思想是，一国能在国际竞争中获得成功的根本在于国际竞争中是否赢得优势。竞争优势形成的关键在于优势产业的建立和企业的创新机制。它强调不仅一国的所有行业和产品参与国际竞争，并且要形成国家整体的竞争优势。国家竞争优势的取得关键在于每个国家都有的 4 个环境因素，即生产要素，需求条件，相关产业和支持性产业，企业的战略、组织结构与竞争。此外，政府和机遇作为两个辅助因素，也影响着上述四个因素对一国的国际竞争力产生影响。这六个因素相互作用、相互影响，形成一个体系，共同决定国家竞争优势，这就是“国家钻石模型”（National Diamond Model），如图 3-2 所示。

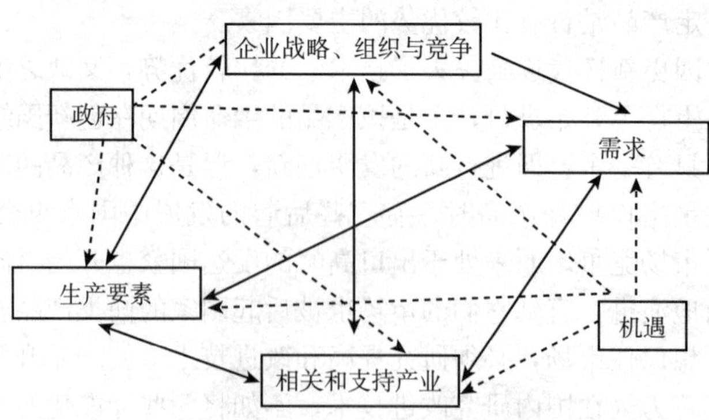

图 3-2　国家竞争优势的决定因素（“国家钻石模型”）

1. 影响产业国际竞争力的因素

（1）生产要素

如前所述，虽然资源要素是赫-俄理论的核心，但新要素理论将“要素”的范围扩大了。波特从生产要素特征的角度给予了详尽的分析，他把各种生产要素按等级划分为初级要素（基本要素）和高级要素两类。初级要素包括一个国家先天拥有的自然资源、气候、地理位置、人口统计特征等；高级要素则包括基础设施、复杂和熟练劳动力、科研设施及专门技术知识，是个人、企业及政府投资和发展的结果。一个国家若要取得竞争优势，高级要素远比初级要素重要。因此，政府要通过对教育的投资提高个人的普通技能和知识水平，并且通过刺激和鼓励高等教育与科研机构的科学研究，提高国家的高级要素质量。

（2）需求条件

国内需求条件是指对某个行业产品或服务的国内需求性质，是国际竞争力的另一个重要影响因素。一般来说，企业对其最接近的顾客的需求反应最敏感，因此国内需求对塑造本国产品的特色、产生技术革新和提高质量的压力具有极其重要的作用。波特认为，国内需求对竞争优势主要是通过三个方面产生影响：一是本国市场上有关产业的产品需求如果大于海外市场，则拥有规模经济，有利于该国建立该产业的国际竞争优势；二是如果本国市场消费者需求层次高，则对相关产业取得国际竞争优势有利，因为成熟、挑剔的消费者会对本国企业产生一种促进其不断创新，努力达到产品和服务高质量标准的压力；三是如果本国需求具有超前性，那么为它服务的本国企业也就相应地走在了世界其他企业的前面。

（3）相关产业和支持性产业

相关产业和支持产业因素是指与企业有关联的供应商和相关产业的竞争力。国内具有国际竞争力的供应商和相关产业在高级生产要素方面投资的好处将逐步扩溢到本行业中来，从而有助于该行业取得国际竞争的有利地位。企业要通过合作、适时生产和信息交流与众多的相关企业和产业保持联系，并从中获得和保持竞争力。这种产业发展过程的结果之一是一个国家内成功的产业趋向聚集，形成关联产业集群。这是波特研究成果中最有影响力的发现。

（4）企业的战略、组织结构和竞争

它们是指一国国内支配企业创建、组织和管理的条件，以及国内竞争的本质。各类企业作为国民经济的细胞，有其不同的规模、组织形式、产权结构、竞争目标、管理模式等特征，这些特征帮助或妨碍形成一国的竞争优势。此外，国内市场的竞争程度，对该国产业取得国际竞争优势有重大影响。国内市场的高度竞争会迫使企业改进技术和进行创新，通过投资提升高级生产要素质量，从而有利于该国国际竞争优势地位的确立。

在四大要素之外还存在两大变数：机遇和政府。机遇包括重要发明、技术突破、生产要素供求状况的重大变动（如石油危机）及其他突发事件，机遇是无法控制的。包括重大技术革新在内的一些机遇事件会产生某种进程中断或突变效果，从而导致原有行业结构解体与重构，给一国的企业提供排挤和取代另一国企业的机会。政府因素是指政府通过政策调节来创造竞争优势，其影响是不容忽视的。政府部门通过政策选择，对四大要素中的任何一个都可以产生积极或消极的影响，从而能够削弱或增强国家竞争优势。例如，政府行业补贴、资金市场政策、教育政策等影响到该国知识与才能要素；通过制定国内产品标准及规范和影响购买者需求的法规，政府可以培育和塑造国内需求及其性质；通过政策和法令，政府可以影响某个行业的关联和辅助性行业；通过资金市场法规、税收政策和反托拉斯法等手段，可以影响行业企业之间的竞争。

总之，波特认为以上影响竞争的因素共同发生作用，促进或阻碍一个国家竞争优势的形成。

2. 国家竞争优势发展的四个阶段

国家竞争优势理论特别重视各国生产力的动态变化，强调主观努力在赢得优势地位中所起的重要作用。该理论将一国优势产业参与国际竞争的过程分为四个依次递进的阶段，即生产要素导向阶段、投资导向阶段、创新导向阶段和财富导向阶段，其中前三个阶段是国家竞争优势发展的主要力量，通常会带来经济上的繁荣，第四个阶段则是经济上的转折点，有可能因此而走下坡路。

(1) 生产要素导向阶段

此阶段是经济发展的最初阶段，竞争优势主要取决于国家在基本生产要素上拥有的优势。这些基本生产要素可能是天然资源，或是适合作物生长的自然环境，或是不匮乏且又廉价的一般劳工。这时的优势是符合比较优势理论的，即比较优势蕴涵在竞争优势之中。在这一阶段，只有具备基本生产要素的企业才有资格进军国际市场。参与国际竞争的产业对世界经济周期和汇率十分敏感，因为这会直接影响产品的需求和相对价格。虽然拥有丰富的自然资源可以在一段时间内维持较高的人均收入，但要素推动的经济缺乏生产力持续增长的基础。

按波特的标准，几乎所有的发展中国家都处于这一阶段，某些资源特别丰富的发达国家，如加拿大、澳大利亚，也处于这一阶段。

(2) 投资导向阶段

在这一阶段中，国家竞争优势的确立主要取决于资本要素，以国家和企业的投资意愿和投资能力为基础。在这一阶段，企业仍然在相对标准化的、价格敏感的市场中进行竞争。而随着就业的大量增加，工资及要素成本的大幅度提高，一些产业开始失去依靠基本生产要素获得的竞争优势。因此，政府实施适当的政策是很重要的，政府可以引导资本投入特定的产业，增强承担风险的能力，建设有效规模的基础设施，鼓励引进外国技术以促进出口等。企业有能力对引进的技术实行消化、吸收和升级，是一国达到投资导向阶段的关键所在，也是区别要素导向阶段与投资导向阶段的标志。

按波特的标准，只有少数发展中国家进入这一阶段。“二战”后，只有日本和韩国获得成功。

(3) 创新导向阶段

这一阶段的竞争优势主要来源于产业中整个价值链的创新，特别是高新技术产品的研究和开发。企业具备很强的自主创新能力，能在广泛领域成功地进行竞争，并实现不断的技术升级。处于创新导向阶段的产业，在生产技术、营销能力等方面居领先地位，相关产业的竞争力也不断提高。创新阶段的显著特点之一是高级服务业占据越来越高的地位，其所需的人力资源及其他要素也迅速发展，不仅服务的国内需求随着收入和生活水平的提高而大大增强，而且本国服务业进入国际市场，国际竞争力也大大增强。

按波特的标准，英国在19世纪上半叶就进入了创新阶段。美国、德国、瑞典在20世纪上半叶也进入这一阶段。日本，意大利到20世纪70年代进入这一阶段。

（4）财富导向阶段

在这一阶段，国家竞争优势的基础是已有的财富。产业的创新、竞争意识和竞争能力都会下降，经济发展缺乏强有力的推动。企业更注重保持地位而不是进一步增强竞争力，企业进行实业投资的动机逐渐减弱，金融投资的比重开始上升，投资者的目标从资本积累转变为资本保值，企业开始失去国际竞争优势。部分企业试图通过对政府施加影响来维持原有的地位。大量的企业并购是进入财富导向阶段的突出表现，反映了各行业希望减少内部竞争以增强稳定性的愿望。

进入财富阶段的国家，一方面是“富裕的”，一些资金雄厚的企业和富人享受着成功产业和过去的投资所积累的成果；另一方面又是“衰落的”，许多企业受到各种困扰，长期的产业投资不足，失业和潜在失业严重，平均生活水平下降。

按波特的标准，英国已经进入这一阶段。还有其他一些国家如美、德等国在20世纪80年代也开始进入这一阶段。

国家竞争优势理论，主要是从管理学的角度构建贸易优势理论，是对当代国际贸易现实的理论概括和总结。该理论重视优势产业的发展和企业创新，强调动态的国家整体竞争优势，强调国内需求的重要性。对于政府的政策，主张政府应为产业发展和企业创新创造环境条件，要放宽对于国际贸易的管制，而不能设置障碍。

链接3-2

表3-2是中国制造业及各行业竞争优势指数。

表3-2 中国制造业及各行业竞争优势指数

产品 \ 年份	2001	2004	2007	2007与2001相比
制成品	100	133	124	↑
（一）钢铁	60	86	105	↑
（二）化学成品及有关产品	56	61	61	↑
（三）其他半制成品	93	118	108	↑
（四）机械和运输设备	81	125	121	↑
其中：办公设备和电子产品	109	211	171	↑
（五）纺织品	151	204	186	↑
（六）服装	234	282	260	↑
（七）其他制品	166	198	172	↑

转引自：李钢，董敏杰，金碚．比较优势与竞争优势是对立的吗？——基于中国制造业的实证研究．财贸经济．2009（9）：95—101.

本章小结

国际贸易新理论中，最具代表性的有“产业内贸易理论”、“偏好相似理论”、“规模经济贸易理论”、“国家竞争优势理论”等。

产业内贸易即同一产业内的产品，主要是制成品通过外部市场与内部市场在不同的国家或地区间的双向贸易。产业内贸易理论以不完全竞争的市场结构和规模经济的存在为假设前提，以产品的差异性、需求偏好相似和规模经济解释产业内贸易的原因或基础。产业内贸易的测度方法是产业内贸易指数。

偏好相似理论认为两国之间的贸易关系是由两国需求偏好的相似程度与收入水平决定的。人均收入水平决定其需求偏好，两国的人均收入越接近，需求偏好越相似，两国的需求重叠部分就越大，贸易可能性也就越大。

规模经济理论抛开了传统国际贸易理论的规模报酬不变的假设，把规模经济现象纳入了国际贸易理论的分析领域。规模经济贸易理论的主要观点是：企业的规模经济是形成产业内贸易的主要原因之一。即使比较优势不存在，国际贸易仍可产生。发达国家之间工业产品的产业内贸易的基础是规模经济，而不是技术不同或资源配置不同所产生的比较优势。在不完全竞争的条件下，规模经济使得国际贸易仍是互利的。外部规模经济可引起国家产业水平上的规模报酬递增，是国际贸易的独立原因。发生的原因主要有三个方面：专业化的供应商形成、劳动力市场共享和知识外溢。内部规模经济的实现依赖于企业自身规模的扩大或产出的增加。企业参与国际贸易后获得更低的长期生产成本，从而获得比较优势，形成贸易的基础。

可获得性说、技术差距论、产品生命周期理论及国家竞争优势理论也分别从不同的角度解释了当代国际贸易的新现象。

关键术语

产业内贸易　产业间贸易　同质产品　差异产品　产业内贸易指数　规模经济　规模报酬递增　偏好相似　可获得性　技术差距　产品生命周期　竞争优势

复习思考题

1. 国际贸易新理论与传统的国际贸易理论有何异同？
2. 产业内贸易理论如何解释国际贸易发生的原因？
3. 偏好相似理论是否能用来解释发展中国家之间的贸易往来？
4. 简述规模经济与国际贸易的关系。
5. 技术差距论、产品生命周期理论及国家竞争优势理论如何解释国际贸易的动态发展？

本章阅读资料

国内学术界关于比较优势和竞争优势的关系的不同看法

1. 洪银兴（1997）

比较利益结构的核心是一国产业的比较优势。需要研究的问题主要在于这种贸易结构能不能长期化，劳动密集型产品在国际竞争中是否具有竞争优势？

根据对“里昂惕夫之谜”的各种解释，产品密集类型主要不是用产品本身来区分，而是用投入要素来区分的。也就是说，在发展中国家以密集劳动生产的产品，在发达国家可能是以密集资本生产的，发达国家可能有更高的劳动生产率。所以，在劳动密集型产品市场上，面对发达国家资本对劳动的替代，发展中国家的劳动密集型产品并不具有竞争优势。

而且，发达国家面对国内充分就业的压力，会以各种壁垒阻碍廉价的劳动密集型产品进入。这势必又出现比较利益“陷阱”：在国际贸易中，以劳动密集型和自然资源密集型产品出口为主的国家总是处于不利地位，如我国的纺织品出口在很大程度上受到美国的限制。

进一步分析还可以发现比较利益理论本身的局限性。比较利益理论所讲的比较成本是对本国的产品进行比较而言的，不意味着本国比较成本低的产品在国际竞争中就一定具有竞争优势，在国际竞争中具有竞争优势的是在国际市场上具有垄断优势的资源和产品。

比较成本说和资源禀赋说的前提是各国的生产条件不可改变，生产要素不能在国际间流动。在这种条件下，具有比较优势的资源及其产品才可能具有垄断优势。问题是在现阶段，这些假定条件已经改变。大部分发展中国家所具有的自然资源和劳动力资源的比较优势，在国际竞争中已不具有垄断优势。以资源的相对优势来确定自己的国际贸易结构，虽然能获得贸易利益，但不能缩短与发达国家的经济差距。

进入国际市场一个重要的条件是自己有某一方面的竞争优势。竞争优势可以通过多方面培养，其中一个重要途径是通过发展开放型经济培植国际竞争优势。

过去按照比较利益理论建立的国际分工，国际贸易的主要目的是互通有无。而现代国际竞争的一个重要特点是进入国际市场有明确的占领国际市场、获得更大贸易利益的目标。为此，许多国家没有停留在已有的比较优势上，而是致力于创造国际竞争优势。

比较优势和竞争优势的差别表明，虽然我国目前有劳动力资源丰富的优势，但不意味着国际贸易的竞争优势是劳动密集型产品。我国国际贸易战略调整的重要内容是以国际市场需求为导向，提供在国际市场有竞争力的产品。完全可以不受现有的比较利益限制，也可以向国际市场提供与其他国家同类的产品，包括资本密集和技术密集的产品。这些产品得以打进国际市场的关键是具有被市场所接受的差别性。

我们说明自己的劳动密集型产品具有比较优势的一个主要理由是劳动力资源丰富和劳动成本低，劳动成本低主要是就工资成本而言的。从国际竞争的现实来分析，这些理由是不充分的。人力资本含量较低的劳动密集型产品，工资成本低而管理水平差的劳动密集型产品，不具有竞争优势。这种状况同样也说明了由比较优势转向竞争优势的重要途径。这就是对劳动密集型产业进行人力资本投入和技术投入，提高其技术密集度，使其由简单劳动密集型转变为智力劳动密集型。

摘编自：洪银兴．从比较优势到竞争优势：兼论国际贸易的比较利益理论的缺陷．经济研究，1997 (6)：20—26.

2. 张二震（2003）

关于比较优势和竞争优势的关系，是我国学术界近年来讨论的一个热点。其实，两者并无根本对立。其一，如果不注重发挥现实的比较优势，何谈竞争优势？其二，从最抽象的理论层次分析，按照比较成本优势进行完全专业化分工，两国在特定产品生产上就具有了绝对竞争优势。假定A国生产X和Y产品比B国都具有绝对优势，而A国生产Y具有比较优势，B国生产X具有比较优势。两国进行完全专业化分工，A国专门生产Y产品，B国专门生产X产品，则A国的Y产品就会有绝对优势，B国的X产品也会具有绝对竞争优势。道理很简单，因为A国完全放弃了X产品的生产！其三，如果有多个国家同时出口具有比较优势的同类产品，一国的比较优势能否转化为竞争优势，那就要看各国产品的比较竞争力状况了。

摘自：张二震．国际贸易分工理论演变与发展述评．南京大学学报：哲学·人文科学·社会科学，2003，40 (1)：65—73.

3. 林毅夫，李永军（2003）

竞争优势理论的追随者往往将比较优势与竞争优势看作两个完全对立的范畴，或者认为竞争优势理论的提出就是为了替代比较优势理论。本文则认为这种观点基本上属于对比较优势和竞争优势的误解。

首先，我们讨论作为一种贸易理论的竞争优势理论与比较优势理论之间的关系。作为一种贸易理论，竞争优势主要用来解释要素禀赋结构相似条件下的国际贸易和行业内贸易现象，因而属于“新贸易理论”的范畴。在比较优势理论（或者传统贸易理论）与新贸易理论之间并不存在一种对立的或者相互替代的关系。实际上，二者之间的关系更接近于一种相互补充的关系。由于国际贸易产生的多因性，我们很难期望仅仅通过一种理论来解释所有的贸易现象。因此，理论界通常使用比较优势理论来解释两个要素禀赋结构差别很大的国家之间的贸易现象，而使用“新贸易理论”来解释要素禀赋结构差别不大的国家之间的贸易以及行业内贸易现象。

另一方面，贸易理论的各种实证检验也证明了不同的贸易理论都有其存在的理由。因此，我们不能因为比较优势理论难以用来解释要素禀赋结构相似国家之间的贸易和行业内贸易现象就简单地拒绝该理论。这一点也就是为什么在许多“新”的贸易理论已经发展出来的情况下，比较优势理论仍然在流行的贸易理论教科书中牢固地占有主导地位的原因。

其次，我们按照波特的“钻石体系”模型来分析比较优势与竞争优势之间的关系。我们认为，充分地发挥经济的比较优势是波特“钻石体系”中的4种主要因素存在和发挥作用的必要条件，或者说，充分地发挥经济的比较优势是国家创造和维持产业竞争优势的基础。

一个国家只有充分地发挥自己经济的比较优势才有实现其竞争优势。赶超型的跳跃式经济发展战略最终难以达到目的。为了形成高层次的竞争优势，首先应该做的就是充分地利用自己当前的比较优势。国家经济发展的过程同时也就是其经济的比较优势发展的动态过程。

只有遵循自己的比较优势来发展经济，企业和产业才能够拥有最大的竞争优势，最大限度地创造经济剩余。国家才能够最大限度地积累资本，进而使发展中国家的要素禀赋结构与发达国家不断接近，最终达到获得高层次竞争优势和提高人均收入水平的目的。

摘编自：林毅夫，李永军．比较优势、竞争优势与发展中国家的经济发展．管理世界，2003 (7)：21－28，66.

第4章

保护贸易理论及其发展

学习目标 了解重商主义保护贸易理论的主要内容，了解汉密尔顿的关税保护论的主要内容，熟练掌握李斯特的幼稚产业保护论的主要观点，熟练掌握凯恩斯的超保护贸易理论的主要内容，掌握中心-外围理论的主要观点，掌握战略性贸易政策的基本含义及其主要内容，了解其他贸易保护理论的基本内容。

如前所述，大多数贸易理论支持自由贸易。但是，在国家存在的前提下，纯粹的自由贸易是不存在的。这是因为国际贸易虽会给世界各国带来经济利益，但也会引起经济利益在不同国家及不同利益集团间的重新分配。一国政府出于某种目的，可以并且必须采取某种手段来干预这种经济利益的分配过程，这是国际贸易的基本特点，也正是保护贸易理论（Protective Trade Theory）的出发点。

虽然世界贸易总的趋势是向自由贸易的方向发展，但贸易自由化是一个过程，或者说在总体上是贸易保护程度由高到低的演进过程。在任何一个国家，包括目前的发达国家，都存在程度不等、侧重点不同的贸易保护政策。与此相对应，从国际贸易理论的发展来看，属于保护贸易理论的重商主义，是西方国际贸易理论史上最早的学说。自重商主义以来的贸易保护理论，在一定程度上反映了国际贸易发展的现实。纵观保护贸易理论演进的基本过程，可以看出为贸易保护政策寻求理论依据的努力从来就不曾停止过。当然，对于不同国家和一国的不同发展阶段，其保护贸易政策的依据是不同的。

4.1 传统保护贸易理论

4.1.1 重商主义的保护贸易理论

重商主义（Mercantilism）是资产阶级最初的经济学说。它产生和发展于封建社会向资本主义社会过渡时期，即资本原始积累时期，反映了这个时期商业资本的利益和要求。15世纪的西欧，自然经济日益衰落，商品货币关系迅速发展。地理大发现扩大了世界市场，给商业、航海业、工业以极大刺激。商业资本发挥着突出的作用，促进各国国内市场的统一和世界市场的形成，推动对外贸易的发展。商业资本通过经营贸易特别是国际贸易迅速致富，社会财富的重心由土地转向金银货币。当时充当流通手段的主要是金属货币，流通中所需要的货币量急剧增加，更加剧了对金银的需要。但是西欧各国普遍不盛产金银，金银货币主要是从流通中获取，尤其是从对外贸易中获得。

商业资本发展的同时，西欧建立起一些封建中央集权制的民族国家。国家的庞大开支，同样需要大量货币。商业资本在经济上为民族国家服务，民族国家则运用各种力量支持商业资本的发展，就是在这样的社会经济背景下，代表商业资产阶级利益和要求，同时也符合西欧民族国家权益的重商主义便应运而生了。

重商主义是当时受到普遍推崇的一种经济哲学，依据商业资本家的经验去观察和说明社会经济现象。它以商业资本的运动作为考察对象，从流通领域研究货币、商品的运动过程。重商主义者把货币看成是财富的唯一形态，认为对外贸易是获得货币财富的真正源泉。他们主张国家积极干预经济生活，为积累货币财富和发展对外贸易采取行政上和经济上的各种措施。

1. 重商主义的两个发展阶段

重商主义在其发展过程中经历了两个历史阶段：大约从15世纪到16世纪中叶为早期重商主义；16世纪后半期到17世纪为晚期重商主义。

早期重商主义以约翰·海尔斯和威廉·斯塔福德为主要代表人物，主张绝对地多卖少买，严禁货币输出国外。他们认为从外国输入商品是有害的，从外国输入本国能够制造的商品害处更大，应该在国内把货币以储藏货币的形式积累起来，达到积累货币财富的目的。这种思想被称为货币差额论或货币平衡论，马克思将其称为重金主义。

早期重商主义者极力主张实行保护贸易政策，主张国家采取行政手段，一方面禁止货币输出，另一方面禁止外国工业品特别是奢侈品的输入。即使某些国内商品价格高于进口商品价格，也不应允许外国商品输入。

晚期重商主义出现时，英国工场手工业已经发展起来，国内外贸易已很发达。托马斯·孟（Thomas Mum）是晚期重商主义最突出的代表人物。他认为对外贸易才是国家致富的手段，而国内商业只是对外贸易的一种辅助，并不能使国家致富。在他看来，虽然除了对外贸易外其他一切手段都不能使国家致富，但并不等于说任何情况下的对外贸易都会使国家获得好处，而只有在对外贸易保持出超时，才能达到致富的目的。与早期重商主义者不同，晚期重商主义者意识到货币只有在不断运动中才能带来更多的货币，因此国家应该允许将货币输往国外，以便扩大对国外商品的购买。但应坚持的原则是，购买外国商品的货币总额必须少于出售本国商品所得到的货币总额，以保证有更多的货币流回本国，即保持出超。晚期重商主义被称为贸易差额论，因为晚期重商主义者为了达到贸易顺差的目的，支持西欧一些主要国家采取扶持和鼓励制造出口商品的工场手工业的政策，所以马克思又把晚期重商主义称为重工主义。

2. 重商主义的政策主张

重商主义者根据自己对财富和贸易的理解，提出了一系列关于贸易政策方面的主张。可以说，重商主义对后世的深远影响，与其说是理论方面的“成就”，倒不如说是外贸政策方面的主张。这些政策措施主要有以下几个方面。

（1）由国家管制对外贸易

为了避免金银的外流，国家应该通过法令严禁金银出口，并且实行对外贸易垄断。同时制定发展本国航运业的法律，禁止外国船只从事本国沿海航运和本土与殖民地之间的航运。

（2）奖出限入

为了实现贸易顺差，重商主义者大都提倡奖出限入政策，实行保护关税。禁止进口奢侈品，对一般制成品的进口也采取严格的限制政策，无一例外地征收重税，往往高到使人不能购买的地步，但对进口的原材料实行免税。在出口方面，阻止原料或半成品出口，奖励制成品大量出口，并用现金奖励在国外市场上出售本国商品的商人。

（3）发展本国工业

重商主义者主张政府对本国工业的发展进行严格管制，并采取包括保护关税等措施来鼓励和扶持本国幼弱工业的发展，以达到实现贸易顺差的目的。根据当时的制造业还是以手工劳动为主的情况，重商主义者提出了鼓励工业发展的一些具体建议，如奖励增加人口以增加劳动力的供应，实行低工资政策以降低生产成本，高薪聘请外国工匠，禁止本国熟练技工外流和工具设备输出，给本国工场手工业者发放贷款和提供各种优惠条件，等等。

重商主义的贸易学说是西方最早的国际贸易学说，在历史上曾起过进步作用，其思想和政策主张一直影响着后来的经济和各国的对外贸易政策，并具有一定的现实意义。但是，重商主义并没有完整的贸易理论。重商主义对社会财富的理解是肤浅的和片面的，它把货币与财富混为一谈。同时，重商主义认为一国的贸易得益是建立在他国损失的基础上的，即对外贸易是一种零和博弈的观点，其所主张的政府严格控制经济活动的政策，限制了国际贸易的广泛开展。

4.1.2 汉密尔顿的关税保护论

亚历山大·汉密尔顿（Alexander Hamilton）是美国的开国元勋、政治家和金融家、第一任财政部长。1783年，英国承认美国独立。至此，持续了八年的独立战争以美国的最终胜利宣告结束。然而，美国经济却遭受了严重破坏，加之“战后”英国的经济封锁，使其经济更加萧条。当时摆在美国面前有两条路：一条是实行保护关税政策，独立自主地发展本国工业；另一条是实行自由贸易政策，继续向英国、法国、荷兰等国出售小麦、棉花、烟草、木材等农林产品，用以交换这些国家的工业品，满足国内市场的工业品需求。前者是北方工业资产阶级的要求，后者是南部种植园主的愿望。

汉密尔顿站在工业资产阶级一边，极力主张实行保护关税制度。在他的主持下，美国联邦政府于1789年首先颁布了保护关税税则。1791年，汉密尔顿向国会递交了一份题为《关于制造业的报告》。他在报告中指出，一个国家如果没有工业的发展，不但不能使国家富强，而且很难保持其独立地位。因此，保护和发展制造业对维护美国经济和政治独立具有重要意义。

汉密尔顿认为，亚当·斯密的自由贸易理论不适用于美国。因为其经济情况不能同英国相提并论，工业基础薄弱，技术落后，生产成本高，无法在平等的基础上进行对外贸易。如果实行自由贸易政策，只会使美国的产业被限制在农业范畴，而使制造业受到极大损失，使美国经济陷入困境。所以，他强调，在一国工业化的早期阶段，应当排除外来竞争，保护国内市场，以促使本国新的幼稚工业顺利发展。美国必须实行保护关税政策来鼓励幼稚工业发展，并提出了以加强国家干预为主要内容的一系列措施。

汉密尔顿提出的具体措施有：

① 向私营工业发放贷款，扶植私营工业发展；
② 实行保护关税制度，保护国内新兴工业；
③ 限制重要原料出口，免税进口本国急需原料；
④ 给各类工业发放奖励金，并为必需品工业发放津贴；
⑤ 限制改良机器及其他先进生产设备输出；
⑥ 建立联邦检查制度，保证和提高工业品质量；
⑦ 吸收外国资金，以满足国内工业发展需要；
⑧ 鼓励移民迁入，以增加国内劳动力供给。

汉密尔顿的关税保护论对于落后国家寻求经济发展和维护经济独立具有普遍的借鉴意义。汉密尔顿的上述主张，虽然仅有一部分被美国国会采纳，却对美国政府的内外经济政策产生了重大和深远的影响。汉密尔顿的保护关税说为落后国家进行经济自卫和与先进国家相抗衡提供了理论依据。这一学说的提出，标志着从重商主义分离出来的西方国际贸易理论两大流派已基本形成。

4.1.3 保护幼稚产业理论

保护幼稚产业理论（Infant Industry Theory）最早是由汉密尔顿提出，后由经济学家弗·李斯特加以系统化，因此后人称李斯特为保护贸易理论的真正鼻祖。李斯特认为生产力是决定一国兴衰存亡的关键，而保护民族工业就是保护本国生产力的发展。要想发展生产力，必须借助于国家的力量，而不能听任经济自发地实现其转变和增长。他指出，英国的工商业已有相当发展，固然可以提倡自由贸易政策，但英国之所以能够发展，是由于当初政府的扶持政策造成的，法国情况也类似。因此，李斯特积极主张德国应该在国家干预下，实行保护贸易政策。

李斯特的保护幼稚产业论的核心思想如下。

（1）生产力理论

生产力理论（the Theory of Productivity）是李斯特保护幼稚产业论的理论基础。为了论证在德国实行保护贸易的必要性，李斯特提出了同古典学派的价值学说相对立的所谓生产力理论，他从德国工业资产阶级的利益出发，关心提高生产力，特别是关心德国的工业生产力的提高。在他看来，财富本身固然重要，但发展生产力更为重要。一个国家要追求的是财富的生产力，而非仅仅是财富本身。李斯特指责古典学派只研究交换价值而忽视了生产力，认为这是把财富本身（交换价值）和财富的原因（生产力）混淆起来了。生产力是创造财富的源泉，财富是生产力的结果。

（2）经济发展阶段理论

为了替德国实行保护关税政策作论证，除了生产力理论以外，李斯特还提出了经济发展阶段的理论。他认为，各国的经济发展都必须经过如下发展阶段：原始未开化时期、畜牧时期、农业时期、农工业时期、农工商业时期。

李斯特认为，在不同的经济发展阶段应采用不同的贸易政策，自由贸易并不适用于每个经济发展阶段。根据其对经济发展阶段的划分，提出了对外贸易的“三阶段政策”。

第一阶段政策适用于经济发展水平处在第一至第三时期的国家。这些国家对技术先进的国家应实行自由贸易政策，出口农副产品，进口工业品，以此为手段使自己脱离未开化状态，在农业上求得发展，加速工业化。

第二阶段政策适用于经济发展水平处于农工业时期的国家。这些国家应采取贸易保护政策，原因是此时本国工业虽有所发展，但发展程度低，国际竞争力差，不足以与来自处于农工商业阶段国家的产品相竞争。如采用自由贸易政策，不但享受不到贸易利益，还会令经济遭受巨大冲击。只有采取保护政策，保护本国幼稚工业，才能促进本国工业和对外贸易的发展。

第三阶段政策适用于经济发展水平处于农工商业时期的国家。这些国家也应实行自由贸易政策，因为它们的本国工业具有相当的竞争能力，通过国内外市场的充分竞争，可以促进资源的合理使用和生产力的进一步提高，使国内产业不断保持优势地位。

李斯特认为，当时的西班牙、葡萄牙处于第一阶段，德国、美国处于第二阶段，英国、法国处于第三阶段。德国和美国等落后国家的工业是幼稚产业，还没有成熟，经不起英国廉价商品的竞争，如果不实行保护政策，这些幼稚工业就会被英国的先进工业所摧垮，所以德国应实行保护关税政策。

（3）主张国家干预对外贸易，保护幼稚工业

保护幼稚产业论强调国家在贸易保护中的重要作用。李斯特认为，政府应制定积极的产业政策，利用关税等手段来保护国内市场。国家在必要时，应限制国民经济活动的一部分，以保持其经济利益，即国家应干预对外贸易，实行保护贸易政策。

保护幼稚产业论并非认为对所有产业都应该加以保护，保护是有条件的。李斯特提出了保护对象的几个条件。

① 幼稚工业才需要保护。要使保护得当，需要先行考虑被保护的工业，在经历保护期以后，的确有能自立的前途。即经过保护可以成长起来的，能够获得国际竞争力的产业，才对其加以保护。

② 对幼稚产业的保护是有期限的。等到被保护的工业发展了，生产出来的产品能与外国竞争时，就无需再保护。或者被保护的工业，超过了规定的限期还没有成长起来，也就不必再予以保护。

③ 工业虽然幼稚，但如果没有强有力的竞争者时，也不需要保护。

④ 对农业一般不需要保护。

幼稚产业的保护通过关税制度来实现。在关税设计上，应实行差别关税：以对幼稚产业的保护为出发点，对不同的产业征收不同的关税。比如，对于国内幼稚工业相竞争的进口产品征收高关税，同时以免税或低关税的方式来鼓励国内不能自行生产的机械设备的进口。

需要注意的是，李斯特并不否认自由贸易政策的一般正确性。他认为，当一个国家解决了落后问题，实现了工业化即进入农工商业时期后，是可以选择自由贸易政策的。这是保护幼稚产业论与重商主义及后面提到的超保护贸易理论的一个不同之处。

从严格意义上说，系统的贸易保护的理论研究是从李斯特开始的。李斯特将汉密尔顿的保护幼稚产业理论加以发扬，综合成为一个更为系统和完整的理论体系。保护幼稚产业论的许多观点是有价值的，对经济不发达国家制定对外贸易政策有较大的借鉴意义。根据该理论，国际贸易不像国内贸易那样，绝对竞争，优胜劣汰，而是要贯彻相对竞争原则，平等互利，共同发展。这样，发展中国家采取贸易保护措施来保证本国工业尤其是幼稚工业的发展，通过本国工业的发展来增强国际竞争力，从而最终造成自由贸易、平等竞争的条件，无

疑是合理的要求。因此，保护幼稚产业论与比较优势理论同样成为多边贸易体制——关贸总协定/世界贸易组织——的理论基础。

但是，李斯特以经济部门作为划分经济发展阶段的基础，这实际上是把社会历史的发展归结为国民经济部门的变迁，而撇开了生产关系这个根本原因。同时，他把生产力理论与古典学派的国际价值理论对立起来，过分强调国家干预对经济发展的决定性作用，这些都是片面的。

链接 4－1 人物介绍

弗里德里希·李斯特

弗里德里希·李斯特（Friedrich List，1789—1846 年）出生于符腾堡一个富裕的制鞋匠家庭，就学于图宾根大学。1817 年被聘为图宾根大学教授，讲授经济学和政治学。1819 年由他倡议成立了目的在于取消德意志各邦之间的关税，实行全德保护关税制度的德国工商业协会。其后，他入选符腾堡议会。因抨击时政遭容克贵族迫害，他失去了教授职位，被驱逐出议会，而且被捕监禁 9 个月。1825 年，李斯特不得不离开德国，移居美国。在美国，李斯特受到汉密尔顿的著作和美国保护关税制度实践的影响，开始转而成为保护关税的“美国制度”的支持者。1827 年，李斯特出版了第一部真正的经济学著作《美国政治经济学大纲》。1832 年，他以美国驻莱比锡领事身份回到德国。为了加强德国经济发展，李斯特鼓动德国经济统一和实行保护主义，于 1843 年创立了《关税同盟报》，努力拥护关税同盟的形成，宣扬他的保护主义和保护幼稚工业理论。他的主要经济著作有：《美国政治经济学大纲》（1827 年）、《政治经济学的国民体系》（1841 年）、《德国政治经济的国民统一》（1846 年）。李斯特最终由于感到自己的经济政策理想在德国现实社会中无望实现，绝望之余，于 1846 年自杀身亡。

摘编自：《帕尔格雷夫经济学大辞典》（中译本）．北京：经济科学出版社，1992.

4.2 凯恩斯主义的超保护贸易理论

4.2.1 凯恩斯主义超保护贸易理论的产生背景

在资本原始积累时期，英国是当时经济最发达的国家，重商主义发展得最为成熟。在资本主义自由竞争时期，英国的古典学派积极倡导自由贸易理论。英国在自由贸易政策下对他国进行经济侵略，掠夺大量财富，自由贸易政策对称霸世界起了重要作用。进入垄断时期，各国国内经济危机加剧，对国外市场争夺日益激烈。资本主义国家再实行自由放任政策已难于应付局面。特别是 1929—1933 年经济大危机后，各国相继放弃了自由贸易政策，改而奉行保护政策，强化了国家政权对经济的干预作用。在这种情况下，各国经济学者提出了各种支持保护贸易政策的理论根据，其中有重大影响的是凯恩斯主义的超保护贸易理论（Super-Protective Trade Theory）。

以约翰·梅纳德·凯恩斯（John Maynard Keynes）为代表的一些经济学家对放任自流的古典经济理论进行了重新审视，建立起了以就业、国民收入、总供给、总需求等为研究对象，以总量分析为特征的宏观经济理论，即凯恩斯主义，为国家干预经济的合理性提供了一整套经济学的证明，在西方经济理论界掀起了一场“凯恩斯革命”。

凯恩斯认为由心理因素造成的有效需求不足是资本主义经济衰退的主要原因。为此，凯恩斯提出了“看得见的手”这一理论，主张政府采用扩张性的经济政策进行需求管理，通过扩大社会有效需求促进经济增长。

凯恩斯没有一本全面系统地论述国际贸易的专门著作，但是他和他的弟子们有关国际贸易的观点与论述代表了当代垄断资本的利益，为发达国家的对外贸易政策尤其是超保护贸易主义提供了重要的理论根据。由于凯恩斯及其追随者推崇重商主义追求贸易顺差的经济思想和政策主张，所以其超保护贸易理论被称为凯恩斯主义的“新重商主义”。

4.2.2 凯恩斯主义超保护贸易理论的主要内容

1. 超保护贸易理论的基本思想

凯恩斯的经济理论集中反映在1936年出版的《就业、利息和货币通论》一书中。该书并没有提出系统的国际贸易理论，而是批判了传统经济贸易理论，以有效需求不足为基础，以国家对经济生活的干预为政策目标，把对外贸易和国内就业结合起来，开创性地提出了保护国内就业的思想，创立了当代宏观经济的新学说。以后凯恩斯的追随者们对此加以充实和扩展，形成了凯恩斯主义的超保护贸易理论。

超保护贸易理论认为，一国的国民收入水平决定于需求水平。政府不仅要利用宏观经济政策干预国内的经济，实现内部平衡，还要干预对外贸易，以便使进出口有利于国民收入水平的稳步提高。

在《就业、利息和货币通论》中，凯恩斯由投资乘数理论出发，对贸易差额与国民经济的关系作了阐述。所谓投资乘数（Investment Multiplier），是指投资的增长所引起的国民收入的扩大，相对于投资的增长是一种倍数增长的关系。凯恩斯认为，如果企业投资仍不足以使经济体系达到充分就业，就应该直接增加政府的支出和公共投资。因为政府投资和私人投资一样，也有投资乘数效应，而一国的总投资既包括国内投资也包括国外投资（它决定于贸易顺差额）。“增加顺差，乃是政府可以增加国外投资之唯一直接办法；同时若贸易为顺差，则贵金属内流，故又是政府可以减低国内利率、增加国内投资动机之唯一间接办法。”凯恩斯还强调贸易顺差本身对国民经济的作用亦犹如投资，认为出口是对本国产品的需求，如同投资，能使国民收入增长；而进口则是对舶来品消费的增加，如同储蓄，会减弱投资乘数的作用，使国民收入减少。因此，凯恩斯极力鼓吹贸易顺差，并提出应尽力扩大出口，同时通过保护关税和鼓励“购买英国货物”以限制进口的政策主张。

马克卢普和哈罗德等人在凯恩斯投资乘数理论的基础上，提出了对外贸易乘数理论(Foreign Trade Multiplier Theory)。他们认为，一国的出口和进口波动会对国民收入产生倍数效应。只有当贸易出超或国际收支为顺差时，国外投资增加，并因此导致国内货币供给增加，利率下降，刺激国内投资增加。此时，对外贸易才能增加一国的就业量，提高一国国民收入量。并且，国民收入的增加量将大于贸易顺差的增加量，并为后者的若干倍。如果贸易逆差，结果则相反。为了保持贸易顺差，国家应干预对外贸易，采取奖出限入的政策。

根据凯恩斯主义理论，一国的就业水平是由有效需求决定的。在现代经济生活中，正是有效需求的不足导致了失业的出现，有效需求的不足使经济体系在低于充分就业的水平就达到了稳定均衡的状态。有效需求由消费需求和投资需求组成，由于消费倾向在短期内十分稳定，因此要实现充分就业就必须从增加投资需求这方面着手。投资需求取决于利息率和贸易收支状况，当一国政府不能直接干预国内宏观经济，即不能通过干预利率来干预总需求水平时，国家应关心或干预对外贸易差额，保持贸易顺差，以促进就业和产出的增加。

2. 超保护贸易理论和传统保护贸易理论的区别

超保护贸易理论是重商主义理论在垄断资本主义条件下的发展，它和传统的保护贸易理论的主要区别如下。

① 传统保护理论的主要目的是为了发展本国生产力，为了维持国际收支平衡；超保护贸易理论的目的则是为了鼓励对外的经济侵略扩张，巩固和加强对国内外市场的控制和垄断，解决国内就业问题。

② 传统保护理论是为经济落后国家服务的，意图通过贸易保护，发展本国经济，摆脱发达国家的控制和剥削，尽快赶上发达国家的先进水平；超保护贸易理论是为发达国家垄断资本的利益服务的，意图通过实施贸易政策，实现国内充分就业，提高国民收入水平，保持本国在国际贸易中的优势地位。

③ 传统保护理论的保护对象是经济落后国家的有发展潜力的幼稚工业；超保护贸易理论不仅要保护发达国家一部分高度发展的工业，以加强它们在国内外市场的垄断地位，而且还要保护国内的夕阳工业。

④ 传统保护理论主张的保护手段主要是关税措施，是为了抵制外国商品的进口以保护本国市场；超保护贸易理论不仅使用关税措施，而且还使用名目繁多的非关税手段，主张国家采取干预经济的扩张性财政政策和货币政策。

⑤ 传统保护理论以防御性地限制外国商品的进口为主，而超保护贸易理论不仅要限制进口，而且要积极主动地和大规模地扩张本国商品的出口，向他国市场发动进攻，以最大限度地占领国际市场。

4.2.3 对凯恩斯主义超保护贸易理论的评价

凯恩斯主义的超保护贸易理论是针对有效需求不足的保护贸易理论，是一种“萧条时期的贸易保护论”。

凯恩斯主义把增加贸易顺差与扩大投资及增加就业联系起来，主张国家干预对外贸易，在投资乘数理论的基础上提出了对外贸易乘数理论，在今天仍有一定的理论意义。

凯恩斯的超保护贸易理论代表了发达国家垄断资本的利益，它主张的政策是建立在大规模的赤字财政和通货膨胀的基础之上的，是一种对外经济侵略扩张的政策，也是掠夺国内劳动人民和损害国内消费者利益的政策，因而最终将使内外矛盾扩大和激化，从长期看是不可持续的。

链接 4-2 人物介绍

约翰·梅纳德·凯恩斯

约翰·梅纳德·凯恩斯（John Maynard Keynes，1883—1946 年）因开创了所谓经济学的“凯恩斯革命”而称著于世。凯恩斯出生于英格兰剑桥一个大学教授的家庭，1902 年他以数学和古典文学奖学金进入剑桥大学国王学院。到大学四年级，他跟从马歇尔和庇古学习经济学，1906 年以第二名成绩通过文官考试，入选印度事务部。1908 年，凯恩斯由马歇尔介绍，到剑桥大学担任经济学讲师至 1915 年。1909 年以一篇概率论论文入选剑桥大学国王学院院士，另以一篇关于指数的论文获“亚当·斯密奖”。1911 年起，凯恩斯长期担任皇家经济学会《经济学杂志》的主编。1919 年初，他以英国财政部首席代表身份参加巴黎和会。同年 6 月，因对赔偿委员会有关德国战败赔偿等方面的建议忿然不平，辞去和会代表职务，复归剑桥大学任教。他对德国赔偿问题的看法于当年 12 月发表在《和平的经济后果》一书中，该书使凯恩斯作为一名激进派经济学家而获得承认。凯恩斯 1929 年被选为英国科学院院士，1930 年任内阁经济顾问委员会主席，1940 年出任财政部顾问，参与战时各项财政金融问题的决策，1942 年晋封为勋爵。1944 年以英国代表团团长身份出席在布雷顿森林召开的国际货币金融会议，并担任了国际货币基金组织和世界银行的董事。1946 年，凯恩斯猝死于心脏病突发。

凯恩斯一生写过许多论文和专著，主要的经济著作有：《印度的通货和财政》（1913 年）、《和平的经济后果》（1919 年）、《货币改革论》（1923 年）等。他的最重要和影响最大的著作是在 1936 年出版的《就业、利息和货币通论》（简称《通论》）。

凯恩斯是一个伟大的经济学家，曾被誉为资本主义的“救星”、“战后繁荣之父”。他敢于打破旧的思想的束缚，发展了关于生产和就业水平的一般理论，首次提出国家干预经济的主张，为政府干涉经济以摆脱经济萧条和防止经济过热提供了理论依据，创立了宏观经济学的基本思想。

资料来源：赵春明．国际贸易学．北京：石油工业出版社，2003.

4.3 中心-外围理论

4.3.1 理论产生的背景

第二次世界大战后，随着殖民体系的瓦解，原帝国主义的殖民地半殖民地纷纷取得了政治上的独立。为了巩固这种独立地位，它们迫切要求大力发展民族经济，实现经济自立。然而，这些国家民族经济的发展受到了旧的国际经济秩序，尤其是旧的国际分工-国际贸易体系的严重阻碍。在这一历史背景下，代表落后国家民族经济利益的经济学家，如阿根廷经济学家劳尔·普雷维什（Raul Prebiisch）和埃及经济学家萨米尔·阿明（S. Amin）等，从不同角度提出并论证了“中心-外围”结构的存在，批判传统自由贸易理论会使发展中国家通过自由贸易表现出来的相对优势和加速经济发展之间产生冲突，并会使发展中国家的贸易条件恶化。

最早的中心-外围理论（Core and Periphery Theory），也是发展中国家保护贸易理论中最有代表性的学说是普雷维什的中心-外围理论。普雷维什根据自己的工作实践和对发展中国家问题的深入研究，于 1949 年向联合国拉丁美洲和加勒比经济委员会（简称拉美经委会）提交了一个题为《拉丁美洲的经济发展及其主要问题》的报告。在报告中，普雷维什站在发展中国家的立场上，系统和完整地阐述了"中心-外围"理论。

4.3.2 中心-外围理论的主要内容

（1）世界经济体系分为中心和外围两部分

古典学派研究国际贸易时将世界视为一个整体，李斯特则强调国家的重要性，而普雷维什将世界经济体系在结构上分为两部分：一部分是由发达工业国构成的中心国家，另一部分是由广大发展中国家组成的外围国家。从资本主义"中心-外围"体系的起源、运转和发展趋势上看，"中心"与"外围"之间的关系是不对称的，是不平等的。工业化集中于中心国家，外围国家被排斥在工业化进程之外。

中心国家和外围国家在经济上是不平等的：中心在整个国际经济体系中居于主导地位，外围则处于附属地位并受中心控制和剥削；中心是技术的创新者和传播者，外围则是技术的模仿者和接受者；中心主要生产和出口制成品，外围则主要从事初级品生产和出口。在这种国际分工-国际贸易体系下，按照比较优势开展国际贸易时，大多数利益都被处于中心地位的发达国家所占有，而外围国家则很少得到甚至享受不到利益，在贸易中失去了发展本国工业的机会。同时，中心国家通过资本输出、凭借技术和管理优势进行控制和剥削，以及利用跨国公司的侵入使外围国家的国民经济畸形化，强化外围国家对中心国家在经济上的依附性，这样只会使中心国家和外围国家经济发展水平的差距不断加大，富者愈富，穷者愈穷。

从政治上看，中心国家实行帝国主义的霸权政策，拒绝改变它们与外围国家的关系。一旦外围国家有意无意地损害了其经济和政治利益时，中心国家往往就会采取惩罚措施，甚至不惜使用卑劣的政治颠覆、军事干预等手段进行报复，搞垮外围国家新生的政权，以维护本国利益。

（2）外围国家的贸易条件不断恶化

普雷维什用英国60多年（1876—1938年）的进出口价格统计资料，推算了初级产品和制成品的价格指数之比，以说明主要出口初级产品的外围国家和主要出口工业品的中心国家的贸易条件的变化情况。若以1876—1880年间外围国家的贸易条件为100，除1881—1885年的价格为102.4略有上升外，此后绝大部分时间里该比价一直呈递减趋势，到1936—1938年已降到64.1。该研究结果表明，外围国家的贸易条件出现长期恶化的趋势，这就是著名的"普雷维什命题"。

普雷维什进一步分析了外围国家贸易条件长期恶化的主要原因如下。

① 技术进步利益分配不均。由于技术进步往往发生在中心国家，并直接应用于中心国家的工业发展，而外围国家由于发达国家的技术封锁和自身的工业技术基础限制，几乎享受不到世界科技进步的利益，只好长期充当向中心国家提供初级产品的角色。尽管中心国家由于技术进步，其制成品生产的劳动生产率提高幅度大于外围国家初级产品的劳动生产率的提高幅度，但中心国家的企业家利润和工人工资不断提高，提高的幅度大于劳动生产率提高的幅度；工业品的价格又具有垄断性，其价格不断反涨。而外围国家的收入增长慢于劳动生产率的增长，而初级产品垄断性差，价格上涨时较缓慢，下降时又比工业品降得更快，所以外围国家的初级产品贸易条件必然恶化。

② 工业制成品和初级产品需求的收入弹性不同。一般地，工业制成品需求的收入弹性比初级产品需求的收入弹性大。随着人们收入的增加，对工业品的需求会有较大的增加，因

而工业品的价格就会有较大程度的上涨。相反，随着人们收入的增加，对初级产品的需求增加较少，因而对初级产品价格不会有很大的刺激作用，使初级产品价格上涨很少，甚至下降。所以，以出口初级产品为主的外围国家的贸易条件存在长期恶化趋势。

③ 外围国家和中心国家的工会作用不同。中心国家的工人拥有强大的工会，经济高涨时可以迫使雇主增加工资，经济萧条时又可以迫使雇主不降或少降工资，因而工业品的价格必须维持在较高的水平上。外围国家的工会则没有这么强大的力量，工人工资水平低，因而使初级产品价格较低。

（3）外围国家必须实行工业化，实行保护贸易政策，发展民族经济

普雷维什认为，外围的发展中国家应通过实行工业化，独立自主地发展自己的民族经济来彻底摆脱不合理的国际分工体系，打破旧的国际经济秩序；应该改变过去把全部资源用于初级产品的生产和出口的做法，充分利用本国资源，努力发展本国的工业部门，逐步实现工业化。

为了实现工业化，普雷维什主张外围国家实行保护贸易政策。他认为，在一个相当长的时期内，保护政策是发展中国家发展工业所必须的。只有采取保护贸易政策，限制进口以减少外汇支出，并削弱外国商品的竞争能力，扩大国内工业产品的国内需求，才能保证外围国家工业化的顺利实施。

工业化是分阶段发展的。普雷维什根据拉丁美洲各国的实际情况，提出了进口替代（Import Substitution）的发展战略，即采取限制工业品进口的措施，努力发展本国工业，使工业品逐步达到自给自足，改变工业品依靠从中心国家进口的局面。随着世界经济形式的变化和拉美国家经济的发展，他又进一步提出了出口替代的发展战略，即大力发展本国工业品出口，改变出口商品结构，由以出口初级产品为主向以出口工业品为主转变。在出口替代阶段，为了鼓励制成品出口，除了实行保护关税政策外，还应有选择地实行出口补贴措施，以增强发展中国家的制成品的竞争力。

普雷维什指出，外围国家的保护政策与中心国家的保护政策性质不同。外围国家的保护是为了发展本国工业，有利于世界经济的全面发展；而中心国家的保护是对外围国家的歧视，不仅对外围国家不利，对整个世界经济发展也是不利的。因此，他呼吁中心国家对外围国家放宽贸易限制，减少对外围国家工业品的进口歧视，为外围国家的工业品在世界市场上的竞争提供平等的机会。

4.3.3 对中心-外围理论的评价

普雷维什站在发展中国家的立场上，对国际贸易问题进行了开拓性的研究，丰富了国际贸易理论宝库。中心-外围理论对当代国际分工和贸易体系中存在的发达国家控制和剥削发展中国家的实质进行了深刻的剖析，从理论和实际两方面揭示了发达国家与发展中国家之间的不平等交换关系，指出了发达国家自由贸易政策的虚伪性。中心-外围理论对世界经济格局的分析是完全正确的，关于发展中国家贸易条件不断恶化的论点也在很大程度上得到了证实，因此其倡导发展中国家应实施贸易保护政策、走工业化道路的主张和政策建议对经济落后的广大发展中国家有积极的指导意义，为“二战”后发展中国家的经济发展做出了重要贡献。

中心-外围理论也有它的局限性。关于发展中国家的贸易条件长期恶化，一方面，大多

数初级产品的价格是在下滑，但是它们并非表现为一种扩大的趋势，而是随着经济周期的变化而波动。另一方面，如本书第1章所述，近年来国际市场原油等大宗初级产品价格总体上呈现逐渐攀升趋势，这就是说，发展中国家的贸易条件长期恶化可能不是绝对的趋势。另外，中心-外围理论仅从发达国家工会的影响、技术进步利益分配及需求收入弹性等方面来解释发展中国家贸易条件日趋恶化，也不够全面。实际上，发达国家长期以来对本国初级产品实行贸易保护政策，以及利用各种手段控制国际市场价格，也是发展中国家贸易条件逐渐恶化的主要原因之一。

4.4 战略性贸易理论

建立在规模报酬递增和不完全竞争基础上的新贸易理论，改变了国际经济学家的思维方式，一方面给予贸易互利原理的证明以新的内容，强化了自由贸易优于闭关自守的传统贸易理论的结论；另一方面，新贸易理论动摇了在规模经济和不完全竞争条件下自由贸易政策的最优性，提出了适当运用战略性贸易政策（Strategic Trade Policy），将有助于提高一国贸易福利的主张，为政府的贸易干预提供了新的理论依据。这一结论又与传统贸易理论相悖，具有贸易保护主义的性质。

布兰德、斯宾塞、格罗斯曼等人以新贸易理论为基础，在探索如何创造贸易优势的过程中，逐步形成了一种通过保护和扶持某些具有发展潜力的战略性产业来创造和强化贸易优势，从而提高本国经济的国际竞争力的新的理论主张，即战略性贸易理论（Strategic Trade Theory）。

4.4.1 战略性贸易政策的含义

战略性贸易政策，顾名思义，就是对因某些原因而被认为是重要的战略产业所采取的贸易政策，或者是指能够影响或改变厂商之间战略关系的贸易政策。在这里，战略关系是指厂商之间都会意识到的一种相互依赖的关系，即一个厂商的收益或利润必然会直接受到其他厂商的战略选择的影响。由于完全竞争的市场条件下是不可能产生战略性贸易政策的，所以战略性贸易政策实质上是一种寡头垄断市场条件下的贸易政策。

战略性贸易和产业政策中的“战略”两字是从博弈论中引用过来的，进行战略性的政策干预，就是要把国际市场竞争作为博弈（Game）来对待。由于不完全竞争和规模经济的存在，市场份额对各国厂商变得更为重要，市场竞争变成了一场寡头之间的博弈。在这场博弈中，政府能够通过补贴、关税、配额等各种政策工具来帮助本国企业在国际竞争中获胜。这样，政府政策起到了寡头竞争模型中的战略性行为的作用，从而被称之为“战略性贸易政策”。

具体地说，战略性贸易政策是指一国政府在不完全竞争和规模经济条件下，凭借生产补贴、出口补贴或保护国内市场等措施和手段，扶持本国战略性产业的成长，获取规模经济效益，以增强这些产业在国际市场上的竞争能力，从而获得额外收益，并借机劫掠他国的市场份额和垄断利润，使专业化分工朝着有利于自己的方向转化的政策。

4.4.2 战略性贸易理论的基本内容

战略贸易理论认为，在不完全竞争的现实社会中，在规模报酬递增的情况下，要提高产业或企业在国际市场上的竞争能力，必须首先扩大生产规模，取得规模效益。而要扩大生产规模，仅靠企业自身的积累一般非常困难，对于经济落后的国家来说更是如此。对此，最有效的办法就是政府应选择有发展前途且外部经济效应大的产业加以保护和扶持，使其迅速扩大生产规模、降低生产成本、发挥贸易优势、提高竞争能力。即在不完全竞争环境下，实施这一贸易政策的国家不但无损于其经济福利，反而有可能提高自身的福利水平。

战略贸易理论的核心是强调政府通过干预对外贸易而扶持战略性产业的发展，是一国在不完全竞争和规模经济条件下获得资源优化配置的最佳选择。这里，贸易政策通过影响本国厂商及其竞争对手的决策行为而产生了转移经济利益和扩大本国市场份额的效果。

最早提出战略贸易思想的是布兰德和斯宾塞，他们根据产业组织理论和博弈论的研究成果，创造性地探讨了规模经济及不完全竞争条件下政府的补贴政策对出口生产和贸易的影响，提出了补贴促进出口的论点。他们认为，传统的贸易理论是建立在完全竞争的市场结构上的，因而自由贸易应是最佳的政策选择。但现实中，不完全竞争和规模经济普遍存在，市场结构是以寡头垄断为特征的。这种情况下，政府补贴政策对一国产业和贸易的发展具有重要的战略性意义。在寡头垄断的市场结构下，产品的初始价格往往会高于边际成本。如果政府能对本国厂商生产和出口该产品给予补贴，就可使本国厂商实现规模经济，降低产品的边际成本，从而使本国产品在国内外竞争中获取较大的市场份额和垄断利润份额。同时，规模经济的实现也可以为消费者带来利益。由于垄断和控制该产业，本国厂商就会把出口限制在利润最大化水平上，即存在垄断租金。这时，一国政府采取征收关税或对本国厂商进行补贴等战略性贸易政策，就可以把垄断租金从国外厂商转移到国内厂商，从而使本国总福利水平改善。

克鲁格曼主要是以进口保护促进出口的论点，进一步丰富和发展了战略贸易思想。克鲁格曼认为，在寡头垄断和规模报酬递增的条件下，对国内市场的保护可以促进本国的出口。因为进口保护措施可以为本国厂商提供超过其国外竞争对手的规模经济优势，这种规模经济优势可以转化为更低的边际成本，从而增强本国厂商在国内外市场的竞争能力，最终达到促进出口的目的。这就是说，在不完全竞争的条件下，只要规模利益是递增的，那么一个受保护的厂商就可以充分利用国内封闭起来的市场扩大生产规模，不断降低产品生产的边际成本。同时，通过销售经验的积累也会使销售成本沿着学习曲线不断下降，从而降低产品的总成本。本国厂商一旦在边际成本的竞争中具有优势，就可对国外市场成功地进行扩张，从而也就达到了促进出口的目的。

克鲁格曼还认为，对外部经济效应强的产业提供战略支持，不仅能促进该产业的发展，使其在国内外市场扩张成功，而且该国还能获取该产业作为战略支持产业得到迅速发展而产生的外部经济效应。一般来说，新兴的高科技产业往往都具有较强的外部经济效应。虽然这些产业的企业可以获得它们投资所带来的收益，但却不是全部受益，因为知识外溢往往具有无偿性。因此，为了保护企业创造知识的热情，扩大知识外溢所产生的经济效应，政府补贴和扶持就十分必要。

克鲁格曼用航空业的例子对此进行了实证分析：欧洲空中客车和美国波音这两家公司生

产技术和能力相近，都有能力生产一种可坐500名乘客的大客机，而生产这种客机又具有规模经济，生产越多成本越低，生产量越小成本越高，而且会有亏损。在市场需求有限的情况下，如果两家公司都生产，两家公司都会亏本。如果两家公司都不生产，虽然谁也不会亏本，但谁也没有利润。只有在一家生产而另一家不生产的情况下，生产的那家才会有足够的生产量而获得利润。

表4-1上部排列出波音和空中客车公司在各种情况下假设的收益（用正数表示利润，用负数表示亏损）。纳什均衡的结果是：谁先进入谁会生产，另一家公司就不再进入。因此，有两种博弈均衡：如果波音先进入，对于空中客车来说，只有亏损生产和不生产不亏损两种选择，理性的选择当然是不生产；另一方面，如果是空中客车率先进入市场，对波音来说也是同样的两个选择，结果也是放弃市场。

现在假设欧洲政府采取战略性贸易政策，补贴空中客车公司10万美元生产这种新型飞机，这种补贴使这两家的利润/亏损情况发生了变化。如果只是空中客车生产，总利润达到110万美元。即使两家都生产，空中客车公司在减去亏损后，仍能有5万美元的盈利。而波音公司没有补贴，其利润与亏损没有变化。表4-1下部是欧洲政府给予补贴情况下的收益矩阵。

表4-1　政府补贴预期收益模拟表

1. 在双方都无任何补贴的情况下：

		空中客车	
		制　造	不 制 造
波音	制　造	空中客车　－5万美元	空中客车　0
		波　　音　－5万美元	波　　音　100万美元
	不制造	空中客车　100万美元	空中客车　0
		波　　音　0	波　　音　0

2. 在对欧洲空中客车进行补贴的情况下：

		空中客车	
		制　造	不 制 造
波音	制　造	空中客车　5万美元	空中客车　0
		波　　音　－5万美元	波　　音　100万美元
	不制造	空中客车　110万美元	空中客车　0
		波　　音　0	波　　音　0

资料来源：转引自任烈《贸易保护理论与政策》，1997年。

在给予补贴情况下，空中客车只要生产，就有利润，而不管波音生不生产。对空中客车来说，不生产的选择已经被排除。而波音公司也只剩下两种可能：一种是不生产，让空中客车生产，没有利润也不亏损；另一种选择是硬挤进去生产，而空中客车不会退出，其结果是两家都生产并都承担5万美元的亏损。在这种情况下，波音公司已无获得利润的可能，其理性选择自然是退出竞争。结果是，空中客车独占市场，获得110万美元的利润。无论是对空中客车公司还是对欧洲政府来说，这种结果自然是很有吸引力的：政府只支付了10万美元的补助，却换来了110万美元的收益，净得利100万美元。

从这个例子可以看到，政府的保护政策可以使本国企业在国际竞争中获得占领市场的战略性的优势并使整个国家受益。新保护主义常常以此来说明保护政策在现代国际竞争中的重要性。

战略贸易理论有其合理的一面。作为传统贸易理论的补充和发展，运用产业组织理论和博弈论的研究成果，说明了政府干预对外贸易的必要性，解释了在一定条件下一国能够通过采取贸易保护政策而获得利益。战略贸易理论对发达国家和发展中国家的贸易政策和产业政策，对目前的国际分工及贸易格局产生着较大的影响。

另一方面，战略贸易理论的缺陷也是十分明显的，因而遭到了许多批评。战略贸易理论是对现代贸易保护主义政策的理论支持。战略性贸易政策是一种损人利己的政策，是以牺牲他国利益为前提的，势必招致他国的强烈反应乃至报复，引发全球贸易保护主义的抬头，从而抵消战略性贸易政策的功效，极有可能导致损人不利己的结果。而且，战略性贸易政策的实施是有许多限制性条件的，有些条件如信息的准确和完全性，一般难以得到满足，这样也会使战略性贸易政策运用的现实性和有效性大打折扣，可能会导致政府决策的失误。

链接 4－3

战略性贸易政策的应用实例

虽然战略性贸易理论在实际运用中会受到实际情况的挑战，但在其引起理论界重视以前，战略性贸易政策已被许多发达国家广泛应用于许多产业，作为国家产业政策已显示出其比采取单一手段更大的优越性，其典型是美国、欧洲和日本。

1. 美国的战略性贸易政策

1985 年里根政府宣布“贸易政策行动计划”，开始了外贸政策的全面调整，其核心内容是变“无条件自由贸易”为“互惠自由贸易”，目标在于保证外国市场对美国开放，保障美国获得更多的出口机会。1988 年美国国会通过“综合贸易与竞争力法案”，授权总统对贸易对手不合理或不公平的贸易做法，可单方面采取制裁措施，这就是所谓的“超级 301 条款”。1989 年布什政府制定了“国家贸易政策纲要”，并加强对来自国外的所谓不公平贸易行为的抨击，单方面宣布有关国家为“重点观察国家”，迫使对方向美国开放市场。克林顿执政后，战略性贸易政策的主要内容是运用出口补贴、优惠税收、进口壁垒等措施，扶持本国战略性产业的成长，增强其在国际市场上的竞争力，从而谋取规模经济收益，并借机分割他人的市场份额和利益。

2. 欧洲的战略性贸易政策

欧洲在飞机制造方面实施战略性贸易政策。在飞机制造方面美国一直占有主导地位，是美国科技实力的显著标志。欧洲各国长期以来希望发展本国的飞机制造业，以期与美国竞争。从 20 世纪 60 年代后期开始，欧洲各国政府为合作开发飞机生产进行了两次重要的努力：其一是英法共同开发协和型超音速飞机，两国政府为开发这种飞机提供了强大的财政支持，该项目在商业上虽收效不大，但却对欧洲共同生产飞机（即生产空中客车）产生了技术外溢；其二是欧洲各国组建空中客车公司，生产大型客机，直接与美国飞机竞争，公司的资本费用和其他成本由成员国政府补贴。它是世界上最大的战略性贸易政策的例子。空中客车公司成功地生产出商业上可行的飞机，尤其在小型客机中，在性能和运行成本方面，能与美国波音公司一决高低。迄今为止，空中客车公司是商用飞机市场上能与美国波音公司抗衡的唯一大型飞机制造商。

3. 日本的战略性贸易政策

日本的实践被看作是推行战略性贸易政策最典型的例证，而且成效十分显著。日本从20世纪70年代中期以后产业政策转向以高技术产业为重点。日本的战略性贸易政策集产业政策、贸易政策于一体，在实施过程中注意与其他宏观政策相协调。通过企业联合改组、产业扶植、行政指导和产业立法等手段，建立了新的产业体制，制止企业间的过度竞争，防止了外资对本国产业的冲击，增强了企业的国际竞争力。具体措施包括：利用关税实行差别进口待遇的手段，对原材料、燃料和生产资料执行低税率，而对消费品执行高税率；通过限制外国资本投资日本国内市场（尤其是钢铁、化学等重化工业），实施幼稚产业保护政策，隔绝本国与国外企业的直接竞争；通过外汇配给制，鼓励和支持技术引进；利用政策性融资、特别租税措施，以及关税等扶持政策措施，对优势产业实行出口激励。20世纪80年代，日本实施战略性贸易政策的电视机和半导体产业部门已经垄断了世界市场，计算机工业已与美国平分秋色，汽车工业优势已显著超过美国。

4.5 其他保护贸易理论

4.5.1 贸易政策的政治经济学

现实中，有各种各样的理由支持贸易保护，但为什么政府最终采用的是这样一种保护措施而非另一种呢？为什么政府要对一种商品征收较高的关税而对另一种商品征收较低的关税呢？自20世纪80年代起，越来越多的经济学家吸收了公共选择理论的一些思想来研究贸易政策问题，认识到贸易政策的决定不仅仅是政府的一种经济选择，同时也是一项政治与社会决策。逐步形成了国际贸易研究的一个新分支——贸易政策的政治经济学（the Political Economy of Trade Policy）。贸易政策的政治经济学强调贸易政策并不仅仅简单出自建立在经济学家的成本-收益之上的效率计量，而且与政治因素密切相关。通过运用政治行为的经济分析，考察政治决策过程中贸易政策的选择和变化。

贸易政策的政治经济学在国际和国内两个层次上展开研究，认为一国的贸易政策是其国内和国际两方面因素综合作用的结果。

国际层次的分析即贸易政策的国际政治经济学，更多地考虑国际政治对各国贸易关系的影响，从国际关系的角度解释贸易政策的变化，焦点是各国之间贸易政策的博弈。贸易政策的国际政治经济学采用与传统自由主义不同的国际现实主义方法分析国际经济问题。现实主义者认为，国际经济学以国际政治学为基础，国际贸易是国际关系的一种形式和途径，一国的贸易政策仅仅是一国对外政策的反映，各国的相互作用决定了贸易政策的选择。贸易政策的制定目的在于保证国家利益和安全。各国政府常常在贸易政策的选择中，处于自由贸易和保护贸易的“两难境地”，并且常有实施保护贸易的“冲动”。

这种国际政治经济学的分析中，最有代表性的当属“霸权稳定论”。根据该理论，当世界上有霸权国家出现时，它必然要求并试图建立开放的国际贸易体制，并且通过制裁、报复等强制手段来执行规则。因为自由贸易能够增加其全体国民的收入，提高其经济增长率，增进其在全球的影响。但是一旦霸权国家的政治经济实力被削弱从而失去霸主地位，它就可能转向保护主义，以维护自己国家的利益，这时稳定的自由贸易体系就将受到挑战，保护主义可能成为一些国家的选择。

国内层次的分析是贸易政策的国内政治经济学，将贸易政策作为政治市场上政府的公共政策决策过程，从国家目标和社会利益分配的角度来解释贸易保护产生和变化的政治过程，关注的是贸易政策的制定和选择过程的影响因素，包括利益集团、院外活动、公共选择等方面的分析。

国内政治经济学认为经济市场的不完全竞争和政治市场的不完善是影响贸易政策选择的两大因素。经济市场的不完全竞争和扭曲，使自由贸易政策不具备效率优势，自由贸易的好处因不能惠及大多数人而难以显示其优越性。

在政治市场中，正如产品的价格由市场供求决定一样，一项贸易政策的制定也是由对该项政策的需求和供给决定的。贸易政策导致的收入分配效应促使政治市场中的参与者——选民或公众、政府、官僚、利益集团乃至外国人——将根据各自的既定目标或既得利益产生对新的贸易政策的需求和供给。究竟是实行自由贸易政策还是实行贸易保护政策，则要看不同利益集团院外活动（Lobbying）的结果。

经济学家罗德瑞克（Dani Rodrik）用一张示意图描述了贸易政策制定的基本框架，如图4-1所示。

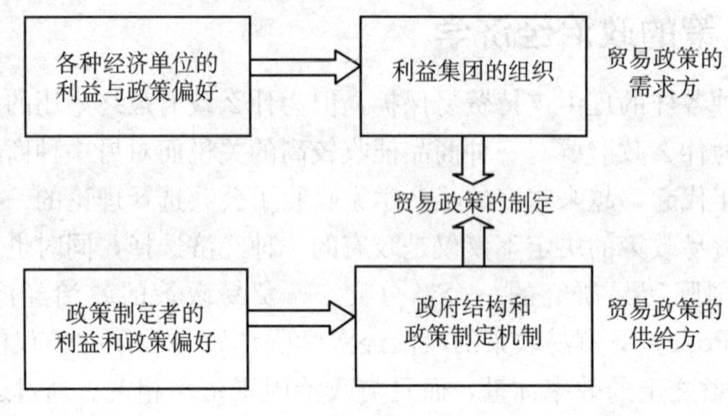

图4-1　贸易政策的制定框架

在贸易政策的政治经济学分析中，任何一项贸易政策的制定与实施，都是利益集团的需求和政府供给的均衡。经济学家们建立了一些政治经济学模型，在这些模型中，政府的目标是成功地掌握政权和维护政权的稳定而非社会福利最大化。

（1）中点选民模型

中点选民模型假设政府是民主产生的，任何一个政党只有得到了多数选民的支持，该政党才有可能执政，因此政府在选择任何经济贸易政策时，必须要考虑如何得到多数选民的支持。中点选民的意见将会代表多数选民的想法，因而政府要尽可能地选择靠近中点选民的意见的政策。

中点选民模型在理论上似乎没有问题，可是与实际情况不符。在许多情况下，贸易政策保护的恰恰都是少数人。例如，几乎所有的发达国家都保护农产品，而农民占这些国家的总人口都不到10%。又如，钢铁、纺织品等行业在美国是夕阳工业，就业人数越来越少，但他们受到的保护仍很高。

（2）集体行动理论

针对中点选民模型的问题，研究公共政策的经济学家提出了集体行动（Collective Action）理论。他们认为，一种政策是否被政府采纳并不在于受益或受损人数的多少，而在于利益集团行动是否有效。在美国和其他大部分国家，在制定贸易政策时，想限制贸易的利益集团一般比想放宽贸易的利益集团行动更有效、更具影响力。

从政府利益的角度看，尽管实行贸易保护主义损害了多数人的利益，但是当多数人的利益无法形成一种力量对其决策形成影响，而政府迎合少数利益集团反而能够赢得更多的选票时，按照“理性人”追求自身利益最大化的原则，政府往往会选择总福利水平下降、大多数人利益受损而少数人收益的贸易政策。

（3）竞选贡献或政治贡献

在民主选举政府的国家里，贸易政策的制定受到各执政党支持者的影响。一般来说，每个政党都代表一些特殊集团的利益，而这些利益集团也在竞选中积极支持能考虑他们利益的政党。例如，在美国的两党中，工会（尤其是劳联—产联）一般支持民主党，大财团或企业主一般会支持共和党。这些利益集团在国会和总统的竞选中出钱出力极力支持各自的党派当选，这些党派的候选人一旦当选之后就会在力所能及的范围里制定或维持有利于这些利益集团的政策，否则他们就会在下一轮竞选中失去这些利益集团的资金、支持和选票。

4.5.2 管理贸易论

世界上第一部较为系统论述管理贸易（Managed Trade）的专著是美国经济学家瓦尔德曼于1986年出版的《管理贸易》。根据该书的定义，管理贸易是指政府为了更好地“管理”本国经济和国家间的经济，而在贸易和投资领域里的直接介入，从而使政府对贸易、投资及企业决策日益加强控制。瓦尔德曼认为管理贸易是不同于任何传统的国际贸易模式，既不是依赖于自由市场机制的自由贸易模式，也不是政府出于保护目的采取的纯粹保护贸易模式，而是受政府控制和指导的贸易模式。他还比较和分析了传统的贸易管理模式和管理贸易模式的不同：传统的政府贸易管理和控制模式主要是出于保证国内需要，惩罚贸易伙伴或国家安全目的的贸易禁运，为限制进口的目的而运用禁止进口、配额、关税等措施。这些传统的管理模式总的来说属于一国所固有的主权，是国内的独立性事务。而管理贸易模式主要通过出口资助、国家间双边的销售安排或自愿出口限制谈判、自由贸易区、商品分类协议等达到其目的。

虽然瓦尔德曼阐述了管理贸易的内涵、性质和手段，然而对管理贸易的产生背景、原因、理论依据和政策效果分析不够，甚至并未就管理贸易是一种理论还是一种政策给出答案。但是，他的阐述引发了有关管理贸易的讨论，受到了从学界到政界的广泛关注。在以后的讨论中，许多学者认为，管理贸易是一种政策，并分析了管理贸易的形式和目标、原因和基本原理、管理贸易政策的正当性、政策的效果等问题。

管理贸易真正作为一种贸易理论而得到规范论证应该归功于经济学家巴格韦尔和斯泰格尔，他们明确指出管理贸易不仅是一种贸易政策，也是一种贸易理论，并通过建立模型把管理贸易理论一般化。而在管理贸易政策的分析方面，他们认为“二战”后工业发达国家的管理贸易政策受两个趋势的影响：一是关贸总协定框架下的多边谈判；二是在工业发达国家经济日益一体化过程中的“特别保护”趋势。

具体而言，管理贸易政策的实现途径主要是，各国通过国际会议、区域经贸集团、国际多边经贸组织与协定、国际商品协定和生产国组织、国家间双边贸易协定等形式对贸易进行组织和管理，包括维护成员方之间的贸易关系，有效管理缔约方和成员方之间的贸易关系，对具体商品的产、供、销、价格等进行有效的管理及通过标准化对国际贸易行为、商品规格、质量进行管理。

目前受管理贸易保护的重点商品为劳动密集型产业的产品、农产品、劳务产品、能源和原材料产品、高科技产品及技术贸易等。由于国际贸易中相互依存度的增大及利益分配格局的影响，促使各国采取进口配额、出口自动限制、有秩序销售安排、行政手段和产品规格等非关税壁垒措施对这些产品进行保护。

管理贸易理论的出现是“二战”后世界经济发展的必然结果。“二战”后国际贸易体制和金融货币体系的建立，隐含着管理贸易的影子。美、日、欧共体（欧盟）的贸易摩擦引起了研究管理贸易理论和政策的兴趣与热情，西方各国政府也更热衷于管理贸易，其重要原因是：一方面要继续高举贸易自由化的大旗表示自己顺应世界潮流的态度；另一方面采取新的贸易保护措施，而又考虑不致引起贸易伙伴的强烈反感和报复。

4.5.3 公平贸易论

公平贸易论（Fair Trade Argument）不是严格意义上的贸易理论，而是一种贸易保护的政策主张。保护公平贸易是当代许多国家特别是西方发达国家用来进行贸易保护的常用依据。与发达国家贸易保护的大多数理由不同，公平贸易论是以一种受害者的姿态出现来进行贸易保护，似乎这种保护是迫不得已的，目的也似乎是为了维护国际贸易的公平竞争，以推动真正的自由贸易。

但是，对国际贸易中的不公平竞争的界定在各国不尽相同。不公平竞争首先是指国际贸易中因为政府参与而出现的不公平竞争行为。一般来说，凡是由政府通过某些政策直接或间接地帮助企业在国外市场上竞争，并造成对国外同类企业的伤害，即被看成是不公平竞争。具体来说，出口补贴、低价倾销等都算不公平竞争。将监狱中犯人制作的产品或使用童工生产的产品出口到国外，也是不公平贸易行为，因为犯人、童工的工资被强迫性压低，生产成本当然比正常企业低得多。通过不同的汇率制度人为地降低出口成本、对外国知识产权不加保护等也被包括在不公平贸易的范围之内。

近年来，不公平竞争的定义扩大到不对等开放市场。许多西方国家指责发展中国家的市场开放不够，指责计划经济国家没有按市场经济的原则实行自由竞争。美国还用这一概念指责欧、日等其他发达国家。一些国家甚至把自己的贸易逆差归罪于对方市场开放上的不平等。

公平贸易论要求政府加强干预，加强对本国企业的支持和保护，特别是保护其传统产业日益衰退的国际竞争力，运用各种“合理”的机会和“合法”的手段，达到保护本国就业、维持自己在国际分工与贸易中的优势地位的目的。

以公平竞争为理由来保护贸易的最主要是美国。随着其在国际上的优势逐渐削弱，贸易赤字逐年大幅增加，美国亟欲在对外贸易政策上做大幅度的调整。但是，美国不能放弃自由贸易的大旗，于是就以保护公平贸易作为其贸易政策的基本依据。其基本主张是：美国一如既往地开放本国市场，但国外市场也应对美国大开方便之门。公平贸易已经成了美国意欲主导经济全球化进程的进攻性的贸易战略武器。美国不仅在理论上觉得自己理直气壮，还在法律上作出对不公平贸易行为进行报复的明文规定。1974 年通过的“贸易法案”中的 301 条款（Section 301），明确授权政府运用限制进口等贸易保护措施来反对任何外国不公平的贸易行为，以保护本国企业的利益。1988 年的《贸易和竞争综合法案》，标志着“二战”后美国历届政府推行的自由放任的外贸政策发生了重大变化。该法案中的“超级 301 条款”（Super 301），不仅将不公平案的起诉权从总统下放到美国贸易代表（相当于外贸部长）手中，还要求贸易代表在每年 4 月 30 日将“不公平贸易国家”的名单递交国会。上了这份“黑名单”的国家，就可能被列入报复对象。

平等互利是发展双边、多边贸易关系的基础。从这种意义上讲，剔除公平贸易概念中被美国赋予的推行其经济霸权主义的消极含义，公平贸易论中平等互利等观念还是有其积极的一面。世界贸易组织的规则就是为了维护公平的贸易，公平贸易论的有些思想观念也有利于各国利用世界贸易组织及其规则解决贸易争端。

用保护公平竞争为理由进行贸易保护的主要手段包括：反补贴税、反倾销税或其他惩罚性关税、进口限额、贸易制裁等。这些政策从理论上说可能有助于限制不公平竞争，促进自由贸易，但在实施中不一定能达到预期效果。首先，“反不公平竞争”不一定能解决贸易竞争力低的问题，一些国家的某些行业劳动生产率低下，面对国际竞争不思进取、不求改进，反而归罪于外国商品。因此，通过贸易保护来促进公平竞争，有可能造成更不公平的竞争，而本国的消费者则将为此付出很高的代价。其次，像其他所有贸易保护一样，以公平竞争为由实行保护也同样可能遭到对方的反指控、反报复。还有，发达国家以公平或者互惠的理由对发展中国家的要求，本身就是不公平的，不符合世界贸易组织的建立公平合理的国际经济新秩序的目标，不利于使各种类型的国家都能够从国际经贸交往中获得应有的利益。

本章小结

纯粹的自由贸易是不存在的。一国政府可以并且必须干预经济利益的分配，这是国际贸易的基本特点，也是保护贸易理论的出发点。对于不同国家和一国的不同发展阶段，其保护贸易政策的依据是不同的。

重商主义是资产阶级最初的经济学说。他们主张国家积极干预，为积累货币财富和发展对外贸易采取行政和经济措施。重商主义发展经历了两个阶段：早期重商主义主张绝对地多卖少买，严禁货币输出国外；晚期重商主义认为对外贸易才是国家致富的手段，在对外贸易保持出超时，才能致富。

汉密尔顿强调在一国工业化的早期阶段，应当实行保护关税政策来鼓励幼稚工业发展，并提出了国家干预的一系列措施。

李斯特认为财富本身固然重要，但发展生产力更为重要。他还提出在不同的经济发展阶段应采用不同的贸易政策。李斯特的保护幼稚产业论强调国家的重要作用。他提出了保护对象的条件：幼稚工业才需要保护；对幼稚产业的保护是有期限的；如果没有强有力的竞争者，也不需要保护；对农业一般不需要保护。

凯恩斯主义的超保护贸易理论被称为"新重商主义"。该理论认为，政府不仅要干预国内经济，还要干预对外贸易。在凯恩斯投资乘数理论的基础上，提出了对外贸易乘数理论。他们认为，只有当贸易顺差时，对外贸易才能产生贸易乘数效应。超保护贸易理论为发达国家垄断资本的利益服务，意图保持本国的优势垄断地位，而且还要保护国内的夕阳工业。

最早的中心-外围理论，是普雷维什的中心-外围理论。他将世界经济体系分为两部分：由发达工业国构成的中心国家，由广大发展中国家组成的外围国家。中心在国际经济体系中居于主导地位，外围则处于附属地位并受中心控制和剥削。外围发展中国家的贸易条件不断恶化。普雷维什认为，发展中国家应通过工业化，独立自主地发展自己的民族经济。为此，外围国家实行保护贸易政策是必须的。

战略贸易理论认为，在不完全竞争和规模报酬递增的情况下，要提高产业或企业在国际市场上的竞争能力，必须取得规模效益。最有效的办法就是政府应选择发展前途且外部经济效应大的产业加以保护和扶持。实施这一贸易政策的国家有可能提高自身的福利水平。战略贸易理论的缺陷也是十分明显的。战略性贸易政策势必招致报复，抵消政策的功效，导致损人不利己的结果。而且，战略性贸易政策的实施条件有些难以得到满足。

贸易政策决定的政治经济学吸收了公共选择理论的一些思想来研究贸易政策问题，认为贸易政策的决定不仅仅是政府的一种经济选择，同时也是一项政治与社会决策。贸易政策的政治经济学强调贸易政策与政治因素密切相关，认为一国的贸易政策是其国内和国际两方面因素综合作用的结果。任何一项贸易政策的制定与实施，都是利益集团的需求和政府供给的均衡。

管理贸易是介于自由贸易和保护贸易之间的一种对外贸易政策，是受政府控制和指导的贸易模式。管理贸易主要是通过国际会议、区域经贸集团、国际多边经贸组织与协定、国际商品协定和生产国组织、国家间双边贸易协定等形式对贸易进行组织和管理。

公平贸易论是一种贸易保护的政策主张。保护公平贸易是当代许多国家特别是西方发达国家用来进行贸易保护的常用依据。公平贸易论主张通过贸易保护来促进公平竞争，有可能造成更不公平的竞争。

关键术语

重商主义　幼稚产业　超保护贸易理论　中心-外围理论　战略性贸易　博弈　贸易政策的政治经济学　院外活动　管理贸易　公平贸易

复习思考题

1. 两个阶段的重商主义理论各自有什么特点?
2. 试述保护幼稚工业论的主要论点。
3. 简述凯恩斯主义的超贸易保护理论与传统保护主义的异同。
4. 简述中心-外围学说的主要内容。
5. 简述战略贸易理论的基本观点及其政策评价。
6. 研究显示，发达国家中消费者为每一个被保护的工作付出的代价都不小，为什么政府仍要保护这些行业?

本章阅读资料

贸易保护主义的发展过程及其在经济全球化下的新特点和危害

1. 贸易保护主义历来弊多利少但持续不绝

贸易保护主义产生的缘由有：经济发展阶段的差异，维护社会和政治制度安全的需要，发展生产力和提高竞争力的要求，解救经济危机和维护社会稳定的政治诉求。在资本主义生产方式准备时期，西欧重商主义流行，实行强制性的贸易保护；在资本主义自由竞争时期，英国产业革命后经济实力大为加强，从重商主义转向自由贸易，而经济后进的美国和德国保护幼稚工业。两次世界大战期间，为了摆脱1929—1933年的大危机，超贸易保护主义盛行，英国抛弃自由贸易政策，转而缔结英帝国特惠制，美国通过关税法，大幅度提高进口关税。其结果是世界贸易停滞，引发了社会危机和第二次世界大战。“二战”后，为了发展民族经济，多数发展中国家实行贸易保护。为了维护社会主义制度和发展经济，“社会主义”国家(包括中国)实行贸易保护。而跃居世界强国的美国为了推行“美国化”，转而推崇自由贸易，推动建立以贸易自由化为宗旨的1947年GATT，其他发达国家也相继接受贸易自由化，但同时建立“巴黎统筹委员会”对“社会主义”国家实行出口管制。在经济发展不平衡规律的作用下，美国经济实力和竞争力下降，为了摆脱困境，20世纪70年代后又带头采取新贸易保护主义，终止固定汇率。1973—1975年的石油危机，打乱了发达国家经济发展的节奏，引发了经济危机，新贸易保护主义波及全球。20世纪80年代以后，在经济全球化作用下，自由贸易又成为主流，但由于各国经济发展的失衡，形形色色的贸易保护主义不时出现。

从历史发展来看，自由贸易与贸易保护是一对孪生兄弟，是经济发展波动中交替出现的现象。通常，它们受到各国经济实力的制约，强势国家一般倾向贸易自由，弱势国家一般倾向贸易保护。从后果看，两次世界大战期间的超贸易保护主义和20世纪70年代新贸易保护主义对国际贸易发展弊多利少。但在经济危机时期，市场萎缩、企业破产和失业增加，各国政府面临政治压力，往往采取贸易保护主义摆脱经济危机，出现以邻为壑的贸易政策与措施。随着经济危机的发展，贸易保护手段也在变化。20世纪80年代以后随着经济全球化和国际贸易内容的扩大，贸易自由化和贸易保护均从货物领域向资本、服务和知识产权领域延伸。为了抑制贸易保护主义，GATT和世界贸易组织，把贸易自由化从货物领域扩及服务和与贸易有关的投资领域。与此同时，对带有歧视和不正当贸易保护的措施，通过多边贸易谈判达成的协定与协议采取消除、规范和保留，还加强了与贸易有关的知识产权制度，因此没有绝对意义上的贸易自由和贸易保护。

就贸易保护而言，世贸组织反对不正当的贸易保护，允许采用正当的贸易保护手段，允许发展中国家成员自由化程度低于发达国家成员；允许成员按产业竞争力确定进口关税税率，确定服务业开放程度；允许成员为保护生态环境，维护国民身体健康和安全对进口产品设置技术标准和安全要求；在特殊情况下，允许成员采取例外、豁免条款，实施自我保障措施等。

2. 全球化下贸易保护主义的特点与危害

2008年由美国金融海啸引发的经济危机，使发达国家和发展中国家不断陷入其中，如不加以解救，后果非常严重。世界各国为了维护本国的社会安定和政局稳定，纷纷出台各种救市和刺激方案，其中含有贸易保护主义的成分。如近期内经济危机加深和复苏无望，贸易保护主义会从抬头变成泛滥和蔓延。令人担忧的是，这次贸易保护主义是出现在经济全球化浪潮和世贸组织多哈回合正在进行的大背景下，它带有与以前保护贸易主义不同的一些新的特点。

第一，深层性。美国经济危机的爆发并非偶然，是长期病因积累的结果。经济学家熊彼特讲过，大萧条是资本主义的一次冷水浴。这次冷水浴来源于美国虚拟经济和实体经济的失衡，过度超前消费的观念，对新自由主义的崇拜和金融监管的不作为。美国总统奥巴马上台后的低调和谨慎表态，可知摆脱经济危机的难度。金融海啸加深了经济危机深度和加大了波及范围，可能引发社会动荡和政治危机，加重了人们的悲观情绪。这些压力正在变成重大的政治压力。与以前贸易保护主义相比，抬头的贸易保护主义有着深远的蘖生基础。

第二，全球性。经济全球化把世界各国结合在一起，国内外市场日益融合，其结果是世界范围内的经济发展正传递和经济波动的负传递加快。居于全球化"火车头"地位的美国，其金融海啸和经济危机向其他国家和地区蔓延，使危机带有世界性。由此引发的贸易保护主义如果产生连锁和示范效应，就可能引燃全球性的贸易保护主义之火，无一国家可以幸免。

第三，虚伪性。超贸易保护主义的惨痛后果，资本国际化与企业利润最大化的追求和世贸组织规则的约束，理论对危害的推导，使国际组织和发达国家都对贸易保护主义进行谴责，但虚多实少，言不由衷。2008年11月15日，包括美、日、欧盟等20国集团首脑承诺至少12个月内不会实行保护主义措施。共同声明墨迹未干，美国首先食言，奥巴马总统一上台，就率先采取"购买美国货"的保护市场措施。根据世贸组织报告，2008年秋天以来，有22个世贸组织成员采取了贸易保护措施。

第四，多样性。首先，贸易保护领域增多；其次，贸易保护从国家向贸易集团延伸，经济贸易集团开放型趋势逆转为封闭和排他性；再次，贸易保护手段繁多；最后，出现资本保护主义。

第五，复杂性。首先，层出不穷的贸易保护主义措施将超出世贸组织现有协定与协议的约束范围，应对和解决起来难度加大。其次，难以判断名义繁多的贸易保护手段的是非，如为了环保、国民健康、安全和社会责任等而确立的保护措施难以判断正当性。再次，由于科技、资金和检验能力的相对落后，在贸易保护主义面前，发展中国家将处于被动和弱势地位。

贸易保护主义将给世界经济贸易带来五大危害。第一，使经济全球化逆转，已经形成的金融体系、全球性分工体系、生产体系和销售体系链条断裂，参与经济全球化的国家都要蒙受其害。第二，严重冲击全球贸易，引发贸易战。第三，多边贸易体制推动的贸易自由化受阻，多哈回合将久拖不决。第四，贸易保护主义将从发达国家向发展中国家蔓延，使发展中国家受到重创，但在经济全球化传递机制拓宽的情况下，又会出现反向作用，成为发达国家的飞去归来器，陷入谁都保护不了的局面。第五，把整个世界拖向更为深重的经济危机，引发社会动荡和政治危机，孳生各种意想不到的恶果。

摘编自：薛荣久．经济全球化下贸易保护主义的特点、危害与遏制．国际贸易，2009(3)：28—31.

第5章

关 税

学习目标 了解关税的含义和作用，掌握关税的主要种类，特别是进口附加税和普惠制，理解并掌握关税的保护程度，熟悉关税的征收程序和征收方法，了解关税的经济效应。

5.1 关税概述

5.1.1 关税的含义和特点

1. 关税的含义

关税（Tariff）是进出口商品通过一国或地区的关境时，由政府设置的海关对进出口商所征的一种税收。关税是一种最常用、最重要的限制贸易手段。

关税由海关依据本国或本地区的法律和海关税则进行征收。海关执行各项法令和政策，行使管辖权、征收关税的区域就是关境。一般来说，关境与国境的范围是一致的。而在国境内设立自由港、自由贸易区、保税区等免税区的情况下，或者若干国家结成关税同盟时，关境与国境不一致：前者关境小于国境，后者关境大于国境。

关税与其他国内税收一样，具有强制性、无偿性和预定性。

2. 关税的特点

① 关税是一种间接税。关税主要是对进出口商品征税，其税负由进出口商先行垫付，然后作为成本的一部分加入货价，待货物出售后收回这部分垫款。因此，关税最终转嫁给消费者或买方。

② 关税的课税主体和客体分别是进出口商和进出口货物。关税的课税主体是本国进口货物的收货人、出口货物的发货人、进出境物品的所有人，关税的课税客体是准许进出口的货物、进出境物品。

③ 关税是一国对外贸易政策重要的组成部分。关税作为执行一国外贸政策的重要手段，将国内市场与国际市场联系起来，起到调节进出口贸易的作用。关税税率的高低不仅与国内的经济和生产有密切的关系，而且与世界其他国家与地区的政治、外交、经济等都有密切联系，具有涉外性。

5.1.2 关税的作用

1. 关税的积极作用

关税作为主要的国际贸易保护政策措施之一，对一国经济发展有积极作用。

① 关税是国家财政收入的重要来源。关税可以增加财政收入，特别是对经济较落后、国民收入低、税源有限的发展中国家而言更是如此。例如在我国，2001 年海关税收 2 492.3 亿元，2008 年一举突破 9 000 亿大关，达到了 9 616 亿元，约占当年中央财政本级收入的四分之一。

② 保护本国的产业和市场。对进口货物征收关税，提高了其成本和价格，削弱其市场竞争力，从而保护本国的产品和市场；对本国稀缺货物出口征收关税，可以减少出口，充分保证国内市场供应，同样可以起到保护本国产业的作用。

③ 调节贸易结构和收支。利用关税税率的高低和减免，可以调节国内生产、市场供求关系，促进进出口商品结构的调整。在贸易逆差时可以用高关税限制进口，调解贸易收支。

④ 关税是国家间对外关系的重要手段，是签订相关贸易条约的重要内容。

2. 关税的消极作用

关税的消极作用表现在：阻碍了国际自由贸易的发展；进口关税会增加本国消费者的负担；容易导致对境内企业保护过度，造成企业竞争力下降；滥用关税措施会损害国家之间的经贸关系，等等。

5.1.3 中国的关税制度

现行的中国关税制度是以《中华人民共和国海关法》为基本法律依据，以《中华人民共和国进出口关税条例》和《中华人民共和国进出口税则》为基本法规，并由相关征管办法和实施细则组成的。

1.《中华人民共和国海关法》

1951 年 4 月 18 日中央人民政府政务院公布了《中华人民共和国暂行海关法》。根据改革开放经济发展的需要和海关工作实践的要求，1987 年 1 月 22 日第六届全国人民代表大会常务委员会第十九次会议正式通过了《中华人民共和国海关法》，自 1987 年 7 月 1 日起施行，1951 年《中华人民共和国暂行海关法》同时废止。2000 年 7 月 8 日第九届全国人民代表大会常务委员会第十六次会议对《中华人民共和国海关法》（本书以后简称《海关法》）予以修正，自 2001 年 1 月 1 日起施行。修正后内容共 9 章、102 条，包括总则、进出境运输工具、进出境货物、进出境物品、关税、海关事务担保、执法监督、法律责任、附则。

2.《中华人民共和国进出口关税条例》

1951 年中央人民政府政务院公布实施了新中国成立后首个《海关进出口税则暂行实施条例》。1985 年 3 月，国务院发布了修改后的《中华人民共和国海关进出口关税条例》，即新中国成立后的第二个进出口关税条例。为了适应改革开放的新形势和新要求，1987 年国务院批准成立国务院关税税则委员会，并于当年和 1992 年两次参照国际规范，对条例作了重大修改，报国务院批准实施。中国加入世界贸易组织后，结合成员国享受权利和履行义务两方面要求，2003年11月国务院颁布了第三个进出口关税条例，内容包括进出口货物关税税率的设置和适用、进出口货物完税价格的确定、进出口货物关税的征收、进境物品进口税的征收等，将最惠国税率和其他税率分列，完税价格的确定更为具体和明确，于2004年1月1日起正式实施。

3.《中华人民共和国进出口税则》

1951年5月中国发布第一部自主制定的税则，将进出口商品按自然属性、用途、加工程度分成17类、89章、939个税号。1985年3月，实施了以《海关合作理事会税则商品分类目录》(CCCN) 为基础的进出口税则，将进出口商品划分为21类、99章、1011个税目。为了适应改革开放和外贸事业的发展，1992年1月开始实施以世界海关组织《商品名称及编码协调制度》为基础的进出口税则，并根据国际市场和外贸情况的变化逐年进行调整。2007年，利用世界海关组织商品编码协调制度全面调整等时机，我国对税则税目进行了较大范围的调整和细化。目前，（8位）税目数量已逐步增至7 758个。

5.2 关税的种类和保护程度

5.2.1 关税的种类

按照不同的标准，关税有以下几种分类。

1. 按照课征对象，分为进口税、出口税和过境税

(1) 进口税

进口税 (Import Duty) 是指进口国海关对进口商进口外国商品征收的关税，是关税中最重要的税种。各国征收进口关税主要是为了限制进口，削弱进口商品的竞争力，保护本国市场。因此，高额进口税就是人们所说的关税壁垒。

进口税分最惠国税和普通税两种。最惠国税适用于从签订有最惠国待遇贸易条约或协定的国家和地区进口的商品。“二战”后，大多数国家和地区都通过签订互惠的贸易条约和协定给对方最惠国待遇。普通税则适用于从未签订该类条约和协定的国家和地区进口的商品。最惠国税率比普通税率低得多。

(2) 出口税

出口税 (Export Duty) 是指出口国海关对本国出口商出口本国商品时征收的关税。一般国家只有在为了增加财政收入或限制重要原材料和产品的出口时才会征收出口税。

(3) 过境税

过境税 (Transit Duty) 是指一国海关对通过其关境“借道”运往他国而不进入本国市场销售的货物征收的关税。目前大多数国家都不征收过境税，只对过境商品征收少许运输管理和服务费用。

2. 按照课征的目的，分为财政关税和保护关税

(1) 财政关税

财政关税 (Revenue Tariff) 又称为收入关税，是指政府为了获得财政收入而征收的关

税。一般而言，征收财政关税要具备三个条件：第一是税率适中或较低，否则会阻碍进口而达不到增加财政收入的目的；第二是征税的进口商品必须是国内不能生产或没有替代品；第三是国内有很大的消费市场。

（2）保护关税

保护关税（Protective Tariff）是指为了保护本国产业和市场所征收的关税。一般而言，税率越高，保护程度越高。

3. 按照差别待遇的不同情况，关税可分为进口附加税、差价税、特惠税和普惠制

（1）进口附加税

进口附加税（Import Surtax）是指进口国海关对进口商品在征收进口正税的基础上又额外征收的一种临时性关税。

进口附加税根据目的不同，征收方式也不同。如果是为了维持进出口平衡，一般会对所有进口商品征税；而为防止外国商品低价倾销或对某国实行贸易歧视和报复，则只对某个或几个特定国家的商品征税。

针对某国某种商品的附加税主要有两种：反倾销税和反补贴税。反倾销税（Antidumping Duty）是对实行倾销的进口商品按照倾销差额征收的一种进口附加税。WTO《反倾销协定》规定，征收反倾销税必须满足以下条件：存在倾销，倾销对国内某项产业造成重大危害或存在重大威胁，倾销与国内产业损害之间有因果关系。反补贴税（Countervailing Duty）又称反津贴税或抵消税，是对直接或间接接受财政补贴的外国产品在进口时所征收的一种进口附加税。补贴商品的进口已经对国内某项产业造成重大危害或产生重大威胁，因此征收反补贴税用于抵消进口商品在降低成本方面所获得的额外好处，使其不能在本国低价竞争，以保护进口国同类商品的生产。

（2）差价税

差价税（Variable Levy）是指当国内某种商品的价格高于进口同类商品的价格时，按照两者之间的差额征收的关税。由于国内外价格差额会经常变动，因此差价税是一种滑动关税。目的是为了削弱进口商品的竞争力，保护本国的生产和国内市场。

（3）特惠税

特惠税（Preferential Duty）是指对从某些特定的国家或地区进口的全部或部分商品，征收特别优惠的关税或给予免税待遇，非受惠国家或地区不能根据最惠国待遇原则享受特惠税待遇。特惠税可以是互惠的，也可以是非互惠的。

特惠税开始于宗主国和殖民地及附属国之间的贸易，目前最有影响的特惠税是《洛美协定》（Lome Convention）的特惠税。欧盟国家在免税、不限量的条件下，接受非洲、加勒比及太平洋地区的70多个发展中国家和地区的全部工业品和99.5%的农产品，而不要求受惠国给予反向优惠。

根据中国与有关国家或地区签署的贸易或关税优惠协定，中国对老挝、埃塞俄比亚等41个联合国认定的最不发达国家的部分商品实施特惠税率，其中绝大多数商品实施零税率。

（4）普惠制

普惠制（Generalized System of Preferences，GSP）是指发达国家对从发展中国家或地区进口的商品特别是制成品和半制成品，给予的普遍关税优惠制度。

普惠制的原则是普遍性、非歧视性和非互惠性。普遍性是指所有发达国家对所有发展中国家出口的制成品和半制成品给予普遍的优惠待遇；非歧视性是指所有发展中国家无一例外都享受这种优惠；非互惠性是指发达国家单方面给予发展中国家的关税优惠，不要求发展中国家或地区给予反向优惠，目的是促进发展中国家或地区工业化，增加外汇收入，促进经济发展。但在具体执行中，三原则并不具有法律约束力，常常出现给惠国违背三原则的情况。

目前全世界给惠国（地区）有 40 个，受惠国（地区）达 190 多个。

链接 5－1

普惠制方案

出口商品要取得普惠制待遇，必须符合给惠国的普惠制方案。普惠制方案亦称给惠方案，是各给惠国政府或国家集团为实施普惠制而制定的具体执行办法，定期或不定期地以政府法令的形式公布。

1968 年 3 月联合国贸发会议第二届会议通过决议，确立了普惠制。但是，发达国家不愿执行统一的普惠制。联合国贸发会议 1970 年 10 月决定，由各发达国家制定自己的给惠方案。

各给惠国的给惠方案内容不完全相同，但都包含以下要素。

（1）受惠产品范围

只要是发展中国家或地区工业制成品和半制成品一般都在受惠范围之列，但不包括一些敏感产品，如纺织品、服装、鞋类、皮革制品及石油制品等。

（2）受惠国家和地区范围

能否成为受惠国由给惠国单方面确定。例如，给予中国普惠制的国家目前有 39 个：欧盟 27 国、瑞士、列支敦士登、挪威、日本、新西兰、澳大利亚、加拿大、俄罗斯、白俄罗斯、乌克兰、哈萨克斯坦和土耳其，美国是唯一不给予中国普惠制待遇的发达国家。

（3）受惠产品的减税幅度

受惠产品的减税幅度（Tariff Cut Depth）又称普惠制优惠幅度，取决于最惠国税率和普惠制税率之间差额的大小，差额越大减税幅度越大。一般情况下，农产品减税幅度小，工业品减税幅度较大。

（4）对给惠国的保护措施

由于普惠制具有非互惠性，因此给惠国均会在给惠方案中指定保护本国生产和市场的措施，主要包括免责条款、预定限额和毕业条款。

免责条款（Escape Clause）又叫例外条款，是指当给惠国判定受惠国产品的进口数量增加到对本国同类产品或有直接竞争关系的产品生产者造成或即将造成严重损害时，给惠国保留取消或部分取消该产品关税优惠待遇的权利。

预定限额（Prior Limitation）是指给惠国预先规定一定时期某受惠产品享受关税优惠的数量限额，超过该限额后即按最惠国税率征收关税。

毕业条款（the Graduation Process）是指当受惠国的某项产品或经济发展到较高

程度，在国际市场的竞争力显著增强后，给惠国就会取消该项产品或该国全部产品普惠制税率待遇的资格，即“产品毕业”或“国家毕业”。美国是最早开始采用这项规定的国家，从1981年4月1日起实施。欧盟紧随其后，于1995年1月1日启用类似条款。

（5）原产地规定

原产地规定（Rules of Origin）又称原产地规则，是普惠制方案的核心内容。确定了原产地，就直接确定了其依照进口国的贸易政策所适用的关税和非关税待遇。

原产地规则包括三部分。

① 原产地标准（Origin Criteria）。包括两类情况：一类是完全原产地的产品，另一类是非完全原产地的产品，即含有进口成分但在受惠国进行了充分的加工，已经发生了实质性改变的产品。以上两类情况才可享受关税优惠待遇。

② 直接运输规则（Rule of Direct Consignment）。是指受惠产品必须从受惠国直接运往给惠国。如果由于地理原因和运输的客观需要，必须通过第三国或地区，则一定要在受惠国海关监管下，并向给惠国海关提交过境提单、过境海关签发的过境证明书等。

③ 原产地证书（Certificate of Origin）。是指能证明其符合有关给惠国原产地标准的普惠制原产地证明文件。

（6）普惠制有效期

根据联合国贸发会议1970年的决定，普惠制的实施期限以10年为一个阶段。但是，近年来欧盟和美国的给惠方案经常调整，实施期限有程度不同的缩短。

4. 按照关税的保护程度，分为名义关税和有效关税

名义关税（Nominal Rate of Protection，NRP）也叫名义保护率，是指海关按照关税税则对进口商品征收的税率，是关税和进口产品的总价值之比，因而可以看成是征收关税后进口货物价格提高的比率。在其他条件相同或不变的情况下，名义关税税率越高，进口品价格就会越高，从而名义上保护国内同类产品的程度也越高。但要真正保护国内产业，必须使国内生产厂商因征收进口关税而获益，这从名义关税中无法判断，需要看一国的有效关税。

有效关税也叫有效保护率（Effective Rate of Protection，ERP），表明某个工业产品“增值”部分受保护的情况，因而可以看成是关税导致的国内生产附加值的变动率。而产品增加值如何变化，不仅和最终产品征收关税的高低有关，而且和生产该产品的原材料和中间投入是否征收关税和征税高低有关。因此，有效保护率反映了关税对本国同类产品真正有效的保护程度（具体参见5.2.2关税的保护程度）。

一国既可以对进口的最终产品征税，也可以对生产用的进口原材料征税，名义关税率对消费者来说很重要，因为它表明了关税导致的最终商品价格的增加量；有效保护率对生产者来说很重要，因为它表明了对与进口商品竞争的国内生产的产品提供的保护程度。

5. 按照关税的征收标准和征收方法，关税可分为从量税、从价税、混合税和选择税

（1）从量税

从量税（Specific Duty）是按照商品的数量、重量、容量等计量单位征收的关税。从量税的计算公式为

从量税额＝商品数(重、容)量×每单位从量税率

具体商品的数量、容量、重量等也有具体的计算方法。例如，以重量作为征税标准的，重量的主要计算方法有三种：一是毛重法，即按照商品自身重量加上内外包装材料所得出的总重量计征关税；二是半毛重法，即按照扣除外包装材料重量后的商品重量计征关税；三是净重法，即按照扣除内外包装材料重量后的商品净重计征关税。

从量税计征手续简便，对低价商品进口抑制作用较大，当商品价格下降时，关税的保护作用加强，但在通货膨胀期间，会失去保护作用。此外，税负不甚合理，对价格、质量相差悬殊却在同一税则号的商品会造成不公平。

（2）从价税

从价税（Ad Valorem）是以商品的价格为标准征收的关税。从价税的计算公式为

从价税额＝商品总值×从价税率

从价税计征的难点在于确定商品的完税价格，即进口国海关审定的计征关税的货物价格。确定完税价格大体采取三种方式：一是以成本、保险费加运费（CIF）作为完税价格；二是以装运港船上交货价格（FOB）作为完税价格；三是以进口国规定的法定价格作为完税价格。

从价税税负较为公平合理，与商品价格的涨跌成正比，因此关税的保护作用不受价格变动的影响。但由于需要确定完税价格，从价税计征手续变得较为复杂。

（3）混合税

混合税（Mixed Duty）是指对某种商品既征收从量税，又征收从价税。征收混合税时或以从量税为主加征从价税，或以从价税为主加征从量税。混合税的计算公式为

混合税额＝从量税额＋从价税额

（4）选择税

选择税（Alternative Duty）是指对于某些商品，既制定从量税率，又制定从价税率，在征税时选择税额较高的一种征税或为了增加本国某种紧缺物资的进口而选择税额较低一种的征税。

5.2.2 关税的保护程度

1. 关税水平与结构

关税水平（Tariff Level）反映的是一国进口关税的总体水平或叫一般水平，即一国的平均税率。用关税水平可以衡量或比较一个国家进口税的保护程度，它常常是贸易谈判中会涉及的主要议题之一。计算方法包括算术平均法和加权平均法。

关税结构（Tariff Structure）又叫关税税率结构，是指一国关税税则中各类商品关税税率之间高低的相互关系。各国经济水平和国内市场情况不同，关税结构也不尽相同。一般的特点是：资本品税率比消费品税率低；生活必需品税率比奢侈品税率低；国内不能生产的商品比能够生产的商品税率低；初级产品比中间产品税率低，中间产品比制成品税率低，呈现出阶梯式关税结构。

2. 关税的保护程度

如前所述，关税的水平虽然能用以比较各国关税的高低，但它还不能完全表示保护的程

度，因为其计算的对象只是进口的最终产品。事实上，一国国内生产的最终产品中，往往含有大量的进口原材料或中间投入品。因此，需要考虑该国对生产最终产品所需的进口原材料或中间投入品是否征税，并由此带来对最终产品的影响，这样才能把握整个关税结构对相关产业的保护程度，从而为关税的制定和比较提供依据。这就需要运用有效保护率的概念。

有效保护率是考虑了生产最终产品的原材料和中间投入品的关税壁垒因素后的税率，因此比名义保护率更能准确地测定保护程度。有效保护率是指征收关税后国内某项工业产品（最终产品）增加值提高或增长的比率。计算公式为

$$E=(W-V)/V\times 100\%$$

其中，E 为有效保护率，V 为征收关税前国外加工增值，W 为征收关税后国内加工增值。

链接 5-2

中国的关税水平

新中国成立后，特别是改革开放 30 年来，我国关税结构不断优化，关税总水平不断降低，税则税目设置更加科学化、精细化，逐步由“高水平、原税基”向“低水平、宽税基”转变。关税改革大致经过了四个时期。

（1）改革开放前的时期：1949—1978 年

这一时期中国国民经济的发展遵循自力更生、自给自足的道路，对外交往很少，进出口贸易额很小，执行高关税政策，以保护国内市场和民族工业的发展。

（2）改革开放的初期：1979—1992 年

这一时期的关税政策仍主要以计划经济为主，进行了多次调整，但开始体现促进扩大对外经济技术交流这一目标，税率有所降低。

1982 年对海关税则 939 个税号中的 149 个税号的税率进行了调整，占 16%，并对 34 种商品新开征出口关税。从 1987 年到 1991 年 3 月，共调整进口关税税率 18 次，涉及 248 种商品，对关系国计民生的上百种重要的原材料临时降低关税。1991 年年内，调整了 69 个税目的商品税率，又对 116 种商品临时调低关税，至此中国关税总水平（算术平均税率，下同）为 47.2%。

（3）申请复关和入世前的时期：1992—2001 年年底

这一时期中国先后几次较大幅度地自主降税，关税总水平由 1992 年的 43.2%降低到 2001 年年初的 15.3%，总降幅近 65%。

1992 年 3 月，降低了 2898 个税目进口商品关税税率，关税总水平下降到 43.2%。从 1992 年 12 月 31 日起，实施第一次自主降税，涉及 3371 个税目，占进口税则税目总数的比例超过 50%，关税总水平下降到 39.9%。1993 年、1996 年、1997 年又接连实施第二、三、四次自主降税，关税总水平为 17%。从 2001 年 1 月 1 日起，再次自主降税，涉及 3462 个税目，关税总水平降为 15.3%。

（4）入世后的时期：2001 年年底至今

2001 年 12 月 11 日入世后，中国连续 4 年大幅度降低关税，关税总水平从 15.3%降至 2005 年年底的 9.9%，提前达到入世承诺的降至 10%以下水平的目标。2005 年以后，

除少部分产品的承诺需要履行外，关税总水平只进行了微调。2008年关税总水平为9.8%，其中农产品平均税率降至15.2%，工业品平均税率降至8.9%。经过降税，关税税率形成了两头小、中间大的格局，大体形成了资源性产品、零部件、制成品税率由低至高的合理结构。

5.3 关税的征收

5.3.1 关税的征收依据

关税的征收依据是海关税则。海关税则（Customs Tariff）又叫关税税则，是国家或地区对进出口货物计征关税的规章和对进出口的应税、免税货物加以系统分类的一览表。海关税则是关税政策的具体体现。

海关税则一般包括两个部分：海关征税的规章条例及说明、关税税率表。关税税率表一般由目录和税率两部分组成。

1. 海关税则的分类

在关税税率表中，同一种货物，可以只有一个税率，也可有两个或两个以上税率。因此，按照税率表的栏数，海关税则可以分为单式税则和复式税则两大类，大多数国家以后者占主导。另外，根据制定税则的权限，海关税则又可以分为自主税则和协定税则。

（1）单式税则

单式税则（Single Tariff）是指一个税目只有一个税率，适用于来自任何国家同类商品的进口，没有差别待遇。

（2）复式税则

复式税则（Complex Tariff）是指一个税目有两个以上税率，对来处不同国家的进口商品，使用不同税率。复式税则有二、三、四、五栏不等，按照税率由高到低设有普通税率、最惠国税率、普惠制税率、特惠税率等。一般情况下，普通税率最高，最惠国税率比普通税率低，普惠制税率在最惠国税率的基础上进行减免，特惠税率最低。

（3）自主税则

自主税则（Autonomous Tariff）是指一国立法机关根据关税自主原则制定，而不受对外签订的贸易条约或协定约束的一种税率。

（4）协定税则

协定税则（Conventional Tariff）是指一国与其他国家或地区通过贸易与关税谈判，以贸易条约或协定的方式确定的关税税则。因为属于关税减让谈判的结果，所以比自主税则税率低。

2. 海关税则的商品分类

关税税率表的目录包括税号和商品名称，税号是商品分类的编号。

税则中的商品分类，有的按商品加工程度划分，有的按商品性质划分，也有的按商品性质分成大类，再按加工程度分成小类。税则中商品分类非常繁细，反映了商品种类在增多，同时也是为了便于实行关税的差别待遇政策。

为了便于开展国际贸易活动和进行经济分析，减少各国海关在商品分类上各不相同的矛盾，一些国际组织和国际会议努力寻求统一的商品分类方法，编制国际通用的税则目录。

与联合国制定《国际贸易商品标准分类》（SITC）同年，欧洲经济委员会（欧洲海关同盟）在布鲁塞尔签订了《海关税则商品分类目录公约》（又称《布鲁塞尔税则》），1972年修订后改名为《海关合作理事会税则商品分类目录》（Customs Cooperation Council Nomenclature，CCCN）。

为了尽可能做到两种分类之间的一一对应，ITC和CCCN先后进行了修订，但两种分类同时存在，仍不能避免分类方法不同带来的困难。

从1973年5月开始，海关合作理事会成立了协调制度临时委员会，以CCCN和SITC为基础，在联合国贸发会议、关贸总协定、国际商会等20多个国际组织和60多个国家专家长期共同努力的基础上，参照国际上主要国家的分类目录，海关合作理事会（以后改名为世界海关组织）于1983年编成、公布了《协调商品名称及编码制度》（The Harmonized Commodity Description and Coding System，H.S.编码制度）。

H.S.编码制度于1988年1月1日起正式实施，每4～6年进行一次修订。第四次修订版（HS07）于2007年1月1日起生效。H.S.编码制度共有21类99章，其中第77章空缺，以备将来使用。

目前SITC主要用于经济分析，而H.S.编码制度使用更广泛，它不仅使用于普惠制，还大量地使用于航运业、国际经济分析及国际贸易中。现在，世界上包括欧盟、美国、加拿大、日本和中国在内的绝大多数国家都采用。

目前我国的商品分类以H.S.编码制度为标准体系，以海关进出口税则为执法依据。根据海关总署公告，自2007年1月1日起，我国采用以世界海关组织2007版H.S.编码制度为基础的进出口税则。

5.3.2 关税的征收程序

关税的征收程序又叫通关手续或报关手续，是指进出口商在进出口货物时向海关申报进口或出口的行为，接受海关的监管和检查，并按照规定履行相关手续。以中华人民共和国海关的通关流程为例，主要包括以下环节。

(1) 报关（Declaration）

报关又叫通关，是指进出口货物的收发货人、受委托的报关企业，依照《海关法》及有关法律、行政法规和规章的要求，在规定的时间、地点，采用电子数据报关单和纸质报关单形式，向海关报告实际进出口货物的情况，并接受海关审核的行为。海关所指的进出口货物收发货人一是指有进出口经营权并对外成交的单位，如对外贸易公司等；二是指依照法律、法规准许进出口货物的单位。根据《海关法》的规定，进口货物的收货人、受委托的报关企业应当自运输工具申报进境之日起十四日内向海关申报。

向海关申报时，除提交进出口货物报关单外，还应提交合同、发票、装箱清单、载货清单（舱单）、正本提（运）单、代理报关授权委托协议、进出口许可证件、海关要求的加工贸易手册（纸质或电子数据的）及其他进出口有关单证。

(2) 单证的审核(Documents Check)

包括电子审单和专业化审单。

电子审单是海关对申报的电子报关单数据实行集中审单制度。海关审单中心收到报关单电子数据,通过计算机系统对报关企业及报关员进行资格认证后,开始进入计算机自动审核程序。报关单电子数据通过规范性审核的,计算机自动接受申报。报关单电子数据经通道判别,交由现场海关进行接单审核、征收税费处理,以及经专业化审核通过后,系统自动完成计征税费程序处理。

专业化审单,又称人工审单,是以商品分类为基础,依靠各职能部门提供的支持和自身的专业化优势,借助信息化作业平台,对经电子审单环节分拨到审单中心和审单中心自主决定审核的报关单电子数据进行人工专业化审核的作业过程。

(3) 接单审核(On-spot Check)

报关单通过电子审核或专业化审核后,收发货人即可备齐相关的纸质单证到现场海关接单环节交单。接单海关关员对收发货人提交的书面报关单及其随附单证进行单单相符审核和单机核对,即审核随附单证内容与报关单填制内容是否相符,审核报关单电子数据与纸质报关单填制内容是否相符。

(4) 货物的征税(Taxation)

报关企业发送的报关单电子数据,由海关维护当日计算汇率及缴款期限,并核对申报的货币是否属于国家规定的货币形式后,进行税费计征。海关关员对报关单、随附单证及货物查验结果审核无误后,打印、签发各类税费专用缴款书。进出口货物收发货人持海关签发的税费专用缴款书到银行缴纳税费,并将银行的缴款回执交还海关。

进口货物在海关征税放行后,发现货物残损、短少或品质不良,而由国外承运人、发货人或保险公司免费补偿或更换的同类货物的,属于无代价抵偿货物。对无代价抵偿货物,海关区分不同的情况分别予以免税或重新估价计税,原多征税款准予退还。

(5) 货物的查验(Inspection)和放行(Release)

对进出境货物进行查验是《海关法》赋予海关的基本权利之一,是海关为确定进出境货物、物品的实际状况与申报内容是否相符,确保进出境运输工具及所载货物、物品合法进出境的行政执法行为。根据《海关法》的规定,海关查验货物时,进口货物的收货人、出口货物的发货人应当到场,或者委托其代理人到场,并负责搬移货物、开拆和重封货物的包装。但海关对有走私违规嫌疑的进出境货物、超期未报货物、无主货物,可以在收发货人不在场的情况下进行开验、复验或者提取货样。

海关查验货物应当在海关监管区内进行,如港口、车站、机场、国际孔道、国际邮件互换局及经海关认可的其他场所内进行。

专栏 5-1

中国海关的便捷通关和无纸通关

目前,企业可以享受的便捷通关措施(Customs Freight Simplified Procedures)主要有:提前报关、联网报关、担保验放、加急通关、快速转关、上门验放、加工贸易联网七项。符合以下基本条件的企业,均可申请适用海关规定的一项或数项便捷通关程序。

① 企业守法经营，资信可靠，内部管理规范、严格，半年内无走私、违规情事，并有足够的资产或资金为本企业因适用便捷通关程序应承担的经济责任提供总担保。

② 在中国关境内具有独立法人资格，从事高新技术生产且其生产产品已列入科技部、外经贸部、财政部、国家税务总局、海关总署共同编制的《中国高新技术产品出口目录》。

③ 具有进出口经营权，并已在海关注册。

④ 本企业年出口额（包括加工贸易深加工结转）在1亿美元以上。

无纸通关是利用中国电子口岸及现代海关业务信息化管理系统功能，改变海关凭进出口企业递交书面报关单及随附单证办理通关手续的做法，直接对企业联网申报的进出口货物报关电子数据进行无纸审核、验放处理的通关方式。

本章小结

关税是一国海关对进出口货物开征的最基本的税种，是国际贸易中各国普遍采用的重要贸易政策工具和措施。关税种类繁多，既有正常关税，又有特别关税（即进口附加税），还有优惠关税，不同的标准分类也不同。

普惠制是指发达国家对从发展中国家或地区进口的商品特别是制成品和半制成品，给予的普遍关税优惠制度。普惠制的原则是普遍性、非歧视性和非互惠性。

关税水平反映的是一国进口关税的总体水平或叫一般水平，即一国的平均税率。用关税水平可以衡量或比较一个国家进口税的保护程度，它常常是贸易谈判中会涉及的主要议题之一。计算方法包括算术平均法和加权平均法。关税结构又叫关税税率结构，是指一国关税税则中各类商品关税税率之间高低的相互关系。各国经济水平和国内市场情况不同，关税结构也不尽相同。

与名义保护率是衡量一国对某种商品的保护程度不同，有效保护率考虑了某一行业的生产结构及对其制成品和中间投入产品的保护程度等多个因素，因此能更合理地反映一个行业的实际保护程度。

海关税则又叫关税税则，由一国政府通过立法程序制定并颁布实施，是该国海关征收关税的法律依据和本国关税政策的具体体现。一个国家常常利用海关税则实行差别待遇和贸易歧视政策。海关税则由征税的规章条例及说明和关税税率表两部分组成。

关键术语

关税、进口税、过境税、差价税、普惠制、原产地规则、从量税、从价税、名义保护率、有效保护率

复习思考题

1. 关税的特点和作用有哪些？
2. 关税的主要种类包括什么？
3. 普惠制的基本原则是什么？它包括哪些主要内容？
4. 什么是有效保护率？它和名义保护率的区别是什么？
5. 某国对进口电动车征收混合关税，该国进口从价税率为20%，从量税率为每辆电动车10美元。现一进口商以每辆200美元的价格进口2 000辆电动车，共需交纳多少美元的关税？

本章案例

商务部公平贸易局负责人解读中国首例“双反”案

2009年12月11日，商务部就取向电工钢反倾销反补贴案公布初裁决定。

取向电工钢属于高科技、高附加值产品，国内目前仅有武汉钢铁（集团）公司和宝钢集团有限公司能够生产。2008年以来，由于来自美国和俄罗斯的进口产品数量的大幅度增加，且其价格始终处于低位，使国内企业的生产经营面临严重困难。

在这种情况下，武钢和宝钢经过认真地搜集证据，准备材料，向商务部提出反倾销反补贴调查的申请。2009年6月1日，商务部正式发布立案公告，决定对产自美国的进口取向电工钢产品发起反倾销反补贴调查，对产自俄罗斯的进口取向电工钢产品发起反倾销调查。

2009年12月10日，商务部发布初裁公告，裁定产自美国和俄罗斯的进口取向电工钢存在倾销，裁定美国公司在“购买美国货项目”等4个补贴项目中受益。同时，商务部裁定中国国内取向电工钢产业受到了实质损害，而且倾销、补贴与实质损害之间存在因果关系。自12月11日起，进口商在进口产自美国和俄罗斯的取向电工钢时，将向海关提供相应的保证金。

商务部公平贸易局负责人表示，这是中国首次对进口产品进行反补贴调查，也是首次对来自一个国家的进口产品同时进行反倾销和反补贴调查，即“双反”调查。中国调查机关在本案调查过程中遵守中国法律和世贸组织规则，坚持公正、合理、程序正当和透明度原则，依照法律和事实做出初步裁定。该负责人同时指出，调查机关将根据进一步调查的结果，依法做出客观、公正的最终裁定。

案例分析

“双反”调查是指对来自某一个（或几个）国家或地区的同一种产品同时进行反倾销和反补贴调查。自2004年加拿大首次对我烧烤架产品发起“双反”调查以来，截至2009年11月，我已先后遭受“双反”调查37起。其中，美国自2006年11月以来对我发起“双反”调查共23起，特别是金融危机爆发以来，仅2009年美国就对我发起10起“双反”调查。由于频繁遭受“双反”调查，唤醒了国内产业的法律意识，加深了他们对反倾销、反补贴等贸易救济措施的了解。在受到倾销或补贴的进口产品严重冲击，生产经营面临严重困难的情况下，他们开始运用法律武器来捍卫自身的合法权益。

通过“双反”调查和采取救济措施，将对我国取向电工钢产业的正常生产、经营及公平贸易秩序的恢复创造条件，并对维护我相关产业安全具有重要意义。

资料来源：商务部公平贸易局．www.mofcom.gov.cn，2009－12－11.

第6章

非关税壁垒

学习目标 了解非关税壁垒的概念和特点，重点掌握非关税壁垒的种类，熟悉新型非关税壁垒出现的背景和主要类型。

非关税壁垒出现在资本主义初期，20 世纪 30 年代世界经济危机爆发后成为许多国家限制进口的主要手段。“二战”后，经过关贸总协定八轮多边贸易谈判，各国的关税水平大幅下降，为了降低关税下降的不利影响，在贸易保护主义推动下，从 20 世纪 70 年代中期开始，非关税壁垒又被发达国家广泛采用。目前，在全球金融危机背景下，贸易保护主义又开始抬头，非关税壁垒特别是一些新型非关税壁垒与日俱增，严重影响了各国贸易的正常开展。

6.1 非关税壁垒概述

6.1.1 非关税壁垒的定义

非关税壁垒（Non-Tariff Barriers，NTBs）是指关税以外的所有对正常贸易流动造成扭曲或限制的措施，泛指政府采取的除关税以外的各种调节、管理和控制对外贸易的一切政策与手段的总和。一般意义上，非关税壁垒主要是指一国对外国商品和劳务进口所实行的各种非关税的限制措施。

在关税大幅减让的情况下，非关税壁垒措施已经日益成为主要的贸易保护手段，在国际贸易中的作用越来越重要。

6.1.2 非关税壁垒的特点

非关税壁垒与关税都有限制进口的作用，但与关税相比，特点有所不同。

(1) 更具有灵活性与针对性

关税措施是各国海关法的组成部分，其制定和修订都必须通过立法程序，并要求在一定时期内保持稳定和连续。税率和税种的变更或调整要经过严格的法定程序，国际条约和协定及 WTO 的相关规定使得政府运用关税措施来贯彻国别政策的灵活性和针对性受限。而非关税壁垒措施的制定和修订属于政府的行政措施，不仅可以自由制定，随时修改，而且能随时针对某国的某种商品采取相应的对策措施，因而具有更大的灵活性和针对性。

（2）更具有隐蔽性与歧视性

关税措施确定后，会以法律形式公之于众，包括税率的确定和征收办法都是透明的，出口商可以比较容易地获得有关信息。但非关税壁垒措施往往不公开，而由行政机关在具体业务中执行或者规定极为烦琐复杂的标准和手续，使出口商难以对付和适应，增强了其隐蔽性。另外，关税措施的歧视性也较低，它往往要受到双边关系和国际多边贸易协定的制约。而非关税壁垒可以针对某些特定国家的特定产品制定商品质量、规格、性能和安全等规定特殊的标准，并经常变化，使外国商品由于某个规定不符不能进入对方市场，因而更具有差别性和歧视性。

（3）有效性与限制性更强

关税壁垒是通过征收高额关税，提高进口商品成本和价格，削弱其竞争能力，间接达到限制进口之目的。如果出口国采用出口补贴、商品倾销等办法降低出口商品成本和价格，关税往往难以起到限制商品进口的作用。但一些非关税壁垒如进口配额、自动出口配额制等预先规定进口商品的数量和金额，超过限额就直接地禁止进口，与关税相比有效性和限制性更强。

6.1.3 非关税壁垒的发展状况

（1）非关税壁垒措施日益复杂

世界各类国家所实行的非关税壁垒措施从20世纪60年代末的850多项增加到70年代末的900多项，90年代达到1 000多项，据WTO统计目前已经达到3 000多种。随着商品形态的变化和贸易环境的不断发展，近年来诸如社会标准壁垒等新型非关税壁垒花样翻新，层出不穷。

（2）非关税壁垒措施适用的范围日益扩大

随着非关税壁垒措施的日益增加，这些措施适用的范围日益扩大，从农产品蔓延到工业品，从劳动密集型产品延伸到技术密集型产品，从商品贸易拓展到服务贸易，从产品生产到环境、劳工标准和动物福利，从WTO框架内的规定到政府采购政策等灰色区域，世界贸易中受到非关税壁垒限制的范围不断扩大。

（3）非关税壁垒成为贸易保护主义的重要手段

伴随着世界经济一体化和国际贸易投资自由化进程进一步加快，以及世界贸易组织各项协议的执行，世界各国纷纷大幅度降低关税，非关税壁垒已成为贸易保护的重要手段，在国际贸易中起到越来越重要的作用。

6.2 非关税壁垒的类型

非关税壁垒形式多样，可以有多种分类，从限制进口的方法分，可以分为直接限制和间接限制两大类。随着贸易的发展，新型非关税壁垒类型也层出不穷。

6.2.1 直接性非关税壁垒

直接性非关税壁垒是指由进口国对进口商品的数量、品种或金额加以限制，主要措施有以下几类：

1. 进口配额制

1）进口配额的定义

进口配额（Import Quota）是指一国政府在一定时期内，对某些商品的进口数量或金额进行限制，限额以内允许进口，超过限额禁止进口或征收高额进口关税。

2）进口配额的类型

进口配额常分为绝对配额和关税配额。

（1）绝对配额

绝对配额（Absolute Quota）是指在一定时期，对于某些商品进口数量或金额规定一个最高限额，在达到这个数额后，不准进口。根据实施方式的不同，它又分为全球配额和国别配额，以及进口商配额。

全球配额（Global Quota）是一种非歧视性的全世界范围内的绝对配额，对于来自任何一个国家或地区的商品一律适用。主管当局通常按进口商的申请先后或过去某一时期的实际进口批给一定的额度，直到总配额发放完为止，超过总配额就不准进口。由于全球配额不限定产品来源地，在配额公布后，进口商竞相争夺配额并从任何国家或地区进口。邻国或邻地区因地理位置较近，到货快，比较有利，而较远的国家或地区就处于不利的地位。因此，在限额的分配和利用上，难以贯彻国别政策，故一些国家采用了国别配额。

国别配额（Country Quota）是一种歧视性配额，是在总配额内按照国别和地区分配给固定的配额，超过规定配额则不准从该国进口。为了区分商品来源地，进口商要提交原产地证明书。实行国别配额可以使进口国根据政治经济关系的亲疏对不同的国家分配给不同的额度，从而有效贯彻国别政策。

国别配额可以分为自主配额和协议配额。自主配额（Autonomous Quota），又称单方面配额，是由进口国家完全自主的、单方面强制规定在一定时期内从某个国家或地区进口某种商品的配额。这种配额不需要征求出口方的同意，可以贯彻国别政策。但由于各国或地区分配配额不一，容易引起某些出口国或地区的不满与报复，因此很多国家倾向于使用协议配额。协议配额（Agreement Quota），又称双边配额，是由进口国家和出口国家政府或民间团体之间协商确定的配额。协议配额是由双方协调确定的，通常不会引起出口方的反感与报复，并可使出口国对于配额的实施有所谅解与配合，较易执行。

进口商配额（Importer Quota）是进口国为了控制某些商品的进口或实行垄断，对某些特定进口商施行的配额。

绝对配额用完后，就不准进口。但由于某种特殊的需要和规定，一国可另行规定额外的特殊配额或补充配额，如进口某种半制成品加工后再出口的特殊配额、展览会配额或博览会配额等。

（2）关税配额

关税配额（Tariff Quota）是指规定在一定时期内的进口数量或金额，在规定配额以内的进口商品，按正常关税计征或减免税；对超过配额的进口商品则征收较高的关税或征收附加税或罚款。

关税配额按商品进口的来源，分为全球性关税配额和国别关税配额。关税配额按征收关税的目的，分为优惠性关税配额和非优惠性关税配额。优惠性关税配额是对关税配额内进口的商品给予较大幅度的关税减让，甚至免税，而对超过配额的进口商品，即征收原来的最惠国税率；非优惠性关税配额是在关税配额内仍征收原来的进口税，一般按最惠国税率征收。但对超过配额的进口商品，则征收极高的进口附加税或罚款。

链接6—1

纺织品配额

纺织品和服装贸易是发展中国家与发达国家之间最有争议的贸易领域之一。纺织品和服装业是发展中国家具有比较优势的劳动密集型产业，是出口贸易中重要的支柱产品。20世纪50年代起，质优价廉的产品向发达国家的出口呈快速增长态势。发达国家为保护本国纺织工业不受冲击，对发展中国家纺织品和服装制品，采取严格的限制措施。在2005年之前的数十年间，纺织品及服装贸易一直受制于特殊的协定——1961—1973年的《国际棉纺织品贸易协议》和1974—1994年的《多边纤维协定》(Multifibre Arrangement，简称MFA)，而游离在自由贸易体系之外。

1961年，一些发达国家与主要棉纺织品出口国达成政府间"自动出口限制"协议，对棉纺织品的贸易进行数量限制，成为初期纺织品贸易制度的雏形。

1974年《多边纤维协定》取代前者生效，采取了配额限制措施，把纺织品及服装的贸易限制从棉扩大到毛、人造纤维和某些植物纤维。一旦进口国受到"市场扰乱"和进口危机，可通过双边或多边设置数量限制。对于进口配额，进口国被迫保留磋商条款和某些规则，数量限制的水平是由"市场扰乱"的状况和出口国的争取程度决定的，配额量可按照6%的水平递增。这就是"纺织品配额"。

在发展中国家要求废止《多边纤维协定》，将纺织品、服装贸易纳入自由贸易轨道的呼声日高的形势下，1986年开始的乌拉圭回合谈判决定将纺织品服装贸易纳入谈判议题。经过发达进口国与发展中出口国的反复磋商，最终达成了《纺织品与服装协议》(Agreement on Textiles and Clothing，ATC)，协议于1995年1月1日起正式生效。ATC的目的是将纺织品和服装领域纳入多边贸易体系调整范围之内，使纺织品、服装逐渐回归自由贸易轨道。协议规定在1995年1月1日至2004年12月31日的10年过渡期内，进口方将分四个阶段逐步取消所有数量限制，最终实现纺织品贸易自由化，全部取消配额，即从2005年1月1日起，纺织品和服装业进入"无配额时代"，协定同时自行废止。

纺织品配额的取消并不意味着贸易保护主义的消亡，发达国家加大了对生态纺织品的监管力度，不断出台各种新技术标准等绿色贸易壁垒和新的法规，纺织品和服装配额的地位逐渐被新型非关税壁垒所取代。

3）进口配额与关税比较

和关税相类似，不管配额采用什么方式，只要许可进口的数量比无配额时进口的数量少，配额所产生的影响就是削减进口量，提高进口商品的国内价格，使它高于进口商从国外购买时支付的价格，从而进一步影响到国内的生产和消费。但进口配额和关税相比，仍有不同。

① 收入的归属不同，关税归政府；后者可能归政府、也可能归进口商。

② 限制进口的作用不同。关税是间接限制，进口数量的变化取决于进口的需求弹性、进口商让渡进口品利润的大小等；后者是直接明确的进口数量限制。

③ 变化的灵活程度不同。关税一旦确定，不能随意提高或降低；后者可以根据国家具体情况每年进行调整。

④ 资源配置有效性不同。关税实行后，国内市场价格仍然由国际市场价格决定，一般

不会出现国内厂商的垄断；后者由于配额分配方式的不同会产生垄断，使资源不能有效配置。

2. “自动”出口配额制

1）“自动”出口配额的起源和发展

“自动”出口配额又叫“自愿”出口限制（Voluntary Export Restraint，VER），它是指出口国在进口国的压力或要求下，“自愿”规定某一时期内（一般为3～5年）某些商品对该国的出口限制，在规定配额内自行控制出口，超过限额即禁止出口该国。

美国在世界上首先采用了自动出口限制的方式，逼迫日本宣布自愿限制出口到美国市场的汽车数量。20世纪70年代的《多边纤维协定》，在某种程度上也可以认为是美国、欧盟及其他一些发达国家强迫主要纺织品和服装出口国实行的自动出口配额制度。

2）自动出口配额的类型

自动出口配额制主要有以下两种形式。

（1）非协定的自动出口配额

非协定的“自动”出口配额是指不受国际协定的约束，而是由于出口国迫于来自进口国方面的压力，自行单方面规定出口配额，限制商品出口。这种配额有的是由政府有关机构规定配额，并给予公布，出口商必须向有关机构申请配额，领取出口授权书或出口许可证才能输出。有的是由本国大的出口厂商或协会“自动”控制出口。

（2）协定的“自动”出口配额制

协定的自动出口配额制是指进出口双方通过谈判签订“自限协定”（Self-Restraint Agreement）或“有秩序销售协定”（Orderly Marketing Agreement）。在协定中规定有效期内某些商品的出口配额，出口国应据此配额实行出口配额签证制（Export Visa），自行限制这些商品出口，进口国则根据海关统计进行检查。自动出口配额制大多属于这一种。例如，1981—1983年，日本出口到美国的小汽车每年限制在180万辆，1984年限制在200万辆，1985年为230万辆。这一措施到1994年结束。

3. 进口许可证制

1）进口许可证的定义

进口许可证制（Import Licensing）是指某些商品的进口，必须事先由进口商向国家有关机构提出申请，经过审查批准并发给进口许可证后，方可以进口，没有许可证，一律不准进口。

2）进口许可证的类型

（1）进口许可证与进口配额结合使用，分为有定额的进口许可证和无定额的进口许可证两种

有定额的进口许可证（Quotas Licensing）是指国家有关机构预先规定有关商品的进口配额，然后在配额的限度内，根据某种申请程序，就每一笔交易给进口商发放一定数量的进口许可证，配额用完就不再发放进口许可证。

无定额的进口许可证（Non-quotas Licensing）是指国家有关机构预先不公布进口配额，自行掌握发放有关商品进口许可证，因为它是个别考虑的，没有公开进口数量和标准，因而更具有灵活性和隐蔽性，对限制进口起到更大的作用。

（2）根据对来源国有无限制，分为公开一般许可证和特种许可证

公开一般许可证（Open General Licensing）是指对进口国别和地区没有限制，如果属于一般许可证下的商品，进口商只要按照一般出口许可证的程序填写一般许可证，就可获准进口。实质上，这类商品属于"自由进口"的商品，填写的规定是为了履行报关程序。

特种许可证（Validated License），又称非自动进口许可证，是指根据政府公布的管制货单和进口国别管制表，进口商必须向政府有关机构提出申请，并且要附上相关证明材料，经逐笔审查批准后才能进口。

"二战"前，进口许可证制在一些西欧国家曾被广泛采用。"二战"后，许多国家通过审批进口许可证烦琐复杂的程序和手续，不透明的管理程序、要求提供不必要的文件、审批时间过长等阻碍商品进口。为了促进国际贸易的正常发展，关贸总协定"乌拉圭回合"提出了《进口许可证程序协议》，规定签字国必须承担简化进口许可证程序和手续的义务，保证进口许可证在透明、公开、公正的前提下实施。

6.2.2 间接性非关税壁垒

间接性非关税壁垒主要通过影响进口商品的成本、价格、手续和平等待遇等削弱其竞争力，从而达到限制进口的目的。主要包括以下几种。

1. 外汇管制

对外贸易与外汇管理关系极其密切，出口可创汇，进口要付汇。因此，对外汇进行有效地干预，可直接或间接影响到进出口贸易。

1）外汇管制的定义

外汇管制（Foreign Exchange Control）是指一国政府通过国家法令对国际结算和外汇买卖实行限制，以控制外汇供需、平衡国际收支和维持本币汇价的一种制度。

在外汇管制下，出口商必须把它们出口所得到的外汇收入按官方汇率（Official Exchange Rate）卖给外汇管制机关；进口商也必须在外汇管制机关的监督下，按官定汇价申请购买外汇；本国货币的携出入境也受到严格的限制等。这样，国家的有关政府机构就可以通过确定官定汇价、集中外汇收入和批汇的办法，控制外汇供应数量，来达到限制进口商品品种、数量和进口国别的目的。

2）外汇管制的类型

外汇管制的主要类型有以下几种。

（1）数量性外汇管制

数量性外汇管制是指进口商必须申请外汇用汇额度，并经国家外汇管理机构批准后方可用汇，从而对外汇买卖的数量直接进行限制和分配。目的在于集中外汇收入，控制外汇支出，实行外汇分配，以达到限制进口商品品种、数量和国别的目的。一些国家实行数量性外汇管制时，往往规定进口商必须获得进口许可证后，方可得到所需的外汇。

（2）成本性外汇管制

成本性外汇管制是指国家外汇管理机构对外汇买卖实行复汇率制度（System of Multiple Exchange Rates），对鼓励进口的商品使用优惠汇率，对允许进口的商品使用普通汇率，对限制进口的商品使用惩罚性高价汇率，造成外汇买卖成本的差异，间接影响不同商品的进口。

（3）混合性外汇管制

混合性外汇管制是指同时采用数量性和成本性的外汇管制，对外汇实行更为严格的控制，以控制商品进口。

一国外汇管制的松紧，主要取决于该国外汇收支状况、国际金融市场环境等因素。为规范外汇管制，GATT/WTO要求缔约国应加强合作，保证外汇管制遵循适度、透明、公正的原则，不得通过外汇控制妨碍自由贸易。

2. 进出口国家垄断

1）进出口国家垄断的定义

进出口国家垄断（State Monopoly）也称国有贸易（Stats Trade），是指对外贸易中，某些商品的进出口由国家直接经营，或者把这些商品的垄断权给予某些组织。经营这些受国家专控的或垄断的商品企业，即为国有贸易企业（State Trading Enterprises）。

2）进出口国家垄断的主要商品

进出口国家垄断主要集中在四类商品上。第一类是消费量很大的烟和酒。这些国家的政府机构从烟和酒的进出口垄断中，既可以控制进口数量，又可以取得巨大的财政收入。第二类是敏感性很强的农产品。农业作为国家的经济基础，关系国计民生，许多国家会实行进出口垄断。第三类为关系国家安全的武器。武器和国家的国防安全密切相关，因此大多数国家的武器贸易基本上由国家垄断。第四类是国家经济命脉的石油。

3. 歧视性政府采购

歧视性政府采购（Government Procurement）是指国家通过法令，规定政府机构在采购时要优先购买本国产品，并给予国内供货商在价格等方面的优惠待遇，进而限制进口商品销售的一种歧视性政策。

美国是世界上最早实行政府采购政策的国家。1933年开始实施的《购买美国货物法案》（Buy America Act）规定：凡是美国政府出资采购的货物，必须是美国制造或美国原材料制造的。这一法案直到关贸总协定"东京回合"美国签署了《政府采购协议》才终止。其他许多国家如日本、英国、法国等也有类似的法律规定。

4. 国内税

国内税（Internal Taxes）是指利用本国国内各种课税制度来限制进口的办法。进口国除了对进口商品征收进口税外，还通过消费税、增值税、临时附加税等来增加进口货物的税收负担。国内税的制定和执行属于进口国政府的权限，一般不受贸易条约和多边协定的限制，具有较大的灵活性和歧视性。

5. 最低限价与禁止进口

最低限价（Minimum Price）是指一国政府规定某种进口商品的最低价格，如果进口货价低于规定的最低限价，则征收进口附加税或禁止进口，以达到限制低价商品进口的目的。为此，进口国有时会把最低价格定得很高，以达到限制进口的目的。

1977年，美国为了抵制欧洲国家和日本等国家的低价钢材和钢制品进口，对这些产品的进口实行"启动价格制"（Trigger Price Mechanist，TPM），也就是一种进口最低限价。它规定进口到美国的所有钢材和部分钢制品的最低限价，即启动价格。如果进口商品的价格低于启动价格，进口商必须进行调整，否则就要接受调查，并有可能被征收反倾销税。

禁止进口（Prohibition of Imports）是指当一些国家感到实行进口数量限制已不能走出经济与贸易困难时，往往颁布法令，公布禁止进口的货单，禁止这些商品的进口。

6. **进口押金制**

进口押金制（Advance Deposit）又称进口存款制，是指进口商在进口商品时，必须预先按进口金额的一定比率和规定时间，在指定银行无息存入一笔现金，才能进口。这样就增加了进口商的资金负担，影响了资金的流转，从而起到限制进口的作用。

7. **海关程序**

海关程序（Customs Procedures）是指进口货物通过海关的程序。如果在申报、查验、征税和放行等环节刻意阻挠、刁难、滥用权力等就会起到限制进口的作用。其具体表现在以下方面。

（1）严格苛刻的单证申报规定（Form Declaration）

进口国海关将申报单证故意复杂化，要求其提供非常复杂或难以获得的资料，甚至商业秘密资料，或经常变换填写规定，使进口商报关时常常出错，不能顺利通关，从而延长了进口时间，提高了报关成本。

（2）歧视性进口商品征税归类（Classification of Product）

进口商品上缴关税税额的多少不仅与海关估价有关，还取决于征税商品的归类。进口国根据需要将进口商品列入高税率的税目中，就增加了进口商品的关税负担和不确定性。例如根据1994年欧盟的相关法规，葡萄牙产的胡萝卜酱归入水果类，出口到当时的西欧市场不用缴纳高关税，但是对于其他国家产的胡萝卜则会归入蔬菜类，以征收高关税。

（3）专断的海关估价制（Customs Valuation）

海关为了征收关税，确定进口商品价格的制度称为海关估价制。有些国家根据某些特殊规定，提高某些进口商品的海关估价，这实际上提高了交纳关税的税额，抬高了进口商品价格，从而削弱了其竞争力，达到限制进口的目的。

例如，为防止外国商品与美国同类产品竞争，美国海关当局曾对煤焦油商品、胶底鞋类、蛤肉罐头、毛手套四种国内售价很高的商品，以“美国售价制”（American Selling Price System）这种特殊估价标准进行征税。按照这种标准征税，使这些商品的进口税率大幅度的提高。

“乌拉圭回合”达成了《海关估价协议》，规定海关估价依次使用的6种价格，包括商品的成交价格、相同货物成交价格、类似货物成交价格、扣除价格、估算价格和其他合理估价办法。其目的在于为签字国的海关提供一个公正、统一、中性的货物估价制度，不使海关估价成为国际贸易发展的障碍。

（4）故意改变海关通道（Procedures for Clearing）

进口国海关故意要求某国进口商品在规定的海关通道报关，以拖延报关时间，增加进口成本。例如，20世纪80年代，法国为了限制日本家用电器的进口，要求凡是日本的家用电器出口到法国，必须在法国一个海关官员少、商品检验能力差、海关仓库容量狭小的内陆海关通关，从而达到限制日本产品进口的目的。

8. **技术性贸易壁垒**

技术性贸易壁垒（Technical Barriers to Trade）是指以维护国家安全、保障国民健康、保护生态环境等为由所规定的复杂苛刻的技术标准、卫生检疫规定及商品的包装和标签规定，有些规定十分复杂，而且经常变化，往往使外国产品难以适应，从而起到限制外国商品进口和销售的作用。技术性贸易壁垒主要包括以下几种。

(1) 技术法规与技术标准

技术法规是指必须强制执行的有关产品特征或其工艺和生产方法（包括适用的管理规定）的文件，以及规定适用于产品、工艺或生产方法的专门术语、符号、包装、标志或标签要求的文件。技术法规具有强制性特征，只有满足其要求的产品才能销售或进口。例如，美国和欧盟都曾颁布打火机的相关技术法规，要求低于1美元和1欧元的打火机必须安装防止儿童开启的装置，从而达到阻止主要来自中国低价打火机进口的目的。

与技术法规不同，技术标准通常分为推荐标准和强制标准，强制标准对国际贸易的限制作用更大。发达国家对于许多制成品规定了极其严格、烦琐的技术标准，进口货必须符合这些标准才能进口，其中有些规定往往是针对某个国家的。例如，法国禁止含有红霉素的糖果进口，从而有效阻止了英国糖果的进口，因为英国糖果制造时普遍使用红霉素染料染色。

(2) 卫生检疫标准

进口国以人类健康为由对进口动植物及相关产品实施苛刻严格的卫生检验检疫标准，以限制别国商品的进口。

随着发达国家公共安全卫生标准的不断提高，对于进口商品要求卫生检疫的商品种类越来越多，卫生检疫规定也越来越严，诸如农药残留、放射性物质残留、重金属含量等，从而将不达标的进口商品拒之于国门之外。例如，日本、加拿大、英国等要求花生黄曲霉素含量不超过百万分之二十，花生酱残留量不超过百万分之十，超过者不准进口；日本对茶叶农药残留量规定不超过百万分之零点二至零点五；美国、加拿大规定陶瓷制品含铅量不得超过百万分之七；澳大利亚规定的含铅量不得超过百万分之二十；美国对其他国家或地区输往美国的食品、饮料、药品及化妆品规定，必须符合美国的《联邦食品、药品及化妆品法》，否则不准进口。

(3) 商品包装与标签标识

商品包装与标签标识的强制性规定可以达到限制或禁止进口的目的。许多发达国家对于在国内市场上销售的商品，规定内容复杂、手续麻烦的包装和标签条例，对包装物料材质、形状也有具体的规定和要求。进口商为了符合有关进口国的规定，不得不重新包装和改换商品标签，因而费时费工，增加了商品成本，削弱了商品竞争能力。

例如，从1999年开始，美国要求从中国进口的商品如果使用木质包装，必须对包装材料进行熏蒸处理，称此举是为了防止将在美国没有天敌的亚洲天牛这种害虫带到美国，中国也从2000年开始要求从美国进口的商品木质包装采用相同的方法处理，以防止将美国松毛虫带到中国。

6.2.3 新型非关税壁垒

新型非关税壁垒主要是指绿色壁垒和社会标准壁垒。

1. 绿色壁垒

绿色壁垒也称环境壁垒（Green/Environment Barrier to Trade），是指一国政府或者国际组织以人类或动植物的卫生健康安全、保护自然资源和生态环境为由而直接或间接采取的限制甚至禁止有关国际贸易的法律政策与措施，以限制国外商品的进口。

20世纪80年代以来，各国经济高速发展与全球日益严重的环境问题相伴随，出现了温室效应、臭氧层空洞、酸雨蔓延、森林破坏、水质污染、土地沙化、草原退化等严重破坏环境的状况，国际社会出现了空前高涨的环保浪潮，环境安全与军事安全、政治安全及经济安全一起构成了国家安全的内容。在此背景下，强调环保的绿色贸易逐渐成为一种潮流。但随着全球经济一体化和国际市场竞争日趋激烈，一些国家出于贸易保护主义的目的，以保护国民健康、环境保护为由，凭借其经济、技术的垄断优势，把绿色贸易演变成了绿色贸易壁垒，以达到保护本国产品、市场和环境的目的。

1）绿色壁垒的类型

绿色壁垒内容纷繁复杂，形式多种多样，既涉及国际和区域性的环保公约、国别环保法规和标准，又包括设计、原料投入、生产方式、运输、销售、售后服务等整个生产销售过程的各种环境管理体系认证、苛刻严格的检验检疫和包装标签要求，以及环境成本内在化要求等内容。主要类型不外乎两大类：一类是从环保角度采取的传统关税和非关税壁垒措施，包括环境关税和市场准入、环境配额、环境许可证、环保技术标准和产品绿色标准、环境检验检疫制度、环境包装和标签制度等；另一大类是与环境相关的新型壁垒措施。绿色壁垒大多属于技术性贸易壁垒。

绿色壁垒主要有以下形式。

① 环境关税和市场准入。这是绿色壁垒的最初表现形式，是指进口国以环保为由，对一些污染环境、影响生态的产品除征收正常关税外，再加征额外的环境进口附加税或者限制甚至禁止进口。

② 环境配额。是指进口国根据出口国产品的环保达标情况来确定其在本国市场的销售配额。

③ 环境许可证制度。是指出口国在出口某种商品之前要获得进口国的预先环境审查，通过取得环境许可证后才可以出口。

④ 环保技术标准和产品绿色标准。是指进口国制定严格的强制性环保技术标准和产品绿色标准，通过立法手段来限制国外商品进口。这些标准根据发达国际先进的技术标准和生态标准制定，发展中国家一般很难达到。

⑤ 环境检验检疫制度。是指进口国以保护本国国民和动植物健康为由，制定名目繁杂、过于苛刻的检验检疫规定，以限制国外商品的进口。许多发达国家对食品的安全卫生指标十分敏感，尤其对农药残留、放射性残留、重金属含量及集装箱的检疫要求非常苛刻，标准往往高于 WTO《卫生和动植物卫生措施协议》的规定，甚至本国生产企业都难以达到，从而起到限制从发展中国家进口商品的目的。

⑥ 环境包装和标签制度。环境包装和标签制度的本意是从节约资源、环境友好、易于回收和分解的目的而制定的制度，但是进口国以防止包装材料对环境造成负面影响及标签给社会带来的危害为由，对产品包装和标签作出严格的规定，可以随意将它们认为不符合标准的商品有效阻止于国门之外。

⑦ 环境标志和认证制度。环境标志制度又称绿色标志制度或生态标志制度，是指由政府部门或公共、私人团体依据一定环境标准向有关厂商颁发的，证明其产品符合环境标准的一种特定标志，粘贴或印刷在产品或其包装上，以表明产品在生产全过程都符合环保要求，不危害环境和人身健康。由于发达国家在环境技术标准的指标水平、检测要求和检测方法等方面均优于发展中国家，很容易形成贸易壁垒，阻碍发展中国家的产品出口。

⑧ 环境成本内在化制度。是指进口国要求出口国出口企业将生产过程中产生的污染治

理费用计算在生产成本中以提高其生产成本、降低国际竞争力的规定，甚至以出口国政府给予无力承担治污费用的企业一定环境治理补贴、降低了这些企业的生产成本为由，要求征收反补贴税。

⑨ 环境贸易制裁。环境贸易制裁是绿色壁垒中极为严厉的措施，是指进口国对认为违反环保相关规定的出口国实施禁止进口，甚至贸易报复的措施，从而使出口国蒙受巨大损失。

另外，还有要求回收利用、政府采购、押金制度等强制性措施。

专栏 6－1

中国月饼出口遭遇绿色壁垒

2009 年 1 月，美国取消了所有的家禽类产品进口凭证。美国农业部食品安全检验局要求含少量肉类、禽类或者蛋制品成分的食品必须在美国检验机构或者经认可的国外食品管理机构监督下生产，否则将不能进入美国。这一新法规在 2009 年 6 月 22 日正式实施。

广州商业总会广式月饼专业委员会相关负责人表示，由于我国禽肉蛋产品尚未取得美国市场的准入资格，在这一法规下，所有含禽肉蛋成分的食品将无法向美国出口。广式月饼通常含有咸蛋黄，而美国又是广式月饼的重要输出国，出口量占据较大比重。

除美国外，欧盟、日本、美国、加拿大、澳大利亚、西班牙等国家对月饼进口都有严格的检验标准限制，法国、德国、泰国、瑞典等国家明确规定禁止收寄中国月饼。中国月饼出口受到较大程度的影响。

资料来源：2009 年 9 月 7 日《羊城晚报》

2）绿色壁垒的作用

（1）绿色壁垒的积极作用

从全球发展的角度看，绿色壁垒的实施有利于保护地球生态环境和资源，实现全球可持续发展，并且通过限制、禁止有害产品的贸易，提高产品的安全系数，可以保障全人类的健康和安全，提高人民生活质量。

绿色壁垒有利于进口国和出口国完善环境标准、绿色认证、卫生安全检疫等制度，促使优胜劣汰，促进技术进步、调整和优化产业结构，提高产业的环保标准，实现环境友好型生产、管理及服务过程。从长远看，绿色壁垒促使出口国提高出口产品质量，有助于提升出口产品的国际竞争力。

（2）绿色壁垒的消极作用

绿色壁垒和其他贸易壁垒一样，会对国际贸易的发展起到阻碍作用。设置绿色壁垒之后，受限产品的国际贸易额减少，造成出口企业生产成本上升，加之相关检验、测试、认证和公关等费用的发生，使出口国企业产品价格优势大大削弱，削弱了国际竞争力。绿色壁垒的实施造成贸易伙伴国之间的贸易摩擦不断，处理不妥就会影响到双边或多边贸易关系，不利于世界贸易的健康、顺利发展。

绿色壁垒对发展中国家具有明显的歧视性。通常绿色壁垒是以发达国家的标准而设置的，以发达国家的技术标准来要求发展中国家，造成了市场准入障碍，是非常不公平的，这是对技术相对落后的发展中国家的一种歧视。

绿色壁垒阻碍和损害发展中国家出口贸易的发展。一般来讲，农产品贸易受到绿色壁垒影响的程度超过工业制成品，劳动密集型产品贸易受到绿色壁垒影响的程度超过技术密集型产品。因此，发展中国家对外贸易受到发达国家绿色壁垒影响的程度超过发达国家本身，对发展中国家的出口市场份额、贸易机会、企业和商品信誉等方面都会产生不利影响。

此外，绿色壁垒和其他贸易壁垒一样，引起进口国国内市场价格上涨，迫使进口国的消费者必须以更高的价格购买所需的商品。

2. 社会标准壁垒

社会标准壁垒（Social Barriers to Trade）是指以劳动者劳动环境和生存权利为借口采取的贸易保护措施，所以又叫“劳动壁垒”或“蓝色壁垒”（Blue Barriers）。

1）社会标准壁垒出现的背景

在经济全球化过程中，发达国家以跨国公司为载体，为了追求超额利润，凭借资金和技术优势，将劳动力密集的制造业转移到劳动力成本较低的发展中国家；发展中国家凭借廉价劳动力优势生产出的产品通过出口又冲击了发达国家的相关行业，造成一些工人失业或工资水平下降。为此，发达国家开始通过政治途径寻求贸易保护，将贸易与劳工待遇挂钩，指责发展中国家过度利用劳动力成本优势，劳工标准较低，使发达国家的产品失去竞争力，要求跨国公司监督海外工厂的劳工问题，提高发展中国家劳工标准。

另一方面，在贸易自由化的进程中，关税已大幅下降、传统非关税壁垒逐步被规范，于是发达国家利用与发展中国家之间的经济水平、教育文化和道德标准的差异，建立了社会标准壁垒。与采取传统的贸易壁垒措施易受到国际公约制约、国际舆论谴责和遭到对等报复相比，社会标准壁垒所包含的道德因素更能为大众认同，更具有合法性、隐蔽性、复杂性、政治性和不确定性，因此成为发达国家实行贸易保护政策的重要选择。

2）社会标准壁垒的主要内容

目前，蓝色壁垒的核心是SA8000标准，即社会责任标准。总部设在美国的“社会责任国际”（SAI）根据《国际劳工组织公约》、《联合国儿童权利公约》及《世界人权宣言》，于1997年发起并联合欧美跨国公司和其他国际组织，制定了SA8000社会责任国际标准，作为全球第一个可用于第三方认证的社会责任管理体系。SA8000标准强调企业在赚取利润的同时，要承担保护劳工人权的社会责任。主要内容包括核心劳工标准和延伸劳工标准两大类。

核心劳工标准由国际劳工组织的七个基本公约或核心标准构成，又称为“社会条款”。内容包括工人结社自由，有权举行罢工和集体谈判，废除一切形式的强迫劳动（判刑后强迫和服兵役等除外），非法使用强迫劳动者应受处罚，男女同工同酬，禁止就业和职业方面的种族、肤色、性别、宗教、政治观点、民族渊源歧视，禁止使用童工等。

延伸劳工标准是对核心劳工标准的充实、细化和完善。内容包括每周工时不超过48小时、每周加班不超过12小时并保证加班津贴、至少每7天应有1天休假、工资应不低于法律或行业标准、公司应为员工提供安全健康的工作环境和安全卫生的生活环境、公司管理层对本标准的执行规定等方面。

3）社会标准壁垒的主要表现形式

社会标准壁垒主要有6种表现形式，包括对违反国际公认劳工标准的国家的产品征收附加税、限制或禁止严重违反基本劳工标准的产品出口、以劳工标准为由实施贸易制裁、跨国公司的工厂审核（客户验厂）、社会责任工厂认证、社会责任产品标志计划。

4）对社会标准壁垒的评价

社会标准壁垒具有双重效应。一方面，社会标准壁垒打破了“企业以获取利润为唯一目标”的传统观念，强调生产过程中对人的价值的关注，强调企业的社会责任与人文关怀，反映了人类社会对企业发展的社会期待。因此，实施该标准有利于实现企业经济效益、环境效益和社会效益的统一，是经济全球化下一种必然的发展趋势，它的建立具有积极意义。

但另一方面，在实践中，发达国家通常是从政治和自身利益出发，以保护其国内市场为目的而推行社会标准壁垒，由于它主要影响发展中国家的劳动密集型产业，而这正是发展中国家运用其劳动力成本的比较优势加入国际经济循环的主要领域，因此波及的范围比传统非关税壁垒更广泛，使得发展中国家劳动力成本优势可能会变成劳动力劣势，对发展中国家的经济发展、就业、国际收支产生不利影响。

从长远来看，如何发挥社会标准壁垒的正面效应，减少其负面效应，仍需要发达国家和发展中国家进行有效沟通和协调。

总之，从目前来看，国家间完全消除非关税壁垒是不可能的，非关税壁垒还将在相当长的时间内存在。为了全球经济顺利发展，保护人类健康，保护环境，应充分加强各国之间，尤其是发达国家和发展中国家之间的协调。

本章小结

非关税壁垒是相对于关税而言的，是指关税以外的所有对贸易自由流动产生扭曲或限制作用的措施。在关税大幅减让的情况下，非关税壁垒措施已经日益成为主要的贸易保护手段，在国际贸易中的作用越来越重要，与关税措施相比，它更具有灵活性与针对性、隐蔽性与歧视性、有效性与限制性。

非关税壁垒形式多样，可以有多种分类。从限制进口的方法分，可以分为直接限制和间接限制两大类。直接性非关税壁垒是指进口国直接对进口商品的数量、品种或金额加以限制，主要措施有进口配额、自动出口限制、进口许可证制等；间接性非关税壁垒主要通过影响进口商品的成本、价格、手续和平等待遇等削弱其竞争力，从而达到限制进口的目的，主要包括外汇管制、进口国家垄断、歧视性政府采购、国内税、最低限价和禁止进口、进口押金制、海关程序和技术性贸易壁垒等。

新型非关税壁垒主要是指绿色壁垒和社会标准壁垒，已经成为发达国家实行贸易保护政策的重要选择。

关键术语

非关税壁垒　进口配额　“自动”出口配额　进口许可证　外汇管制　海关程序　进口押金制　技术性贸易壁垒　绿色壁垒/环境壁垒　社会标准壁垒

复习思考题

1. 简述非关税壁垒的特点和作用。
2. 简述直接性非关税壁垒的主要类型。
3. 简述间接性壁垒的主要类型。
4. 简述并举例分析绿色/环境壁垒的兴起和作用。
5. 试通过举例评价社会标准壁垒。

本章案例

2009年7月19日，《欧盟新玩具安全指令》（2009/48/EC）正式生效。新指令适用于任何投放于欧盟的供14岁以下儿童玩耍所使用的产品，相对于现行的88 /378/EEC指令，新指令在物理和机械性能、化学性能、电气性能、卫生、警告标志、合格评定、CE标志的可视性上都作出了新要求，明确提高了玩具投放欧盟市场必须满足的“安全要求”或“基本要求”，将玩具产品的安全责任落实到生产企业，严格要求产品取得CE标志认证。同时欧盟将重点加强玩具安全的市场监管，确保其产品全面遵守新法例规定。

新指令发布之后，欧盟各成员国将于18个月之内，即2011年1月20日之前将其转换为本国法律。因此，《欧盟新玩具安全指令》将于2011年全面实施，同时就部分条文设立了过渡期。新指令生效后两年内，符合现行法例的玩具仍可在市场发售；对于新化学品的规定，欧盟规定了4年过渡期，以制定统一标准，便于玩具业者执行。

案例分析

新指令表明欧盟加强了对玩具的监管，从设计、原辅材料、生产工艺到技术水平都较之前的指令有了较大提高，从而对所有玩具出口欧盟的国家，包括中国提高了玩具产品的“入门要求”。因此，主要出口到欧盟的国家的玩具行业不仅面临成本大幅上升带来的竞争优势削弱，而且由于法规与测试方法标准的接轨不到位，在执行法规时存在很多不确定性。特别是在化学安全方面，欧盟提出了前所未有的要求，并且没有及时出台配套的检测方法。虽然有过渡期，但仍然造成玩具出口行业会面临欧盟进口合格评估程序的挑战。由于新玩具安全指令法规冲击面广，令部分玩具厂家出口风险陡增。

第7章

鼓励出口和出口管制措施

学习目标 了解鼓励出口的四大类措施，掌握出口信贷的形式和具体操作，理解倾销的类型和条件，了解经济特区的类型，理解出口管制的目的和具体形式。

各国的对外贸易政策，包括进口和出口两方面。对于进口，通常会采取前两章介绍的关税和非关税壁垒来加以限制；对于出口，通常会采取各种鼓励措施予以鼓励。但对于某些重要资源和战略物资，一些国家出于政治、经济和军事方面的考虑，也会实施出口管制，限制或禁止出口。

7.1 鼓励出口措施

鼓励出口的措施主要有四大类：信贷措施、出口补贴、倾销措施和经济特区。

7.1.1 信贷措施

信贷措施主要包括出口信贷和出口信贷担保制。

1. 出口信贷

出口信贷（Export Credit）是指一国为了鼓励商品出口，加强商品的国际竞争力，解决出口厂商资金周转困难，通过银行对本国出口厂商或国外进口厂商给予利息补贴或提供贷款帮助。它是一国出口厂商利用本国银行的贷款扩大商品出口的重要手段，适合金额较大、期限较长，如成套设备、船舶等商品的出口。出口信贷是在WTO框架下合理使用的一种鼓励出口的手段，因而为各国普遍采用。

按照借贷关系划分，出口信贷分为卖方信贷和买方信贷。

（1）卖方信贷（Supplier's Credit）

所谓卖方信贷，是指出口方银行向出口商（即卖方）提供的贷款。这种贷款合同由出口商与银行之间签订。卖方信贷通常用于金额大、期限长的项目。由于此类商品的购进需要较多资金，进口厂商一般要求延期付款，出口厂商为了加速资金周转，往往需要取得银行的贷款。出口厂商支付给银行的利息、费用一般通过加价转移给进口厂商负担。因此，卖方信贷是由银行直接资助出口商向外国进口商提供延期付款，以促进商品出口的一种方式。也就是说，卖方信贷实际上是出口厂商从供款银行取得贷款后，再向进口厂商提供延期付款的一种商业信用。但由于卖方信贷风险较大，手续也较烦琐，因此较少使用。

(2) 买方信贷 (Buyer's Credit)

所谓买方信贷，是指出口方银行直接将贷款提供给进口商或进口商的联系银行。这种贷款一般有附加条件，其附加条件就是贷款必须用于购买债权国的商品，因而起到促进商品出口的作用，这就是所谓的"约束性贷款"(Tied Loan)。一般的做法是进出口商签订贸易合同后，进口商先以现金支付10%～15%的货款定金，然后进出口双方的开户银行也签订一项买方信贷协议，规定由出口方银行向进口方银行提供一笔信贷资金。根据协议，资金必须转贷给指定的进口商，待商品交货后，进口商将利用贷款资金支付全部进口商货款，然后进口方银行将根据买方信贷协议的规定，分期向出口方银行偿还贷款本息。最后进口商与其开户银行之间的债务偿还问题，由双方商定在国内解决。

在出口信贷中，利用买方信贷较卖方信贷多。20世纪70年代以来，国际上成套设备和大型工程项目交易逐渐增加，而成套设备和大型工程交易一般金额巨大，期限较长，出口商仅仅依赖商业信用筹措周转资金已感到困难，因此由银行出面，直接贷款给进口商或进口方银行的买方信贷得以迅速发展。买方信贷属于银行信贷，由于银行资金雄厚，信贷能力强，故国际间利用买方信贷大大超过卖方信贷。买方信贷令出口商可以较早地得到贷款和减少风险，较卖方信贷而言，进口厂商对货价以外的费用也比较清楚，便于其与出口厂商进行价格交涉。对于出口方银行来说，贷款给国外的买方银行，比贷款给国内企业的风险更小，因为银行的信用度一般高于商业信用。另外，银行提供买方信贷，既能帮助出口厂商推销产品，加强银行对该企业的控制，又能为银行资金在国外的运用开拓出路。

由于出口信贷方式能有力地扩大和促进出口，因此西方国家一般都设立专门银行来办理此项业务，如美国进出口银行、日本输出入银行、法国对外贸易银行、加拿大出口开发公司等。这些专门银行除对成套设备、大型交通工具的出口提供出口信贷外，还向本国私人商业银行提供低利率贷款或给予贷款补贴，以资助这些商业银行的出口信贷业务。

随着近年来我国出口商品结构的逐步提升，特别是针对最不发达国家的成套设备和大型工程项目出口逐年增加，为了符合形势的发展变化，促进出口贸易的结构调整，我国在1994年7月1日正式成立了中国进出口银行。这是一家政策性银行，其资金来源除国家财政拨付外，主要是中国银行的再拨款、境内发行的金融债券和境外发行的有价证券，以及向外国金融机构筹措的资金等。其任务主要是对国内机电产品及成套设备等资本性货物和技术服务的进出口给予必要的政策性金融支持，以改善我国出口商品结构。

2. 出口信贷国家担保制

出口信贷国家担保制 (Export Credit Guarantee) 是指一国为了扩大出口，对于本国出口商或商业银行向国外进口商或银行提供的延期付款商业信用或银行信贷，由国家设立的专门机构出面担保。当外国债务人由于政治或经济原因拒绝付款时，国家担保机构即按照承保的数额给予补偿。这项措施是国家替代出口商承担风险，是扩大出口和争夺国外市场的一个重要手段。

1）出口信贷国家担保制产生的背景

由于无论是卖方信贷还是买方信贷，都存在着不能如期收回货款的风险，于是出口信贷保险业务应运而生。但是，由于世界各国经济运行中的不确定性和复杂性，存在外国债务人由于政治原因（如进口国发生政变、革命、暴乱、战争及政府实行禁运、冻结资产或限制外汇支付等）或由于经济原因（如进口商或借款银行因破产倒闭无力偿付、货币贬值、通货膨胀等）拒绝付款的风险性很大，当这种风险普遍存在且演变成为一种经常性经济现象后，因风险而招致的损失可能超过私人保险公司所能够承受的限度，遂迫使私人保险公司退出市场。为鼓励出口厂商或银行继续提供出口信贷以促进本国商品的出口，政府开始介入出口信贷保险业务，出口信贷国家担保制因此应运而生。

2）担保的对象

出口信贷国家担保制的担保对象主要有对出口厂商的担保和对银行的担保两个方面。担保的项目包括政治风险和经济风险两大类：政治风险的承保金额一般为合同金额的85%～95%，经济风险的承保金额一般为合同金额的70%～80%。

（1）对出口厂商的担保

出口厂商输出商品时所需的短期或中长期信贷均可向国家担保机构申请担保。有些国家的担保机构本身不向出口厂商提供出口信贷，但是可以为出口厂商取得出口信贷提供有利条件。例如，有的国家采用保险金额的抵押方式，允许出口厂商所获得的承保权利，以“授权书”方式转移给供款银行而取得出口信贷。这种方式使银行提供的贷款得到安全保障，一旦债务人不能按期还本付息，银行即可以从担保机构得到补偿。

（2）对银行的直接担保

通常银行所提供的出口信贷均可申请担保，这种担保是担保机构直接对供款银行承担的一种责任。有些国家为了鼓励出口信贷业务的开展和提供贷款安全保障，往往给银行更为优厚的待遇。

3）担保的期限与费用

出口信贷国家担保的期限一般与贷款的期限一致。担保的期限通常分为短、中、长期，短期一般为半年左右，中长期从2年到15年不等。短期承保范围包括出口厂商所有海外的短期信贷交易。为了简化手续，有些国家对短期信贷采用综合担保（Comprehensive Guarantee）的方式，出口厂商一年只需要办理一次投保，就可承保在这一年中对海外的一切短期信贷交易。一旦出现外国债务人拒付时，出口厂商就可以从担保机构得到补偿。而中长期信贷担保，由于金额大、时间长，一般采用逐笔审批的特殊担保（Specific Guarantee）方式。

对出口信贷进行担保要承担很大的风险。由于该措施旨在为扩大出口提供服务，收费并不高，以减轻出口商和银行的负担。因此，出口信贷担保的保险费率通常都很低。随着保险市场的激烈竞争，一大批商业保险公司也逐渐涉足出口信贷担保领域，保险费率被进一步降低。出口信贷的保险费率因期限、项目、信贷国别不同而占被保险金额不同的比例，一般在0.25%～1.5%之间。

7.1.2 出口补贴

出口补贴（Export Subsidy）又称为出口津贴，是一国政府为了降低出口商品的价格，增强其在国外市场的竞争力，在出口某商品时给予出口商的现金补贴或财政上的优惠待遇。

1）出口补贴的形式

（1）直接补贴

直接补贴（Direct Subsidy）是指政府在商品出口时，利用财政拨款直接付给出口商的现金补贴。直接补贴的目的在于弥补出口商品国内价格高于国际市场价格所带来的亏损，或者补偿出口商所获利润率低于国内利润率所造成的损失。例如美国和一些西欧国家对某些农产品的出口，就采取这种补贴。有时补贴金额还可能超过实际的差价。

（2）间接补贴

间接补贴（Indirect Subsidy）是指政府对某些商品的出口给予财政上的优惠，目的仍然在于降低商品价格，增强国际竞争力。

2）出口补贴实践中的具体做法

（1）亏损补贴

一些国家对出口商在出口过程中，由于商品、市场或管理等方面的原因造成的亏损而给予弥补，使出口商在出口过程中不再有亏损方面的顾虑。但这种方式容易造成各出口商在国内争抢货源，在国外低价竞销，导致本国贸易条件急剧恶化，并容易受到国外的贸易报复。

（2）优惠收购

它是指政府以高于国际市场的价格将出口商品收购后，再以国际市场价格水平出口，所造成的差价损失由政府承担的一种出口补贴方式。这种形式和亏损补贴在本质上都是由国家承担出口损失。但在这种方式下，出口商是国家，因而没有哄抢货源或恶性竞销现象。“二战”后，美国和法国等一些西方发达国家就经常采用此方法来促进国内的农产品出口。

（3）税收优惠

政府对作为出口商品投入要素的进口原料的进口税给予返还，并对出口商的营业税或增值税及所得税以低于国内水平的税率征收或在出口时退还。

（4）提供廉价的资源

政府以低廉的价格对出口厂商的出口商品生产提供各种原材料及电力、运输和用水等。这些资源是出口产品成本的构成要素，廉价的投入形成极富竞争力的低成本，从而促进商品的出口。

（5）金融和保险优惠

在出口商品生产和出口过程中，由国家专门的政策性银行或国家支持的商业银行，向生产厂家和出口商提供低利率的贷款，并增加信贷额度、期限或提供信用贷款等，以节省出口商品生产厂家和出口商的融资成本及各项手续费，提高出口商品的竞争力。

（6）外汇优惠

在一些实行复汇率制或外汇管制的国家，对于出口业绩较好的厂商，政府以较优惠的汇率兑换其出口所收入的外汇或给予一定的外汇留成。其最终后果或者是增加了出口厂商的出口本币收入，或者是节省了出口厂商的原材料和设备进口的本币支出，增加了出口商品的竞争能力。

专栏 7-1

世界贸易组织对于特定性补贴的规定

根据世界贸易组织《补贴与反补贴措施协议》的规定，并非所有的符合出口补贴特征的补贴都受协议约束。受协议约束的补贴具有专向性，即只有在补贴是具体针对一个（或一类）企业或行业的情况下，方可针对该补贴实施所规定的补救措施。

协议根据补贴的性质将补贴分为 3 类。

第一，禁止性补贴（Prohibited Subsidies），又称红灯补贴，是指直接扭曲进出口贸易，各成员方不得给予或维持的补贴。反补贴协议规定了两类禁止性补贴：出口补贴和进口替代补贴。进口国有权对禁止性补贴采取法律行动或征收反补贴税。

第二，可申诉性补贴（Actionable Subsidies），又称黄灯补贴，是指那些不能被一律禁止，但又不能自动免于被质疑，存在着被起诉或被征收反补贴税的可能性的补贴。可诉性补贴允许在一定范围内实施，但如果任何成员方因实施这种补贴而对其他成员方的利益造成不利影响，允许受损成员方提起申诉或采取反补贴的措施。所谓“不利影响”包括 3 种情况：损害另一成员方的国内产业；使另一成员方丧失或减损依据《1994 年关贸总协定》获得的利益；严重侵害另一成员方利益。

第三，不可申诉的补贴（Non-actionable Subsidies），又称绿灯补贴，是 WTO 允许各成员方自由实施的补贴，任何 WTO 成员不得对此类补贴采取反补贴措施。

不可申诉性补贴包括两类：一类是所有的非专向性补贴，即那些不是主要向某个企业、某个产业或产业集团授予利益的、具有普遍性的补贴；另一类虽然是专向性但属例外的补贴，主要包括对研究开发的补贴、对落后地区的补贴及帮助企业适应新的环保规则的补贴。

7.1.3 倾销

1. 倾销概述

倾销（Dumping）是指出口厂商在国际市场上，以低于正常价值的价格销售商品，对进口国某些工业造成重大损害或实质性威胁。

2. 倾销的类型

按照倾销进行的方式，可将倾销分为以下七种。

① 商品倾销（Products Dumping）。是指商品以低于国内市场的价格，甚至低于生产成本的价格，在国外市场上大量抛售，其目的在于打击竞争对手，打开或巩固国外市场，扩大销售或垄断市场。按照倾销的具体目的，商品倾销可以分为三种。

偶然性倾销（Sporadic Dumping）是指生产厂商或出口商因为本国市场销售旺季已过或公司改营他业，将国内市场上出现的大量的积压库存，以较低的价格在国外市场上抛售。由于此类倾销持续时间短、数量小，对进口国的同类产业影响有限，进口国消费者反而受益，获得廉价商品，因此进口国对这种偶发性倾销一般不会采取反倾销措施。

间歇性或掠夺性倾销（Intermittent or Predatory Dumping）是指生产厂商或出口商以低于国内价格或低于成本价格在国外市场销售，达到打击竞争对手、形成垄断的目的。一旦击败所有竞争对手，就会利用垄断力量抬高价格，以获取高额垄断利润。这种倾销违背公平竞争原则，破坏国际经贸秩序，故为各国反倾销法所限制。

持续性倾销（Persistent Dumping）是指生产厂商或出口商无期限地、持续地以低于国内市场的价格在国外市场销售商品。前提是出口厂商在国内市场比在国外市场拥有更大的垄断力量，同时国内的消费者不能通过出国购买较便宜的该种商品再复进口进行销售。

② 社会倾销（Social Dumping）。一般指一国将在押服刑人员生产的产品低价向国外出口。

③ 劳务倾销（Services Dumping）。是指一国为其出口商品生产提供的劳务价格低于为生产用于国内消费商品的价格的行为。

④ 运费倾销（Freight Dumping）。是指一国以低于正常运费水平为其出口商品提供运输服务的行为。

⑤ 间接倾销（Indirect Dumping）。又称第三国倾销，是指甲国厂商向乙国倾销商品，但乙国的进口商并不在本国销售甲国商品，因此乙国同类产业并没有受到损害，乙国商人再将这种倾销商品转售到丙国，并对丙国产业造成损害的情况。在这种情况下，丙国可以依照反倾销法投诉乙国的倾销行为，也可以要求乙国代为向原产国的厂商采取措施。

⑥ 贩卖倾销（Sales Dumping）。是指互相有联系的出口商和进口商利用特殊补偿关系进行低价销售，但是表面上的价格未出现倾销现象。

⑦ 外汇倾销（Foreign Exchange Dumping）。是指一国降低本国货币对外国货币的汇率，使本国货币对外贬值，以争夺国外市场的一种手段。一国货币贬值后，以外国货币表示的出口商品价格降低，以本币表示的进口商品价格上升，从而达到扩大出口和限制进口的目的。外汇倾销要求货币贬值的程度要大于国内物价上涨的程度，并且他国不同时实行同等程度的货币贬值或采取其他的报复性措施。

在上述七种形态中，反倾销的对象主要是商品倾销，劳务倾销、运费倾销、外汇倾销不属于被反倾销的对象，而社会倾销、贩卖倾销、间接倾销可以包括在商品倾销之内。

3. 商品倾销的条件

商品倾销要获得成功，必须具备以下几个条件。

① 出口厂商必须具有相当的规模和实力。因为倾销过程会对倾销者造成一定损失，特别是掠夺性倾销和持续性倾销，必须有雄厚的资金实力作后盾。

② 市场是不充分竞争的市场。出口商具有一定的垄断力量，是一个价格的制定者。

③ 出口商品国内需求价格弹性低于进口国对该商品的需求价格弹性。在国内市场上，商品的需求价格弹性低，替代品较少，从而能维持较高的价位。而在进口国市场上，该商品的需求价格弹性高，替代品较多，使得该出口商品只能处于一个较低价位。

④ 国内外两个市场是完全隔离开的，不存在出口商品回流国内的可能性，否则销往国外的商品就会回流到售价较高的国内市场。只要这种差价存在就一定会有套利活动，直至国内外商品售价一致为止。

⑤ 进口国不采取反倾销措施。一旦进口国对倾销商品征收反倾销税，出口商品的国内外差价就会消失，倾销自然就无法获得成功。

7.1.4 经济特区

经济特区（Special Economic Zone），是指一个国家或地区在其国内划出一定区域，改善基础设施和环境，实施特殊的经济政策，通过良好的投资环境吸引外商从事贸易和出口加工等活动。经济特区一般有以下几种类型。

（1）综合性经济特区

综合性经济特区（Special Economic Area）是指一国在其港口或港口附近等地划出一定的范围，新建或扩建基础设施和提供减免税收等优惠待遇，吸引外资企业在区内从事外贸、加工工业、农畜业、金融保险和旅游业等多种经营活动的区域。我国所设立的经济特区就属于这一种。

（2）自由港与自由贸易区

自由港（Free Port），又称为自由口岸，是指全部或大多数外国商品可以豁免关税自由进出口的港口。目前，丹麦的哥本哈根、法国的敦刻尔克、德国的汉堡、新加坡和我国的香港都是世界著名的自由港。

自由贸易区（Free Trade Zone）是由自由港发展而来的，其范围包括了自由港的邻近地区。自由贸易区又分为自由港市和自由港区。例如，我国的香港就是一个自由港市，它包括了港口及其所在的城市地区，这种类型的经济特区在当今世界并不多见。另一种形式是被称为“自由港区”的自由贸易区，仅仅包括港口和其所在城市的一部分。

自由港或自由贸易区提供的便利主要有以下几点。

① 关税优惠和海关手续减免。对于允许自由进出自由港或自由贸易区的外国商品，不必办理报关手续，免征关税。少数已征收进口税的商品，如烟、酒等的再出口，可退还进口税。但是，如果港内或区内的外国商品转运入所在国的国内市场上销售，则必须办理报关手续，缴纳进口税。

② 允许简单再加工等业务活动。对于允许进入自由港或自由贸易区的外国商品，可以储存、展览、拆散、分类、分级、修理、改装、重新包装、重新贴标签、清洗、整理，以及与外国的或所在国的原材料混合再出口。

③ 良好的货物集散条件。自由港和自由贸易区都设置在港口或港口附近地区，交通便利，货物周转迅速，有利于减少货物积压，降低运输费用。另外，自由港和自由贸易区都有良好而完整的货物仓储服务，有利于减少货损误差。

自由港和自由贸易区允许外国商品自由进出入，但自由出入并不等于放任自流。许多国家通常对武器、弹药、爆炸品、毒品和其他危险品及国家专卖品，如烟草、酒、盐等禁止输入或规定需凭特种进口许可证才能输入；有些国家对少数消费品的进口要征收高关税；有些国家对某些生产资料在港内或区内使用也应缴纳关税；还有的国家禁止在区内零售。

（3）保税区

保税区（Bonded Area）又称保税仓库区（Bonded Warehouse），是由海关设置的或经过海关批准设置的，准许外国商品在不征收进出口关税的情况下，在区内长时间存储的特殊经济区域。保税区按规模的大小可分为保税仓库、保税工厂和保税区。它与自由港和自由贸易区的区别如下。

① 海关监管方式不同。进入保税区的货物虽然免征进口税，但货物入关前必须在海关登记，所有区内货物都处于欠账状态，直到再出口或履行进口手续后进入国内市场。因此，保税区一般采用保证或账册管理方式。而货物在进入自由港或自由贸易区时，不需要进行海关登记，区内的货物不处于欠账状态，采用门岗式管理。

② 进入区内的货物种类不同。保税区不允许国内货物进入，而自由港和自由贸易区不但允许国内货物进入，还允许在区内加工、重装和外国商品混合等。

③ 货物在区内的存储期限不同。保税区内的货物一般只能存放2～5年（各国对此规定不一），而自由港和自由贸易区对货物存储期限没有限制。

（4）出口加工区

出口加工区（Export Processing Zone）是指一个国家或地区在其地理范围内（一般是在交通便利的地方）创造良好的投资环境，提供优惠的政策，鼓励外商投资，生产面向出口的制成品。

出口加工区是在自由港和自由贸易区的基础上发展起来的。与自由贸易区相比，它主要面向工业，是自由贸易区和工业区的结合体。一国或地区设置出口加工区的目的是为了吸引外国投资、引进先进生产和管理技术、扩大工业品出口、增加外汇收入、促进外向型经济发展，因此区内有发展加工工业的基础设施，有足以吸引外商投资办厂的优惠措施。

出口加工区虽是从自由港和自由贸易区发展而来，但它们有着很大的区别：首先，二者功能不同。出口加工区以出口加工工业的发展促进出口，而自由港和自由贸易区主要是通过提供商品流通的便利促进出口，纵然有加工，也只是分装、混合或更换包装等简单加工，并不改变加工对象的根本性质和功能。其次，二者的受惠范围不同。在出口加工区内，享受优惠的主要是经过加工后使产品能增值并最终使产品销往国外的厂商，而在自由港和自由贸易区内，享受优惠的是除禁止进入区内的物品以外的所有外国有品。

（5）科学工业园区

科学工业园区（Science-Based Industrial Park）又称科研工业园、高新技术工业园区等，是为了加速新技术研制及其成果利用，加速本国工业现代化并开拓国际市场而设置的将智力、资金高度集中，专门从事高新技术研究、试验和生产的特殊区域。

科学工业园区一般位于大学或研究所附近，以及信息渠道通畅、交通网络发达的大城市附近。园区内聚集了大批具有高科技素质的工作人员、研究人员，并具有完备、先进的科研教育设施。区内企业知识和技术密集度高，设施先进，生产专业化，产品具有高、精、尖特点。科学工业园所实行的优惠政策是多方面的，除了提供与出口加工区类似的优惠政策措施，如必要的发展工业的基础设施和关税减免、公用事业收费低廉、简单高效的行政机构、稳定透明的法令规章等外，主要以注重形成创新和创业的环境为特色。在管理和企业经营方面，建立风险基金，提供低息的创业贷款；建立信息咨询和服务机构，为企业创业和运营提供技术支持和生产服务，建立促进高新技术产品研究和生产的激励机制；组织或协助开展学术活动等。

几十年来，世界各国已经形成了许多具有相当影响的科学工业园区，如美国的“斯坦福科研工业区”，即后来的“硅谷”；日本的“筑波研究学园都市”；英国的“剑桥科学公园”；卡尔顿地区的“北硅谷”；新加坡的“肯特岗科学工业园区”等。

7.2 出口管制措施

7.2.1 出口管制措施概述

出口管制（Export Control）是一国对外贸易政策的组成部分，是指国家出于某些政治、军事、经济的考虑，通过法令和行政措施，控制本国出口商品的数量、金额和输出国别的管理制度。出口管制体现了国家一定的意识形态取向，常常作为一国对外实行通商和贸易的歧视性手段之一，这在发达国家的出口管制中体现得尤为明显。

7.2.2 出口管制措施的主要类型

一国出口管制的方式有很多种，主要包括征收高额的出口关税、实行出口配额、出口许可证、出口商品的国家专营、禁止出口和贸易禁运等。

(1) 出口关税

出口关税（Export Duties）是指对本国出口货物在运出国境时征收的一种关税，目的是取得财政收入与调节市场供求关系、保护本国有限的自然资源、限制本国有大量需求而国内又供不应求的商品出口，或通过出口关税调控某类特殊商品的出口流量。

由于征收出口关税会增加出口货物的成本，不利于本国货物在国际市场的竞争，许多国家都取消或降低了出口关税。

(2) 出口配额

出口配额（Export Quota）是指一国对出口商品的数量和金额进行限制和管理。出口配额可以分为“自动”出口配额（被动配额）和主动配额。

“自动”出口配额是指出口国家或地区在进口国家的要求或压力下，“自动”规定某一时期内（一般为3年）某些商品对该国出口的限制额，在限定的配额内自行控制出口，超过限额即不准出口。从实质上说，这是不得不实行的被动配额，故在“自动”两字上加上引号。

主动配额是指出口国家或地区根据境外市场上的容量和其他一些情况而对部分出口商品实行的出口配额。

链接7-1

印度上调铁矿石出口关税将给中国钢企带来冲击

印度财政部近日曾表示，将对铁矿石矿粉征收5%的出口关税，块矿由原先的5%上调至10%，并于2009年12月25日正式生效。

据分析，此次上调出口关税，可能会增加每吨4～5美元的印度铁矿石成本。63.5%品位的印度现货矿粉到岸价已升至每吨120美元，这是全球金融危机爆发以来的最高水平。中国钢铁联合网和“我的钢铁”等网站称，近期和印度矿商签订的合同内都增加了一条：若印度政府上调铁矿石出口关税，那关税上调增加的成本将由中国买方来承担。迫于目前铁矿石供应紧张，中国钢铁厂只得接受上述条款。这对中国钢厂的承受力是一次严峻考验，同时对2010年铁矿石价格谈判也将产生较大不利影响。

资料来源：www.mofcom.gov.cn，2010—01—04

(3) 出口许可证

出口许可证（Export Licensing）是指一国对某些国内生产所需的原料、半制成品及国内供不应求的一些紧俏物资和商品等实行经批准方可出口的法律文件。通过签发许可证进行控制，限制出口或禁止出口，以满足国内市场和消费者的需要，保护民族经济。凡是国家宣布实行出口许可证管理的商品，不管任何单位或个人，也不分任何贸易方式（对外加工装配方式，按有关规定办理），出口前均须申领出口许可证，海关凭出口许可证接受申报。出口许可证分为一般许可证和特种许可证。

一般许可证又称普通许可证，这种许可证相对较易取得，出口商无须向有关机构专门申请，只要在出口报关单上填写管制货单这类商品的普通许可证编号，再经海关核实后就办妥了出口许可证手续。

为了出口属于特种许可范畴的商品，必须向有关机构申请特种许可证。出口商要在许可证上填写清楚商品的名称、数量、管制编号及输出用途，再附上有关交易的证明书和说明书报批，获得批准后方能出口，如不予批准就禁止出口。

(4) 贸易禁运与禁止出口

贸易禁运（Trade Embargo）是指一国为了制裁其敌对国家而实行的贸易控制措施，常常是针对特定目标国而言，包括禁止向目标国出口和禁止从目标国进口。

禁止出口（Export Prohibition）是指一国对其战略物资或急需的国内短缺物资实行出口管制的措施。禁止出口没有特定的目标国家。

7.2.3 出口管制的商品

出口管制的商品主要有以下几类。

① 战略物资及尖端技术。发达国家从国家安全和保持科学技术的优势地位的角度出发，对军事装备、计算机和通信设备等物质的出口管制十分严格。

② 国内的紧缺物资。国内生产所需而供给不足的原材料、半制成品，以及在国内市场上紧缺的商品一般会受到严格的出口管制。例如，日本对矿产品、肥料和某些食品的出口严格控制。

③ 珍贵文物、艺术品及贵金属。各国出于保护其文化艺术遗产或某些稀有资源的目的，一般禁止此类商品的出口。

④“自动”限制出口的商品。为了避免刺激进口国、避免贸易摩擦，或迫于进口国的压力，被迫管制本来具有竞争力的商品的出口。

⑤ 对政治对立、关系紧张国家出口的商品。如“二战”后以美国为首的资本主义发达国家对社会主义国家实行的出口限制和禁运及美国对古巴、朝鲜、伊拉克等国实行的出口限制和禁运。

⑥ 出口国或出口组织垄断的商品。其目的是通过管制出口，以维护其垄断高价。如欧佩克（OPEC）组织对其成员国的石油产量进行控制，以达到控制世界石油价格的目的。

链接 7-2

我国控制高耗能、高污染、资源性产品的出口

我国先后采取一系列措施控制高耗能、高污染、资源性产品（略称为“两高一资”产品）的出口。限制“两高一资”的主要措施如下。

(1) 征收出口关税

2002—2004 年，我国仅对包括鳗鱼苗、铅矿砂、锌矿砂、锡矿砂、生锑等资源类产品征收出口关税。2005 年首次调整出口关税商品范围，除了对纺织品开征出口暂定关税（这一政策执行至 2006 年底）之外，对尿素开征季节性出口暂定关税。

从2006年开始，我国加大了对出口商品结构的调控力度，先后4次较大范围和幅度调整了出口暂定关税。截至2008年7月末，共对419项产品征收5%～40%不等的出口关税。

目前，出口征税商品涵盖了绝大多数“两高一资”产品及主要粮食产品，涉及商品的出口额占全国出口总额的20%以上。

出口征税的“两高一资”商品主要有：煤炭、原油、煤焦油、稀土金属、石料、金属矿砂等能源或资源类产品；钢坯、钢锭、生铁等钢铁初级产品，木浆、焦炭、铁合金、部分钢材、有色金属等生产能耗高、对环境影响大的产品。另外，对尿素、磷酸氢二铵等化肥出口征收季节性关税，对复合肥等部分化肥和原料征收特别出口关税。

(2) 调整出口退税政策

2004年，取消了原油、煤油的出口退税，降低汽油出口退税率。

2005年，暂停汽油和石脑油的出口退税；取消了电解铝、铁合金、钢坯、钢锭粗钢产品、电解锰、稀土金属、稀土氧化物等高耗能产品及部分木材粗加工产品的出口退税；下调了钢材、煤炭，钨、锡、锌、锑及其制品的出口退税率。

2006年，取消锡、锌、煤炭部分资源类产品，煤焦油和生皮、生毛皮、蓝湿皮、湿革、干革的出口退税；下调25种农药品种，以及分散染料，汞，钨、锌、锡、锑及其制品，金属镁及其初级产品，硫酸二钠，石蜡的出口退税率；2006年9月下调部分钢材、部分有色金属材料的出口退税率。

2007年4月对部分钢铁产品取消或大幅度降低出口退税；7月取消553项“两高一资”产品的出口退税；2008年在应对金融危机，三次上调纺织品、服装、轻工，部分化工产品、机电产品等产品的出口退税率时，只有石材、有色金属加工材等少数“两高一资”产品的退税率提高。

(3) 停止部分产品的加工贸易

2005年将煤炭、焦炭、钢铁、氧化铝、铁合金矿等高耗能、高污染产品列入加工贸易禁止类目录，停止审批新的加工贸易合同。自2006年1月1日起，将进口农药原药，出口农药；进口分散染料，出口其制成品；进口木片、原木、木浆，出口木浆或纸张、纸板；进口生皮，出口半成品革或成品革；进口废铜或铜精矿，出口未锻轧铜等，列入加工贸易禁止类目录，停止审批上述品种新的加工贸易合同。并且，严格控制以加工贸易方式出口成品油。2007年又连续三次发布限制和禁止开展加工贸易的商品目录。

(4) 控制部分资源性产品出口数量

2004年，我国开始实行《煤炭出口配额管理办法》，对煤炭的出口实行配额限制。2005年控制原油和成品油出口数量。2006年调减稀土等产品出口数量，下调钨、锡和锑的出口配额。2008年起对小麦粉、玉米粉、大米粉等粮食制粉实行出口配额许可证管理。

7.2.4 出口管制的形式

出口管制包括单边出口管制和多边出口管制。

(1) 单边出口管制

单边出口管制是指一国根据本国的需要，制定出口管制方面的法案，设立专门的执行机构，对本国的某些商品的出口进行审批和颁发出口许可证，实行出口管制。单边出口管制从管制法案的制定到管制措施的贯彻都完全由一国单方面自主决定，不对其他国家承担义务与责任。单边出口管制是出口管制中最普遍的一种形式。它往往是一国实施歧视性贸易政策的手段，具有政治和经济的双重意义。目前，世界上几乎各个国家都或多或少对国内的某些或某类商品的出口存在着管制现象。

（2）多边出口管制

多边出口管制是指几个国家的政府，通过一定的方式建立国际性的多边出口管制机构，商讨和编制多边出口管制货单和出口管制对象国，规定出口管制的办法，以协调各方的政策和措施，共同进行出口管制，达到共同的政治和军事目的。1949 年 11 月在美国操纵下成立的巴黎统筹委员会，就是一个典型的国际性的多边出口管制机构。

我国的出口管制曾经是以单边出口管制的形式完成的。在加入了《核不扩散武器条约》等多边国际条约后，我国为履行这些多边国际条约规定的义务，也开始对条约中规定的某些商品的出口进行共同管制。因此，目前我国的出口管制既存在单边出口管制形式，又存在多边出口管制形式。

链接 7－3

巴黎统筹委员会

“二战”结束后，东西方阵营形成，冷战开始。为了限制西方发达国家向社会主义国家出口战略物资和高新技术，1949 年 11 月，在美国的一手操纵下，组建了所谓“出口管制统筹委员会”(Coordinating Committee for Export Control，COCOM)，因其总部设在巴黎，故又称“巴黎统筹委员会”，简称“巴统”。

巴统成立之初有美国、英国、法国、意大利、加拿大、比利时、卢森堡、荷兰、丹麦、葡萄牙、挪威和联邦德国共 12 个参加国。以后，日本于 1952 年参加，希腊和土耳其于 1953 年参加，澳大利亚于 1989 年参加。巴黎统筹委员会的主要工作是：编制和增减多边禁运货单，规定受禁运的国别或地区，确定禁运审批程序，加强出口管制，讨论例外程序，交换情报等。

多边禁运货物清单主要有三类，即国际原子能清单、国际军品清单和工业清单，所涉范围包括军事武器装备、尖端技术产品和稀有物资等上万种具有战略意义的货物和技术。成员国如果向受限国出口受控货物和技术时，必须经巴统所有成员国政府一致同意，该出口国政府才能签发本国的出口许可证。

巴统带有强烈的冷战色彩和意识形态的目的，把禁运限制同被禁运国家的社会制度、经济体制或人权联系一起。被巴统列为禁运对象的不仅有社会主义国家，还包括一些民族主义国家，总数共约 30 个。随着事务量的增加，巴统 1952 年 9 月又设立了主管对中国实行禁运的中国委员会。

巴统成员国若违反有关规定，擅自向受出口管制的国家出口受管制的产品，就要受到制裁。轰动一时的“东芝事件”即为一例。1987 年 6 月日本东芝公司违反巴统会规定，向前苏联出口了一种技术先进的大型铣床。这种铣床可用来改进前苏联潜艇发动机的质量，使其噪声减小，而美国的通信卫星正是根据前苏联潜艇的噪声对其进行跟踪的。

美国大为恼火，向巴统会提出申诉。结果巴统会对东芝公司进行了制裁，除罚款外，5年内不准东芝公司向前苏联出口产品。

20世纪80年代末90年代初，随着前苏联和东欧社会主义国家的解体和国际形势的变化，该组织已逐渐失去了实施管制的意义，因此大幅度放宽了对社会主义国家的出口管制，并于1994年4月1日正式宣告解散。

本章小结

一国通常会采取各种鼓励措施扩大商品的出口，但对于某些重要资源和战略物资，一些国家出于政治、经济和军事方面的考虑，也会实施出口管制，限制或禁止出口。鼓励出口的措施主要有四大类：信贷措施、出口补贴、倾销措施和经济特区。

信贷措施主要包括出口信贷和出口信贷担保制。出口信贷分为卖方信贷和买方信贷，是一国为了鼓励商品出口，加强商品的国际竞争力，解决出口厂商资金周转困难，通过银行对本国出口厂商或国外进口厂商给予利息补贴或提供贷款帮助。出口信贷适合金额较大、期限较长，如成套设备、船舶等商品的出口，是在WTO框架下合理使用的一种鼓励出口的手段，为各国普遍采用。

出口补贴是一国政府为了降低出口商品的价格，增强其在国外市场的竞争力，在出口某商品时给予出口商的现金补贴或财政上的优惠待遇。

倾销是指出口厂商在国际市场上，以低于正常价值的价格销售商品，对进口国某些工业造成重大损害或实质性威胁。

出口管制是一国对外贸易政策的组成部分，是指国家出于某些政治、军事、经济的考虑，通过法令和行政措施，控制本国出口商品的数量、金额和输出国别的管理制度。许多国家的出口管制体现了一定的意识形态取向，常作为对外贸易的歧视性手段之一。

关键术语

买方信贷、卖方信贷、出口信贷国家担保制、出口补贴、生产补贴、倾销、出口管制

复习思考题

1. 什么是出口信贷和出口信贷国家担保制？
2. 出口补贴与生产补贴的区别是什么？
3. 分析倾销的目的，说明倾销实施要具备哪些条件。
4. 什么是经济特区？经济特区的类型有哪些？它们之间的异同点有哪些？

5. 什么是出口管制？出口管制的手段有哪些？

本章案例

欧盟对华军售禁令

欧盟对华军售禁令的前身始于东西方冷战时期在1949年11月组建的“巴黎统筹委员会”（简称“巴统”）。这一期间欧盟的对华武器禁运政策，均是在“巴统”的框架内进行，而且与美国的对华政策密切相关。1989年6月，欧共体在马德里召开的决策机构部长理事会上发表了对中国实行武器禁运及其他限制条款的公报，其中有关军事方面的措施是：共同体成员中止与中国的军事合作并禁止与中国进行武器贸易。这成为欧盟现行对华军售禁令的原始依据。

此后，欧洲国家逐步意识到加强与中国关系的重要性，并开始从战略高度调整对华政策。1995年7月，欧盟出台了《欧中关系长期政策》，确定了长期发展对华关系的基本框架。1998年3月，欧洲委员会通过了《与中国建立全面的伙伴关系》的政策性文件，确定了欧盟对华政策的长期战略目标。2003年10月，中国政府发表了《中国对欧盟政策文件》，明确指出欧盟应早日解除对华军售禁令，为拓宽中欧合作扫清障碍。多年过去了，中欧已经建立起了全面战略伙伴关系，欧盟一些国家提出这种做法已经不合时宜，认为这样坐失了军火出口的巨大商机。但美国以保住台湾安全为由，一方面向台湾输出大量军火，另一方面不断向欧盟施压，以维持对中国大陆的武器禁运。2008年4月，欧洲议会投票决定，继续维持对华武器禁运。

案例分析

欧盟当前主要根据八项标准来决定是否向他国出售武器，包括人权、地区稳定、国际恐怖主义、技术落入“流氓”国家的危险、买方的技术能力和军事能力等。欧盟对华军售禁令主要是出于政治、军事等方面的考虑，体现了一定的意识形态取向，是一种贸易歧视性做法。

欧盟的对华军售禁令实质上是对中国的政治歧视，与当今世界潮流和中欧全面战略伙伴关系的发展相背离，遭到中国政府的一贯坚决反对。近几年来，维持武器禁运的做法屡遭部分欧盟成员国挑战，欧盟内部不断出现解禁的呼声。2010年1月26日，西班牙外交大臣莫拉蒂诺斯公开宣布，该国考虑在其担任欧盟轮值国主席期间解除欧盟对中国的武器禁运。

中国主要依靠自己的力量，发展先进军事装备。而且，中国坚定地走和平发展的道路，本来就没有大量进口武器的打算。中国政府反对欧盟的对华军售禁令，反对的是政治歧视。

第8章

世界贸易组织

学习目标 掌握关贸总协定及其八轮多边贸易谈判的成果，重点掌握世界贸易组织的职能和基本原则，了解世界贸易组织成员的权利与义务，熟悉《服务贸易总协定》，了解《与贸易有关的知识产权协定》和《与贸易有关的投资措施协定》，熟悉世界贸易组织的多哈回合谈判。

国际多边贸易体制是调整各国家之间经济贸易关系的法规、机制、组织和制度。第二次世界大战后，国际多边贸易体制从 1948 年至 1994 年以关税与贸易总协定为代表，进行了八轮多边贸易谈判，极大地促进了多边贸易自由化的发展；从 1995 年开始，世界贸易组织作为一个正式的国际性组织取代了关税与贸易总协定，世界多边贸易体制正在推动全球性的多边贸易自由化向新的方向发展。

8.1 世界贸易组织的前身——关税与贸易总协定

世界贸易组织的前身是关税与贸易总协定（General Agreement on Tariffs and Trade），简称关贸总协定（GATT），是调整各缔约方对外贸易政策和国际贸易关系方面相互权利与义务的多边国际协定，又是对于该协定的协调、监督机构。

8.1.1 关贸总协定产生的背景

从 1941 年到 1942 年，在第二次世界大战尚未结束时，美国和英国就在商讨解决“战后”世界的货币、金融、投资与贸易问题，建立“战后”国际经济新秩序，包括国际贸易新秩序。

1945 年 12 月 6 日，美国政府提出《扩大世界贸易和增加就业的建议》，主张制定国际贸易宪章，来重建国际贸易秩序，并于 1946 年 2 月发起召开了国际贸易与就业会议。在美国的提议下，联合国经济和社会理事会成立了国际贸易组织筹备委员会，于 1946 年 10 月在伦敦召开了第一次会议，讨论美国提出的《国际贸易组织宪章》草案。1947 年 4 月至 10

月，筹备委员会第二次会议在瑞士日内瓦召开，通过了该宪章草案。由于建立国际贸易组织时机尚未成熟，而各国较高的关税是当时亟待解决的问题，于是美国、英国、中国、法国、加拿大等23个国家进行了关税减让谈判，双边关税谈判共进行了123项，涉及5万种商品，形成了100多项关税减让协议。各国希望早日获得关税减让的好处，于是把这些协议与《哈瓦那宪章》草案中有关贸易的条款加以合并，形成了《关税与贸易总协定》。1947年10月30日筹备委员会签署了正式确定《关税与贸易总协定》和《临时适用议定书》的最后法案，作为一个过渡性、临时性的协议，一旦《国际贸易组织宪章》正式生效，就将其纳入"国际贸易组织协议"中。

1947年11月，在哈瓦那的联合国贸易和就业会议上，各国对《国际贸易组织宪章》草案提出大量修正案，最终审议并通过了《国际贸易组织宪章》，又称《哈瓦那宪章》(*Havana Charter*)，提交各国批准。然而，1950年，美国宣布不会提交国会批准《哈瓦那宪章》，原因是草案修正案限制了美国的立法主权，不符合美国的利益。与此同时，发达国家与不发达国家之间在经济政策上仍存在较大分歧，因此56个《哈瓦那宪章》签字国中，只有个别国家批准了该宪章，建立国际贸易组织的计划由于该宪章的批准国没有超过半数而最终夭折。

尽管国际贸易组织没有成立，各国仍然按照关贸总协定的框架推进关税减让和贸易发展，这一临时协定从1948年1月1日正式生效后，作为"战后"多边贸易谈判的主要机构，一直到1995年1月1日世界贸易组织正式成立，共运行了47年。

尽管关贸总协定具有相当多的临时性特征，却在"战后"成为各缔约方在贸易政策方面确立共同遵守的准则、推进贸易自由化的总括性多边条约，以及作为对缔约方具有约束力的文件发挥作用。另一方面，关贸总协定在长期运行中建立了完整的组织机构，成为事实上的国际贸易组织。

8.1.2 关贸总协定的宗旨及基本原则

《关税与贸易总协定》的序言指出关贸总协定的宗旨："缔约方各国政府认为，在处理它们的贸易和经济事务方面，应以提高生活水平，保证充分就业，保证实际收入和有效需求的巨大增长，扩大世界资源的充分利用及发展商品的生产与交换为目的。为了达到这个目的，必须作出互惠互利的安排，以便大幅度削减关税和其他贸易障碍，取消国际贸易中的歧视待遇。"

在以自由化为基本目标的前提下，关贸总协定主要有8个方面的原则，即非歧视原则、贸易自由化原则、透明度原则、公平贸易原则、关税减让原则、一般禁止数量限制原则、例外原则和磋商协调原则。

非歧视原则是关贸总协定最重要的原则，目的在于消除歧视性的政府干预，以保证各缔约方能够受到公平的贸易待遇。非歧视性原则由两部分组成：一是最惠国待遇，即缔约方一方现在和将来在进出口商品方面所给予任何国家的贸易优惠，应立即和无条件地给予所有缔约方；二是国民待遇，即缔约方一方保证缔约方另一方的产品在输入到缔约方领土时，在国内税收、销售、运输和法律适用等方面享受与本国产品同样的待遇。

贸易自由化原则是关贸总协定的根本性原则。各缔约方通过多边贸易谈判，削减关税和消除非关税壁垒，并以市场经济的竞争为基础进行货物和服务的自由贸易。

透明度原则是约束各国应对缔约方贸易政策调整和监督有关政策合法性的重要原则。由两部分组成：一是缔约方可以保护本国某些产业，但手段必须是透明的；二是缔约方的法律法规要求是透明的。在不泄露国家机密的前提下，凡各缔约方应公布的贸易条例，应该提前予以公布，以使各国政府和贸易商了解熟悉。

关税减让原则是对自由贸易原则的贯彻。主要包括：关税保护原则，即缔约方只能用关税作为保护国内工业的唯一手段；关税减让原则，即各缔约方要逐步降低本国的关税水平；关税稳定原则，即在关税水平制定之后，缔约方不能重新借故提高关税。

一般禁止数量限制原则是防止贸易保护手段多元化的重要原则。它要求缔约方除征收关税或其他费用外，不得设置配额、进出口许可证或其他非关税措施以限制或禁止其他缔约方产品的输入。但它也有一些例外，如由于国际收支困难或为了保护本国幼稚工业发展，可以实施数量限制。

公平贸易原则是反对缔约方政府采取扭曲市场竞争的措施，反对不公平贸易，尤其是倾销和补贴方式的不公平贸易行为，提倡缔约方创造和维护公开、公平、平等的贸易。

例外原则又称灵活使用原则，一般情况下总协定条款适用于各缔约方，在特殊情况下用例外条款特殊对待。例如，"普惠制"作为最惠国待遇的例外；区域经济一体化的优惠例外；保护幼稚工业例外等。

磋商协调原则是如果缔约方之间发生争端或贸易摩擦，应该磋商解决。这项原则的目的不在于保证争端的解决严格符合总协定的规定，而在于求得各方均能接受的解决争端的方法。

8.1.3 关贸总协定的多边贸易谈判

在关贸总协定存在的47年中，一共进行过八轮多边贸易谈判，均是在关贸总协定宗旨和原则指导下进行的。通过这些谈判，大幅度降低了关税，削减了非关税壁垒，极大地推动了贸易自由化的发展。八轮回合谈判的主要情况如表5－1所示，其中前六轮谈判是以关税减让为主的谈判，第七轮谈判以降低非关税壁垒为主，第八轮谈判则以旨在一揽子解决贸易壁垒为主。

表5－1 关贸总协定的八轮多边贸易谈判

谈判回合	时间	地点	国家	谈判议题及结果
第一轮	1947.4—1947.10	瑞士日内瓦	23	关税减让幅度35%
第二轮	1949.4—1949.10	法国安纳西	33	关税减让幅度35%
第三轮	1950.9—1951.4	英国托奎	39	关税减让幅度26%
第四轮	1956.1—1956.5	瑞士日内瓦	28	关税减让幅度15%
第五轮（狄龙回合）	1960.9—1962.7	瑞士日内瓦	45	关税减让幅度20%
第六轮（肯尼迪回合）	1964.5—1967.6	瑞士日内瓦	54	关税减让幅度35%
第七轮（尼克松回合，后改称为东京回合）	1973.9—1979.4	瑞士日内瓦	102	关税减让幅度35%，降低非关税壁垒
第八轮（乌拉圭回合）	1986.9—1994.4	乌拉圭埃斯特角 瑞士日内瓦 摩洛哥马拉喀什	103 125	关税减让幅度40%，降低非关税壁垒，有关服务贸易、知识产权、争端解决机制、农产品、建立WTO等议题

第一轮谈判：1947年4月至10月在瑞士日内瓦举行，23个创始缔约方包括中国在内参加该轮谈判。共达成关税减让协议123项，协议按照最惠国待遇原则，自动适用于全体缔约方。本轮谈判平均降低关税35%，影响世界贸易额近100亿美元。

第二轮谈判：1949年4月至10月在法国的安纳西举行，除23个缔约方之外，丹麦、芬兰、希腊、瑞典、意大利等10国也加入进来。谈判的目的是敦促成立不久的欧洲经济合作组织成员为彼此承担关税减让做出努力。从这一轮直到第五轮谈判，一般称为“补偿性”谈判和“入门费”谈判。前者指缔约方对原来的关税减让进行变更、撤销等的谈判；后者指对新缔约方加入关贸总协定的权利与义务，以及加入需要的条件（如承诺降低关税等）进行讨论的谈判。这次谈判达成关税减让协议147项，关税平均降幅35%。

第三轮谈判：1950年9月至1951年4月在英国托奎举行，共39个国家和地区参加，达成关税减让协议150项，使占进口值11.7%的应税商品平均降低关税26%。

第四轮谈判：1956年1月至5月在瑞士日内瓦举行，28个国家参加了谈判。由于前几轮谈判美国关税减让幅度大于其他缔约方，因此美国国会对其谈判代表授权有限，使得本次谈判平均降低关税仅为15%，涉及贸易额仅25亿美元。

第五轮谈判：1960年9月至1962年7月在瑞士日内瓦举行。本次谈判由美国副国务卿狄龙（Douglas Dillon）倡议而被称为“狄龙回合”，共有45个国家和地区参加，达成关税减让项目4 400多个，使关税平均降低20%，但一些敏感性商品和农产品被排除在外。

第六轮谈判：1964年5月至1967年6月在瑞士日内瓦举行，本次谈判由美国总统肯尼迪（Kennedy）发起而被称为“肯尼迪回合”，共有占世界贸易额四分之三的54个国家和地区参加。本次谈判最后列入减税的项目达60 000种，平均关税下降35%，涉及贸易额400亿美元。本次谈判首次涉及非关税壁垒，美国、英国、日本等21个国家签署了第一个国际反倾销协议。同时新增了针对发展中国家的“贸易与发展”条款，规定了对发展中国家的特殊优惠，明确发展中国家只承担与其经济水平相适应的义务。

第七轮谈判：1973年9月至1979年4月先在日本东京后改在瑞士日内瓦举行，本次谈判的第一次部长大会是在日本东京召开而称为“东京回合”（Tokyo Round）。共有73个缔约方和29个非缔约方参加。这次谈判是在“美元危机”、“石油危机”、世界经济滞胀和贸易保护主义抬头、非关税壁垒逐渐增多的背景下举行的，因此谈判的主要内容除了关税减让外，还有消除非关税壁垒、农产品贸易及发展中国家待遇等议题。

经过历时近六年的艰苦谈判，取得三方面的谈判成果。一是关税减让方面，协议规定从1980年1月1日起用八年时间使关税削减幅度达到33%，其中美国关税平均下降30%～35%，欧洲共同体市场平均下降25%，日本平均下降50%，共涉及3 000多亿美元的贸易额。发展中国家工业品平均关税下降到14%，涉及贸易额39亿美元。二是在限制非关税壁垒方面取得一系列进展，共达成了九项协议，分别是：海关估价协议、补贴与反补贴协议、政府采购协议、进口许可证程序协议、反倾销协议、技术贸易壁垒协议、民用航空器贸易协议、牛肉协议和奶制品协议。这些协议属于总协定无条件最惠国待遇原则之外独立的协议，仅对签字国有效。三是发展中国家的地位得到了改善。发展中缔约方获得了非互惠的差别待遇，并且它们之间可以相互减免关税和取消非关税壁垒。

第八轮谈判：1986年9月在乌拉圭的埃斯特角城开始，于1994年4月在摩洛哥的马拉喀什结束，历时近八年，因第一次部长级会议在乌拉圭举行而被称为“乌拉圭回合”（Uruguay Round)，参加方从最初的 103 个，增至谈判结束时的 125 个。前七轮谈判取得很大进展，但仍有不少问题没得到解决，加之又有新问题出现，因此谈判旷日持久，相当艰难，是历次谈判以来规模最大、议题最多、时间最长、争吵最激烈的谈判。

乌拉圭回合谈判的内容包括两部分：货物贸易谈判和服务贸易规则的新框架，共涉及三个方面的 15 个议题。一是进一步推进贸易自由化的议题，包括：关税问题，重点是对高关税率的约束和缩小关税升级的程度；非关税措施；热带产品；自然资源产品；纺织品和服装；农产品贸易。二是强化关贸总协定多边贸易体制的作用与功能的议题，包括：关贸总协定条款、保障条款、多边贸易谈判协议和安排、补贴与反补贴、贸易争端解决程序、关贸总协定体系的作用。三是新提出的议题，包括：与贸易有关的知识产权、与贸易有关的投资措施及服务贸易。

乌拉圭回合谈判经过无数次讨价还价和数次延迟，最终于 1993 年 12 月 15 日闭幕，1994 年 4 月 15 日在摩洛哥的马拉喀什正式签署了《乌拉圭回合多边贸易谈判成果的最后文件》，经谈判各方国内立法机构批准，于 1995 年 1 月 1 日正式生效。据此文件，乌拉圭回合谈判的主要成果如下。

第一，关税进一步降低。发展中国家缔约方承诺总体关税削减幅度在 24％左右，工业品加权平均税率由 20.5％降至 14.4％。发达国家缔约方承诺总体关税削减幅度在 37％左右，工业品加权平均税率由 6.3％降至 3.8％。农产品关税全部缔约方承诺进一步减让，削减从 1995 年 1 月 1 日开始，发展中国家缔约方实施期为 10 年，发达国家实施期为 6 年。

第二，形成了一系列协议，制定了一批新规则。乌拉圭回合制定的协定、协议包括：七项关于非关税壁垒和国际贸易具体问题的协议，即《技术性贸易壁垒协议》、《海关估价协议》、《装运前检验协议》、《原产地规则协议》、《进口许可程序协议》、《实施动植物卫生检疫措施协议》、《与贸易有关的投资措施协议》；两项具体部门协议，即《农业协议》和《纺织品与服装协议》；三项贸易救济措施协议，即《保障措施协议》、《反倾销协议》、《补贴与反补贴措施协议》；在服务贸易与知识产权领域首次签订的《服务贸易总协定》和《与贸易有关的知识产权协定》；1947 年关贸总协定补充修订后转化形成的《1994 年关税与贸易总协定》。

第三，建立了世界贸易组织。由于世界经贸发展迅猛，关贸总协定的局限性逐渐显现，建立适用范围更广、更灵活的多边贸易组织显得十分必要。乌拉圭回合突破了原有谈判议题，达成了《建立世界贸易组织协定》。通过建立世界贸易组织，加强和完善了世界多边贸易体制。

8.1.4 关贸总协定的作用与局限性

关贸总协定在存在的 47 年中，共主持进行了 8 轮多边贸易谈判，使发达国家和发展中国家的关税水平大幅降低，非关税壁垒措施的实施得到限制，因而有力地推动了贸易自由化发展的进程，极大地缓和了各缔约方之间的贸易纠纷。同时，它提供了成员国之间经贸信息交流的平台，加强了各国国际贸易领域政策的透明度，进一步规范了国际贸易秩序，并最终使服务贸易、与贸易有关的知识产权等领域与货物贸易一起纳入协调范围之中。

但是，关贸总协定也存在一些局限性。首先，总协定是不具有法人地位的国际组织，因而贸易争端解决机制较软弱，对违反总协定规定的缔约方无权采取实质性惩罚措施。其次，存在许多“灰色区域”（即法律上含义模糊不清的规定）和例外条款，容易造成贸易保护主义合理、“合法”地滥用相关规定。第三，广大发展中国家的贸易权益还没有给予充分体现，仍然是以发达国家的利益为主导。

8.2 世界贸易组织

作为乌拉圭回合最突出的成果之一，世界贸易组织于1995年1月1日正式成立，总部设在瑞士日内瓦，是具有法人地位的国际组织，与世界银行、国际货币基金组织构成当今世界经济体制的三大支柱。

8.2.1 世界贸易组织产生的背景

随着国际经济贸易形势的发展，关贸总协定的作用难以进一步扩展。在乌拉圭回合谈判的后期，在对许多实质性重要议题基本上达成协议后，如何执行乌拉圭回合协议及世界贸易组织采取何种组织框架的问题日益受到各缔约方的重视。由于乌拉圭回合谈判涉及的领域颇为广泛，与《哈瓦那宪章》关于国际贸易组织（ITO）的设想基本一致，各方普遍认为有必要在关贸总协定基础上建立一个正式的国际经贸组织来协调、监督、执行乌拉圭回合的成果。

1990年初，欧共体轮职主席国意大利提出建立多边贸易组织（Multilateral Trade Organization，MTO）的倡议，欧共体把这一倡议以12个成员国的名义向乌拉圭回合谈判体制职能谈判小组正式提出。同年加拿大也非正式地提出，瑞士与美国分别正式地提出建立正式的国际经贸组织的提案。这些提案从各自不同的角度提出了未来国际贸易组织机构的构想。

经过磋商，1990年12月，在乌拉圭回合布鲁塞尔部长级会议上，贸易谈判委员会提议起草一个组织性决议，“建立多边贸易组织协定”成为乌拉圭回合最终协议草案的一个有机组成部分。经过两年多的修改和各谈判方的讨价还价后，1993年11月，乌拉圭回合谈判结束前，各方原则上形成了“建立多边贸易组织协定”。在美国代表的提议下，决定将“多边贸易组织”易名为“世界贸易组织”（WTO）。1994年4月15日，在摩洛哥马拉喀什召开的关贸总协定部长会议上，包括《建立世界贸易组织协定》在内的乌拉圭回合各项协议均获通过，并采取“一揽子”方式（无保留例外）加以接受，经104个参加方政府代表签署，1995年1月1日正式生效。

根据《建立世界贸易组织协定》的规定，WTO于1995年1月1日正式成立。在与关贸总协定共存一年后，1996年1月1日，它正式取代关贸总协定临时机构，担当起全球经济贸易组织的角色。

8.2.2 世界贸易组织的主要职能和基本原则

WTO的主要职能包括：实施、运作多边贸易协议，并为其提供组织框架；为多边贸易谈判提供会议场地，并为谈判结果的执行提供组织框架；定期审议成员方的贸易政策及其对多边贸易体制产生的影响；通过管理实施《关于争端解决规则与程序的谅解》，来解决成员方之间的贸易争端；与世界银行、国际货币基金组织等国际组织进行广泛的合作，实现全球经济决策的广泛一致性。

WTO 继承、完善了关贸总协定的基本原则，在 WTO 的协定中，明确提出了五个基本原则，分别是：非歧视原则、贸易自由化原则、透明度原则、促进公平竞争原则，以及鼓励发展和改革原则。

（1）非歧视原则

非歧视原则包括最惠国待遇原则和国民待遇原则。这两项原则在关贸总协定中已经作了明确的规定，在 WTO 建立后予以重新明确，不仅因为它们是国际经贸关系中常用的一项制度，而且在于其适用范围的广泛性。

（2）贸易自由化原则

WTO 倡导并推动贸易自由化，要求成员方取消或逐步取消贸易障碍，通过多边谈判，实质性削减关税和非关税壁垒，促进贸易的扩大。当然，WTO 允许发展中国家采取渐进的方式实现贸易自由化。

（3）透明度原则

透明度原则体现在 WTO 的协议中，是公平贸易的重要保证，它要求成员方在其贸易政策执行前，应公布给各成员方，并将这些政策措施及其变化情况通知 WTO。

（4）促进公平竞争原则

该原则体现在货物贸易、服务贸易、与贸易有关的知识产权领域的所有协议、协定中。例如，货物贸易中的《反倾销协议》、《补贴与反补贴措施协议》和《保障措施协议》等；服务贸易领域的《服务贸易总协定》要求为外国的服务或其提供者创造市场准入和公平竞争的机会，以及知识产权领域的《与贸易有关的知识产权协定》对知识产权的有效保护和反不正当竞争。

（5）鼓励发展和改革原则

WTO 中发展中国家约占四分之三，为了鼓励发展中成员方的经济发展和改革，WTO 规定，发展中成员在执行协定过程中可以有过渡期，即可以有比发达成员国更灵活的时间表，允许它们经过比较长的时间达到 WTO 的要求。

8.2.3 世界贸易组织的组织机构

WTO 是一个独立于联合国的永久性国际组织，负责管理世界经济和贸易秩序。

WTO 的最高决策权力机构是部长会议，至少每两年召开一次会议。下设总理事会和秘书处，负责 WTO 日常会议和工作。

总理事会由各国驻日内瓦大使和高级代表组成，负有执行部长大会决议、通过预算和其他财政事项、在部长大会的两次会议期间执行部长大会的职能。此外，还有贸易政策审议和贸易争端解决机构的职能。总理事会下有货物贸易理事会、服务贸易理事会及知识产权理事会三个理事会，还有许多专门委员会和工作小组，主要处理单个协议和其他领域的事宜，如环境、发展、成员资格申请和区域贸易协定等。总理事会还下设贸易政策核查机构，它监督着各个委员会并负责起草国家政策评估报告。

WTO 秘书处拥有 500 多名工作人员，由总干事领导。秘书处的主要职责是给部长会议和各理事会、委员会提供技术性支持，并为发展中国家提供技术援助，分析世界贸易形势及向公众和媒体解释 WTO 的活动。秘书处同时也提供争端解决过程中某种形式的法律协助，以及对希望加入 WTO 的国家政府给予建议。

总干事由部长会议选定，并明确总干事的权力、职责、服务条件及任期规则。WTO 总干事主要有以下职责：最大限度地向各成员施加影响，要求它们遵守 WTO 规则；总干事要考虑和预见 WTO 的发展方针；帮助各成员解决它们之间所发生的争议；负责秘书处的工作，管理预算和所有成员有关的行政事务；主持协商和非正式谈判，避免争议。

WTO 还成立了"贸易争端解决机构"（DSB）和常设上诉机构（SAB），负责对 WTO 成员之间的分歧进行仲裁。

8.2.4 世界贸易组织成员方的权利与义务

WTO 各成员应享有的主要权利包括：在成员中享受多边的、无条件的、稳定的最惠国待遇及其他贸易自由化成果；发展成员方享受普惠制待遇及其他的特殊照顾；充分利用争端解决机制和程序公平、合理地解决贸易争端；在多边贸易体制中"参政议政"；利用 WTO 原则，享有采取例外与保障措施的权利；享有利用 WTO 各项规则，发展和各成员方的经济合作、贸易和技术交流，促进本国经贸发展的权利。

在充分享受权利的同时，各成员方也必须按照 WTO 规则履行相应的义务，包括以下方面：在货物、服务和知识产权等方面给予其他成员最惠国待遇、国民待遇；按照 WTO 的相关协议规定，扩大货物、服务的市场准入程度，通过降低关税和规范非关税措施，规范货物贸易中对外资的投资措施，逐步扩大服务贸易市场开放；按照《知识产权协定》规定进一步规范知识产权保护；根据争端解决机制和程序，解决贸易摩擦并接受 WTO 争端解决机构裁决的义务；按照透明度原则增加贸易政策、法规的透明度；按在世界出口中所占比例缴纳一定会费。

8.2.5 关贸总协定与世界贸易组织的区别

WTO 继承了关贸总协定的宗旨、基本原则和诸多规则，是关贸总协定的继续和完善；同时，WTO 取代关贸总协定，作为其永久性机构，在更广泛的范围内发挥协调成员国间贸易的作用。但是，WTO 与关贸总协定仍然有着本质区别。

首先，两者的性质不同。由于关贸总协定以"临时适用"的协议形式存在，不具备组织的法人基础，因而不具有法人地位；WTO 是根据《维也纳条约法公约》正式批准生效的国际组织，它和国际货币基金组织、世界银行一起成为维护世界经济运行的三大支柱，所签署的文件均得到各国立法机关的认可。其次，争端解决机制效率不同。关贸总协定的争端解决机制遵循"完全协商一致"原则，没有规定争端解决时间表，只要有一个缔约方提出反对通过裁决报告，关贸总协定就不能作出裁决，因而权威性、有效性大大降低；WTO 采取反向协商一致原则，规定了争端解决和裁决的时间表，只要非所有参加方反对就视为通过，因而可以保证裁决的实施，争端解决机制效率更高。第三，协调、监督的范围不同。关贸总协定管辖范围是货物贸易，农产品和纺织品均作为例外不受总协定规则的约束；WTO 不仅协调处理货物贸易问题，其管辖范围已经扩大到服务贸易、与贸易有关的知识产权和投资措施等与贸易有关的各个方面。

8.2.6 世界贸易组织的主要协议

1. 世界贸易组织协定简介

1995 年 1 月 1 日正式生效的《建立世界贸易组织的马拉喀什协定》，简称世界贸易组织协定，是 WTO 各成员在制定国际贸易领域中有关货物贸易、服务贸易和知识产权的政策和做法时所必须遵循的一整套法律规则。

世界贸易组织协定包括序言、16 个条款和 4 个附件。序言部分阐述了 WTO 的宗旨和目标，16 个条款和 4 个附件主要包括以下七方面内容。

① 建立世界贸易组织协定确立的总体规则，包括 WTO 的建立、范围、职能、机构、地位、与其他组织的关系、预算和费用、决策、协定修改、原始成员、成员之间互不适用协定规则，以及加入、接受、生效和保存、退出等内容，分布于 16 个正文条款中。

② 货物贸易规则，主要包括《GATT1994》和乌拉圭回合达成的其他 12 个有关货物贸易的各项协定，其中有《与贸易有关的投资措施协议》(TRIMs)。

③ 服务贸易规则，即《服务贸易总协定》(简称 GATS)。

④ 与贸易有关的知识产权保护规则，即《与贸易有关的知识产权协议》(TRIPs)。它与《GATT1994》等 13 个有关货物贸易的协定和 GATS 一起，作为世界贸易组织协定附件 1，形成主要的实质性协议部分。

⑤ 争端解决规则与程序，指《争端解决规则与程序的谅解》，作为世界贸易组织协定附件 2。

⑥ 贸易政策审查机制的协议，作为世界贸易组织协定附件 3。

⑦ 四项仅对加入方有效的诸边贸易规则，包括《民用航空协议》、《政府采购协议》、《国际奶制品协议》和《国际牛肉协议》，作为世界贸易组织协定附件 4。

这些贸易规则构筑了 WTO 多边贸易法律体制，反映了国际经济秩序在国际贸易领域的基本态势。

2. 关于货物贸易的协议

货物贸易的法律规则由两部分多边协议组成：《1994 年关税与贸易总协定》和有关货物贸易其他领域的协议，也就是世界贸易组织货物贸易理事会管辖的下列 12 个领域的协议：

①《农业协议》；

②《实施动植物卫生检疫措施的协议》；

③《纺织品与服装协议》；

④《技术性贸易壁垒协议》；

⑤《与贸易有关的投资措施协议》(TRIMs)；

⑥《关于实施 1994 年关税与贸易总协定第 6 条的协议》(即《反倾销措施协议》)；

⑦《关于实施 1994 年关税与贸易总协定第 7 条的协议》(即《海关估价协议》)；

⑧《装船前检验协议》；

⑨《原产地规则协议》；

⑩《进口许可程序协议》；

⑪《补贴与反补贴措施协议》；

⑫《保障措施协议》。

3.《服务贸易总协定》

《服务贸易总协定》(*the General Agreement on Trade in Services*，GATS)，是迄今为止第一套有关国际服务贸易的、具有法律效力的多边规则。GATS 由三部分组成：正文(包含 GATS 三条款)、附件及各国具体市场准入承诺减让表。

与货物贸易有所不同的是，GATS 还有第四个特别的部分，即关于最惠国待遇豁免的清单，它列明了各国分别在哪些服务领域暂时不适用非歧视性原则中的最惠国待遇原则。各国通过谈判作出并约束各自的市场开放承诺，承诺包括开放哪些具体服务部门、这些部门的开放程度如何等内容。各国的具体承诺体现在各国的服务贸易减让表中，与关贸总协定下的关税减让表一样，服务贸易减让表是 GATS 的一个组成部分。

GATS 适用于所有国际服务贸易，包括国际服务贸易的 4 种提供方式。在 GATS 中，服务贸易各部门与货物贸易一样，列有市场准入、国民待遇、最惠国待遇和透明度等原则性条款。

乌拉圭回合仅仅是一个开始，GATS 提出，还要进行更多的谈判，逐步实现服务贸易的自由化。

4.《与贸易有关的知识产权协定》

《与贸易有关的知识产权协定》(*Agreement on Trade-Related Aspects of Intellectual Property Rights*，TRIPs)。

协议的宗旨是：有必要促进对知识产权有效和充分的保护，并确保实施知识产权的措施和程序不会成为贸易障碍；建立多边框架和规则，处理国际假冒产品贸易问题；承认知识产权是私有权利；承认各国保护知识产权的公共政策中保护公共利益的目的，包括发展目的和技术目的；承认最不发达国家成员在国内实施法律和规章方面享有最大的灵活性；通过多边程序解决与贸易有关的知识产权争端；在 WTO 与世界知识产权组织及其他有关国际组织之间建立相互支持的关系。

协议的基本原则是：履行其他知识产权国际公约，成员应履行巴黎公约、伯尔尼公约、罗马公约和《关于集成电路的知识产权条约》；国民待遇，在知识产权保护方面，每个成员给其他成员国民的待遇不应低于它给本国国民的待遇，除非巴黎公约、伯尔尼公约、罗马公约中分别规定的例外；最惠国待遇，在知识产权保护上，某一成员提供其他国国民的任何利益、优惠、特权或豁免，均应立即无条件地适用于全体其他成员国民，但是司法协助协议、伯尔尼公约或罗马公约所允许的不按国民待遇，而按互惠原则，以及本协议未规定的表演者权、录音制品制作者权及广播组织权等除外。

协议的目标是：促进技术的革新、技术的转让与技术的传播，以有利于社会及经济福利的方式去促进技术知识的生产者与使用者互利，并促进权利与义务的平衡。

TRIPs 中覆盖的知识产权的范围是：版权及相关权利、商标、地理标志、工业设计、专利、集成电路的外观设计（分布图）、对未公开信息的保护、在契约性许可中对反竞争行为的控制。其中“对未公开信息的保护”主要是指对“商业秘密”的保护，也包括对“技术秘密”的保护。

同原有的知识产权国际公约相比，TRIPs 有一些不同之处。TRIPs 全面规定了知识产权的保护标准，对知识产权保护执法和救济提出了明确要求，建立了有效的知识产权国际争端解决机制。该协定对原有的知识产权国际公约还有一些突破。例如，扩大了专利保护领域，包括对药品和化工产品的保护；将发明专利的保护期统一为20年；有保护商业秘密的内容等。另一方面，狭义知识产权中的技术专有权，在该协定中没有涉及。

TRIPs关注的主要是与“贸易”有关的知识产权，这个“贸易”主要指的是有形货物的买卖，不包括服务贸易，而由GATS来规范服务贸易问题。科学发现权、与民间文学有关的权利、实用技术专有权、创作者的精神权利等，被认为是与贸易无关的知识产权，因而没有包括在TRIPs范围内。

此外，TRIPs所指的“贸易”不仅包括活动本身可能是合法的贸易，也包括假冒商品贸易，即活动本身肯定是不合法的贸易。在合法贸易中，有时存在知识产权保护的问题；而在假冒商品贸易活动中，则始终存在打击假冒、保护知识产权的问题。

综上所述，TRIPs所涉及的知识产权既非人们通常理解的狭义的知识产权，也不是世界知识产权组织所划分的广义知识产权。其中的知识产权有其特定的范围，是根据国际贸易实践中的需要决定的。

TRIPs与WTO其他各种协定相比，也有其独特之处。TRIPs规定，所有成员都应达到知识产权保护的最低标准，如专利保护期为20年；而货物贸易多边协定和GATS则没有要求各国政策完全统一，如不同成员对相同产品可以有不同的关税，对相同的服务领域可以有不同的开放水平。TRIPs要求各成员积极采取行动保护知识产权，这与货物贸易多边协定和《服务贸易总协定》只对成员的政策进行约束也是不相同的。

5.《与贸易有关的投资措施协定》

《与贸易有关的投资措施协定》（*Agreement on Trade Related Aspects of Investment Measurements*，TRIMs），由序言、第1条范围、第2条国民待遇、第3条例外、第4条发展中国家成员方、第5条通知与过渡安排、第6条透明度、第7条与贸易有关的投资措施委员会、第8条磋商与争端解决、第9条货物贸易理事会的审查及解释性的附录构成。

TRIMs的宗旨是：为降低某些投资措施会对贸易产生限制和扭曲影响，促进世界贸易的扩大和逐步自由化，并便利国际投资，以在确保自由竞争的同时促进所有贸易伙伴，尤其是发展中国家成员的经济增长。

TRIMs的适用范围是：仅仅适用于与货物贸易有关的投资措施。

TRIMs的基本原则是：国民待遇原则（主要涉及当地成分/含量要求、贸易/外汇平衡要求）、一般数量限制原则（主要涉及贸易/外汇平衡要求、进口用汇要求和国内销售要求）、透明度原则、磋商和争端解决原则、政策审议原则、主要规定等同货物贸易相关原则。

TRIMs的发展中国家成员差别和特殊待遇：发展中国家成员可依据国际收支条款，暂时地背离国民待遇和一般取消数量限制原则。发达国家成员应在建立WTO的协定生效后2年内、发展中国家成员应在5年内、最不发达国家应在7年内取消所通报的TRIMs；对于在实施协定规定方面证明确有具体困难的发展中成员和最不发达成员，货物贸易理事会可应其要求延长其过渡期。在考虑此类请求时，理事会应考虑有关成员自身在发展、财政和贸易方面的需要。

为保证TRIMs的有效实施，应设立“与贸易有关的投资措施委员会”，履行其职责，执行和监督本协定的运行，并负责向货物贸易理事会汇报。货物贸易理事会应审议协定运行情况，向部长会议提出修改协定内容的建议，并应考虑是否在协议中增加有关投资政策和竞争政策。

6.《关于争端解决规则与程序的谅解》

规范成员国之间争端解决机制，以便更有效地处理成员间的贸易摩擦，维护各成员的权利与义务，督促各成员更好地履行各项协议的义务及其所作的承诺。

8.2.7 世界贸易组织的多边谈判——多哈回合

多哈回合（Doha Round）是 WTO 主持的第一轮多边贸易谈判，因启动这次谈判是2001 年 11 月在卡塔尔首都多哈举行的 WTO 第四届部长级会议决定的，故称“多哈回合”。WTO 承诺，多哈回合要给发展中国家带来真正的好处，因此这一轮谈判也被称为“发展回合”或“多哈发展议程”。

多哈回合谈判最初计划在 2004 年年底达成协议，并确定了 8 个谈判领域，分别是：农业、非农产品市场准入、服务、知识产权、规则、争端解决、贸易与环境，以及贸易和发展问题，是到目前为止目标最宏伟、参与方最多的一轮多边贸易谈判。但由于发达国家和发展中国家在农产品和非农产品市场准入方面分歧难消，多哈回合谈判历时 8 年仍陷于僵局。

谈判八年的主要进程如下。

第一阶段：2001 年 11 月—2003 年 9 月。在总理事会授权下负责监督谈判工作的“贸易谈判委员会”于 2002 年 2 月 1 日召开首次会议，设立相应的谈判机制，各项谈判正式启动。此后的近两年中，由于各成员在利益要求上存在严重分歧，谈判进展缓慢。2003 年 9 月，在墨西哥的坎昆召开了 WTO 第五次部长级会议，希望就主要谈判议题确立总体框架，以期推动第二阶段的谈判。但由于各方固守立场，分歧难以缩小，会议未能取得预期结果，坎昆会议的挫折使 2005 年前如期结束多哈回合谈判的计划成为泡影。

第二阶段：2003 年 9 月—2005 年 12 月。坎昆会议后，各成员方仍致力于恢复和推动谈判，将许多棘手的问题暂时搁置起来，着眼于制定一份确立今后谈判的指导原则与主要方向的框架协议。2004 年 8 月，WTO 总理事召开会议并达成《多哈回合框架协议》，同意将多哈回合谈判结束时间推迟到 2006 年年底。协议明确规定美国及欧盟逐步取消农产品出口补贴及降低进口关税，多哈谈判取得阶段性突破。

2005 年 12 月，WTO 第六次部长级会议在中国香港举行。由于各方特别是欧美在农业问题上仍固执己见，分歧难以弥合，但会议最终通过《香港宣言》，在农业出口补贴和棉花问题上取得了重要进展。

第三阶段：2006 年 1 月—2008 年 7 月。香港会议后，根据谈判计划，各方应在 2006 年4 月 30 日前就农业和非农产品市场准入问题达成初步协议，但是由于各方缺乏妥协，谈判进展依然缓慢。2006 年 7 月，WTO 的 6 个关键成员的贸易部长为打破僵局进行部长级会谈，因分歧严重而破裂，7 月 24 日，WTO 总干事拉米宣布无限期“中止”多哈回合谈判。

2007 年年初，多哈回合恢复谈判。2008 年 7 月，35 个主要 WTO 成员的贸易和农业部长在日内瓦举行小型部长会议，力图打破在农业和非农产品市场准入领域的长期僵局。但谈判进展缓慢，经过 9 天的讨价还价，还是以失败告终。

第四阶段：2008 年 7 月日内瓦小型部长会议失败后，WTO 总干事拉米展开密集访问，主要 WTO 成员密集举行高官会议，为解决谈判中的重点分歧提出了各种解决方案，从技术性方面对谈判起到了推动作用。八国集团领导人 10 月 15 日的联合声明及华盛顿二十国集团领导人 11 月 15 日的声明，以及 11 月 22 日亚太经合组织领导人非正式会议发表的声明，均强烈呼吁尽快达成多哈回合协议。但在 2008 年 12 月，由于无法弥合分歧，WTO 决定年底前不再召开小型部长会议，致使 2008 年内达成协议的目标彻底落空。

2009 年 9 月 4 日，世贸组织小型部长级会议在印度首都新德里召开，会议就重启多哈回合谈判达成共识，并重申谈判应在 2010 年内结束。

2009 年 11 月 30 日，WTO 第七次部长级会议在日内瓦召开。会议成果有二：一是就一项旨在推进多哈回合谈判取得进展的工作计划达成了一致；二是确定了即将正式恢复的多哈回合谈判，将以 2008 年 12 月 WTO 成员达成的协议草案文本为基础，以多边谈判机制为主体，加强会谈的透明度和包容性，重申了谈判应在 2010 年内结束的原则。

本章小结

尽管关贸总协定具有相当多的临时性特征，却在“二战”后成为各缔约方在贸易政策方面确立共同遵守的准则、推进贸易自由化的总括性多边条约，作为对缔约方具有约束力的文件发挥作用。同时，关贸总协定在长期的时间运行中建立了完整的组织机构，成为事实上的国际贸易组织。

世界贸易组织是根据《维也纳条约法公约》正式批准生效的国际组织，具有法人地位，它和国际货币基金组织、世界银行一起成为维护世界经济运行的三大支柱。世界贸易组织是国际贸易法发展迄今的集大成者，除了协调处理货物贸易问题，调整范围已经扩大到国际服务贸易、国际技术贸易、与贸易有关的知识产权和投资措施等与贸易有关的各个方面。

世界贸易组织制定的《服务贸易总协定》、《与贸易有关的知识产权协定》和《与贸易有关的投资措施协定》对国际服务贸易、知识产权保护和与投资有关的贸易措施加以了限制和规范。

关键术语

世界贸易组织、关贸总协定、乌拉圭回合、最惠国待遇、国民待遇、透明度原则、多哈回合

复习思考题

1. 简述关贸总协定历次多边贸易谈判的概况和主要成果。
2. 世界贸易组织的基本原则体现在哪些方面？
3. 简要评述《与贸易有关的知识产权协定》。
4. 简要论述《与贸易有关的投资措施协定》的主要内容。
5. 试述关贸总协定与世界贸易组织的区别。

本章案例

中国输美轮胎特保案

2009年4月20日，美国钢铁工人联合会申请对中国出口的用于客车、轻型卡车、迷你面包车和运动型汽车的2100万个轮胎实施进口限制，涉案贸易全额巨大。6月18日，美国国际贸易委员会对中国乘用车及轻卡车轮胎特保案作出肯定性损害裁决，认定中国轮胎产品进口的大量增加，造成或威胁造成美国内产业的市场扰乱，并于6月29日提出救济措施的初步建议，拟在未来三年内对中国输美轮胎产品由现行的平均关税4%改为分别征收55%、45%和35%的惩罚性关税。该案值约为17亿美元，最终裁定由总统作出。2009年9月11日，美国总统奥巴马宣布，对从中国进口的所有小轿车和轻型卡车轮胎征收为期三年的惩罚性关税，关税税率第一年为35%，第二年为30%，第三年为25%。中国商务部随即对美方采取这一严重的贸易保护主义行为表示强烈不满和坚决反对，认为美方此举违反了WTO规则，中方将保留作出包括诉诸WTO在内的进一步反应的一切权利，坚决维护中国企业的正当利益。

案例分析

本案例属于WTO框架下对中国贸易的特殊保障措施范畴，手段是采取加征关税方式，可以说明WTO规则的运用过程，以及滥用WTO规则实施关税和非关税壁垒的消极影响。

根据《GATT1994》，保障措施是三项贸易救济措施（反倾销、反补贴、保障措施）之一，保障措施允许在特定紧急条件下，任一缔约方为保障其本国的经济利益而不承担作为关贸总协定缔约国应承担的义务。

特殊保障措施是“特定产品过渡性保障机制”的简称，是一种在出口方的产品价格合理时进口方采用的特保机制。在中国入世谈判过程中，很多WTO成员担忧中国入世后出口可能会大量增加，因此提出与中国之间保留适用《保障措施协定》，这一保留最终体现在了《中华人民共和国加入议定书》和《中国加入工作组报告书》中。两个文件规定，WTO成员可以只对中国的进口产品提起特别保障调查，可根据《保障措施协定》采取措施。

此次轮胎特保案，是中国加入WTO以来，美国对我国发起的第7起特保调查，同时也是案值最大、影响最大的一起。在前总统布什执政的八年期间，美国国内产业界提出了6起针对中国的特保案，其中4起被美国国际贸易委员会判定成立，但均被布什否决。此案是美国第一次运用“特保条款”对中国产品征收惩罚性关税。

本案是美国政府众多“损人不利己”的贸易保护案中最有代表性的一个案件，其对中、美两国的经济发展，对两国经贸关系均造成严重损害。

1. 对美国的影响

一方面，美国自己没有低端轮胎产品，只能靠进口。对中国轮胎征收高关税，将造成轮胎价格抬高，必定增加美国消费者的负担；而要舍弃中国轮胎，转向使用其他国家的产品，美国消费者需要重新熟悉、了解的过程将导致美国轮胎市场混乱；由于无法购买到可承受价格的轮胎，消费者可能推迟必要的更换轮胎行为，这会对美国道路安全带来“潜在的可怕后果”。

另一方面，美国的做法非但不能解决美国内申请人提出的所谓2万名轮胎产业制造工人的失业问题，反而会严重影响10万名从事中国轮胎进口和销售人员的就业。

2. 对中国轮胎业的影响

美国是中国轮胎第一大出口国，美国对中国轮胎出口实施惩罚性关税制裁，中国轮胎出口量将下滑12%左右，使橡胶工业的增长速度下降五至六个百分点，从而对中国轮胎产业产生不利影响，将影响约10万中国相关产业工人的就业。并且，美国的行动引起其他国家的效仿，使我国的轮胎制造业受到沉重打击。

美国的做法也殃及美国在华企业。目前美国在华有4家轮胎生产企业，所生产的产品占中国对美轮胎出口的三分之二，限制中国轮胎产品进口将给这些美资企业带来直接损失。

3. 对中美贸易的影响

中美经贸合作具有很强的互补性，中国涉案产品与美国自产轮胎并不存在直接竞争关系。美国此次“损人不利己”的做法开了总统批准滥用特保措施的恶劣先例，对两国经贸关系造成严重的损害，并由此遭到中国的强烈反对。

第9章

国际货物买卖合同

学习目标 理解合同及其法律特征，熟悉国际货物买卖合同的概念、适用法律、基本内容、合同形式，了解交易条件的概念，了解交易磋商的形式，掌握交易磋商程序的环节，熟练掌握发盘和接受的有关知识，熟悉合同有效成立的条件。

章首案例

某年2月5日，加拿大休顿电子有限公司（简称“休顿公司”）向我国H电子集团公司（简称“H公司”）提出出售集成电路板20万块，每块FOB维多利亚港25美元的发盘。H公司接到发盘后，于2月7日去电还盘，请求将集成电路板的数量减少到10万块，价格降为20美元/块，并要求对方即期装运。2月10日，休顿公司电传告知H公司，同意把集成电路板的数量减少到10万块，保证能即期装运，但集成电路板的价格每块只能降到22美元；同时规定，新发盘的有效期为10天。接到新发盘后，H公司经多次研究，决定同意该新发盘，并于2月15日向休顿公司发出电传，表示接受新的发盘。2月18日，休顿公司再次发来电传，声称，货已与其他公司签约售出，现已无货可供，要求取消2月10日的发盘。2月19日，H公司复电：“我公司已按10万块集成电路板制定生产计划，不同意撤销2月10日的发盘，请贵公司执行合同。”休顿公司则称：“无法执行合同。”因此，双方对合同是否成立发生纠纷。

案例讨论题：国际货物买卖合同是如何通过磋商成立的？国际货物买卖合同的适用法律是如何规定的？国际货物买卖合同有哪些基本内容？交易磋商程序包括哪些环节，其中应注意哪些问题？

9.1 国际货物买卖合同概述

9.1.1 国际货物买卖合同的概念

1. 合同的概念

合同（contract）又称契约。对于合同的概念，各国法律有不同的解释。

根据我国《民法通则》，合同是当事人之间设立、变更、终止民事关系的协议。

《中华人民共和国合同法》（本书此后简称为《合同法》）规定：合同是平等主体的自然人、法人、其他组织之间设立、变更、终止民事权利义务关系的协议。

大陆法系认为合同是一种合意或协议，即两个或两个以上的民事主体意思表示一致。如《法国民法典》规定：合同是一种合意，依此合意，一人或数人对于其他一人或数人负担给付，作为或不作为债务。

传统的英美法系认为合同是一种可以依法执行的允诺，是单方的意思表示。如美国的《合同法重述》对合同的定义是：合同是一个允诺或一系列允诺，违反这种允诺，将由法律给予救济；履行该允诺是法律所确认的义务。

现代英美法系较为流行的合同概念是将合同定义为法律上能够强制执行的协议。美国1979年版《布莱克法学辞典》将合同定义为“两个或两个以上的人创立为或不为某一特定事情的义务的协议”。英国《牛津法律大辞典》将合同定义为“两人或多人之间为在相互间设定合同义务而达成的具有法律强制力的协议”。

从英美法现代定义来看，在强调当事人双方的意思表示上，比传统的定义更准确、更全面，与大陆法有相互融合的趋势。

链接 9－1

《中华人民共和国合同法》于 1999 年 3 月 15 日九届全国人大二次会议通过，自 1999 年 10 月 1 日起施行。它是在《经济合同法》、《技术合同法》和《涉外合同法》的基础上，按照社会主义市场经济的要求，结合我国的具体情况，吸收借鉴外国合同立法的先进经验制定的一部统一的合同法。统一合同法的制定，是我国合同立法的重大进展，构成了我国民法典的重要内容。合同法主要规定了合同的订立、效力、履行，合同的变更和转让，合同权利义务终止，违约责任及 15 种有名合同。

2. 合同的法律特征

合同作为一种法律概念，有广义与狭义之分。受《合同法》调整的合同，其具有如下法律特征。

① 合同是双方或多方的法律行为。合同是两个或两个以上法律当事人之间订立的。当事人法律地位平等是合同订立的前提条件。

② 合同是意思表示一致的民事行为。合同是两个以上当事人意思表示一致的协议，是当事人协商一致的产物。

③ 合同以产生、变更、终止民事权利义务关系为目的。合同主要是有关债权债务关系的协议，但不完全限于债权债务关系，而是涉及整个民事关系。另一方面，合同不仅导致民事法律关系的产生，而且可以成为民事法律关系变更和终止的原因。

④ 合同是一种民事法律行为。合同本身不是法律，是一种法律文书。依法成立的合同受法律保护，对双方当事人具有法律上的约束力。除不可抗力等法律规定的情况以外，当事人不履行合同的，应承担违约责任。发生合同纠纷时，合同是解决纠纷的根据。

3. 国际货物买卖合同及其特点

在国际贸易中，最经常发生的、最重要的合同是国际货物买卖合同（Contracts for International Sale of Goods）。我国在对外贸易中，尽管采用多种贸易形式，但以逐笔成交、以货币结算的货物进出口方式为主要的贸易方式。因此，国际货物买卖合同是我国对外贸易中最基本的合同。

国际货物买卖合同又称为国际货物销售合同、进出口贸易合同。国际货物买卖合同是指营业地处于不同国家或地区的当事人之间所订立的，并由一方提供货物并转移所有权，另一方支付价款的合同。

国际货物买卖合同的主要特点如下。

(1) 合同具有国际性

《联合国国际货物买卖合同公约》(本书此后简称为《公约》)规定，国际货物买卖合同是指营业地在不同国家的当事人之间所订立的有关货物买卖的合同。国际货物买卖合同的国际性以当事人的营业地位于不同国家为准，而不考虑当事人的国籍。

由于具有国际性，国际货物买卖合同相对于国内买卖合同更为复杂。首先，涉及国际公约、国际惯例和有关国家的国内法；其次，会受到有关国家政治、经济、社会文化等条件的影响；第三，还受国际运输、保险、关税、货币等许多因素和相关程序的影响。

(2) 国际货物买卖合同的标的物是货物

国际货物买卖合同买卖的标的是货物，即有形商品，不包括不动产（土地、房产等），以及公债、股票、投资证券、流通票据或货币的买卖，也不包括其他权利（如专利、商标）和以提供劳务为主的交易。同时，国际货物买卖合同的货物必须是由一国境内运往他国境内，即需要进行跨国境的运输。

虽然《公约》没有对货物下定义，但其规定了不适用公约的买卖范围：供私人、家属或家庭使用而进行的购买（一般被称作消费品的买卖，因其不是通常意义上的货物进出口交易)；经由拍卖的销售；根据法律执行的销售；各种证券或货币的销售；船舶、气垫船或飞机的销售；电力的销售。

4. 国际货物买卖合同适用的法律

国际货物买卖合同所适用的法律，可以是有关国家的国内法，也可以适用有关国际货物买卖的国际公约、国际惯例。

(1) 国内法

国际货物买卖合同至少涉及买方和卖方国家的法律，有时还涉及第三国的法律。对合同适用的国内法，各国法律采取的原则主要有两种：当事人意思自治原则、最密切联系原则。

我国《合同法》第126条规定：涉外合同的当事人可以选择处理合同争议所适用的法律，但法律另有规定的除外。涉外合同的当事人没有选择的，适用与合同有最密切联系的国家的法律。

我国国际货物贸易的有关法律主要是《中华人民共和国合同法》和《民法通则》中的有关条文。此外，还有《中华人民共和国对外贸易法》等国际货物贸易管理的法律。

链接 9-2

我国最高人民法院对如何确定“与合同有最密切联系的国家”的规定如下。

① 适用合同订立时卖方营业所所在地的法律；按F、C组术语成交的合同，履行交货的地点在卖方国家。

② 如果合同是在买方营业所所在地谈判并订立的，或者合同主要是依买方确定的条件并应买方发出的招标订立的或者合同明确规定卖方必须在买方营业所所在地履行交货义务的，则适用合同订立时买方营业所所在地法律。按D组术语成交的合同，卖方在买方营业所所在地履行交货义务。

③ 如果合同明显地与另一国家或地区的法律有更密切关系，法院应以另一国家或地区的法律作为处理合同争议的依据，如履行交货地点在第三国或地区。

（2）国际惯例

国际贸易惯例（International Trade Practice），是在国际贸易长期实践和发展过程中逐渐自发形成的，具有一定普遍意义的，为某地区、某行业普遍接受和经常遵守的习惯做法、解释和规则。

国际贸易惯例本身并不是法律。贸易双方当事人有权在合同中达成不同于惯例规定的交易条件。但许多国家在立法中明文规定了国际惯例的效力，特别是在《公约》中，对惯例的约束力作出了充分的肯定。

国际惯例对当事人的约束，一般有以下几种情况。

① 双方当事人在合同中明确表示采用某项国际惯例。例如，《公约》第9条1款规定，双方当事人应受他们业已同意的任何惯例的约束。

② 作为法院判决或仲裁裁决争议案件的依据。例如，根据我国《民法通则》第142条规定，中华人民共和国法律和中华人民共和国缔结或参加的国际条约没有规定的涉外民事关系，可以适用国际惯例。

③ 有时，合同当事人没有排除对其已知道或应该知道的某项国际惯例的适用，即使并没有选择适用该项惯例，仍然同样受该惯例的约束。如《公约》规定，除非另有协议，双方当事人应视为默示地同意适用双方当事人已知道或理应知道的惯例。

在国际上影响较大的国际贸易惯例有：《国际贸易术语解释通则》、《跟单信用证统一惯例》、《托收统一规则》、《国际保付代理惯例规则》、《见索即付保函统一规则》、《伦敦保险协会保险条款》、国际运输领域的《巴黎规则》等。其中一些惯例，在后面有关章节中予以介绍。

（3）国际条约

国际贸易条约是缔约国之间为确定相互经济贸易关系所缔结的协议，它是缔约国之间开展经济贸易往来所必须遵守的准则。

在我国，国家缔结或者参加的国际条约构成我国法律的一部分，具有国家法的效力，而且国际条约优先于国家法。我国《民法通则》第142条规定：中华人民共和国缔结或者参加的国际条约同中华人民共和国的民事法律有不同规定的，适用国际条约的规定。但中华人民共和国声明保留的条款除外。

关于国际货物贸易的条约主要集中于三个领域：国际货物贸易合同领域、国际货物运输领域、国际支付领域。其中主要有：《联合国国际货物买卖合同公约》、《联合国国际货物买卖合同时效期间公约》、《统一提单的若干法律规定的国际公约》、《关于铁路货物运输的国际公约》（通常称为《国际货约》）、《国际铁路货物联运协定》（简称《国际货协》）、《联合国国际货物多式联运公约》，《统一汇票本票法公约》和《统一支票法公约》等。此外，世界贸易组织的各项法律文件也是颇为重要的法律渊源。

链接 9-3

《联合国国际货物买卖合同公约》是目前在国际货物买卖方面最重要的国际公约。《公约》由联合国国际贸易法委员会于1978年，在1964年两个海牙公约——《国际货物买卖统一法公约》和《国际货物买卖合同成立统一法公约》的基础上制定，1980年3月获得通过，1988年1月1日生效。

《公约》除序言外，共分4个部分，全文共101条。《公约》的主要内容：公约的适用范围和总则；合同订立程序和规则；货物买卖的一般规则、买卖双方的权利义务、风险的转移；公约的保管、签字、加入、保留、生效、退出等规定。

截至2005年6月，加入《公约》的国家已有65个。我国是《公约》最早的成员国之一，《公约》成员国还包括美国、法国、德国、意大利、挪威、瑞典和瑞士等世界主要的贸易国。

9.1.2 国际货物买卖合同的基本内容

国际货物买卖合同是营业地地处不同国家的当事人为买卖一定货物达成的协议，是当事人各自履行约定义务的依据，也是一旦发生违约行为时进行补救、处理争议的依据。为此，一项有效的国际货物买卖合同必须具备必要的内容。一般来说，国际货物买卖合同应包括以下5个方面的基本内容。

① 合同的标的。主要包括货物的名称、质量（品质）、数量和包装等。

② 价格。通常包括货物的单位价格和总值，以及如何确定价格的办法，有时还包括有关价格调整的条款。

③ 卖方的义务。主要包括交付货物、移交与货物有关的单据及转移所有权等内容。

④ 买方的义务。主要包括支付货物价款和收取货物等内容。

⑤ 争议的预防与处理。包括检验、索赔、不可抗力、仲裁等条款，以及其他有关规定。

9.1.3 国际货物买卖合同的形式

根据法律的一般原则，合同的形式有书面形式、口头形式和其他形式。但某些国家的法律对口头合同的法律效力有限制。根据我国对《公约》的保留，在中国订立、修改或终止国际货物买卖合同，应采取书面形式。

1. 书面合同的意义

合同的书面形式并不限于某种特定的格式，任何载明交易条件的书面文件，包括买卖双方为达成交易而交换的信件、电报或电传，都足以构成书面合同。但是，在国际贸易实践中，买卖双方通过磋商达成交易后，一般都还需签订一份正式的书面合同，因为它具有以下三方面的意义。

（1）合同成立的证据

凡是合同必须能得到证明，提供证据，包括口头证据和书面证据。通过口头磋商达成的交易，举证一般难以做到。一旦发生争议而需要提交仲裁或诉诸法律，仲裁机构或法院将要求当事人对合同的成立提供书面证据。

（2）合同生效的条件

我国《合同法》规定："采用信件、数据电文等形式订立合同的，……签订确认书时合同成立。"在此情况下，正式书面合同或确认书就成为合同生效的不可缺少的条件。此外，凡需经政府审核批准的合同，也必须是书面合同。

（3）合同履行的依据

国际货物买卖合同的履行涉及面广、环节多、过程复杂。口头磋商的内容如不以书面形式订立，难以有效记录而不易得到履行；如果通过函电方式达成交易，也有必要将分散在往来函电中的各种交易条件，包括修改变更后的条件，最终归纳到一份书面合同中，为合同的正确履行提供依据。

2. 书面合同的形式

国际货物买卖合同的书面形式没有特定的限制。从事进出口贸易的买卖双方可采用正式的合同、确认书、协议，此外还有备忘录、意向书、订单和委托订购单等形式。

（1）合同（Contract）和确认书（Confirmation）

在对外贸易实践中，我国企业所采用的书面合同的形式主要是合同（销售合同和购货合同）和确认书（销售确认书和购货确认书）。合同和确认书没有实质性的区别，只是繁简程度不同：通常将繁式的称为合同，简式的称为确认书。经买卖双方签署的合同或确认书都是法律上有效的文件，对买卖双方有同样的约束力。

（2）协议（Agreement）

"协议"或"协议书"在法律上是"合同"的同义词，在实践中也没有实质性的区别。书面合同如冠以"协议"或"协议书"的名称，只要它的内容符合合同的规范，一样对买卖双方有约束力。

（3）备忘录（Memorandum）

如果买卖双方将商定的交易条件明确、具体地在备忘录中一一作出了规定，并经双方签字，那么这种备忘录与合同没有区别。如果双方只是将对某个事项的理解和谅解用备忘录的形式记录下来，作为双方以后交易或合作的依据，这种备忘录可冠以"理解备忘录"或"谅解备忘录"的名称，它在法律上不具有约束力。

（4）订单（Order）和委托订购单（Indent）

订单是指由进出口商或实际买方拟制的货物订购单。委托订购单是指由代理商拟制的代客购买货物的订购单。

采用订单或委托订购单一般有两种情况：一是事先未与出口方进行过磋商，国外客户寄来订单或委托订购单。对这类订单或订购单，出口方应在认真研究其内容后，决定是否与之交易，并及时予以答复；二是在交易达成后，国外客户将其拟制的订单或委托订购单寄来一份，以便出口方据以履行交货和交单等合同义务。对这类订单或订购单，出口方不论是否签退，都应仔细审阅其内容。对出入较大己方又不能接受的，应及时向对方明确提出异议；否则，易被对方误认为己方默认其订单或委托定购单中提出的条件。

9.2 国际货物买卖合同的磋商

国际货物买卖合同的磋商（Negotiation）称交易磋商或合同磋商，是指买卖双方以一定的方式并通过一定的程序，就交易的货物及各项交易条件进行洽商，以期达成协议的过程。交易磋商是以合同成立为目的，是合同签订的必须法律程序。一旦双方对各项交易条件协商一致达成协议，合同即宣告成立，交易双方将受法律约束，必须履行合同的权利和义务。因此，交易磋商是国际货物买卖合同订立的重要环节之一，直接关系到交易的成败，涉及到交易双方的经济利益。

9.2.1 交易磋商的主要内容

交易磋商的内容即订立合同条款的内容，又称交易条件。在交易磋商过程中，双方谈判的中心是交易条件。如果交易条件被双方接受达成一致，交易合同才成立。所谓交易条件，是指一项交易成立的主要要素，具体包括两部分内容。

（1）主要交易条件

主要交易条件包括商品的品名、品质、数量、包装、价格、交货、支付等条件，是磋商争执的焦点。这些条件是交易时不可缺少的条件。除了品名不必特殊强调外，其他交易条件缺一不可，缺一项，交易将不能成立。主要交易条件，因货物数量、交易的时间不同，每笔交易不尽相同，所以又称这些条件为变动性的交易条件。

（2）一般交易条件

除了主要交易条件之外，还有相对固定的交易条件，称为一般交易条件，如商品检验、索赔、仲裁、不可抗力等。这些条件一般具有相对的固定性，变动性小。在洽商时，不必逐条重复这些条件，尤其是对一些老客户，在经常的贸易交往中已形成双方均接受的习惯，只洽商主要交易条件即可。这样一来，可以节省交易磋商的时间和来往函电的费用。如果是新客户第一次谈判，可以把印有一般交易条件的格式合同交给对方，如无疑异，则无须洽商；如有异议，双方重新商定。当然，主要交易条件与一般交易条件的区分也不是绝对的，有时一般交易条件也可以作为主要洽谈的内容。

9.2.2 交易磋商的主要形式

交易磋商的形式主要有两种。第一种是口头形式，即贸易双方面对面进行洽商（谈判）或通过电话进行洽商。面对面洽商一般采用邀请或应邀访问，参加交易会、洽谈会等方式。第二种是书面形式，即贸易双方通过来往的信函、电报、电传，或被称之为无纸贸易的电子数据交换方式（EDI）进行洽商。从表面上看无纸贸易并未采用书面形式，但是它能够根据需要转换成书面形式。

9.2.3 交易磋商的一般程序

交易磋商的一般程序有询盘、发盘、还盘、接受四个环节。其中，发盘与接受是达成交易的两个必不可少的决定性环节。

1. 询盘

询盘（Inquiry）是指贸易的一方向另一方询问买卖某种商品可能性及有关交易条件的一种表示。询盘可由卖方提出，也可由买方提出。由买方发出的询盘，习惯上叫邀请发盘，由卖方发出的询盘，习惯上叫邀请递盘。

询盘只表示一种愿望，对贸易双方均无法律上的约束力。其间接的意图是建立贸易合同关系，同时也是商界惯用的打听市场行情和对方业务状况的一种手段。询盘所涉及的内容较广，可以就某项或几项交易条件进行询问，但以询问价格为多。因此在实际业务中，也有人把询盘称作询价。

询盘不是每笔交易必经的程序，如交易双方彼此都了解情况，不需要向对方探询交易条件或交易的可能性，则不必使用询盘，可直接向对方作出发盘。

对询盘的书面格式并无要求，但是询盘中往往采用"请寄（please send）"、"请提供（Please supply）"、"请告（Please advise）"、"有兴趣（Interested in）"、"可供（Can supply）"、"请报（Please quote）"、"请发盘（Please offer）"、"请递盘（Please bid）"等术语。

2. 发盘

发盘（Offer）又称发价、报盘、报价（Quotation），在法律上称为要约，是指贸易的一方向另一方提出买卖一定货物的各项交易条件，并愿意受这些条件的约束与对方达成交易订立合同的一种表示。有效的发盘具有法律效力，这是发盘与询盘主要的区别。

发盘和询盘一样，既可由卖方提出，也可由买方提出。由此，有卖方发盘（seller offer）和"买方发盘"（buyer offer）之分，后者又称为递盘（Bid）。

按照法律责任，发盘又可分为实盘和虚盘。所谓实盘，是指发盘中的各项交易条件必须是肯定的、明确的、完整的和终局的。实盘是真正有效的发盘。

所谓明确，是指发盘中所有内容都不是含糊不清的、模棱两可的或似是而非的。所谓完整，是指发盘中的交易条件应包含商品的品名、品质、数量、包装、价格、交货期和货款支付等主要条件。但是在实际业务中，一项发盘往往不是以上述所有主要交易条件的完整形式出现。之所以如此，是由于发盘中在表面上所缺少的某些主要交易条件，在一定情况下可以从其他方面予以确定，实际上是完整的。所谓终局，即没有任何保留条件或限制性条件。如果一项发盘不具备"肯定或明确的"、"完整的"、"终局的"内容，则称为"虚盘"。例如，在发盘中出现"参考价"、"估计或预计××月装船"、"最后价格以我方确认为准"、"供货数量以货物未售出为准"等字样，都称为虚盘。虚盘只是一种发盘的邀请，对发盘人不具有约束力。在我国出口业务中一般都采用实盘，但也不排斥在某些情况下使用虚盘。

1）构成发盘的条件

我国《合同法》规定，"要约是希望和他人订立合同的意思表示，该意思表示应当符合下列规定：内容具体确定；表明经受要约人承诺，要约人即受该意思表示约束。"

根据《公约》规定，"凡向一个或一个以上的特定的人提出的订立合同的建议，如果其内容十分确定并且表明发盘人有在其发盘一旦得到接受就受其约束的意思，即构成发盘。"

根据上述解释，构成一项有效的发盘，必须具备三个条件。

① 发盘应向一个或一个以上特定的人提出，即发盘要指明特定的受盘人的名称。因此，商业广告即使其他内容明确完整，如果没有特定的受盘人，也不能构成有效的发盘；卖方散

发商品目录、价目表，同样不能构成有效的发盘。

② 交易条件必须十分确定。这样，在它被受盘人接受时，合同即告成立。对于什么是“十分确定”，《公约》的解释是在发盘中标明货物名称，并且明示或暗示地规定数量和价格，或者明示或暗示地规定确定数量和价格的方法。《公约》的该项规定，只是对构成有效发盘的最低要求。在实际业务中，一个有效的发盘最好将主要交易条件一一列明。

③ 表明发盘人受其约束。有效的发盘表明当受盘人作出接受时，发盘人承受约束，承担履行发盘交易条件的责任。

发盘的明确表示常用“发盘（Offer)”、“发实盘（Offer Firm)”、“实盘（Firm Offer)”、“递盘（Bid)”、“订货”（Order)”、“订购（booking)”等术语和语句。

链接 9－4

有效的发盘，我国通常叫实盘。实盘（Firm Offer）是指发盘人有肯定订立合同的意图，对发盘人具有约束力。实盘中各项交易条件必须是肯定的（Definite）或明确的（Clear)、完整的（Complete）和无保留的（Final)。所谓明确，是指发盘中的所有内容都不是含糊不清的、模棱两可的或似是而非的，不能使用“也许可供”、“大约 9 月份装船”等字样。所谓完整，是指发盘中的交易条件应包含商品的品名、品质、数量、包装、价格、交货期或货款支付等主要条件。但是在实际业务中，可以有所省略，之所以如此，是由于发盘中在表面上所缺少的某些主要交易条件，在一定情况下可以从其他方面予以确定，实际上是完整的。所谓无保留（有人称为“终局”）的，即没有任何保留条件或限制性条件。所以，实盘符合有效的发盘的所有条件。

除包括主要条件之外，实盘还必须规定有效期限。这既是对发盘人的约束，也是对发盘人利益的保护。实盘的发盘人在规定的有效期内，未经受盘人同意，不得随意撤回、变更和修改所发出的实盘。发盘一经受盘人无条件接受，合同立即成立，双方均受合同的约束。

如果一项发盘不同时具备明确的、完整的和无保留的内容，则称为“虚盘”（Non-firm Offer)。虚盘是发盘人所作的不肯定交易的表示，只是一种发盘的邀请，对发盘人不具有约束力。虚盘无需详细的内容和具体条件，也不注明有效期。例如，在发盘中出现“参考价”、“估计或预计××月装船”、“最后价格以我方确认为准”、“供货数量以货物未售出为准”等字样，都为虚盘。

我国出口业务中一般都采用实盘，但也不排斥在某些情况下使用虚盘。

2）发盘的有效期

发盘都有一个有效期，即发盘供受盘人接受的期限，也是发盘人对发盘承受约束的期限。

发盘时可以明确规定具体有效期，也可以不作明确规定。当发盘没有明确有效期时，根据国际惯例，应理解为在合理时间内有效。而合理时间究竟有多长，并无统一规定。根据《公约》的规定，采用口头发盘时，除发盘人发盘时另有声明外，受盘人只有当场表示接受方为有效。采用函电成交时，为避免纠纷，发盘人一般都明确规定发盘的有效期。

有效期有两种规定方法：一种是规定最迟接受的期限，即接受最迟送达发盘人的时间，如“限 6 月 15 日复到有效”；另一种是规定一段接受时间，如“发盘 3 天有效”、“限 15 日内复到有效”。这种规定方式，《公约》对起讫时间的计算有下列规定：电传或传真方式应从发出时刻起算，信函则从信上载明的发信日期起算，如信上未载明则从信封上所载日期起算；如果最后一天为发盘人的非营业日而不能送达，则顺延至下一个营业日。

3）发盘的生效时间与发盘的撤回和撤销

（1）发盘的生效时间及其意义

我国《合同法》规定：“要约到达受要约人时生效。”《公约》规定：“发盘在送达受盘人时生效”。

发盘人在发盘后改变主意或情况发生变化，就必然会产生发盘的撤回和撤销的问题。这时，明确发盘的生效时间有其重要意义：发盘生效前，发盘可以撤回；发盘生效后，就不是撤回的问题，而是撤销发盘的问题。

（2）发盘的撤回

发盘的撤回是指在发盘尚未生效之前，发盘人采取行动、阻止它的生效。发盘人于发盘尚未生效之时，可将其撤回，撤回通知应在发盘送达受盘人之前或同时到达。

（3）发盘的撤销

发盘的撤销是指发盘已生效后，发盘人以一定方式解除发盘的效力。

对发盘可否撤销，各国法律有不同规定。英美法系认为，发盘在被接受前可以撤销；大陆法系认为，发盘生效后即不得撤销。《公约》对此作出折中的规定，发盘送达受盘人即发盘生效后，在受盘人尚未表示接受前，发盘人将撤销通知送达受盘人，发盘可予撤销。但下列两种情况下的发盘不得撤销：在发盘中规定了有效期或以其他方式表示该发盘是不可撤销的；受盘人有理由相信该发盘是不可撤销的，并本着对该发盘的信赖采取了行动。

4）发盘的终止

一项实盘发出后，在特定的受盘人作出接受以前，可以在一定条件下终止或失效，发盘人不再受发盘约束：

① 在发盘有效期内未被接受；

② 原发盘人依法撤销或撤回；

③ 对方拒绝或还盘。

3. 还盘

还盘（Counter Offer）又称还价，在法律上称为反要约，是指受盘人收到发盘后，对发盘人的交易条件不同意或不完全同意而提出修改变更的意见。

受盘人的答复如果在实质上变更了发盘条件，就构成对发盘的拒绝，其法律后果是否定了原发盘，原发盘即告失效，原发盘人就不再受其约束。

有时，还盘不是全盘否定，即不完全同意，希望在发盘人作出某些修改后成交。此时，只针对原发盘提出需要修改的部分，已同意的内容可省略。

还盘实际上将当事人的关系颠倒过来，即受盘人以发盘人的身份作出具有约束力的新的发盘，原发盘人成为新盘的受盘人。还盘一经发出，原发盘的效力即告终止。双方对新的发盘进行再一轮磋商，如果原发盘人不同意还盘，可再度还盘。也就是说，还盘可以重复多次，直至达成协议。

受盘人也可以不经还盘直接接受。所以，在交易磋商过程中，还盘不是一个必不可少的环节。

4. 接受

接受（Acceptance）在法律上称为承诺，是指交易的一方在接到对方的发盘或还盘后，在发盘的有效期限内以声明或行为作出的同意发盘全部条件，愿意和对方达成交易的一种明确表示。发盘一经接受，合同即告成立。

1）构成有效接受的条件

① 接受必须由特定的受盘人发出。任何第三者发出的接受都视为无效接受，最多只能视为一项发盘。

② 接受必须是对发盘的无条件的、完全的接受。只接受发盘部分内容或提出有条件接受，均不能构成接受，而只能视作还盘或拒绝。

③ 接受必须表示出来。按照《公约》规定："缄默或不行动本身不等于接受"。表示的方式大都采用口头或书面声明的方式，但也可以根据发盘人的要求或双方当事人之间已经确立的习惯做法作出，如发运货物或支付货款，才能算接受。

④ 接受必须在发盘有效期内作出。当发盘明确规定了有效期时，受盘人必须在明确规定的有效期内作出；如果发盘没有规定接受时限，则受盘人应在"合理时间"内表示接受。

2）接受生效的时间

接受是一种法律行为，这种行为何时生效，各国法律规定不一，英美法系和大陆法系存在着严重的分歧。英美法系采用投邮生效原则，即接受通知一经投出或交给电报局，就立即生效。大陆法系则采用送达生效的原则，即接受通知必须送达发盘人时才能生效。《公约》对这个问题采取大陆法系的立场。《公约》明确规定，接受于送达发盘人时生效。如接受通知未在发盘规定时限内送达发盘人或者发盘没有规定有效期，在合理时间内未到达发盘人，接受即为无效。

此外，接受还可以在受盘人采取某种行为时生效。《公约》规定，如根据发盘或依照当事人业已确定的习惯做法或惯例，例如与发运货物或支付价款有关的行为，受盘人可以作出某种行为来表示接受，而无须向发盘人发出接受通知。这时接受于该项行为做出时生效，但该项行为必须在接受生效的期间内做出。

考虑到国际上对生效时间的规定不一致，我国企业在对外发盘时，除明确规定有效期外，最好同时规定在有效期内答复到达为准，以免引起不必要的纠纷。

3）逾期接受

逾期接受是指接受通知超过发盘规定的有效期或发盘未规定有效期超过合理时间，才到达发盘人。

根据《公约》及我国法律，逾期接受是否有效，分以下几种情况。

① 逾期接受无效，构成新发盘。

② 如果发盘人收到逾期接受后，毫不迟延地向受盘人发出通知，表示确认其效力，则该项逾期接受仍然有效，合同可于接受通知送达发盘人时订立。

③ 如果载有逾期接受的信件或其他书面文件显示，依照当时寄发情况，只要传递正常，它本来是能够及时送达发盘人的，则此项逾期的接受应当有效，合同于接受通知送达发盘人时订立。除非发盘人收到逾期接受后，毫不迟延地向受盘人发出通知，否认逾期接受的有效性。

上述规定表明，逾期接受是否有效，关键要看发盘人如何表态。

4）接受的撤回

接受的撤回是指在接受生效之前将接受予以撤回，以阻止其生效。

在接受的撤回问题上，《公约》采取了大陆法系“送达生效”的原则。《公约》规定：“接受得予撤回，如果撤回通知先于接受生效之前或同时送达发盘人”。

如接受已送达发盘人，即立即生效，就不能撤回了。因为接受生效后，就不是撤回而是属于毁约行为，将按违约处理。

英美法系国家遵循投邮原则，自然没有撤回问题，因为按它们的规定，接受一发出就已生效，合同就已成立。

9.3 国际货物买卖合同的订立

经过交易磋商后，一方的发盘或还盘被对方有效地接受，就算达成交易，合同即告成立。

9.3.1 合同成立的时间

在国际贸易中，合同成立的时间是一个十分重要的问题。根据《公约》和我国《合同法》的规定，承诺生效时合同成立，意即合同成立的时间为接受生效的时间。在实际业务中，有时双方当事人在洽商交易时约定，合同成立的时间以订约时合同上所写明的日期为准或以收到对方确认合同的日期为准。

有些合同成立的时间有特殊规定。如《合同法》规定：“当事人采用合同书形式订立合同的，自双方当事人签字或者盖章时合同成立。”“当事人采用信件、数据电文等形式订立合同的，可以在合同成立之前要求签订确认书。签订确认书时合同成立。”

9.3.2 合同成立的有效条件

在通常情况下，合同自成立时生效。但有时，合同虽然成立，却不立即产生法律效力，而是需要其他条件具备时，合同才开始生效。

根据《公约》和我国《合同法》，合同的有效成立，应具备下列条件。

（1）当事人必须具有相应的法律行为能力

合同的当事人必须是有法律资格的法人与自然人。

在我国，只有经政府批准，有外贸经营权的企业，才能在经营商品的范围内，对外签订买卖合同。

“法人”的具体签约行为还要由自然人来实现，自然人应该是企业的全权代表或其代理。如是法人代理人订立合同，一般应有授权、委托证明。代理人必须在法人的经营范围内和其被授权范围内签订合同，即越权的合同不能发生法律效力。同时，“自然人”必须是公民，必须具有签订合同的行为能力，即精神正常的成年人才能订立合同。

（2）合同必须有对价或约因

国际货物买卖是互为有偿的交换。英美法系和法国法分别称有偿交换为“对价（Consideration)”和“约因（Cause)”：对价是指当事人为了取得合同利益所付出的代价；约因是指当事人签订合同所追求的直接目的。对价或约因的含义是：双方行为有偿，在合同中一方所享有的权利，以另一方所承担的义务为基础，双方互为权利与义务。在货物买卖合同中，卖方交货和买方付款是互为有偿。如不按合同履行责任与义务，应该负有赔偿对方损失的责任。

（3）合同的标的和内容必须合法

所谓“标的合法”，即货物和货款等必须合法。货物应是政府允许出口或进口的商品，如属政府管制的货物，则应有许可证或配额。货款尤其是外汇的收付必须符合国家规定。

对于“合同内容必须合法”，许多国家往往从广义上解释，包括不得违反法律、不得违反公共秩序或公共政策，以及不得违反善良风俗或道德等。

我国《合同法》规定：“当事人订立、履行合同应当依照法律、行政法规，尊重社会公德，不得扰乱社会经济秩序，损害社会公共利益。”

（4）合同必须符合法律规定的形式

国际货物买卖合同是基本经济合同。有的国家法律规定必须采用书面形式或超过一定金额的合同必须采用书面形式，而不承认口头合同的有效性；有的国家的法律则允许使用口头形式。《公约》规定买卖合同无须以书面订立或书面证明，在形式方面也不受任何其他条件的限制。如前所述，中国政府在核准《公约》时，对该规定作了保留。在中国，国际货物买卖合同必须采用书面形式，否则无效。

（5）合同当事人的意思表示必须真实

各国法律都认为，合同当事人的意思表示必须是真实的，才能成为一项有约束力的合同，否则这种合同无效。例如，一方用诈骗、威胁或暴力等行为迫使另一方接受而达成的合同、因重大误解导致意思表示不真实的合同，均属无效合同。

本章小结

根据我国法律，合同是双方或多方当事人订立的，意思表示一致的，以产生、变更、终止民事权利义务关系为目的的民事法律行为。

国际货物买卖合同是国际贸易中最重要的合同。国际货物买卖合同是国际性合同，其标的物是跨国境运输的货物。

国际货物买卖合同所适用的法律，可以是有关国家的国内法，也可以是有关国际货物买卖的国际公约、国际惯例。《联合国国际货物买卖合同公约》是目前在国际货物买卖方面最重要的国际公约。

合同的标的、价格，卖方和买方的义务，争议预防与处理的条款，以及其他5个方面的基本内容。

国际货物买卖合同的形式有书面形式、口头形式和其他形式。书面合同的形式，有合同、确认书、协议，以及备忘录、订单等形式。

交易磋商是国际货物买卖合同订立的重要环节。交易条件包括主要交易条件和一般交易条件。主要交易条件包括商品的品质、数量、价格、交货、支付等，是交易时不可缺少的条件。

交易磋商的形式主要有口头形式和书面形式。

交易磋商的一般程序有询盘、发盘、还盘、接受四个环节。其中，发盘与接受是达成交易的两个必不可少的决定性环节。

有效的发盘具有法律效力。构成有效的发盘必须具备三个条件：应向特定的受盘人提出、交易条件必须十分确定、表明发盘人受其约束。发盘都有一个有效期，可以撤回和撤销，在一定条件下终止。

接受还可以在受盘人采取某种行为时生效，合同即告成立。构成有效接受的条件：必须由特定的受盘人发出；必须是对发盘的无条件、完全的接受；必须表示出来；必须在发盘有效期内作出。接受生效之前可以撤回。

通常情况下，合同自成立时生效，但有时需要其他条件具备才开始生效。合同有效成立的条件：当事人具有相应的法律行为能力；合同必须有对价或约因；标的和内容必须合法；必须符合法律规定的形式；当事人的意思表示必须真实。

关键术语

合同　国际货物买卖合同　确认书　磋商　交易条件　询盘、发盘、还盘、接受

复习思考题

1. 国际货物买卖合同的适用法律是如何规定的？
2. 交易磋商有几个环节，其主要内容是什么？
3. 构成一项法律上有效的发盘必须具备哪些条件？
4. 一项有效接受必须具备哪些条件？
5. 合同有效成立应具备哪些条件？

本章阅读资料

中国加入《联合国国际货物买卖合同公约》时作出的两项保留

中国政府在核准加入《公约》时，按照公约第95条和第96条的规定，作出了两项保留：由于中国对《公约》的第（1）条第1款（b）项作出了保留，故在中国，只是对其营业地分处不同缔约国的当事人之间的货物买卖合同，才适用《公约》；由于中国对非书面形式的意思表示作出了保留，故在中国，国际货物买卖合同的订立、修改或终止等关于合同的意思表示必须用书面形式作成，方为有效。

《公约》中对成员国可以对公约有关内容提出保留的有关规定：

1. 对第1条第（1）款（b）项的保留

根据《公约》第95条，任何国家在交存其批准书、接受书、核准书或加入书时，可声明它不受本公约第1条第（1）款（b）项的约束。而公约第1条第（1）款（b）项实际上是公约为了扩大其适用范围而设计的。其意思是，如果根据某个非缔约国的国际私法规则，合同应适用某个缔约国的国内法，则在这种情况下，管辖合同的法律并非此缔约国的国内相关法律，而应该是公约。例如，营业地位于甲国（缔约国）的A与营业地位于乙国（非缔约国）的B在甲国签订了一份货物买卖合同，双方就合同履行发生争议，B在乙国的法院诉A，如乙国的国际私法规则导致适用合同订立地即甲国的法律，由于甲国是公约缔约国，则法院应适用公约，而不是甲国国内的货物买卖法。这样，公约就不仅适用于营业地都位于缔约国的当事人之间订立的合同，也有可能适用于营业地位于非缔约国的当事人参与订立的合同。由于许多国家出于其经济体制、法律传统等原因，在贸易方面都制定了两套法律，一套适用于国内贸易，一套适用于国际贸易，为了使其国内的涉外贸易立法能切实得到适用，均对这一项提出了保留。

2. 对第11条及相关条款的保留

根据《公约》第12条和第96条的规定，缔约国可以对第11条及相关内容提出保留。第11条是公约对合同订立形式的规定，按其规定，当事人可以采用任何形式订立合同，这与大多数国家的规定是一致的。然而有一些国家的法律要求其对外贸易方面的合同必须以书面形式订立，并把这种要求视为一项重要的公共政策。为了照顾这种情况，《公约》于是规定凡提出保留的缔约国，可以不适用第11条及与该条内容有关的规定。

章首案例分析

该案结果：经过双方多次协商，休顿公司同意赔偿因不履行合同给H公司造成的损失，使争议得到了解决。

首先，要明确本案的适用法律问题。中国与加拿大都是《公约》的缔约国，所以适用《公约》。

本案涉及交易磋商程序中的发盘、还盘、接受三个环节。关键是有效发盘能否撤销的问题，从另一方面看，就是接受是否生效、合同是否有效成立的问题。

发盘的取消方式可以分为发盘的撤回与发盘的撤销。

本案中，休顿公司1993年2月5日向H公司的报盘，在2月7日由H公司做了还盘，因而1993年2月10日休顿公司再次向H公司发盘。这项新的发盘规定了有效期，即2月10日的发盘是不能撤销的。该新发盘在送达H公司后，从H公司电传接受新发盘时，合同即告成立并发生法律效力。休顿公司2月18日的电传，是要撤销2月10日的新发盘，但因2月15日H公司已对休顿公司2月10日的新发盘作出了接受，因此，休顿公司2月18日的电传所作的撤销发盘的行为是无效的。H公司作出接受之后，关于集成电路板的买卖合同即告成立。H公司要求休顿公司履行合同的做法完全正确。

最后，经过双方多次协商，休顿公司同意赔偿因不履行合同给H公司造成的损失，终止履行合同。H公司考虑到休顿公司的实际困难及休顿公司愿意赔偿损失的诚意，不再坚持履行合同，也是一种合理的选择。

第10章

国际货物买卖合同的标的条款

学习目标 重点掌握货物品质的表示方法，学会订立合同的品名、品质条款，掌握常用的计量单位及重量计量方法，学习订立数量条款，重点掌握数量机动幅度的规定方法，掌握运输包装、销售包装的要求及国际标准化的运输标志，了解中性包装和定牌的知识，掌握合同中订立包装条款的方法。

章首案例

我国某公司A向孟加拉国某公司B出口一批汽车配件，共有10个型号，其中有四个型号要求根据客户样品制造，合同价值约为USD20 000.00。付款方式为：客户先支付定金1 000美元，剩余款项在货物生产完毕通知客户支付。客户随即开来信用证，A公司开始生产。但发现其中按客人样品要求订做的货物不能完成，因为订货量较少，开发该产品成本过高很不合算。因此，打算从其他厂家购进。遗憾的是，一直无法找到生产该产品的厂商。装运期临近，其他货物也相继生产完毕，A公司不得不告知B公司实情。B公司要求取消订单并退还定金和样品，理由是要求订做的货物十分重要，不能缺少，因为A公司没有按时完成交货，致使其错过商机。A公司自知理亏，只好答应客户的要求，承担一切货物积压的损失。那么，A公司为什么会造成如此被动的局面呢？

案例讨论题：货物买卖合同有哪些主要条款？如何说明商品品质？按样品成交时应该注意什么问题？

国际货物买卖合同是约束买卖双方权利和义务关系的法律文件。合同的条款是合同的核心部分——正文部分。合同条款分为主要条款和一般条款两类。前者是合同的必备条款，它决定合同的类型，确定当事人双方权利、义务的量和质，缺少此类条款，合同即不成立；后者是指除前者以外的条款，一般条款的欠缺不影响合同的成立。

标的是一切合同的主要条款。当事人一旦就合同的标的内容达成协议，合同即告成立。货物买卖合同中标的条款包括合同的标的——货物的名称、数量、品质、规格，以及包装等内容。关于合同条款的内容，《公约》和各国合同法都有具体的规定。

10.1 货物的品名和品质

10.1.1 货物的品名

1. 品名条款的意义

货物商品的品名（Name of Commodity），即货物买卖合同的标的的名称。

商品品名，是合同中不可缺少的主要交易条件。因此，约定商品品名的品名条款是国际货物买卖合同的主要条款之一，是买卖双方交接货物的一项基本依据，它关系到买卖双方的权利和义务。

若卖方交付的货物不符合约定的品名或说明，买方有权提出损害赔偿要求，直至拒收货物或撤销合同。因此，列明成交商品的具体名称，具有重要的法律和实践意义。

2. 品名条款的基本内容

品名条款的规定取决于成交商品的品种和特点。一般而言，只要列明商品的名称即可，但有的商品，往往具有不同的品种、等级和型号。因此，为了明确起见，在列品名时，会把其具体品种、等级或型号也包括进去，加以进一步限定。此外，有的甚至将品名条款与品质条款合并在一起，如品名后加上其规格的形式。

例 10-1

品名：东北大豆

Name of Commodity：Northeast Soybean

3. 命名品名的常用方法

品名的选用，一方面，要使双方明白接受，另一方面，如是国际市场已有的商品，应采用国际上通用的品名。商品取名的方法有很多，主要有以下几种。

① 以其主要用途命名。这种方法突出商品用途，便于消费者按需购买，如织布机、旅游鞋、杀虫剂、自行车等。

② 以其所使用的主要原材料命名。这种方法通过突出所使用的主要原材料反映出商品的质量，如棉布、羊毛衫、铝锅、玻璃杯、冰糖燕窝等。

③ 以其主要成分命名。以商品所含的主要成分命名，可使消费者了解商品的有效内涵，有利于提高商品的身价。一般适用于以大众熟知的名贵原材料制造的商品，如西洋参、蜂王浆、人参、珍珠霜等。

④ 以其外观造型命名。以商品的外观造型命名，有利于消费者从字义上了解该商品的特征，如绿豆、喇叭裤、圆桌等。

⑤ 以其褒义词命名。这种命名方法能突出商品的使用效能和特性，有利于消费者购买欲望，如青春宝、太太口服液等。

⑥ 以人物名字命名。即以著名的历史人物或传说中的人物命名，以引起消费者的注意和兴趣，如孔府家酒等。

⑦ 以制作工艺命名。这种命名方法的目的在于提高商品的威望，增强消费者对该商品

的信任，如二锅头烧酒、精制油等。

4. 订立品名条款的注意事项

① 货物的名称必须明确具体。表达条款内容时，必须能确切反映交易标的物的特点，避免空泛、笼统的规定，以利于合同的履行。

② 货物名称描述要实事求是。条款中规定的品名，必须是卖方能够供应而买方所需要的商品，做不到的事情不应列入，也不应写不必要的描述性词句，避免给履行合同带来困难和麻烦。

③ 货物名称的使用应该国际化。有些商品的名称因地区不同而叫法不一，为了避免误解应尽可能使用国际上通用的称呼；若使用地方性的名称，交易双方应首先就其含义取得共识，应该符合进口国的习惯；对于某些新商品的定名及其译名，应力求准确、易懂，并符合国际上的习惯称呼。

④ 必须考虑货物名称与运费关系和海关税则的规定。目前通行的班轮运费是按货物名称来计收运费的。在实际业务中，同一种货物常因名称不同，其计收运费标准有高低之分。为了节省运费开支，降低成本，应采用运费较低的货物名称为宜，同时还要注意与货物名称有关的国家的海关税则和进出口限制的规定。

5. 有关品名的国际贸易标准

如第5章所述，中国海关采用世界海关组织 H.S. 编码制度为基础的进出口税则。因此，我国企业在商订国际货物买卖合同时，应根据 H.S. 编码制度规定的商品分类目录确定商品名称。

10.1.2 货物的品质

1. 品质条款的意义

货物商品的品质（Quality of Goods），是商品的内在质量和外观形态的综合。前者包括商品的物理性能、机械性能、化学成分，以及生物的特性等自然属性；后者包括商品的外形、造型结构、色泽、款式、味觉及透明度等。在对外贸易领域，它还包括包装和市场适应等社会属性。

商品的品质具有十分重要的意义。合同中的品质条件，是构成商品说明的重要组成部分，是买卖双方交接货物的依据。《公约》规定卖方所交货物必须符合约定的质量，如卖方所交货物与约定的品质条件不符，买方有权要求损害赔偿，也可要求修理或交付替代货物，甚至拒收货物和撤销合同。由于国际贸易的商品种类繁多，即使是同一种商品，在品质方面也可能因自然条件、技术和工艺水平及原材料的使用等因素的影响而存在着种种差别。这就要求买卖双方在商订合同时首先就品质条件作出明确规定。

商品品质是决定商品使用效能和影响商品价格的重要因素。品质的优劣直接影响商品的价格，“按质论价”也是价值规律的一种体现。所以，品质成为商讨价格条款的重要前提。

因此，合同中的品质条款是国际货物买卖合同的主要条款之一。

2. 品质条款的基本内容

合同中的品质条款通常应列明商品的规格或等级、标准、牌名等。品质条款的具体内容及其繁简应视商品特性而定。在凭样品买卖时，一般应列明样品的编号或寄送日期，并规定交货品质与样品相同；凭标准买卖时，应列明所引用的标准及其版本年份；对于某些商品的交易，条款中还需订明交货的品质公差或品质机动幅度。

例 10－2

美国二级黄豆
Yellow Soybean U. S. Grade2

例 10－3

光明牌婴儿奶粉
Bright Brand infant Milk Powder

例 10－4

样品号 612 布娃娃
Sample No. 612 Cloth Doll

3. 品质的表示方法

在国际货物买卖合同中，表示商品品质的方法可分为两大类：以实物表示和以说明表示。

1）以实物表示品质

以实物表示品质，又分为凭成交商品的现货表示实际品质和凭样品表示品质。

（1）凭现货表示实际品质

现货表示品质实际上就是在看现货时成交。当买卖双方采用看现货成交时，买方或其代理人通常在卖方存放货物的场所验看货物，一旦达成一致并确定交易，卖方就应按对方验看过的商品交付货物。只要卖方交付的是验看过的货物，买方就不得对品质提出异议。

在国际贸易中，由于交易双方远隔两地，交易洽谈多靠函电方式进行，买方到卖方所在地验看货物有诸多不便。即使买方选择当地代理人代为验看货物，往往也会因商品的特点、存放货物场所的条件、时间等多种原因而无法逐件查验。所以，采用看现货成交方式的贸易有限，多用于寄售、拍卖和展卖业务中。

（2）凭样品表示商品品质

凭样品表示商品品质就是在贸易中以样品作为交货的依据。在国际货物买卖中，有些商品由于其本身的特点，难以用文字说明规定其品质，就需要用样品来规定。

所谓样品，是指能够反映和代表整批商品平均品质的少量实物。它们通常是从该批商品中抽取出来，或者是由生产或使用部门设计、加工出来的。

在国际贸易中，按样品提供者的不同，表示商品品质的样品可分为以下几种。

① 卖方样品（Seller's Sample）。由卖方提供的样品称为“卖方样品”。凡凭卖方样品作为交货的品质依据者，称为“凭卖方样品成交”。这样，在合同中应订明：“品质以卖方样品为准”。卖方应留存“复样”，以备将来交货或处理品质纠纷时作核对之用。卖方所交整批货物商品的品质必须与其提供的样品相同。

② 买方样品（Buyer's Sample）。由买方提供的样品称为“买方样品”。凡凭买方样品作为交货的品质依据者，称为“凭买方样品成交”，在我国出口贸易中又称为“来样成交”。这样，在合同中应订明：“品质以买方样品为准”。到时卖方所交整批货物商品的品质必须与

买方样品相符。

③ 对等样品（Counter Sample），又称“确认样品”。凭买方样品成交，有时会因仿制产品与买方来样不符而招致退货索赔。所以，当买方寄给卖方样品要求按样成交时，卖方可以根据买方样品进行复制或提出与之相似的样品，作为“回样”或“对等样品”，寄交买方确认。经买方确认后，即以复制品作为交货时的品质依据，以免在交货时引起争端。如果买方接受了卖方提出的“对等样品”，则交易的性质即由凭买方样品成交变为凭卖方样品成交，使卖方在交货时取得主动。

在国际贸易中用得最多的是“对等样品”。

（3）凭样品成交时卖方应注意的问题

凭样品买卖意味着卖方所交付的货物必须与样品完全相符，否则卖方就要承担违约的法律后果。因此，凭样品买卖时应注意以下问题。

① 如果是凭卖方样品买卖时，卖方应注意样品要具有代表性。样品的品质既不宜偏高，也不宜偏低。偏高会给卖方交货带来困难，偏低则会影响商品的售价。

② 如果是买方提供样品，卖方应考虑自己的生产能力、工艺水平、原料供应等多方条件是否具备。另外，尽量考虑用“对等样品”。

③ 做好“封样”。卖方在寄发样品或发运商品前，由公证机构或会同买方，抽取若干份样品加以封存，万一买卖双方在履约过程中发生质量争议，即可使用封样作为核对之用。

④ 注意防止侵权行为。凭买方来样成交时，应特别注意防止侵权行为的发生。比如可以在合同中加列保障条款，规定如果发生由于买方来样而造成侵犯第三方知识产权，如专利权、商标权侵权等，应全部由买方负责。

⑤由于凭样品成交有较大的局限性，实际业务中应慎重采用。凡是能以说明表示品质的，就不要采用凭样品成交。

另外还要注意，凡是能用一种方法表示商品品质的，就不要用两种或两种以上的方法表示。

案例与评析 10－1

案情： 国内某公司向英国出口一批大豆，合同规定水分最高为14%，杂质不超过2.5%。在成交前我方曾向买方寄过样品，订约后我方又电告买方成交货物与样品相似。当货物运到英国后买方提出货物与样品不符，并出示相应的检验证书证明货物的质量比样品低7%，并以此要求我方赔偿15 000英镑的损失，问：在此情况下我方能否以该项交易并非凭样品买卖而不予理赔？

评析： 我方不能以该项交易并非凭样品买卖而不予理赔。本案例中，合同规定水分最高为14%，杂质不超过2.5%，双方以商品的规格作为表示商品品质的方法，并以此作为交验商品的依据，属于凭规格的买卖，但在成交前我方曾向对方寄送样品，也并未声明是参考样品，签约后又电告对方成交货物与样品相似，这样对方就有理由认为该笔交易既凭规格又凭样品。因此，卖方必须既符合合同条款中有关规格的规定，同时卖方所交货物也必须与样品保持完全一致，否则买方有权拒收货物或提出索赔。

2）凭说明表示品质

所谓凭说明表示品质，是指用文字、图表、相片等方式来说明成交商品的品质。相应地，成交方式就是凭说明成交或销售。在这类表示品质方法中，可细分为下列几种。

(1) 凭规格销售（Sales by Specification）

规格是用来反映商品品质的若干主要技术指标，如成分、含量、纯度、大小、长短、粗细等。各种商品由于品质的特点不同，规格的内容也各不相同。一般用文字说明商品的规格，就能说明商品品质的基本情况。

(2) 凭等级销售（Sales by Grade）

等级是指同一类商品，按其规格上的差异，用文字、数码或符号所作的分类，如大、中、小；甲、乙、丙；一级、二级、三级等表示。在具体交易时，只要说明等级，即可了解所要成交的商品的具体规格。

(3) 凭标准销售（Sales by Standard）

商品的标准是标准化了的规格和等级。商品标准有的是由有关国际组织或各国及有关政府部门，也有的是由商品交易所、同业工会等工商业团体，根据当代生产、科技发展水平制定和公布的。每一个标准或者其规定的具体规格、等级都代表一定的品质，供商品的生产者和经营者选择和参照执行。

在对外洽商和签订买卖合同时，一般应争取以我国公布的标准为交货的品质依据。如果外国客户要求按国外的标准规定为依据，只要其规定的品质标准和检验方法是合理可行的，也可以接受。

值得注意的是，由于标准常随生产和技术的发展而进行修改和变动，同一个标准有不同年份的版本，因而品质标准往往也不同。以标准作为商品品质依据时，必须注明标准的版本年份，以免交易当事人在适用标准上发生纠纷。

链接 10-1

F. A. Q. 标准和 G. M. Q. 标准

在国际贸易中，对于某些品质变化较大而难以规定统一标准的农副产品，往往采用两种常见的术语，作为表示品质的“标准”，即 F. A. Q. 标准（Fair Average Quality，良好平均品质）和 G. M. Q. 标准（Good Merchantable Quality，上好可销品质）。

F. A. Q. 标准是指由同业公会或者检验机构从一定时期或者季节、某地装船的各批货物中分别抽取少量实物加以混合拌制，并由该机构封存保管，以此实物所显示的平均品质水平作为该季节同类商品质量的比较标准。目前，我国出口某些农副产品，也有使用 F. A. Q. 来表示品质的，实际上是指“大路货”，其品质标准一般是以我国产区当年生产该项农副产品的平均品质为依据而确定的。但这种表示质量的方法非常笼统，容易引起争议。因此在采用 F. A. Q. 表示商品品质时，应列明具体规格指标。

G. M. Q. 标准是指卖方须保证其交付的货物品质良好，适合商品销售，而在成交时无须以其他方式去说明商品的具体品质。在国际贸易中，这种方法适用于木材、冷冻鱼虾等水产品的买卖。G. M. Q. 标准含义笼统，很容易引起争议，因此我国基本上不采用。

(4) 凭说明书和图样销售（Sales by Description and Illustrations）

在国际货物贸易中，有些商品如机电、仪表仪器等技术密集型产品，由于结构复杂，对材料、设计的要求严格，用以说明其性能的数据众多，很难用几个简单的指标来说明其品质的全貌。而且有些产品即使名称相同，功能作用方面也会有区别。因此对这一类商品，一般以产品说明书并附以图样、图片、设计图或分析表，以及各种数据来说明其具体性能和构造的特点。

凭说明书和图样成交的合同，往往还附有品质保证条款和技术服务条款。

(5) 凭商标或牌号销售 (Sales by Trade Mark and Brand)

在国际贸易中，对于某些在市场上行销已久，品质优良、稳定、可靠，已经树立了良好信誉的商品，交易时仅用商标、牌号即可说明其品质，从而可以凭商标或牌号销售。

(6) 凭产地名称销售 (Sales by Name of Origin)

某些产地的产品特别是农副土特产品，因生产地区的自然条件、传统加工工艺或其他因素的影响，在品质方面具有独特的风格或特色，对这类商品习惯上用产地的名称来说明其品质要求，如苏州刺绣、西湖龙井茶、贵洲茅台酒等。

案例与评析 10-2

案情：A出口公司对外成交自行车3 000辆。合同规定2 000辆为黑色，1 000辆为湖蓝色。备货过程中，发现黑色有货，湖蓝色无货，还有其他色泽。A出口公司认为买方是老客户，要货急，给一些其他颜色的也不会有问题。于是，在未征得客户同意的情况下，把300辆橘红色、300辆纺织绿和400辆银红色的自行车代替原合同的1 000辆胡蓝色车装运出口。单据寄到国外后，客户拒绝付款赎单，理由是单据和货物不符。经协商，除了答应尽快把湖蓝色的自行车补交外，本批杂色车一律按原价降低7%处理。试分析我方的错误何在？为什么？

评析：我方的错误在于：第一，没有适合特定市场的消费水平和消费习惯，任意搭配颜色、数量，造成随意更改合同品质条款的后果，合同的品质条款是构成商品说明的重要组成部分，使买卖双方交接货物的依据，违反了合同规定卖方自然要予以赔偿损失；第二，国际货物买卖合同是双方当事人就双方谈判结果达成的协议，对此双方应当严格履行其应尽义务。但是我方在履行过程中遇到困难，不与客户协商私自作出决定，这是对合同严肃性的一种践踏。因此，卖方必须承担违约的后果。

4. 订立品质条款时应注意的问题

1) 订立品质条款要有科学性和合理性

品质条款的内容及其繁简程度要合理，应视商品特性而定。采用表示品质的各项指标要合理，与品质无关或不重要、影响不大的指标、条件，不应列入条款。

品质条件或指标水平高低的规定要合理，要从生产、销售、检验及运输、存储等各方面的实际出发，既不能偏高，也不能偏低。

对于出口商，偏高会造成生产和履约困难，甚至无法交货；偏低则影响售价和销路。

品质条款的内容和文字应当明确、具体，又尽可能地简单，要做到既能分清责任又能方便检验。例如用样品表示品质时，要说明样品的编号和日期；在规定品质机动幅度和品质公差时，也要明确说明幅度或误差的范围。

在订立品质条款时，一般不宜采用诸如“大约”、“左右”、“合理误差”等笼统字眼。

2) 正确运用各种表示品质的方法

品质条款的内容，必然涉及表示品质的方法。究竟采用何种表示品质的方法，应视商品特性而定。

一般地，凡能用科学的理化、生物指标说明其质量的商品，适于凭规格、等级或标准买卖；有些难以规格化和标准化的商品，如工艺品等，则适于凭样品买卖；某些质量好、具有一定特色，特别是具有较高声誉的名优产品，适于凭商标或品牌买卖；某些性能复杂的机器、电器和仪表，则适于凭说明书和图样买卖；凡具有地方风味和特色的产品，最好凭产地名称买卖。对于这些表示品质的方法，不能随意滥用，而应当合理选择。

3）对某些商品品质的规定要有一定的灵活性

为了避免交货品质与买卖合同不符，在出口业务中可以在合同的品质条款中作一些变通规定。其常见做法是规定品质机动幅度和品质公差。

（1）品质机动幅度

品质机动幅度（Quality Latitude）是指允许卖方所交商品的品质指标在一定幅度内机动掌握，尤其适用于一些农副土特等初级产品。规定品质机动幅度的方法有以下三种。

① 规定范围。它是指对某项商品的主要质量指标规定允许有一定机动的范围。

例 10－5

番茄酱　货号 B601　浓度 28/30

B601 Tomato Paste　28/30 Concentration

② 规定极限。它是指对某些商品的质量规格，规定上下限。常用词有：最大、最高、最多（Maximum；Max）、最小、最低、最少（Minimum；Min）。

例 10－6

中国花生仁：水分（最高）13%，不完善粒（最高）5%，含油量（最低）44%。

China Groundnut Moisture

Water	Max13%
Imperfect Grains	Max 5%
Oil Content	Min 44%

③ 规定上下差异。即在规定某一具体质量指标的同时，规定必要的上下变化幅度。

例 10－7

灰鸭毛含绒量 18%允许上下 1%。

Grey Duck Feather，Down content 18%，allowing 1% more or less

（2）品质公差

品质公差（Quality Tolerance）是指有些工业制成品，在生产过程中由于受科学技术水平的限制，不可能做到很精确，在这种情况下，可根据国际惯例或经买卖双方同意，对合同的品质指标订有合理的“公差”，如手表走时的误差、棉纱支数的确定等。品质公差的允许值可以是国际上同行业所公认的允许值，也可以是由买卖双方商定的允许值。交货质量在此范围内即可认为与合同相符。

10.2 货物的数量

10.2.1 数量条款的意义

1. 约定数量条款的意义

(1) 数量条款是买卖双方交接货物的数量依据

根据《公约》的规定，卖方应承担按约定的数量交付货物的责任。如果卖方交货的数量大于合同约定的数量，买方可以拒收多交部分，也可以收下多交部分中的一部分或全部，但同时应对其按合同价格付款。如果卖方交货数量少于合同的约定数量，卖方应在规定的交货期届满前补交；但买方仍保留因卖方少交货物而导致的不便或额外支出进行索赔的权利。因此，为了避免争议的发生，买卖双方在实际业务中应慎重确定成交数量，并认真订好数量条款。

案例与评析 10－3

案情：我某公司与匈牙利商人订立了一份出口水果合同，货到验货付款。经买方验收后，发现水果总重量缺少 10%，而且每个水果的重量也低于合同规定，客商拒绝收货和付款。后来水果全部腐烂，匈海关向中方收取仓储费和处理水果费用 5 万美元。我出口公司陷于被动。针对此案谈谈你的看法。

评析：卖方交货数量与合同规定不符，这是违约行为。在此情况下，我方要查明货物短重的原因，是正常途中消耗还是我方没有交足数量，如是我方违约，还应分清是根本性违约还是非根本性违约。前者客户无权退货，只能要求赔偿损失或降价；后者客户可以退货，但应妥善保管货物，尽量减轻损失。但是客户并没有及时采取措施对货物进行妥善保管，对此对方应承担部分责任。所以，我方应就商品的损失及费用的支出与对方进行交涉，尽可能减少损失。

(2) 数量条款直接关系到商品的价格条件

在国际贸易活动中，商品成交数量越大，单位商品的成交价格往往就越低。因此，数量条款与价格条款之间存在着一定的内在联系。特别是对买方来说，应掌握好这样一种内在关系，争取获得对自己比较有利的成交价格。

2. 常用的度量衡制度

计量单位会因不同的度量衡制度而产生计量的差异，因此在合同条款中除了要明确具体的成交商品数量和计量单位外，还要明确所使用的度量衡制度。

国际贸易中常用的度量衡制度有以下几种。

① 公制（the Metric System）。基本单位为千克和米，为欧洲大陆及世界大多数国家所采用。其常用派生单位为公吨（metric. ton，M/T）、升（1itre，L）等。

② 国际单位制（the International System）。在公制基础上，国际标准计量组织制定公布了国际单位制。其基本单位包括千克（kilogram，kg）、米（meter，m）、秒（second）、摩尔（mole）、坎德拉（candela）、安培（ampere）和开尔文（kelvin）7 种，这也是我国的法

定计量单位。根据《中华人民共和国计量法》的规定："国家采用国际单位制。国际单位制计量单位和国家选定的其他计量单位，为国家法定计量单位。"目前，除个别特殊领域外，一般不许再使用非法定计量单位。我国出口商品，除照顾对方国家贸易习惯约定采用公制、英制或美制计量单位外，应尽量使用我国法定计量单位。我国进口的机器设备和仪器等应要求使用法定计量单位，否则一般不许进口。如确有特殊需要，也必须经有关标准计量管理部门批准。

③ 英制（the British System）。基本单位为磅（pound，lb）和码（yard，yd），为英联邦国家所采用，而英国因加入欧盟，在一体化进程中已宣布放弃英制，采用国际单位制。

④ 美制（the U. S. System）。基本单位和英制相同，为磅和码，但有个别派生单位不一致。如"吨"，英制采用长吨（long ton，L/T）＝2 240 磅＝1 016 千克，而美制采用短吨（short ton，S/T）＝2 000 磅＝907 千克。此外，容积单位加仑（gallon，gal）和蒲式耳（bushel bu），英美制也是名称相同，大小不同。

10.2.2 计量单位

商品的种类不同，采用的计量单位也不同。常用的计量单位有以下几种。

（1）重量（Weight）

重量是当今国际贸易中广为使用的一种计量单位。许多农副产品、矿产品、一般杂货和工业制成品，如矿砂、钢铁、盐、羊毛、油类等，都按重量计量。按重量计量的单位有克、公斤、公吨、长吨、短吨、磅、克拉、盎司等。

（2）个数（Number）

个数单位多应用于工业制成品，尤其是日用消费品、轻工业品、机械产品，以及一部分土特产品。所用的计量单位有件、双、套、打、罗、令、卷、台，以及个、组、张、袋、箱、桶、包等。

（3）长度（Length）

在丝绸、布匹等纺织品和金属绳索等商品的交易中，通常采用米、英尺、码等长度单位来计量。

（4）面积（Area）

在玻璃板、地毯等商品的交易中，一般习惯于以面积作为计量单位，常用的有平方米、平方英尺、平方码面积等单位。

（5）体积（Volume）

按体积成交的商品有限，一般用于木材、天然气和化学气体等商品。体积的计量单位有立方米、立方英尺、立方码等。

（6）容积（Capacity）

小麦、大豆、亚麻籽等谷物和大部分的液体货物，包括酒类、油类，往往按容积计量，容积单位有公升、加仑、夸脱、蒲式耳等。

国际货物贸易中使用的计量单位很多，究竟采用何种计量单位，除主要取决于商品的种类和特点外，也取决于交易双方的习惯和意愿。

10.2.3 重量的计量方法

(1) 毛重 (Gross Weight)

毛重是指商品本身的重量加包装物的重量。这种计重办法一般适用于低值商品。

(2) 净重 (Net Weight)

净重是指商品本身的重量，即除去包装物后的商品实际重量。净重是国际贸易中最常见的计重办法。不过，有些价值较低的农产品或其他商品，有时也采用"以毛作净 (Gross for Net)"的办法计重。

在采用净重计重时，需要减去包装物的重量（皮重）。对于如何计算皮重，国际上有 4 种做法。

① 实际皮重 (Actual Tare or Real Tare)。将整批商品的包装逐一过秤，算出每一件包装的重量和总重量。

② 平均皮重 (Average Tare)。从全部商品中抽取几件，称重得出包装的总重量后计算平均每件的皮重，再用这个重量乘以包装的总件数，计算出总的皮重。

③ 习惯皮重 (Customary Tare)。对于规格化的商品包装，可以按照公认的单位皮重计算。

④ 约定皮重 (Computed Weight)。买卖双方可以事先约定商品的单位皮重。

具体采用哪一种方法作为皮重的确定方法，需要买卖双方事先在合同申明确约定，以免产生争议。

(3) 公量 (Conditioned Weight)

公量是指将商品中的水分用科学的方法除去后得出的重量加上标准的水分重量，即为公量。其计算方法是以商品的干净重（即烘去商品水分后的重量）加上国际公定回潮率与干净重的乘积所得出的重量，计算公式为

$$\begin{aligned}\text{公量}&=[\text{商品实际重量}/(1+\text{实际回潮率})]\times(1+\text{公定回潮率})\\&=\text{商品干净重}\times(1+\text{公定回潮率})\end{aligned}$$

这种方法适用于单位经济价值较高而含水量极不稳定的商品，如棉花、羊毛、生丝等。

(4) 理论重量 (Theoretical Weight)

对于一些按固定规格生产和买卖的商品，只要其重量一致或每件重量大体是相同的，一般即可从其件数推算出总量。

(5) 法定重量 (Legal Weight) 和实物净重 (Net Net Weight)

按照一些国家海关法的规定，在征收从量税时，商品的重量是以法定重量和实物净重计算的。所谓法定重量，是指商品加上直接接触商品的包装物料，如销售包装等的重量。而除去这部分重量所表示出来的纯商品的重量，则称为实物净重。实物净重也称为净净重。

10.2.4 合同中的数量条款

1. 数量条款的基本内容

买卖合同中的数量条款，要包括 3 个要素：成交商品的具体数量、计量单位和所使用的度量衡制度。由于在国际贸易中，按重量计量的商品很多，如果是按重量计算的货物，数量

条款中还要规定计算重量的方法。

例 10－8

中国大米 3 000 公吨，卖方可溢短装 2%。

China Rice，3000 M/T with 2% more or less at seller's option.

2. 规定数量条款的注意事项

（1）正确掌握成交数量

对于出口商品数量的掌握，一般应考虑以下 4 点。

① 国际市场的供求情况。要正确运用市场供求变化规律，按照国际市场的实际需要合理确定成交量，以保证我国出口商品能卖得合适的价格。对于我主销市场的地区和常年稳定供货的客商，应经常保持一定的成交量，防止因成交量过小或供应不及时，使国外竞争者乘虚而入，抢去我们原来的市场和客户。

② 国内货源情况。在有生产能力和货源充足的情况下，可适当扩大成交量；反之，则不应盲目成交，以免给生产企业和履行合同带来困难。

③ 国际市场的价格动态。当价格看跌时，应多成交，快脱手；价格看涨时，不宜急于大量成交，应争取在有利时机出售。

④ 国外客户的资信状况和经营能力。对资信情况不了解和资信欠佳的客户，不宜轻易签订成交数量较大的合同。对小客户要适当控制成交数量；而与大客户成交数量过小，不能满足其需求，会减弱对其的吸引力。总之，要根据客户的具体情况确定适当的成交数量。

对进口商品数量的掌握，要考虑以下 3 个因素。

① 国内的实际需要。应根据实际需要确定成交量，以免盲目成交。

② 国内的支付能力。当外汇充裕而国内又有需要时，可适当扩大进口商品数量。如外汇短缺，应控制进口，以免浪费外汇和出现不合理的贸易逆差。

③ 市场行情的变化。当行情对我有利时，可适当扩大成交数量；反之应适当控制成交数量。

（2）合理规定数量机动幅度

在粮食、食糖、矿砂和化肥等大宗商品的交易中，由于受商品特性、货源变化、船舱容量、装载技术和包装等因素的影响，要求准确地按约定数量交货，有时存在一定困难。为了便于交货，买卖双方可在合同的数量条款后加订数量机动幅度条款，合理规定数量机动幅度。只要卖方交货数量在约定的幅度范围内，就算按合同规定数量交货，买方就不得以交货数量不符为由而拒收货物或提出索赔。

数量机动幅度条款，即数量增减条款或溢短装条款。溢短装条款（More or Less Clause）是指在合同的数量条款中明确规定数量机动幅度的百分比。换句话说，溢短装条款意味着交货数量可以增加或减少，但增减的幅度以不超过规定的百分比为限。

商订数量机动幅度条款，需要注意下列几点。

① 数量机动幅度的大小要适当。数量机动幅度的大小，通常都以百分比表示，如3%或5%不等。但是，数量的机动幅度在一定条件下关系到买卖双方的利益，究竟百分比多大合适，要根据商品特性，行业或贸易习惯、运输方式甚至季节、气候等因素，由双方认真商讨，慎重地加以确定。

② 机动幅度选择权的规定要合理。在合同规定有数量机动幅度的条件下，应明确规定由谁来行使这种机动幅度的选择权。如果采用海运，交货数量的机动幅度一般由负责安排船舶运输的一方选择，也可规定由船长根据舱容和装载情况作出选择，即把确定溢短装数量的权利交给船方。

③ 溢短装数量的计价方法要公平合理。如果数量条款中有溢短装条款，但没有明确规定溢短装部分的作价办法，对机动幅度范围内超出或低于合同数量的多装或少装部分，按惯例是按原合同价格结算。

但是，为了防止有权选择多装或少装的一方当事人利用行市的变化，有意多装或少装以获取额外的好处，也可在合同中规定多装或少装的部分不按合同价格计价，而按装船时或到货时的市场价格计算，以体现公平合理的原则。

（3）数量条款应当明确具体

为了便于履行合同和避免引起争议，进出口合同中的数量条款应当明确具体，避免使用含糊不清和笼统的字句。例如，数量条款在明确规定交货的数量时，要一并明确规定交货数量的计量单位，按重量成交的商品应同时规定计算重量的方法。按件数成交的商品，其数量应与包装件数相匹配。具体地说，对计量单位的规定，以"吨"计量时，要说明是公吨还是长吨、短吨；以罗为单位时，要注明每"罗"的打数，等等。

订立数量条款要特别注意"约量"的概念。"约量"即在合同交货数量前加上"约"、"大约"、"左右"、"近似"（About，Circa，Approximate）等有伸缩性的字眼，来说明合同交货数量只是一个大概的量，从而使卖方交货的数量可以有一定范围的灵活性。

国际商会《跟单信用证统一惯例》（第600号出版物）第30条有涉及"约量"的两个规定。

规定一：在信用证支付方式下，凡"约"、"大概"、"近似"等类似的词语用于信用证金额、数量和单价时，应解释为有关金额、数量和单价可有不超过10%的增减幅度。此规定既适用于散装货物也适用于包装货物。需要注意的是，金额、数量和单价谁前面带"约"，谁才可以有10%的增减幅度。

规定二：如果是散装货物，在信用证支付方式下，如果数量条款没有任何明确规定，卖方交货的数量可以有5%的增减幅度。这种增减幅度规定的生效要满足三个前提条件：信用证没有作出相反的规定；成交总金额不能超过信用证的金额；货物的数量不是按照包装单位或者个数来计量。

但在目前的国际贸易中，关于"约量"尚无统一的解释，有的解释为2%，有的解释为5%。不同行业、不同国家可能有不同的理解，履行起来极易引起纠纷，所以在我国很少采用。如果采用必须由买卖双方就这种约量做出必要的约定，实际上是在合同中明确规定溢短装的增减幅度的具体百分比。所以，数量条款一般不宜采用"约"、"大约"、"近似"、"左右"等带伸缩性的字眼来表示。

10.3 货物的包装

商品的种类繁多，性质特点和形状各异，按照其包装程度的不同，可分为散装货

(bulk)、裸装货（nude cargo）和包装货（packed cargo）。散装货和裸装货只是部分初级产品，其他初级产品或工业制成品大多需要有适当的包装。

10.3.1 包装概述

商品包装是商品生产的继续，凡需要包装的商品，只有通过包装，才算完成生产过程，商品才能进入流通领域和消费领域，才能实现商品的使用价值和价值。

1. 包装的含义和作用

根据我国国家标准《包装通用术语》的定义，包装是指在流通过程中保护产品，方便储运，促进销售，按一定的技术方法而采用的容器、材料及辅助物等的总名称。也指为了上述目的而在采用容器材料和辅助物的过程中施加一定技术方法等的操作活动。一般所说的商品包装是第一个含义，通常叫包装材料或包装用品。

在激烈的市场竞争中，商品包装在国际货物买卖中起着极为重要的作用。

（1）保护商品质量安全和数量完整

随着贸易的发展，商品要大量输往全国各地与世界各地，并需要经过运输、储存和销售等环节。为确保商品在流通过程中的完整性，使商品不受损伤、失散，避免发生化学、物理等质量变化，必须对商品进行科学的包装，以维护商品的价值与使用价值。

（2）便利商品的储存和流通

从出厂到销售，在商品的流通过程中，存在着数量的交接、搬运、堆码和零售等一系列环节。因此，根据商品不同而选用不同的包装材料，并按商品特点进行相互配套包装，有利于商品的清点与计量，有利于提高仓储利用率和储藏效果，且能合理地利用运输工具，降低成本和提高商品的流通效率。

（3）促进与扩大商品的销售

优良的包装设计，能美化和宣传商品，提高商品的知名度和在消费者心目中的价值，从而能起到提高商品的竞争力和扩大市场份额的作用。

按照一些国家的法律解释，如果一方违反了所约定的包装条件，另一方有权提出索赔，甚至可以拒收货物。可见，包装条件是买卖合同中的重要交易条件。

2. 包装的选用

1）包装的设计制作原则

外销人员必须对市场进行认真的调查研究，努力使货物的包装达到科学、经济、牢固、美观、适销的要求。科学经济的设计制作可以缩小包装体积，减少包装费用，降低货物成本；牢固的设计制作可以保持货物的完好无损；美观适销的设计制作可以吸引顾客前来购买，满足当地消费者的需求。

2）制作和选用包装应注意的问题

（1）要注意有关国家对包装的法律的规定和风俗习惯

在国际贸易中，由于各国国情不同，以及文化差异的存在，对商品的包装材料、图案及文字标识等要求不同，外贸出口必须符合这些要求。

① 有关包装材料及填充物的规定。新西兰农业检疫所规定，进口商品包装严禁使用干草、稻草、麦草、谷壳或糠、生苔物、土壤、泥灰、用过的旧麻袋及其他材料；菲律宾卫生部和海关规定，进口货物禁止用麻袋和麻袋制品及稻草、草席等材料包装；美国禁止使用稻

草作包装材料；澳大利亚防疫局规定，凡用木箱包装（包括托盘木料）的货物进口时，均需提供熏蒸证明。

② 对包装的装潢、图示的风俗习惯和规定。阿拉伯国家规定进口商品的包装禁用六角星图案，因为六角星与以色列国家旗中的图案相似；德国对进口商品的包装禁用类似纳粹和军团符号标志；瑞士以猫头鹰作为死亡的象征；意大利忌讳菊花，印度忌讳玫瑰花。

③ 对包装文字说明的规定。加拿大政府规定进口商品必须英法文对照；销往中国香港的食品标签，必须用中文，但食品名称及成分须同时用英文注明；希腊政府规定，出口到希腊的产品包装上必须要用希腊文字写明公司名称、代理商名称及产品质量、数量等项目。

(2) 要适应不同商品的特性及所采用的运输方式

出口商品品种繁多，形状不一，质地、轻重、大小均有不同，因此选用包装材料和包装方法时要特别注意商品、包装物、运输工具的三者配合。比如，为防湿、防锈、防氧化，装有闹钟、手表、剪刀、电池、自行车零件等货物的包装容器，必须达到标准的干燥程度；玻璃器皿、灯罩、台扇、收音机、电视机等货物的包装容器，要用一定的缓冲材料填塞入内，起到防震、防碎、防损作用；对于易受霉变、虫蛀的皮鞋、票夹、手套、皮箱等，要保持包装材料的干燥，同时放入杀虫剂、防潮剂等；对于腐蚀性强的液体的包装，不仅要求容器密封严实，内层还要有防腐涂料；鱼虾、疫苗需冷冻、保鲜包装等。另外，海运包装要注意牢固、防挤压、防水和温度变化的影响等；铁路、公路运输包装要有防震功能；航空运输需要轻便，体积不宜过大。

(3) 销售包装的制作要刷制物品条形码（Bar Code）

(4) 包装的设计制作要便于各环节人员的操作

10.3.2 运输包装和销售包装

按包装在商品流通过程中所起的不同作用，可分为销售包装和运输包装两大种类。销售包装又称内包装或小包装，其主要作用除保护商品外，还有方便使用、促进销售的功能；运输包装又称外包装或大包装，其主要作用是保护商品和防止出现货损货差，还有方便储运和节省费用等作用。

1. 运输包装

货物商品在运输过程中，不一定都需要包装。随着运输装卸技术的进步，越来越多的大宗颗粒状或液态商品，如粮食、水泥、石油等，都采用散装方式，即直接装入运输工具内运送，配合机械化装卸工作，既降低了成本，又加快了速度。

另外有一类可以自行成件的货物商品，如车辆、钢材、木材等，或者不需要包装，或者只需在运输过程中，加以捆扎即可，这种方式称为裸装。

但绝大多数货物商品，在长途运输过程中，都需要进行运输包装。

1) 对运输包装的要求

一般地，国际贸易货物商品的运输包装比国内贸易货物商品的运输包装要求更高，它应当体现下列要求。

① 适应各种不同商品的不同特性。

② 适应各种不同运输方式的要求。

③ 符合有关国家的法律规定。

④ 符合客户的要求。

⑤ 便于各环节有关人员进行操作。

⑥ 在保证包装各项功能的前提下节省费用。

2）运输包装的类型

运输包装的方式和造型多种多样，包装用料和质地各不相同，包装程度也有差异，这就是运输包装的多样性。按照不同的分类方法，运输包装也可以分成许多种类。

① 按包装的方式，可分为单件运输包装和集合运输包装。单件包装是指货物在运输过程中作为一个计件单位的包装。常用的单件包装又可按包装的造型不同，分为箱、包、桶、袋、篓、罐、捆等。集合包装是指在单件包装的基础上，把若干单件组合成一件大包装，以适应港口机械化作业的要求。集合包装能更好地保护商品，提高装卸效率，节省运输费用。常见的集合包装方式有托盘、集装袋和集装箱等。

② 按包装材料，可分为纸制包装、金属包装、木制包装、塑料包装、麻织品包装、玻璃制品包装、陶瓷制品包装以及竹、柳、草制品包装等。

③ 按包装质地，可分为软性包装、半硬性包装和硬性包装。

④ 按包装适用的运输工具，可分为铁路运输包装、公路运输包装、航空运输包装和海洋运输包装。

⑤ 按包装程度不同，可分为全部包装和局部包装。

在国际贸易中，买卖双方究竟采用何种包装，应在合同中具体订明。

3）运输包装的标志

运输包装的标志，其主要作用是在储运过程中识别货物，提示合理操作，以及警示注意等。按其用途可分成运输标志（Shipping Mark）、指示性标志（Indicative Mark）、警告性标志（Warning Mark）、附属标志（Subsidiary Mark）。

（1）运输标志

运输标志俗称“唛头”，是一种识别标志，它通常是由简单的几何图形和一些字母、数字及简单的文字组成，其作用在于使货物在装卸、运输、保管过程中容易被有关人员识别，防止错发错运。

运输标志的内容繁简不一，由买卖双方根据商品特点和具体要求商定。按国际标准化组织（ISO）的推荐使用建议，简化的运输标志只包括四项内容：收货人名称的英文缩写或简称；参考号，如订单、发票或运单号码；目的港（地）名称；件号、批号和件数。

例 10－9

ABCCO	收货人名称
SC9750	合同号码
LONDON	目的港
No. 4—20	件号（顺序号和总件数）

货物商品以集装箱方式运输时，运输标志可被集装箱号码和封口号码取代。

按国际贸易的惯例，运输标志一般由卖方提供，并且可以不在合同中作出具体规定。如果由买方提供，应在合同中规定制作和寄出唛头后通知卖方的日期，以免影响备货、出运和结汇等一系列工作。

(2) 指示性标志

指示性标志是一种操作注意标志，根据商品的特性提示有关操作人员在装卸、运输和保管过程中需要注意的事项，一般都是以简单、醒目的图形和文字在包装上标出。国际标准化组织（ISO）核准的统一的指示性标志有小心轻放、不得用钩、防潮、保持干燥、此端向上、重心、禁止翻滚等。

(3) 警告性标志

警告性标志又称危险货物包装标志，用以说明商品是危险性货物，用图形及文字标示。凡在运输包装内装有爆炸品、易燃物品、有毒物品、腐蚀物品、氧化剂和放射性物资等危险货物时，都必须在运输包装上标明用于各种危险品的标志，以示警告，便于装卸、运输和保管人员按货物特性采取相应的防护措施，以保护物资和人身的安全。对危险性货物的包装储运，各国政府都制定有专门的法规，必须严格遵照执行。

(4) 附属标志

附属标志是根据进口国的有关规定或根据收货人的要求而附加的一些作为运输标志补充的标志。这些标志通常有体积标志、重量标志、进口许可证号、合同号、商标、牌号、条形码、产地或原产地等。

例如，许多货物商品的运输包装外面都标明包装的体积和毛重，以方便储运过程中安排装卸作业和舱位；商品产地是海关统计和征税的重要依据，由产地证说明，但一般在内外包装上均注明产地，作为商品说明的一个重要内容。

运输标志在国际贸易中还有其特殊的作用。按《公约》规定，在商品特定化以前，风险不转移到买方承担。而商品特定化最常见的有效方式就是在商品外包装上标明运输标志。

此外，国际贸易主要采用的是凭单付款的方式，而主要的出口单据如发票、提单、保险单上，都必须显示出运输标志。

2. 销售包装

(1) 对销售包装的要求

销售包装是直接接触商品并随商品进入销售网点与用户直接见面的包装。这类包装除必须具有保护商品的功能外，更应具有促销的功能，同时还要符合各国的有关标准。

具体地说，好的销售包装的设计、制作和选择运用，应该满足以下几个方面的要求。

① 有良好的保护货物商品使用价值的功能。保护功能是货物商品包装最基本的功能。为了使商品在运输、储存、销售、使用过程中不丢失、流失、被偷盗，不受损、变质、失效，就要采用适当的包装材料，设计合理的包装结构和样式。

② 有良好的方便功能。包装本身应该便于生产、装填、储运和装卸、搬运，并且方便商品的携带、保存、开启和使用，以及计数和检查。

③ 有良好的信息传递效果。销售包装是传达商品信息的重要媒介。好的销售包装仅凭商品包装本身的外观，以及商品包装上简明扼要的装潢画面和文字说明，就能够传递大量的用户需要的信息，有利于他们识别商品，掌握相关知识。优秀的商品包装应该是商品特色的放大镜，能显现其独特风格。

④ 有良好的促销效果。包装可以是无声的推销员，更常常是一种广告工具。好的销售包装便于陈列、展售，有很强的艺术吸引力，能给人深刻印象和好感，提高商品的档次。包装的更高水平是能充分体现产品的信誉，增加用户对产品及生产、经销企业的信任。

⑤ 有良好的经济性。在全面地满足用户对商品包装要求的前提下，应保证包装的成本最低。好的销售包装还有利于商品的有效利用，提高商品使用的经济性。

⑥ 体现环保意识，满足环保要求。国际上现在普遍重视环境保护工作，总的趋势是尽量采用可回收或可降解的包装材料，使包装的废弃物容易处理。还可以采取复用包装，使包装可以重复使用，一物多用。

(2) 销售包装的类型

与运输包装一样，销售包装也具有多样性，常见的销售包装有下列几种。

① 挂式包装：有吊带、吊钩、吊孔、网兜等。

② 堆叠式包装：瓶类、罐类、盆类等。

③ 易开式包装：易拉罐等。

④ 携带式包装：有提手装置等。

⑤ 透明式包装：可以使消费者直接了解商品的形态和造型，便于识别，以利选购。

⑥ 喷雾式包装：香水、发胶等。

⑦ 配套式包装：餐具、茶具等。

⑧ 礼品式包装：外表美观、讲究，以显示礼品的名贵。

如果按包装的具体技术方法来分类，销售包装可以分为：防水包装、耐热包装、真空包装、高温蒸煮杀菌包装、无菌包装、缓冲包装、气相防锈包装等。

(3) 销售包装的标示和说明

在销售包装上，一般都附有装潢画面和文字说明，有的还印有条形码的标志。设计这些标志、画面和文字说明，要注意以下问题。

① 包装的装潢画面，要美观大方，形象、简洁，颜色悦目，富有艺术吸引力，并突出商品的特点，有助于理解和记忆，其图案和色彩要适应有关国家的民族习惯和爱好。

② 包装上的文字说明，包括包装上的标签，要标明商标或品牌、品名、产地、厂商和销售商、数量、规格、成分、用途、品质特点和使用方法等内容。文字说明应简明扼要，易懂、易记，要与装潢画面紧密配合、互相衬托、彼此补充，文字要简明扼要。

链接 10－2

国际上通用的两种条形码简介

国际通用的商品包装上的条形码有两种：美国、加拿大组织的统一编码委员会的UPC码（Universal Product Code）、欧洲物品编码协会的EAN码（European Article Number）（欧洲物品编码协会于1981年更名为国际物品编码协会。）

我国于1988年12月建立了“中国物品编码中心”（Article Numbering Center of China）即ANCC，负责推广条形码技术，并对其进行统一管理。1991年4月我国正式加入国际物品编码协会，该会分配给我国的前缀号为“690、691、692”，即凡是在货物商品的条形码标志的前三位标有“690、691、692”的商品，就是中国生产的商品。此外，我国书籍前缀号为“978”。

10.3.3 中性包装和定牌

1. 中性包装

中性包装是指既不标明生产国别、地名和厂商名称，也不标明生产者商标或品牌的包装。也就是说，在中性商品包装的内外，都没有原产地和出口厂商的标记。采用中性包装，可以打破某些进口国家或地区的关税和非关税壁垒，适应交易的特殊需要（如转口销售等），它是出口国家厂商加强对外竞销和扩大出口的一种手段，是国际货物贸易中过去比较常用的做法。

世界上大多数国家，对进口商品都明确要求在内外包装上标明产地，甚至在产品上标注产地。因此，中性包装的做法正逐渐从国际贸易中退出。

链接 10－3

使用中性包装带来的风险

采用中性包装时，对于我国和其他国家订有出口配额协定的商品，则应从严掌握。一旦进口商将商品转口至有关配额国，这将对我国产生不利影响。

例如，我国某服装企业，以中性包装向阿根廷出口一批衬衫，在阿根廷作简单加工，贴上标识和包装，以阿根廷产地的名义出口至美国，却被美国海关查获。美国随后以我国企业逃避配额限制，违反了中美双方达成的纺织品配额协议为由，单方面提出扣减我国对美国出口的纺织品配额。

2. 定牌生产

定牌是指卖方按买方要求，在其出口的商品或包装上标明买方指定的商标或牌号，对于生产厂商的这种做法叫定牌生产。

当前，世界上许多国家的超级市场、大百货公司和专业商店，对其经营出售的部分商品，都要在商品上或包装上标有本商店专有的商标或品牌，以扩大本店知名度和显示该商品的身价，这部分商品即是由商店要求有关厂商定牌生产的。许多国家的出口厂商，为了利用买主的经营能力及其商业信誉和品牌声誉，以提高商品售价和扩大销路，也愿意接受定牌生产。

随着经济全球化的发展，发达国家的经营者从比较成本出发，把相当一部分技术密集型和资本密集型的传统产业向发展中国家转移。这些行业的产品在国内外仍然拥有相当的市场。原经营者往往采用定牌生产的方式购买这些产品，在世界市场，特别是其国内市场上销售。因此，定牌生产在我国出口产品中占有相当大的比重。

我国出口贸易中，使用定牌有下列三种方式：对某些国外有大量订货的商品，接受买方指定的商标或牌号，既不注明生产国别，也无厂商名称；接受外商定牌，但在商标或牌号下标明“中华人民共和国制造”或“中国制造”，而无厂商名称；接受外商定牌，注明卖方工厂制造即厂商名称。

另外，定牌交易中要注意买方是否存在商标等知识产权的侵权行为。为了避免侵权，可以采取两种预防措施：一是要求对方提供知识产权的权利证明文件或被允许使用的许可证；二是在合同中约定一旦发生知识产权的纠纷由买方承担责任。

10.3.4 包装条款

1. **包装条款的基本内容**

包装条款主要是规定包装材料、包装方式、包装规格、包装标志，以及包装由谁供应和包装费用的负担等内容。

例 10－10

木箱装，每箱净重 50 千克。

In wooden cases of 50 kilos net each;

例 10－11

布包，每包 20 匹，每匹 42 码。

In cloth bales each containing 20 pcs. of 42 yds;

案例与评析 10－4

案情：出口合同规定：糖水橘子罐头，每箱 24 听，每听含 5 瓣橘子，每听罐头上都要用英文标明“MADE IN CHINA”。卖方为了讨个吉利，每听装了 6 瓣橘子，装箱时，为了用足箱容，每箱装了 26 听。在刷制产地标志时，只在纸箱上注明了“MADE IN CHINA”。买方以包装不符合同规定为由，向卖方要求赔偿，否则拒收货物。请问买方的要求是否合理？为什么？

评析：买方要求合理，因为根据《公约》规定，卖方应按合同规定品质、数量、包装交货。卖方无视合同规定，将每箱 24 听、每听 5 瓣橘子的包装方式改为每箱 26 听、每听 6 瓣橘子。这种任意违反合同规定的做法直接侵犯了买方的利益，不符合当地市场消费者的习惯要求，并且卖方只在外包装箱上注明“MADE IN CHINA”，而没有标示在每听罐头上，这都不适合在市场上销售，卖方需要重新加工，这笔费用理应由卖方承担。买方对此有权提出赔偿损害要求，在合理要求得不到满足时，还可以拒收货物。

2. **制定商品包装条款的注意事项**

订立货物买卖合同中的包装条款，应该注意以下方面。

（1）对包装的要求应明确具体

对包装的要求，有三种规定方式。

① 明确规定。根据具体商品而明确、具体地规定包装的方式，包装的材料、规格和包装的标志等。

② 笼统规定。如“适合于海洋运输的包装”、“习惯包装”等模糊的包装规定。

③ 不作明确规定。不明确规定实际上就是默认按照国际惯例。《公约》对包装方式有明确的规定：若合同没有约定包装的方式，货物应按照同类货物通用的方式装箱或者包装；如果没有这种通用的方式，应该按足以保全或保护货物的方式装箱或包装。

一般不应采用笼统规定的各种术语，也不宜采用第三种方式，应明确规定对包装的要求。

运输包装的标志，一般由卖方决定，如买方要求指定也可在合同中规定。

（2）明确包装由谁供应和包装费用由谁负担

包装由谁供应，通常有下列三种做法。

① 由卖方供应包装，包装连同商品一起交付买方。

② 由卖方供应包装，但交货后，卖方将原包装收回。关于原包装返回给卖方的运费由何方负担，应作具体规定。

③ 由买方供应包装或包装物料。采用此种做法时，应明确规定买方提供包装或包装物料的时间，以及由于包装或包装物料未能及时提供而影响发运时买卖双方所负的责任。

关于包装费用，按照国际贸易惯例，一般都包括在货价之内，不另计价，在包装条款中无须另行订明。但也有不计在货价之内，而规定由买方另行支付的。如果不按惯例或者买方有要求，则需要在包装条款中订明包装费用由谁负担。

本章小结

商品的品质是合同中的基本条款，可采用文字说明或实物来表示，具体采用哪一种方式或同时采用两种，应视商品特性而定。

商品的数量可以用度量衡制度单位或者用个数来表达，是合同中的基本条款。根据合同中的数量条款进行货物交接，是买卖双方的主要权利和义务。按照商品的特征，有时需要在合同中规定数量机动幅度。

商品在流通过程中需要包装，包括运输包装物和销售包装。运输包装上的标志，尤其是运输标志，在国际贸易中起特别重要的作用。

关键术语

品名　品质　对等样品　品质机动幅度　溢短装条款　运输标志　中性包装　定牌

复习思考题

1. 表示商品品质的方法有哪些？如何选择和运用？
2. 订立数量条款时应注意哪些问题？
3. 重量的计量方法有哪些？
4. 试述包装条款的内容和选用包装应该注意的问题。

章首案例分析

A公司应反省一下，为什么会造成如此被动局面？

① 根据《公约》的规定，一方当事人重大违约时，另一方当事人可以取消合同并要求赔偿损失。由于重要货物短缺，造成交货数量不足，本案的卖方已构成重大违约，对方的要求是合理的。

在国际货物买卖中，正确订立合同的标的物条款是非常重要的。因为质量、数量及包装条款制定不合理，可能给卖方带来交货风险，造成违约，招致对方的索赔要求。

② 对客户的样品没有作仔细研究，就简单地认为自己可以生产或从其他地方购买，以致盲目确认订单。

③ 对于客户特别重要的货物，应该给予重视。因为客户将样品从国外带到中国交给A公司订做，S公司确认可以生产，最后却没有生产出来，客户当然感到十分失望。要是换成其他产品不能完成，或许客户会勉强答应不至于取消合同。

④ 针对本案这种情况，卖方恰当的做法是：仔细研究来样后，根据来样加工复制出对等样品，交由对方确认后，按确认后的样品签订合同，这样可以避免出现以上交货困难的被动局面。

第11章

国际贸易术语与商品价格

学习目标 了解贸易术语的含义、作用，掌握有关贸易术语的国际惯例和主要内容，熟练掌握各个主要贸易术语的特点及在交货地点、风险、责任、费用方面的界限划分，了解影响价格的因素，掌握作价的基本方法，掌握降低外汇风险的措施，重点掌握价格条款的制定，重点掌握价格的换算、成本核算，掌握佣金与折扣的计算方法。

章首案例

兰州某出口公司于2007年12月与日本某公司签订一份出口30吨甘草膏的FOB合同，每吨售价为1 800美元，共1 200箱，总金额为54 000美元，即期信用证付款，装运港为天津新港，装运期为12月25日之前，必须用集装箱装运。该出口公司于12月上旬将货物运抵天津，由天津办事处负责订箱装船。不料货物在天津存仓后的第三天，仓库午夜着火，风大火烈，抢救不及，1 200箱甘草膏全部被焚。办事处立即通知内地公司总部并要求尽快补发30吨，否则无法按期装船。结果该出口公司因货源不济，只好要求日商将信用证的有效期和装运期各延长15天。

案例讨论题：该出口公司应吸取哪些教训？该出口公司有无更好的选择？

在国际贸易活动中，价格是涉及买卖双方根本利益的重要焦点问题之一。与之密切相关，买卖双方的责任、义务及相应的费用和风险如何划分，同样是非常重要的问题。为了解决这两个密切相关的重要问题，在洽商交易和订立合同时，买卖双方通常都要经过讨价还价，最终订立包括贸易术语在内的价格条款。因此，价格条款包括贸易术语是国际货物买卖合同中不可缺少的核心内容。

11.1 国际贸易术语

国际贸易术语是国际贸易发展到一定历史阶段的产物，它的产生与国际贸易的特点，以及国际运输、金融、保险和通信等事业的发展密切相关。

在国际贸易中，买卖双方处于不同的国家或地区，往往要经过长途运输，进行多次装卸、存储甚至转运，货物交接过程时间长、环节多、涉及因素多，因此风险也大。从卖方完成备货到买方在目的地接收货物，需要办理相关业务，如申请出口和进口手续、领取许可证、租订运输工具、装卸货物、投保货运险、报验、报关、纳税等事项；还需要支付运费、保险费、装卸费、仓储费及各种捐税和其他各项费用；同时，货物在运输，装卸、存储过程中，可能遭遇到自然灾害、意外事故等各种风险。这些有关事项的手续由谁办理，费用由谁支付，风险由谁承担，在磋商交易和订立合同时，买卖双方必须作出明确规定。若在每笔交易过程中买卖双方都要对上述问题进行逐一磋商，不仅费时费力，而且大大增加了交易费用，影响了整个交易的进程和交易的效率与效益。

为此，在国际贸易的长期实践中，人们开始逐渐把一些常用的习惯性的交易做法定型化，把某些和价格密切相关的贸易条件与价格直接联系在一起，组成若干种固定的报价模式，每一种模式都规定了买卖双方在货物交接方面各自所应承担的责任、费用和风险。于是，形成了专门的贸易术语。贸易术语的出现，简化了交易手续，缩短了成交时间，节省了交易费用，大大便利了国际贸易的进行。

11.1.1 国际贸易术语的概念

1. 贸易术语的含义

贸易术语（Trade Terms），是指国际贸易中习惯采用的，用简明的语言来概括说明商品的价格构成与买卖双方在货物交接方面各自承担的责任、费用和风险的专门术语。

2. 贸易术语的性质

贸易术语是用来表示买卖双方各自承担义务的专门用语。从上述贸易术语的概念中可以看出，贸易术语具有两重性：一方面表示交货条件，另一方面表示价格构成。

（1）表示交货条件

以每一种贸易术语签订的货物买卖合同，都有其特定的交货条件。贸易术语在反映价格构成的同时，更重要的是明确了买卖双方在货物交接方面的责任、费用和风险的划分。

例如，按FOB术语和按DES术语达成的交易，由于交货条件不同，买卖双方各自承担的责任、费用和风险，就存在很大区别。在FOB条件下，买方要负责派船到约定的装运港接运货物，并承担货物越过船舷后的一切费用和风险，而卖方则负责按时把约定的货物交到买方指定的船上，并承担货物越过船舷以前的一切费用和风险；在DES条件下，却由卖方负责派船将约定的货物运至指定的目的港，并承担货物在目的港船上交货前的一切费用和风险，而交货后的一切费用和风险，才转由买方负担。前者属于“装运合同”、“象征性交货”方式，后者则属于“到货合同”、“实际交货”的方式。

（2）表示价格构成

不同的贸易术语代表了不同的交易模式，体现了不同的价格构成。因此，采用不同的贸易术语成交，货物的成交价格是有区别的。例如，按FOB价成交与按CIF价成交，由于其价格构成因素不同，所以成交价应有区别。具体地说，FOB价是国内价格加上合理的利润，而CIF价是在FOB的基础上，加上从装运港到目的港的运费和保险费，所以CIF价应比FOB价高。

由于贸易术语能体现商品的价格构成，按不同的贸易术语成交，成交商品会有不同的价格。所以，有人认为它是表示价格的用语，将其称为“价格术语”或“价格条件”（Price Terms）。

由此可见，正是由于贸易术语具有的两重性，买卖双方只要确定了以何种贸易术语成交，即可明确彼此间在货物交接方面所应承担的责任，从而简化了复杂的国际贸易环节，被国际贸易界普遍接受并加以广泛应用。

11.1.2 有关国际贸易术语的国际惯例

1. 贸易术语国际惯例的产生

虽然贸易术语的出现，使得进出口贸易商可以简明地概括说明买卖双方在货物交接方面的权利与义务。但是，最初国际上没有形成对各种贸易条件的统一解释。由于各国法律制度、贸易惯例和习惯做法不同，在进出口贸易中，贸易商们对某种贸易术语的理解或解释互有差异，往往容易发生争议和贸易纠纷，这样不利于贸易术语的使用和推广。

为了避免各国在对贸易术语的解释上出现分歧和引起争议，一些国际组织和商业团体经过长期的努力，分别制定了解释国际贸易术语的规则。其中有些规则在国际上被广泛采用，因而形成为一般的国际贸易惯例。

在国际上有较大影响的有关国际贸易术语的国际惯例主要有三种：国际法协会 1932 年制定的《华沙-牛津规则》；国际商会 1936 年制定的《国际贸易术语解释通则》，简称 Incoterms；美国一些商业团体 1941 年制定的《美国对外贸易定义修正本》。

2. 贸易术语国际惯例的法律意义和性质

包括贸易术语国际惯例在内的国际贸易惯例是国际贸易法的渊源之一。在当前各国都在积极谋求国际贸易法律统一化的过程中，国际贸易惯例的作用更为显著。但需明确，国际商业惯例不是法律，对当事人不具有强制性，同时当事人在引用惯例时可以对惯例进行相应的修改和增减。买卖双方有权在合同中制定不合惯例的规定。发生争议时，如果合同的规定与惯例矛盾，则法院或仲裁机构以合同的规定为准；但是，国际贸易惯例对贸易实践仍具有重要的指导作用。只要当事人在合同中约定引用惯例，并在合同中作出明确规定时，那么这项约定的惯例就对当事人具有了法律约束力。

3. 贸易术语及其国际惯例的作用

（1）有利于买卖双方洽商交易和订立合同

由于每种贸易术语都有其特定的含义，而且一些国际组织对各种贸易术语也作了统一的解释与规定，形成了国际惯例。这些国际惯例在国际上被广为接受，并成为惯常奉行的做法或行为模式。因此，买卖双方只需商定按何种贸易术语、何种规定成交，即可明确彼此在交接货物方面所应承担的责任、费用和风险。这样，规范、简化了交易手续，缩短了洽商交易的时间，从而有利于买卖双方迅速达成交易和订立合同，并且可以节约有关费用开支。

（2）有利于买卖双方核算价格和成本

由于贸易术语表示价格构成因素，所以买卖双方确定成交价格时，必须要考虑采用的贸易术语包含哪些从属费用，如运费、保险费、装卸费、关税、增值税和其他费用，这就有利于买卖双方进行价格比较和成本核算。

（3）有利于解决合同履行中的争议

买卖双方商订合同时，如对合同条款考虑欠周，使某些事项规定不明确或不完备，致使履约中产生的争议不能依据合同的规定解决时，可以援引有关贸易术语的国际惯例来处理。因为贸易术语的国际惯例，已经被国际贸易界从业人员和法律界人士所广泛理解和接受，既可作为国际贸易中公认的一种类似行为规范的准则，也可以作为具有法律效果的依据。

（4）有利于其他有关机构开展业务

国际贸易业务活动中，离不开船运公司或其他运输公司、保险公司和银行等机构，而贸易术语及有关解释贸易术语的国际惯例，为这些机构开展业务活动和处理业务实践中的问题，提供了客观依据和有利条件。

11.1.3 有关贸易术语的主要国际贸易惯例

如前所述，在国际上有较大影响的有关国际贸易术语的国际惯例主要有三种，现分别简介如下。

（1）《1932年华沙-牛津规则》（Warsaw-Oxford Rules 1932，W. O. Rules）

19世纪中叶，CIF贸易术语已在国际贸易中被广泛采用。为了对CIF合同作出统一的规定和解释，国际法协会于1928年在波兰华沙制定了CIF买卖合同的统一规则，共计22条，称为《1928年华沙规则》。此后，在1930年纽约会议、1931年巴黎会议和1932年牛津会议上，又相继将此规则修订为21条，称之为《1932年华沙-牛津规则》（简称为《华沙-牛津条约》）。

《华沙-牛津规则》对CIF合同的性质、特点，买卖双方的权利和义务，以及所有权转移的方式等问题都作了具体的规定和说明，为按CIF贸易术语成交的买卖双方提供了一套在CIF合同制定过程中易于使用的统一规则，供买卖双方自愿采用。在缺乏标准合同格式或共同交易条件的情况下，买卖双方可约定采用此项通则，凡在CIF合同中订明采用《华沙-牛津规则》者，合同当事人的权利和义务，即应按此规则的规定办理。

（2）《1941年美国对外贸易定义修订本》（Revised American Foreign Trade Definitions 1941）

1919年，美国有几个商业团体共同制定了有关对外贸易定义的统一解释（《美国出口报价及其缩写条例》），供从事对外贸易人员参考使用。以后，鉴于贸易做法的演变，1940年美国全国对外贸易会议要求对定义进行修改。1941年，美国商会、进口商协会、外贸协会所组成的联合委员会正式通过了修改的定义，将其定名为《1941年美国对外贸易定义修订本》，并由全国对外贸易理事会发行。

该惯例共包括6种贸易术语，它们是：

① EX（Point of Origin）——产地交货；

② FOB（Free on Board）——在运输工具上交货；

③ FAS（Free Along Side）——在运输工具旁交货；

④ C&F（Cost and Freight）——成本加运费；

⑤ CIF（Cost Insurance and Freight）——成本加保险费、运费；

⑥ EX Dock（Named Port of Importation）——目的港码头交货。

该定义对6种贸易术语作了解释。为了具体说明买卖双方在各种贸易术语下各自承担的权利和义务，在修订本所列各种贸易术语之后，一般附有注释。这些注释，实际上是贸易术语定义不可分割的组成部分。

值得注意的是，该定义把FOB又分为6种类型，其中只有第五种，即指定的装运港船上交货（FOB Vessel），才与目前国际贸易中一般通用的 FOB 的含义大体相同，而其余 5 种 “FOB” 的含义则完全不同。

《美国对外贸易定义修订本》也是国际贸易中具有一定影响的国际贸易惯例，它不仅在美国使用，而且也为加拿大和其他一些美洲国家所采用。

(3)《国际贸易术语解释通则》(International Rules for the Interpretation of Trade Terms)

《国际贸易术语解释通则》是由国际商会（ICC）组织制定的。为了避免国际贸易术语使用中因各国的不同解释而出现的问题，1936 年国际商会制定了一套解释国际贸易术语的具有国际性的统一规则，定名为 Incoterms 1936，其后为适应国际贸易实践的发展，分别于 1953 年、1967 年、1976 年、1980 年、1990 年、2000 年作了六次修改。当前最新的规则是《2000 年国际贸易术语解释通则》，简称 “Incoterms 2000” 或《2000 通则》。

11.1.4 国际贸易术语解释通则

《国际贸易术语解释通则》是当前在国际贸易中使用最广的、影响力最大的有关国际贸易术语解释通则。

(1) Incoterms 1990

随着电子数据交换（Electronic Data Interchange，EDI）的使用日益增加，国际运输方式的多样化，特别是集装箱运输、多式联运及滚装滚卸运输方式的发展，为了能适应国际贸易新形势的需要，国际商会在 1991 年 4 月正式发布了 Incoterms 1990，同年 7 月 1 日起生效实施。Incoterms 1990 共有 13 种贸易术语，其主要特色如下。

① 适应电子数据交换系统的需要。Incoterms 1990 允许以电子数据交换（电子文件）取代传统的货运单据，以配合无纸贸易（Paperless Trading）的需要。

② 适应新型运输方式的需要。为了适应集装箱运输、多式联运及滚装滚卸运输业务，将 Incoterms 1980 的 FOA、FOR/FOT 并入 FRC，并改称为 FCA。

③ 划分为四种基本类型。按性质的不同，将 13 种贸易术语归纳为 E、F、C 及 D 四组基本类型，E 组只有一种 EXW，F 组分为 FCA、FAS 和 FOB，C 组有 CFR、CIF、CPT 和 CIP，D 组由 DAF、DES、DEQ、DDU 和 DDP 组成。

(2) Incoterms 2000

Incoterms 2000 与 Incoterms 1990 相比，改动不大，除了在文字表述及编排形式上作了一些修改，使之更加明确具体外，带有实质性内容的修改涉及以下几方面。

① FAS。在 FAS 术语下，将 Incoterms 1990 中原由买方负责办理出口通关事宜及承担有关费用改为由卖方来承担。

④ DEQ。在 DEQ 术语下，Incoterms 1990 中原由卖方承担的进口清关及支付的关税的义务改为由买方来承担。

③ FCA。在 FCA 术语下，对卖方将货物交付承运人的完成方式，作了更为简洁明了的规定。即若在卖方的营业场所交付货物，由其负责装货，若在卖方场所之外的地点交付货物，卖方不负责卸货。

另外，对于 DAF 术语特别强调，卖方在办妥出口通关但尚未办妥进口通关，将货物置于“尚未卸载的到达运输工具上”时，即完成交货义务；DDU 术语及 DDP 术语的买方应负责从到达的运输工具上卸货。

Incoterms 2000 对 13 种术语作了解释，按卖方承担义务的不同，将 13 种贸易术语也划分为 E、F、C、D 四组，E 组属于启运术语，F、C 组属于装运术语，D 组属于到达术语。下面将四组贸易术语按照交货地点及使用的运输方式列表，如表 11－1 所示。

表 11－1 Incoterms 2000 的贸易术语分类表

组别	术语性质	国际代码	英文含义	中文含义	交货地点	运输方式
E 组	启运术语	EXW	Ex Works	工厂交货	商品产地、所在地	任何
F 组	装运术语（主要运费未付）	FCA FAS FOB	Free Carrier Free Along side ship Free on Board	货交承运人 船边交货 船上交货	出口国内地、港口 装运港口 装运港口	任何 水运 水运
C 组	装运术语（主要运费已付）	CFR CIF CPT CIP	Cost and Freight Cost，Insurance and Freight Carriage Paid to Carriage and Insurance Paid to	成本加运费 成本、保险费加运费 运费付至 运费、保险费付至	装运港口 装运港口 出口国内地、港口 出口国内地、港口	水运 水运 任何 任何
D 组	到达术语（主要运费已付）	DAF DES DEQ DDU DDP	Delivered at Frontier Delivered Ex Ship Delivered Ex Quay Delivered Duty Unpaid Delivered Duty Paid	边境交货 船上交货 码头交货 未完税交货 完税交货	两国边境指定地 目的港 目的港 进口国内 进口国内	任何 水运 水运 任何 任何

11.2 常用的贸易术语

Incoterms 2000 中共有 13 种贸易术语，其中使用最广泛的是传统的 FOB、CFR、CIF 等三种贸易术语，其次是随着国际集装箱运输和多式联运业务的快速发展而经常使用的 FCA、CPT 和 CIP 贸易术语。在本节先介绍这 6 种常用的贸易术语。

11.2.1 装运港交货的常用贸易术语

在国际货物买卖中，FOB、CFR 和 CIF 是最为常用的贸易术语，这三种贸易术语都属于装运合同，即在装运港完成交货，买卖双方风险责任的划分以“船舷”为界，只要卖方按规定完成自己的义务，则货物越过船舷后风险转移给买方。对这三种装运港交货的贸易术语，下面予以分别介绍。

1. FOB

FOB 的全文为 Free on Board（… named port of shipment），即装运港船上交货（……指定装运港）。

以 FOB 术语成交时，卖方在合同规定的时间和装运港口，将符合合同规定的货物装上买方指派的船只，提交相应单证及清关之后完成交货义务，货物越过船舷后风险转移给买方。买方负担受领货物后的运输、保险，并承担有关一切风险与费用。

1）买卖双方各自承担的义务

根据 Incoterms 2000，FOB 下买卖双方各自承担的义务如下。

（1）卖方义务

① 在合同规定的时间和装运港口，将符合合同规定的货物交到买方指派的船上，并及时通知买方。

② 承担货物交至装运港船上之前的一切费用和风险。

③ 自担费用和风险，取得出口许可证或其他官方批准文件，并且办理货物出口所需的一切海关手续。

④ 提交商业发票和自费提供证明卖方已按规定交货的清洁单据或相等的电子信息。

（2）买方义务

① 订立从指定装运港运输货物的合同，支付运费，并将船名、装货地点和要求交货的时间及时通知卖方。

② 根据买卖合同的规定受领货物并支付货款。

③ 承担货物越过装运船舷时起所发生的一切费用和包括货物灭失或损坏的一切风险。

④ 自担风险和费用，取得进口许可证或其他官方证件，并办理货物进口所需的海关手续。

2）使用 FOB 术语的注意事项

（1）“船舷为界”的确切含义

按照 FOB 术语的解释，卖方不仅要交货还要交单，即将货物越过指定装运港船舷，完成交货的同时，需提交包括清洁提单在内等要求的单据，才算完成其在 FOB 下的义务。由于装船作业是一个连续的过程，包括从岸上起吊、越过船舷、装入船舱。如果卖方负责装船，就必须完成上述作业，而不能在船舷办理交接。而且，只有将货物安全地装到船上，才能拿到船方签发的清洁提单，所以船舷为界只说明风险划分的界限，而不能作为划分买卖双方责任和费用的界限。因为作为惯例，它的规定不是强制的，可以由买卖双方根据实际业务需要，对此作出必要的修改。

（2）船货衔接的问题

在 FOB 术语下，卖方要在规定的时间和地点完成装运，而运输工具是由买方负责安排的，因此存在一个船货衔接问题，要防止出现“货等船”或“船等货”。如果买方未能按时派船，这包括未经对方同意提前将船派到和延迟派到装运港，卖方都有权拒绝交货，由此产生的仓储费、保险费及因迟收货款而造成的利息损失等均由买方承担。如果买方指派的船只按时到达装运港，而卖方却未能备妥货物，那么因此产生的空舱费、滞期费由卖方承担。

另外，如果双方约定，由卖方代办租船订舱，其风险和费用由买方自担，卖方只负责将租不到船的情况及时通知买方，买方不能借此向卖方提出索赔要求。

3）装船费用的确定

在按 FOB 条件成交时，卖方要负责支付货物装上船之前的一切费用。但因对“装船”的概念各国解释不一，对于装船作业过程中的各项有关费用，包括货物运至船边、吊装入舱、平舱和理舱等费用到底由谁负担，容易引起争议，因此可以通过 FOB 的变形来说明装船费用的负担问题。

① FOB Liner Terms（FOB 班轮条件），装船费用按照班轮的做法处理，即由船方或买方承担。

② FOB Under Tackle（FOB 吊钩下交货），卖方负担费用将货物交到买方指定船只的

吊钩所及之处，而吊装入舱及其他各项费用，由买方或由船方负担。

③ FOB Stowed（FOB理舱费在内），卖方负责将货物装入船舱并承担包括理舱费在内的装船费用。

④ FOB Trimmed（FOB平舱费在内），卖方负责将货物装入船舱并承担包括平舱费在内的装船费用。

⑤ FOB Stowed and Trimmed（FOB理舱费和平舱费在内），在许多标准合同中，为表明由卖方承担包括理舱费和平舱费在内的各项装船费用，常采用这种方式，简称为FOBST方式。

上述这些FOB的变形，只是为了表明装船费用由谁负担，并不改变FOB的交货地点及风险划分的界限。

4）美国对外贸易定义对FOB的不同解释

如前所述，《1941年美国对外贸易定义修订本》对FOB的解释与运用，同国际上的一般解释与运用有明显的差异，差异主要表现在以下3个方面。

① 美国对FOB笼统地解释为任何一种运输工具上交货。因此，从美国进口货物签订FOB合同时，必须在FOB后加“Vessel（船）”字样，并列明装运港名称，才表明卖方在装运港船上交货。如果合同只写“FOB San Francisco”字样，则卖方只负责把货物运到旧金山城内的任何地方，不需要负责把货物运到旧金山港口并交到船上。

② 在风险划分上，不是以船舷为界，而是以船舱为界。

③ 在费用负担上，规定买方要支付卖方协助提供出口单证的费用及出口税和因出口而产生的其他费用。

案例与评析 11－1

案情：我某外贸公司以FOB中国口岸与日本M公司成交矿砂一批，日商即转手以CFR悉尼价售给澳大利亚的C公司，日商来证价格为FOB中国口岸，目的港为悉尼，并提出在提单上表明“运费已付”。问：日商为何这样做？我们应如何处理才使我方的利益不受损害？

评析：FOB条件下，由买方租船订舱，支付运费；CFR条件下，由卖方租船订舱，支付运费。本案例中，由我方和日本M公司按FOB签订的第一份合同，应由日本M公司办理租船订舱，支付运费；由日本M公司和澳大利亚的C公司按CFR条件签订的第二份合同，应由港商日本M公司办理租船订舱，支付运费。但是，日本M公司给我方开来的信用证中要求中方将货物直运悉尼，且在提单中标明“运费已付”，日本M公司这样做的目的是想将运费转嫁由我方承担。

我方的做法：要求日本M公司改L/C，将“运费已付”改为“运费到付”；要求日本M公司在装船前将中国口岸到悉尼的运费付给我公司，在此基础上，我方同意在提单上标明“运费已付”。

2. CFR

本术语全文为Cost and Freight（...named port of destination），即成本加运费（……指定目的港）。

CFR是指卖方必须支付把货物运至指定目的港所需的成本和运费，但货物的风险、灭失或损坏及发生事故后造成的额外开支，在货物越过指定港的船舷后，就由卖方转向买方负担。另外，要求卖方办理货物的出口清关手续。

1）买卖双方的主要义务

根据 Incoterms 2000，CFR 下买卖双方各自承担的义务如下。

（1）卖方义务

① 签订从指定装运港承运货物运往约定目的港的合同；在买卖合同规定的时间和港口，将符合合同要求的货物装上船并支付至目的港的运费；装船后及时通知买方。

② 承担货物在装运港越过船舷之前的一切费用和风险。

③ 自担风险和费用，取得出口许可证或其他官方证件，并且办理出口所需的一切海关手续。

④ 提交商业发票及自费向买方提供为买方在目的港提货所用的通常的运输单据或相等的电子信息。

（2）买方义务

① 接受卖方提供的有关单据，受领货物，并按合同规定支付货款。

② 承担货物在装运港越过船舷以后的一切风险。

③ 自担风险和费用，取得进口许可证或其他官方证件，并且办理货物进口所需的海关手续，支付关税及其他有关费用。

2）使用 CFR 的注意事项

（1）装船通知的重要性

按 CFR 条件成交时，由卖方安排运输，由买方办理货运保险，如卖方不及时发出装船通知，则买方就无法及时办理货运保险，甚至有可能出现漏保货运险的情况。因此，卖方装船后务必及时向买方发出装船通知，否则卖方应承担货物在运输途中的风险与损失。

（2）考察卖方和船方的资信

按 CFR 条件进口时，由卖方安排装运，由买方负责保险。如果出口商与船方勾结，出具假提单，租用不适航的船舶或伪造品质证书与产地证明，会使买方蒙受不应有的损失。故买方为防止以上情况发生，应选择资信好的国外客户成交，并对船舶提出适当要求。

3）卸货费用的负担问题

大宗商品按 CFR 条件成交，很容易在卸货费问题上引起争议。这是因为大宗商品通常采用租船运输，而一般情况下船方按不负担装卸费条件出租船舶。因此，为了明确责任和避免引起纠纷，买卖双方商订合同时，要在 CFR 术语附加表明卸货费由谁负担的具体条件，即 CFR 的变形。

① CFR Liner Terms（CFR 班轮条件）。这是指卸货费按班轮办法处理，即买方不负担卸货费。

② CFR Landed（CFR 卸到岸上）。这是指由卖方负担卸货费，其中包括驳运费在内。

③ CFR Ex Tackle（CFR 吊钩下交货）。这是指由卖方负责将货物从船舱吊起卸到船舶吊钩所及之处（码头上或驳船上）的费用。在船舶不能靠岸的情况下，租用驳船的费用和货物从驳船卸到岸上的费用，概由买方负担。

④ CFR Ex ship's Hold（CFR 舱底交货）。这是指货物运到目的港后，由买方自行启

舱，并负担货物从舱底到码头的费用。

上述的CFR变形，只是为了进一步明确卸货费由何方负担的问题，而交货地点和风险划分的界线，并无任何改变。

3. CIF

本术语全文为Cost，Insurance and Freight（...named port of destination），即成本、保险费加运费（……指定目的港）。

CIF是指卖方必须在合同规定的装运期内在装运港将货物运往指定目的港的船上，负担货物越过船舷为止的一切费用和货物灭失或损坏的风险，负责办理租船订舱，支付装运港至目的港的正常运费，并办理货运保险，支付保险费，取得出口许可证或其他官方证件，办理货物出口所需的一切海关手续。

1）买卖双方的主要义务

根据Incoterms 2000，CIF下买卖双方各自承担的义务如下。

（1）卖方义务

① 签订从指定装运港承运货物运往约定目的港的运输合同；在买卖合同规定的时间和港口，将符合合同要求的货物装上船并支付至目的港的运费；装船后向买方发出充分通知，以便买方能够及时受领货物。

② 必须负担货物在装运港越过船舷为止的一切货物灭失或损坏的风险及由于各种事件造成的任何额外费用。

③ 必须自担风险和费用，取得任何出口许可证或其他官方许可，并办理出口清关手续。

④ 必须签订货物从装运港到目的港的保险合同，支付保险费，并向买方转让保险单或其他保险凭证，以使买方或任何其他对货物具有保险利益的人有权直接向保险人索赔。

⑤ 必须自负费用向买方提供商业发票和证明货物已交至船上的交货凭证、运输单据或具有同等作用的电子信息。

（2）买方义务

① 必须按照合同规定支付价款。

② 必须自担风险和费用，取得任何进口许可证或其他官方许可，办理进口清关手续。

③ 必须负担货物在装运港越过船舷之后的一切货物灭失或损坏的风险及由于各种事件造成的任何额外费用。

④ 必须按时受领卖方按合同规定交付的货物，接受按合同规定提交的交货凭证。

2）使用CIF注意事项

我国出口贸易中，按CIF条件成交的较为普遍。使用CIF术语时应特别注意下列事项。

（1）CIF属于“装运合同”

按CIF术语成交，虽然由卖方安排货物运输和办理货运保险，但卖方并不承担保证把货送到约定目的港的义务。也就是说，按规定交货后，货物灭失或损坏的风险及由于各种事件造成的任何额外费用即由卖方转移到买方。不要因CIF术语后注明的是“指定目的港”或者我国曾将CIF错译成“到岸价”，就认为CIF合同是“到货合同”，这与CIF本身的含义是相违背的，必须注意CIF是属于装运港交货的术语，而不是目的港交货的术语，即CIF合同属于“装运合同”。

(2) 租船订舱的责任

根据 Incoterms 2000，卖方负责按照通常条件下习惯的航线，租用适当船舶将货物运往目的港。对于买方提出的一些限制性要求，如限制船舶的国籍、船型、船龄、船级及指定装载某班轮公司的船只的要求，卖方均有权拒绝接受。但如果在不增加额外费用的情况下，卖方能够办到时，也可考虑接受。

(3) 办理保险的有关规定

在 CIF 术语中，卖方是为买方的利益而办理货运保险的，属于代办性质，该项保险主要是为了保障货物在主运输途中的风险。如果事后发生承保损失，由买方凭卖方提交的保险单直接向保险公司索赔，能否索赔到手，卖方并不负责。

根据 Incoterms 2000，卖方只需投保最低的保险险别即可，如中国保险条款的平安险(FPA) 和协会货物保险条款的 C 险。如果买方另有要求，买方需自担费用，卖方可加保战争、罢工、暴乱和民变险；最低保险金额为合同规定的价款加 10%，即按 CIF 发票金额的 110%，并采用合同货币投保。

(4) CIF 属于象征性交货

所谓象征性交货是相对于实际交货而言的。从交货方式上来看，有实际交货 (Physical Delivery) 和象征性交货 (Symbolic Delivery) 两种。实际交货是指卖方必须在合同指定地点将货物实际交由买方控制，才算完成交货任务。在此条件下，装运单据不能代替货物，必须实物交接。

象征性交货则是指卖方按合同规定装运货物后，向买方提交包括物权凭证在内的有关单证，就算完成交货义务，无须保证到货。CIF 就是一种典型的象征性交货。根据对 CIF 术语的解释，卖方按期在约定地点完成装运，并向买方提交合同规定的包括提单、保险单、商业发票在内的有关单据，就算完成交货义务，而无须保证到货。由于提单具有货物所有权的性质，因此在货物到达并全部交给买方之前始终起着象征货物的作用，即交单就等于交货，只要卖方提交了合同规定的全套合格单据，即使货物已在途中损坏或灭失，买方也必须付款。反之，如果卖方提交的单据不符合要求，即使货物完好无损地运达目的地，买方也有权拒付货款。

由此可见，CIF 术语是卖方凭单交货、买方凭单付款，属于一种单据买卖。至于货物在途中的损失或者货到目的港发现质量不符合要求，买方则可根据具体情况分别向船方、保险公司或卖方提出索赔。所以，装运单据在 CIF 交易中具有特别重要的意义，应重视和做好单证工作。

3) 卸货费的负担问题

与 CFR 条件类似，大宗商品通常采用租船运输，买卖双方容易在卸货费问题上引起争议，因为在租船运输中船舶公司一般不负担装卸费。为了明确责任，买卖双方应在 CIF 合同中就卸货费由谁负担作出明确具体的规定，即 CIF 的变形。

买方不负担卸货费的变形有：CIF 后加列 Liner Terms (班轮条件) 或 Landed (卸到岸上) 或 Under Ex Tackle (吊钩下交货) 字样。

卖方不负担卸货费的变形是在 CIF 后加列 Ex ship's Hold (舱底交货) 字样。

上述 CIF 后加列各种附加条件，如同 CFR 后列各种条件一样，只是为了明确卸货费由谁负担，不影响交货地点和风险转移的界线。

案例与评析 11－2

案情： 某口岸出口公司按 CIFAVONMOUTH 向英商出售一批核桃仁，由于该货季节性强，双方在合同中规定：买方须于 9 月底前将信用证开到，卖方保证运货船只不得迟于 12 月底到达目的港。如货轮迟于 12 月底到达目的港，买方有权取消合同。如货款已收，卖方应退货款。问这一合同的性质是否属于 CIF 合同？为什么？

评析： 这一合同的性质是不属于 CIF 合同。理由：第一，CIF 合同是"装运合同"，卖方并不保证到货，卖方只要按照合同规定的时间，将合同规定的货物运到指定的地点，越过装运港船舷，即完成交货义务，风险由卖方转移给买方，对货物运输途中发生灭失或损坏的风险及货物交运后发生的事件所产生的费用，卖方概不承担责任；②CIF 术语性质属于象征性交货，卖方凭单交货，买方凭单付款。本案例中，合同约定"卖方保证运货船只不得迟于 12 月底到达目的港。如货轮迟于 12 月底到达目的港，买方有权取消合同。如货款已收，卖方应退货款。"不符合合同中 CIF 的规定，实际上等于实际交货，改变了 CIF 贸易术语的装运合同的性质。另外，以信用证支付，属于单据买卖，只要卖方按规定交单，买方就无权拒付，更无权取消合同。

11.2.2 向承运人交货的常用贸易术语

随着运输技术的不断发展，特别是集装箱运输和多式联运方式的发展，原有的 FOB、CFR 和 CIF 等以船舷为风险转移界限（交货点）的贸易术语已显得不适应。于是，为适应贸易实践的需要，新发展起来三种"货交承运人"的贸易术语 FCA、CPT 和 CIP，即买卖双方风险和费用的责任划分以"货交承运人"为界。若买方指定承运人以外的人领取货物，则当卖方将货物交给此人时，即视为已履行了交货义务。

FCA、CPT、CIP 和 FOB、CFR、CIF 相比，除了风险点不同之外，运输方式也从水运向各种运输方式延伸，如表 11－2 所示。

1. FCA

FCA 术语全文为 Free Carrier（… named place），即货交承运人（……指定地点）。

在 FCA 条件下，卖方在约定地点将合同规定的货物交给买方指定的承运人照管，并办理了出口清关手续后，就完成了交货义务，风险随之转移给买方。买方负责办理从交货地点至目的地的运输事项，并承担有关的一切费用和风险。

FCA 术语的适用范围最广，它适用于包括多式联运在内的各种运输方式。

1）买卖双方的基本义务

（1）卖方义务

① 在合同规定的时间、地点，将符合合同规定的货物置于买方指定的承运人控制之下，并及时通知买方。

② 承担将货物交给承运人以前的一切费用和风险。

③ 自担费用和费用，取得出口许可证或其他官方批准文件，并办理货物出口所需的一切海关手续。

④ 提交商业发票或相等的电子信息，并自费提供通常的交货凭证。

(2) 买方义务

① 签订从指定地点承运货物的合同，支付有关的运费，并将承运人名称及有关情况及时通知卖方。

② 按合同规定受领交货凭证或相等的电子信息，并支付货款。

③ 承担受领货物之后发生的一切费用和风险。

④ 自担风险和费用，取得进口许可证或其他官方文件，并且办理货物进口所需的海关手续。

2）使用 FCA 术语的注意事项

(1) 不同交货地点的交货

在 FCA 术语下，交货地点可以有三种情况。指定交货地点如在卖方所在地，卖方按买方指示将货物装上买方指定的承运人提供的运输工具时，即完成交货；指定交货地点如在卖方所在地之外的任何地点，货物在卖方运输工具上，即使尚未卸货而交给买方指定的承运人照管、处置时，就可认为卖方履行了交货义务；如果买方未指定确切交货地点，则卖方可在规定的地区或范围内选择最合适的交货地点，将货物交由承运人照管。

(2) 运输合同的订立

按 FCA 术语成交，应由买方自行负担费用，订立从指定地点承运货物的运输合同，并指定承运人，卖方并无订立运输合同的义务。但根据国际贸易惯例，当卖方被要求协助与承运人订立运输合同（如铁路或航空运输合同）时，只要买方承担费用和风险，卖方也可以办理。当然，卖方也可以拒绝协助订立运输合同，如果拒绝，则应立即通知买方，以便买方另作安排。

2. CPT

本术语全文为 Carriage Paid to（… named place of destination)，即运费付至（……指定目的地）。

CPT 术语是指卖方支付货物运至指定目的地的运费。卖方在约定地点将货物交付给承运人照管，即算完成了交货义务，在货物被交承运人保管时，货物灭失或损坏的风险，以及货物交给承运人后发生的事件而引起的额外费用，即从卖方转移至买方。另外，卖方须办理货物出口的清关手续，以及从装运地至约定目的地的运输合同。本术语适用于各种运输方式，包括多式联运。

1）买卖双方的主要义务

(1) 卖方义务

① 订立将货物运往指定目的地的运输合同，并支付有关运费。

② 在合同规定的时间、地点、将合同规定的货物置于承运人控制之下，并及时通知买方。

③ 承担将货物交给承运人控制之前的风险。

④ 自担风险和费用，取得出口许可证或其他官方批准文件，并办理货物出口所需的一切海关手续，支付关税及其他有关费用。

⑤ 提交商业发票和自费向买方提供在约定目的地提货所需的通常的运输单据或相等的电子信息。

(2) 买方义务

① 接受卖方提供的有关单据，受领货物，并按合同规定支付货款。

② 承担自货物在约定交货地点交给承运人控制之后的风险。

③ 自担风险和费用，取得进口许可证或其他官方证件，并办理货物进口所需的一切海关手续，支付关税及其他有关费用。

2）使用 CPT 术语的注意事项

（1）风险划分的界限问题

在 CPT 条件下，虽然由卖方订立将货物从交货地运往指定目的地的运输合同，并支付有关运费，但卖方承担的风险并没有延伸至目的地。货物交给承运人或第一承运人照管时起，货物发生灭失或损坏的一切风险就由卖方转移给买方，即货物在运输途中的风险，概由买方承担。

（2）责任和费用的划分问题

卖方将货交给承运人后，应向买方发出货已交付的通知，以利于买方及时的办理保险和到指定目的地受领货物。为了防止买方故意拖延受领货物和风险转移的情况出现，使用 CPT 条件可规定，如买方未向卖方通知或未按时受领货物，由此引起的额外费用和风险，应由买方负担。

3. CIP

CIP 术语全文为 Carriage and Insurance Paid to（... named place of destination），即运费及保险费付至（……指定目的地）。

按 CIP 条件，卖方负责订立运输契约并支付相应运费，以及投保货物运输险并支付保险费。在合同规定的装运期内将货物交给承运人或第一承运人的处置下，即完成交货义务。买方承担交货后的风险，并负担除运费、保险费以外的货物自交货地点直到指定目的地为止的各项费用。

CIP 术语的适用范围同 FCA 和 CPT 术语完全一样，适用于各种运输方式，包括多式联运。

1）买卖双方的主要义务

（1）卖方义务

① 必须自费订立将货物运往指定目的地的运输合同，并支付有关运费。在运输合同规定地点和日期将货物交给承运人，并给予买方已交货充分通知。

② 必须自担风险和费用，取得任何出口许可证或其他官方许可，并在需要办理海关手续时，办理出口货物所需的一切海关手续。

③ 必须承担货物被交由承运人监管为止的一切与货物有关的费用和货物灭失或损坏的风险。

④ 必须对货物在运输途中可能发生的灭失或损坏的风险取得货物保险，订立保险合同，并支付保险费。

⑤ 必须自负费用向买方提供商业发票和证明货物已交给承运人的交货凭证运输单据或具有同等作用的电子信息。

（2）买方义务

① 必须收取卖方按合同规定交付的货物，并按合同规定支付货款。

② 必须承担货物被交由承运人监管之后的一切与货物有关的费用和货物灭失或损坏的风险。

③ 必须自担风险和费用，取得任何进口许可证或其他官方许可，并在需要办理海关手

续时，办理货物进口和在必要时从他国过境的一切海关手续。

④ 必须接受按合同规定提交的交货凭证或具有同等效力的电子信息。

表 11－2 是 FOB、CFR、CIF 与 FCA、CPT、CIP 的区别。

表 11－2　FOB、CFR、CIF 与 FCA、CPT、CIP 的区别

项　目	FOB、CFR 和 CIP	FCA、CPT 和 CIP
运输方式	水运方式	各种运输方式
交货地点	装运港船上	视不同运输方式而定
风险转移界限	装运港船舷	货交承运人监管
装卸费的负担	通过贸易术语的变形来说明装卸费由谁负担	FCA 卖方负担装船费，CPT 和 CIP 卖方负担卸货费，不存在贸易术语的变形
运输单据	已装船清洁提单	各种运输单据

11.3　其他贸易术语

Incoterms 2000 中包含了四组 13 种贸易术语，除了已经介绍的 6 种贸易术语分别属于 F 组和 C 组外，其余的 7 种贸易术语分别属于 E 组、F 组和 D 组，下面分别予以简单介绍。

11.3.1　EXW 和 FAS

1. EXW

本术语全文为 EX Works（… named place），即工厂交货（……指定地点）。

EXW 是指当卖方在其所在地或其他指定的地点（如工场、工厂或仓库等）将货物交给买方处置时，即完成交货。卖方不办理出口清关手续，也不负责将货物装上任何运输工具。买方必须承担在卖方所在地受领货物的全部费用和风险，并且要办理出口清关手续。

EXW 术语适用于各种运输方式。

2. FAS

本术语全称是 Free Alongside Ship（… named port of shipment），即船边交货（……指定装运港）。

FAS 是指卖方在指定的装运港码头或驳船上把货物交至船边，从这时起买方须承担货物灭失或损坏的全部费用和风险，另外卖方须办理出口清关手续。该术语适用于海运或内河运输。

11.3.2　进口地交货的贸易术语

进口地交货的贸易术语有：边境交货（DAF）、目的港船上交货（DES）、目的港码头交货（DEQ）、未完税交货（DDU）、完税后交货（DDP）。ICC 在 Incoterms 2000 中将这 5 种贸易术语称为 D 组。进口地交货属于实际交货方式，按在进口地交货的贸易术语签订的国际货物买卖合同均称为“到货合同”。

与 E 组、F 组和 C 组相比，D 组术语中卖方要承担的交货义务和风险最大。卖方不仅要在买方指定的货物目的地的边境、港口，甚至进口国内地履行交货义务，并要承担把货物运至目的国所需要的费用和风险，包括交货前货物和运输有关的全部费用和货物灭失的风险。

(1) DAF

本术语的全称是 Delivered at Frontier (... named place)，即边境交货（……指定地点）。

DAF 是指卖方在约定的时间，将备妥的货物运至边境的指定交货地点，交给买方处置，完成出口清关手续，即完成交货。

本术语主要适用于货物的铁路或公路运输，即陆地接壤国家之间的陆路运输方式，也可用于其他运输方式。

(2) DES

本术语的全称为 Delivered Ex Ship (... named port of destination)，即目的港船上交货(……指定目的港)。

DES 是指卖方将合同规定的货物，在指定目的港的船上交给买方处置，不办理货物进口清关手续，即完成交货。卖方必须承担货物运至指定的目的港的一切风险和费用。

本术语适用于海运或内河运输或多式联运。

DES 和 CIF 在主要价格构成上有相同之处，即货价中都包含运费和保险费。但两者也有许多不同，主要表现在以下 4 个方面。

① 合同性质和交货地点不同。CIF 合同为装运合同，是装运港船上交货，只规定装运时间；DES 合同为到货合同，在目的港船上交货，必须规定到货时间。

② 交货方式不同。CIF 是象征性交货，买方应凭单付款；DES 是实际交货，货物置于买方的实际控制之下，买方才有责任付款。

③ 费用和风险的责任划分不同。CIF 以装运港船舷为界；而 DES 以在目的港实际交货为界。换句话说，CIF 条件下，运输途中的风险由买方承担；DES 条件下，运输途中的风险由卖方承担。

④ 保险性质和费用负担不同。CIF 中卖方办理保险是一种义务，应按合同或惯例规定履行；而 DES 中卖方是为自己买保险，不构成一种义务。因此，CIF 中卖方只交付正常运费和约定的保险费，DES 中卖方则要负担货物运至约定目的港交货之前的一切费用。

由于上述特点，以前有人将 CIF 称为“到岸价”是不科学的，而 DES 才称得上是真正的“到岸价”。

(3) DEQ

本术语的全称为 Delivered Ex Quay (Duty Paid) (... named port of destination)，即目的港码头交货（关税已付）(……指定目的港)。

DEQ 是指卖方将合同规定的货物，在指定目的港的码头交付给买方，不办理货物进口清关手续，即完成交货。卖方必须承担货物运至指定的目的港并卸至码头的一切风险和费用。

(4) DDU

本术语的全文为 Delivered Duty Unpaid (... named place of destination)，即未完税交货(……指定目的地)。

DDU 是指卖方将合同规定的货物，在进口国指定的目的地将货物交给买方处置，不办理进口手续，即完成交货。卖方应承担将货物运至指定目的地的一切风险和费用，但不包括办理进口清关手续承担的风险和费用。买方须办理进口清关手续并承担相关的一切风险和费用，包括因未能及时办理货物进口清关手续而引起的额外费用和风险。

DDU术语适用于各种运输方式，在实际业务中一般多用于集装箱装载的运输方式。

（5）DDP

本术语的全称为 Delivered Duty Paid（... named place of destination），即完税后交货（……指定目的地）。

DDP是指卖方将合同规定的货物在进口国指定目的地交付，而且承担将货物运至指定地点的一切费用和风险，并办理进口清关。卖方必须承担将货物运至指定的目的地的一切风险和费用，包括在需要办理海关进口清关手续时应该承担的相关的一切风险和费用。

本术语可适用于各种运输方式，在实际业务中一般多用于集装箱装载的运输方式。

与EXW术语正相反，DDP术语是卖方承担责任、费用和风险最大的贸易术语，是唯一要求卖方办理进口清关手续的贸易术语。

如果卖方不能直接或间接地取得进口许可证，则不应使用此术语。

链接11－1

图11—1是13种贸易术语交货场地点及风险转移界限示意图。

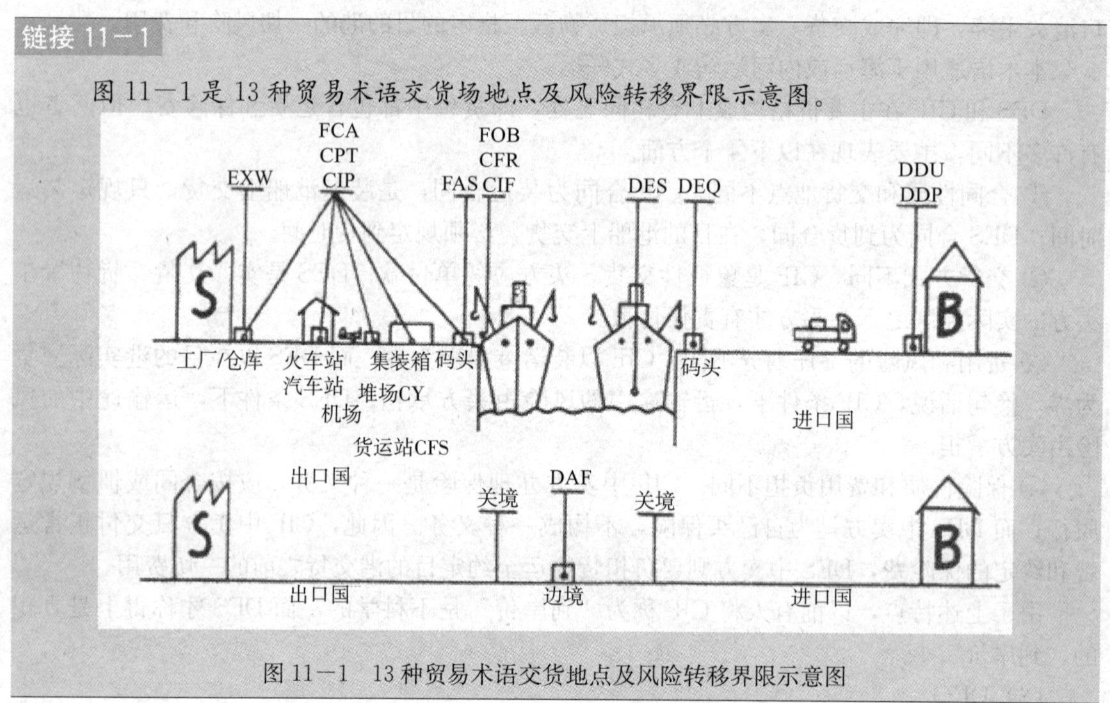

图11—1　13种贸易术语交货地点及风险转移界限示意图

11.4　商品的价格

在实际业务中，正确掌握进出口商品的价格，合理地采用贸易术语和各种作价办法，从而订好合同中的价格条款，是十分重要的。

11.4.1　价格和价格条款概述

1. 进出口商品的计价原则

我国企业进出口商品的作价原则是：在贯彻平等互利原则的基础上，根据国际市场价格水平，结合国别（地区）政策，并按照经营战略、策略来确定适当的价格。由于进出口价格受多种因素的影响，所以在确定进出口商品价格时，除应遵循上述原则外，还要考虑下列因素。

（1）商品供求弹性因素

各类商品的属性不同，其供求弹性有大有小，从而形成不同的价格变动规律。因此，在对外贸易中要研究商品供求弹性，以掌握各类商品价格变动规律，从而掌握好进出口商品的价格。

（2）市场条件因素

国外市场有远有近，各国和各地区的政策法令各不相同，客户特点、消费习惯更是差异很大，这些都会影响进出口商品的价格，应当加以认真考虑。

（3）外贸业务中的其他因素

在确定进出口商品的价格时，还必须考虑商品的具体特点、其他相关交易条件的规定等因素。

① 商品的品质和档次。在国际市场上，一般都是按质论价，即优质高价，劣质低价。品质的优劣，包装装潢的好坏，款式的好坏，款式的新旧，商标、品牌的知名度，都会影响商品的价格。

② 运输距离。国际商品买卖，一般都要经过长途运输，运输距离的远近关系到运费和保险费的开支，从而影响到商品价格。因此，在确定商品价格时，必须核算运输成本，做好比价工作。

③ 交货地点和交货条件。在国际贸易中，由于交货地点和交货条件不同，买卖双方承担的责任、费用和风险也不同，在确定进出口商品价格时，必须首先考虑这一因素。例如，在同一距离内成交的同一商品，按 CIF 条件成交与按 DES（到货港船上交货）条件成交，其价格应当不同。

④ 季节性需求的变化。在国际市场上，某些季节性、时令性商品和节日用特殊商品，如能赶在节令、节日前到货，及时应市，就能卖上好价；过了节令或节日则商品往往售价很低，甚至亏本出售。

⑤ 成交数量。按各国贸易的习惯做法，成交量的大小直接影响价格。成交量大，在价格上应给予适当优惠或采用数量折扣办法；反之，成交量小，可适当提价。

⑥ 支付条件和汇率变动的风险。支付条件是否有利和汇率变动风险的大小，都影响商品的价格。比如，在其他条件相同的情况下，采取预付货款同采取凭信用证付款方式，其价格应有区别。又如，确定商品价格时，一般都采用对自身有利的货币成交。如采用不利货币成交时，应把汇率风险考虑到商品价格中去，即适当提高卖价或降低买价。

2. 价格条款的内容

国际货物买卖合同中的价格条款，一般包括单价和总值两项基本内容。另外，经常还有作价办法、佣金和折扣等其他方面的内容。

（1）单价（unit price）

商品的单价通常包括 4 个部分：计量单位、单位价格金额、计价货币和贸易术语。

例 11-1

每公吨 200 英镑，CIF 伦敦
GBP200 per M/T CIF London

(2) 总值 (total amount)

商品的总值是单价和成交商品数量的乘积，也就是一笔交易的货款总金额。总值项下一般同时列明贸易术语，总值所使用的货币必须与单价货币名称一致。

(3) 订立价格条款的注意事项

价格条款的规定涉及面比较广，为了订好价格条款，应注意以下问题。

① 合理制定商品的单价，防止偏高或偏低。

② 根据货源、船源等实际情况，选择适当的贸易术语。

③ 争取选择有利的计价货币，根据需要加订保值条款。

④ 灵活运用各种不同的作价办法，避免承担价格变动的风险。

⑤ 参照国际贸易的习惯做法，合理运用佣金和折扣。

⑥ 注意与其他条件的相互衔接。如品质条款、数量条款有机动幅度的规定或包装费用另行计价时，应一并订明机动幅度部分作价和包装费计价的具体办法。

⑦ 条款内容必须用词准确、书写清楚，特别是关键部分，如单价中的各项内容必须订明，以利于合同的履行。

11.4.2 贸易术语的选用

贸易术语是价格条款的核心内容。采用何种贸易术语，既直接关系到买卖双方承担的义务，关系到能否顺利履约，又直接影响商品价格的构成和水平。所以在对外贸易中，选用贸易术语时，一般要考虑以下几个因素。

(1) 体现平等互利和双方自愿的原则

在国际贸易中，买卖双方应本着平等互利的精神，从方便贸易和促进成交出发，在按国际惯例和彼此自愿的基础上商定按何种贸易术语成交，不应强加于人。

目前在国际贸易中，较多使用象征性交货的术语，即以装运港或装运地交货的方式成交。而在象征性交货情况下，是否由卖方承担保险费用，再由双方商定。根据国际贸易的一般习惯做法，原则上应优先考虑买方的意见，由买方选择。

(2) 考虑本国远洋运输业和保险业的发展

我国在进口贸易中，大多使用 FOB 或 FCA 术语，在出口贸易中，则争取按 CIF 或 CIP 方式成交。这样，在我国具备足够运输能力和保险条件的前提下，可以给我国远洋运输业和保险业企业增加营业收入。如果进出口企业与运输企业和保险企业有长期合作关系，还可以降低经营风险，享受优惠待遇，减少有关支出。

(3) 综合考虑运输条件是否便利

运输条件对贸易术语的影响非常大，而其本身又可以分为许多因素。

① 运输方式。买卖双方采用何种贸易术语，首先应考虑采用何种运输方式。FOB、CFR、CIF 只适合于海洋运输和内河运输。在航空运输和铁路运输情况下，应采取 FCA、CPT、CIP 术语。但即使是海洋运输，在以集装箱方式运输时，出口商在货交承运人后即不

负责对货物的处置。因而作为出口方，应尽量采用 FCA、CPT、CIP 方式成交。此类贸易术语还有利于出口方提早转移风险，提前出具运输单据，早日收汇，加快资金周转。

② 本身的运输力量及安排运输的困难。采用何种贸易术语，双方还应考虑本身的运输力量及安排运输有无困难。在本身有足够运输能力或安排运输无困难的情况下，可争取按由自己安排运输的条件成交（如按 FCA、FAS 或 FOB 进口，按 CIP、CIF 或 CFR 出口），否则则应争取按由对方安排运输的条件成交（如按 FCA、FAS 或 FOB 出口，按 CIP、CIF 或 CFR 进口）。

③ 运费高低及变动趋势。运费是货价构成因素之一，在选用贸易术语时，应考虑货物经由路线的运费收取情况和运价变动趋势。一般地说，当运价看涨时，为了避免承担运价上涨的风险，可以选取由对方安排运输的贸易术语成交，如按 C 组术语进口、按 F 组术语出口。在运价看涨的情况下，如因某种原因不得不采用由自身安排运输的条件成交，则应将运价上涨的风险考虑到货价中去，以免承担运价变动的风险损失。

（4）办理进出口货物清关手续有无困难

在国际贸易中，关于进出口货物的清关手续，有些国家规定只能由清关所在国的当事人安排或代为办理，有些国家则无此项限制。因此，买卖双方为了避免承担办理进出口清关手续的困难，在洽商交易之前，必须了解有关政府的规定，以便酌情选用适当的贸易术语。例如，某出口国政府规定，买方不能直接或间接办理出口清关手续，这样就不能按 EXW 条件成交，而应选 FCA 术语成交。

（5）考虑安全收汇或安全收货的风险

如何保障出口收汇和进口收货的安全问题，在贸易术语的选用时，以下做法值得借鉴：在出口业务中，出于安全考虑，一般要求采用 CIF 术语而不是 FOB 术语。如果采用 FOB 术语，买方租船订舱，有可能与承运人勾结，越过向银行赎单的正常渠道，向承运人无单提货，随后采用破产的手段，骗取货物；在进口业务中，一般要求采用 FOB 术语而不是 C1F 或 CFR 术语也是有其意义的。由买方自行租船、投保，可以避免在 CIF 或 CFR 术语下卖方与船方勾结，利用租船提单，骗取货款，最终使买方蒙受收不到货的风险。

11.4.3 货物的计价方法

在国际贸易买卖中，作价方法多种多样。这些作价方法一般可以分为如下三类。

1. 固定价格

固定价格是指交易双方在协商一致的基础上，对合同价格予以明确、具体的规定，任何一方不得擅自改动。这是国际贸易采用较多的作价方法，它意味着双方都要承担自订约到交货付款间国际市场价格变动的风险。

2. 非固定价格

在市场变化频繁的时期，为弥补固定价格的缺陷，减少或避免风险，促成交易，也可采用一些灵活变通的作价方法，一般业务上称为“活价”，其含义是买卖双方在合同签订时暂不作价或者确定的价格可以随情况变化而调整。非固定价格大体上可分为以下 3 种。

（1）具体价格待定

具体价格待定或称暂不作价，是指先规定定价时间或定价方法，具体价格到定价时再行确定。一般有两种做法：一是规定定价时间或定价方法，如规定“在装船月份前 50 天，参照当地与国际市场价格水平，协商议定正式价格”或规定“按交货日的国际市场价格计算”；

二是只规定作价时间。例如，规定“由双方于××××年×月×日协商确定价格”。

(2) 暂定价格

暂定价格是指在合同签订时先订立一个初步价格，作为开立信用证和初步付款的依据，待双方确定最后价格后再进行最后清算，多退少补。例如，规定“单价暂定每公吨××××美元，CIF 纽约，买方按此开立信用证，最后价格以纽约商品交易所在提单日期的平均价为基准加（或减）×美元计算”。

暂定价格常用于规定提供工业原料、粮食、食品的长期合同的价格。为了减少日后双方的分歧，应在合同中明确判断市场价格变动的资料来源。

(3) 部分固定价格、部分非固定价格

有时，为了照顾双方的利益，弥合双方在采用固定价格或非固定价格方面的分歧，也可采用部分固定价格、部分非固定价格的做法或者分批作价的办法。交货期近的商品价格在订约时先固定下来，剩余部分在交货前一定期限内作价。

非固定价格是一种变通做法，在行情变动剧烈或双方未能就价格取得一致意见时，采用这种做法有一定好处：第一，有助于暂时解决双方在价格方面的分歧，双方可先就其他条款达成协议，即早日签约，待日后再确定价格；第二，解除客户对价格风险的顾虑，使之敢于签订交货期长的合同，数量、交货期的早日确定，不但有利于巩固和扩大出口市场，也有利于组织生产、收购和出口计划的完成；第三，有利于出口方不失时机地做成生意，也有利于进口方保证一定的转售利润。但是，采用非固定价格做法也有不利之处：由于是先订约后作价，对合同的关键条款——价格条款是在订约后一定时间确定的，这就不可避免地给合同带来较大的不稳定性。由此，存在双方出现严重分歧，导致合同无法履行的可能；或者由于合同对作价方法规定不当，存在合同失去法律效力的危险。

因此，采用非固定价格作价时，除了明确规定作价标准和谨慎选择作价时间外，还要充分考虑各国法律和国际法的有关规定。

3. 价格调整条款

在国际货物买卖中，有的合同除规定具体价格外，还有各种不同的价格调整条款(Price Adjustment Clause)。价格调整条款是按照原材料价格和工资的变动来计算合同的最后价格。例如：“如卖方对其他客户的成交价高于或低于合同价格的 5%，对本合同未执行的数量，双方协商调整价格”。这种做法的目的是把价格变动的风险规定在一定范围之内，以提高客户的信心。

常见的价格调整公式为

$$P = P_0(A + B\frac{M}{M_0} + C\frac{W}{W_0})$$

式中：P——商品交货时的最终价格；

P_0——签订合同时约定的初步价格；

M——计算最终价格时引用的有关原材料价格指数；

M_0——签订合同时引用的有关原材料价格指数；

W——计算最终价格时引用的有关工资指数；

W_0——签订合同时引用的有关工资指数；

A——签订合同时确定的经营管理费用和利润在价格中所占的百分比；

B——签订合同时确定的原材料价格在价格中所占的百分比；

C——签订合同时确定的工资成本在价格中所占的百分比。

这种价格调整条款是按原材料价格和工资的变动来计算合同的最后价格。在通货膨胀的条件下，它实质上是出口厂商转嫁国内通货膨胀、确保利润的一种手段。这种做法已被联合国欧洲经济委员会纳入它所制定的一些“标准合同”之中，而且其应用范围已从原来的机械设备交易扩展到一些初级产品交易，因而具有一定的普遍性。

11.4.4 货物的计价货币

1. 计价货币概述

计价货币（Money of Account）是指合同中规定用来计算价格的货币。它可以采用出口国货币或采用进口国货币，也可以采用第三国货币。具体采用哪种货币，由双方协商确定。国际贸易中常见的计价货币名称及符号如表11－3所示。

表11－3 国际贸易中常用的计价货币名称表

货币名称	货币符号	标准符号
美　元	US$	USD
英　镑	£	GBP
欧　元		EUR或EUD
加拿大元	CAN$	CAD
日　元	J¥	JPY
瑞士法郎	SF	CHF
澳大利亚元	$A	AUD

2. 计价货币的选择

在进出口业务中，选择使用何种货币计价（或支付），首先要考虑货币是不是可以自由兑换的货币；其次，对可自由兑换的货币，需考虑其稳定性，即汇率的波动情况。尽可能争取多使用从成交至收汇这段时期内汇价比较稳定或具有上浮趋势的货币，即所谓“硬币”或称“强币”。在进口时，倾向于选用“软币”，即币值不稳定或具有下浮趋势的货币。在贸易谈判时，通过对汇率进行准确的预测和分析，从而选用对自己有利的货币。

3. 外汇风险管理

进出口业务中之所以要选择计价货币（和支付货币），关键是要应付外汇风险。

外汇风险是指在现行的浮动汇率制度下，由于汇率的波动而使外汇交易者或外汇持有者遭受损失的可能性。在实际进出口业务中，这种风险是必然存在的。对于贸易双方当事人来说，只能是尽量避免或减轻这种风险，做好风险管理工作，特别是与计价货币选择相关的风险管理工作。

在谈判价格条件和签订价格条款方面，外汇风险管理的方法很多，基本目的就是设法保值，基本方式可以归纳为四类：选择货币或货币组合；结合货币的选择，相应调整价格；改变收款或付款时间；订立价格保值条款。

11.4.5 佣金与折扣

实际业务中，在磋商和确定价格时，往往要涉及佣金和折扣的规定。价格条款中所规定的价格，可分为包含有佣金或折扣的价格和不包含这类因素的净价（Net Price）。正确掌握与运用佣金和折扣，有利于灵活掌握价格和调动进口商经营商品的积极性。

1. 佣金

1）佣金的含义

佣金（Commission）是指代理人或经纪人为委托人代理买卖或介绍交易而收取的服务酬金。佣金有“明佣”、“暗佣”之分。前者是指在合同价格条款中，明确规定佣金的百分比；后者则不标明佣金的百分比，而是另行约定。佣金直接关系到商品的价格。显然，含佣价的商品价格比净价商品价格要高。货价中是否包括佣金和佣金比例的大小，都影响商品的价格。所以，佣金的规定应合理，其比率一般掌握在1%～5%之间，不宜偏高。

2）佣金的规定方法

在商品价格中包括佣金时，通常应以文字来说明，可以在贸易术语上加注佣金的缩写英文字母“C”和佣金的百分比来表示，也可用绝对数表示。

例 11-2

每公吨200美元，CIF旧金山，包括3%佣金

US$200 per M/T CIF San Francisco including 3%commission

例 11-3

每公吨200美元，CIF C 3%旧金山

US$200 per M/T CIF San Francisco including 3%commission

3）佣金的计算方法

在国际贸易中，计算佣金的方法不一。佣金的计算是一种技巧，可以因交易对象或市场需求而异。在实际业务中，最常见的是以买卖双方成交额或发票金额为基础计算佣金。

佣金的计算公式为

$$佣金=含佣价\times佣金率$$

净价的计算公式为

$$净价=含佣价\times(1-佣金率)=含佣价-佣金$$

含佣价的计算公式为

$$含佣价=净价+含佣价\times佣金率=净价+佣金=净价/(1-佣金率)$$

2. 折扣

1）折扣的含义

折扣（Discount）是指卖方在原价格的基础上给予买方一定比例的价格减让，即在价格上给予适当的优惠。使用折扣是一种促销手段，主要是为了照顾老客户，确保销售渠道、扩大销售等目的。根据具体情况，可以灵活运用各种折扣方法，如为了扩大销售，使用的数量折扣（Quantity Discount）或为发展关系，可以适当给予特别折扣（Special Discount）等。

折扣也有“明扣”和“暗扣”之分。前者在价格条款中明确规定折扣率；后者则在价格条款中不明示折扣率，而另行约定。

2）折扣的规定办法

在国际贸易中，折扣通常在合同价格条款中用文字明确表示。

例 11－4

每公吨 200 美元，CIF 伦敦，折扣 3%

US$200 per M/T CIF London including 3%discount

例 11－5

每公吨 200 美元，CIF 伦敦，减 3%折扣

US$200 per M/T CIF London less 3%discount

3）折扣的计算

折扣通常是以成交额或发票金额为基础计算出来的。单位货物折扣的计算公式如下。

折扣额＝含折扣价×折扣率

净收入＝含折扣价－折扣额

＝含折扣价×（1－折扣率）

11.4.6 价格的核算

1. 出口商品价格的构成

出口商品价格的构成包括成本、费用和利润三部分。

（1）成本（Cost）

出口商品的成本包括生产成本、加工成本和进货成本三种类型。

（2）费用（Expenses，Charges）

出口商品费用的核算最为复杂，包括国内费用和国外费用两部分。

国内费用项目较多，主要有：加工整理费用、包装费用、保管费用（包括仓租、火险等）、国内运输费用（仓库至码头、车站、空港、集装箱运输场、集装箱堆场）、证件费用

(包括商检费、公证费、领事签证费、产地证费、许可证费、报关单费等)、装船费(装船、起吊费和驳船费等)、拼箱费(如果货物构不成一整集装箱)、银行费用(贴现利息、手续费等)、预计损耗(耗损、短损、漏损、破损、变质等)、经营管理费(邮电费、交通费、交际费等费用)。

国外费用主要有:国外运费;国外保险费(海上货物运输保险);如果有中间商,还包括支付给中间商的佣金。

(3) 利润(Profit, Rebate)

在出口交易中,预期利润(Expected Profit)对于出口商是极为重要的,因此它是价格构成中必不可少的。

2. 贸易术语的价格构成

贸易术语的价格构成是商品价格构成的表现形式,因此也包括成本、费用和预期利润三部分。贸易术语中,价格的成本是进货成本,不同贸易术语的费用项目有所不同。

(1) FOB、CFR、CIF三种贸易术语的价格构成

三种贸易术语的价格计算公式如下。

FOB价=进货成本+国内费用+预期利润

CFR价=进货成本+国内费用+国外运费(F)+预期利润

CIF价=进货成本+国内费用+国外运费(F)+国外保险费(I)+预期利润

三种术语的换算公式如下。

CFR价=FOB价+F

CIF价=FOB价+F+I=CFR价+I

(2) FCA、CPT和CIP三种贸易术语的价格构成

三种贸易术语的价格计算公式如下。

FCA价=进货成本+国内费用+预期利润

CPT价=进货成本+国内费用+国外运费+预期利润

CIP价=进货成本+国内费用+国外运费+国外保险费+预期利润

三种术语的换算公式为

CPT价=FCA价+F

CIP价=FCA价+F+I=CPT价+I

11.4.7 出口成本核算

出口成交价格是由国际市场价格水平来决定的,并且要受国际市场价格走势的影响。为了能够确保在盈利的基础上达成交易,在对外成交前应根据外商提出的要求,参照国际市场价格水平,认真做好成本核算工作。

出口商品的成本核算实际上是计算经济效益，所以有人又称之为出口盈亏核算或出口效益核算。

如上所述，出口商品价格的构成包括成本、费用和利润三部分。其中，出口关税税款的计算在第5章已介绍，海运运费和保险费的核算分别在第12章、第13章已介绍，这里介绍出口商品成本核算的几个经济效益指标及其相关概念。

(1) 出口总成本与出口成本价格

出口总成本，是指出口企业为出口商品支付的国内总成本，包括进货（或生产）成本，国内费用（储运、管理，预期利润等，通常以费用定额率表示）及出口税金。

出口成本价格，是指出口企业以出口总成本为基础计算得出的单位成本价格。出口成本价格与出口成交价格是有区别的，两者的主要区别在于：出口成本价格不包括国外的任何费用，只是计算国内的成本和费用，用于核算出口的效益；出口成交价格则可能包括国外的费用，如运费、保险费、佣金等，顾名思义，它是买卖双方用于讨价还价和最终订入合同的价格，往往可以用贸易术语的价格表示。

(2) 出口外汇净收入和出口换汇成本

出口外汇净收入指的是扣除运费和保险费等劳务费用后非贸易外汇净收入。如果是按FOB价格成交，外汇净收入就等于FOB价格；如果按CIF术语成交，则成交价格扣除国外运费和保险费后，就是外汇净收入；如果以含佣价或含折扣价成交，还要扣除佣金或折扣。

出口换汇成本反映出口商品每取得一个单位的外汇净收入所耗费的人民币成本。换汇成本越低，出口的经济效益越好。

换汇成本的计算公式为

$$出口换汇成本=\frac{出口总成本（人民币元）}{出口外汇净收入（外汇）}$$

例 11-6

某商品国内进价为人民币7 270元，加工费900元，流通费700元，出口税金30元，出口销售外汇净收入为1 100美元，则

$$出口总成本=7\ 270+900+700+30=8\ 900元（人民币）$$

$$换汇成本=\frac{8\ 900元人民币}{1\ 100美元}=\frac{8.09人民币元}{美元}$$

(3) 出口盈亏额和出口盈亏率

出口盈亏额，是指出口销售人民币净收入与出口总成本的差额，正值为盈，负值为亏。

出口盈亏率指标说明出口商品盈亏额在出口总成本中所占的比例，用百分比表示，正值为盈，负值为亏。

$$出口商品盈亏率=\frac{(出口人民币净收入-出口总成本)}{出口总成本}\times 100\%$$

其中

$$出口人民币净收入=FOB出口外汇净收入\times银行外汇买入价$$

所以，盈亏率和换汇成本之间的关系为

$$出口商品盈亏率=\left(\frac{银行外汇买入价}{出口换汇成本}-1\right)\times 100\%$$

可见，如换汇成本高于银行买入价，盈亏率是负值；换汇成本低于银行外汇买入价，出口才有盈利。

本章小结

贸易术语惯例是国际法的渊源之一。国际贸易术语是在对外贸易报价中不可或缺的价格条款的重要组成部分，它反映了买卖双方在交易时的价格构成，货物交接方面责任、费用和风险的划分。我国对外贸易中最常使用的贸易术语是 FOB、CFR 和 CIF。

在国际贸易中，商品价格主要是根据世界市场行情及经营战略、策略确定，并且受许多因素的影响。

出口商品成本核算的主要指标有出口换汇成本和出口商品盈亏率。

关键术语

贸易术语　风险划分　FOB　CFR　CIF　外汇净收入　人民币净收入　出口换汇成本　出口商品盈亏额

复习思考题

1. 什么是贸易术语？简述贸易术语及其国际惯例的作用。
2. 简述 FOB、CFR 和 CIF 的异同及其与 FCA、CPT 和 CIP 的主要区别。
3. 简述 DES 和 CIF 的异同点。
4. 订立价格条款的注意事项和作价原则有哪些？
5. 进出口贸易中如何选择贸易术语？
6. 进出口贸易中为什么要选择计价货币，如何选择？

章首案例分析

该案例是贸易术语使用不当致损案。长期以来，我国一些进出口企业不管采用何种运输方式，对外洽谈业务或报盘仍习惯用 FOB、CFR 和 CIF 三种传统的贸易术语。

本案例中，在滚装、滚卸、集装箱运输的情况下，船舷已无实际意义。按照 FOB 合同，该公司需自担风险将货物运往天津，再集装箱出口，不仅加大了自身风险，而且推迟了结汇时间。案例中货物在天津存仓后全部被焚，由于出口公司未能完全履行交货义务，全部损失只能由自己承担，此外，因迟延交货，还会招致日本公司索赔要求，可谓教训深刻。

事实上，该出口公司所在地正处在铁路交通的干线上，外运公司和中远公司在该市都有集装箱中转站，既可接受拼箱托运也可接受整箱托运。因此，应将FOB改用FCA、CPT或CIP任一种贸易术语。假如以FCA（兰州）对外成交，该出口公司即可在当地将1 200箱交中转站或自装自集后将整箱（集装箱）交中转站，不仅风险可以在内地提前转移给日方，而且凭当地承运人（即中转站）签发的货运单据即可在当地银行办理议付结汇。因此，正确使用贸易术语，掌握不同贸易术语责、费、险的划分，非常重要。

第12章

国际货物装运

学习目标 了解国际货物运输的基本方式及其特点，学会制定合同中的装运条款，重点掌握交货时间、地点的规定方法及应注意的问题，掌握海洋运输中班轮运输和租船运输的特点、班轮运费的计算方法及分批装运和转运条款的规定，了解运输单据的重要性及其性质，重点掌握海运提单的种类及主要内容。

章首案例

我某外贸公司与国外B公司达成一笔出口合同，信用证规定“数量9 000公吨，7—12月份分批装运，每月装1 500公吨”。卖方在7—9月份每月装1 500公吨，银行已分批凭单付款。第四批货物原定10月15日装运出口，但由于台风登陆，第四批货物延迟至11月2日才装船运出。当受益人凭11月2日的装船提单向银行议付时，遭银行拒付。后来受益人又以“不可抗力”为由要求银行付款，亦遭银行拒绝。

案例讨论题： 在上述情况下，银行有无拒付的权力？为什么？

国际货物运输是国际贸易活动中一个极其重要的环节，是买卖双方实现货物转移的必要手段，涉及运费的高低、速度的快慢及货物的安全，最终关系到进出口合同能否顺利完成。为了节省费用，按时、按质、按量地完成国际货物运输的任务，买卖双方必须合理地选用运输方式，订好买卖合同中的各项装运条款。

12.1 运输方式

国际货物运输方式有海洋运输、铁路运输、公路运输、航空运输、邮政运输、管道运输，以及国际多式联运和集装箱运输多种方式。如何选择运输方式，必须综合考虑货物的特点、成交数量、运输能力、运输距离及费用、运输风险、气候因素及政治风险等，经买卖双方在合同磋商时约定。

12.1.1 海洋运输

海洋运输（Ocean Transportation）简称海运，是指利用海轮在各港口之间，通过一定的航区和航线进行货物运输的一种方式。除了航行速度慢和风险大之外，海洋运输由于具有通过能力强、运量大及运费相对低廉等优点，使它成为国际贸易中最主要的运输方式，其运量占到国际货物运输总量的80%以上。我国有很长的海岸线和许多优良港口，如大连、秦皇岛、天津、烟台、青岛、连云港、上海、宁波、温州、福州、厦门、黄埔、北海、湛江及台湾省的基隆和高雄等港口，具有非常便利的海洋运输条件。

海洋运输按船舶经营方式的不同，可分为班轮运输和租船运输两种。

1. 班轮运输

班轮（Liner）运输又称定期船运输，是指船舶按事先公布的船期表（Sailing Schedule）、沿固定航线及既定的港口顺序装卸货物并按事先公布的费率收取运费的一种运输方式。班轮运输适合零星成交、批次较多、运量较小、到港分散的货物运输。

1）班轮运输的特点

①“四固定”。即固定船期、固定航线、固定港口和相对固定的运费率。

②“一负责”。即由班轮公司负责配载和装卸，装卸费用已包括在运费内，班轮公司和托运人双方均不计滞期费和速遣费。

③ 班轮公司和货主双方的权利、义务和责任豁免，均以班轮公司签发的提单条款为依据。

2）班轮运费（Liner Freight）

班轮运费是指班轮公司（承运人）向货主（托运人）提供运输服务而收取的报酬。在实际业务中，按班轮公司的班轮运价表的规定计收运费。班轮运价受货物本身的价值与特性、运输成本、运量大小、航距、燃油价格、船员的工资水平及运输市场供求关系的变化等因素的影响，由班轮公司定期公布。

（1）基本运费

基本运费是依据班轮运价表（Liner Freight Tariff）按货物划分的不同等级而收取必需的运费，它是构成班轮运费的主要部分。针对不同的商品，基本运费的计收标准可以采取不同形式。

① 重量法。按货物的实际重量，计收运费，故称重量吨（Weight Ton），运价表内用“W”表示。主要适用于重金属、建筑材料、矿产品等。

② 体积法。按货物的尺码或体积计算运费，故称尺码吨（Measurement Ton），运价表内用“M”表示。主要适用于轻泡货物，如纺织品、日用百货等。

③ 从价法。按商品的价格计收，亦称为从价运费，运价表内用“Ad Valorem”或“Ad Val”或“A. V.”表示。主要适用于贵重物品，如精致的工艺品、金银钻石等。因为船方承担的风险大，代价大，因而价格较高，从价法的货价一般按FOB价计价，如以CFR价或CIF价成交，在计算运费时应减去运费和保险费。从价费率一般为货价的1%～5%。

④ 选择法。选择法是指按重量、体积或按重量、体积、价值，选择其中一种收费较高者计算运费。运价表中前者以“W/M”表示，后者以“W/M or Ad. Val.”表示，也还有“W or Ad. Val.”和“M or Ad. Val.”选择方式。采用选择法计算的货物，往往存在“不确定因素”。如某一大类商品中包括许多性质不同的商品或某些商品因包装形式等原因，难以预先确定所采用的方法，或者有些货物的价值或高或低变化不定。对这类商品，船方选择收费高的方法，显然是有利的。

⑤ 按件法。即以货物的件数计收运费。一般适用于包装固定、体积固定不变的货物，如车辆按“每辆”（Per Unit）计收；有些货物运费按“每提单”（Per B/L）计收。

⑥ 议定法。即以由承、托双方临时议定的价格收取运费，成为“临时议定价格”（Open Rate），一般多用于量大且低价值的谷物、豆类、矿石、煤炭等货物的运输。

⑦ 综合法。有的运价表对某些货物规定，除按重量或体积计收运费外，还要计收从价运费，这种综合两种方法计算运费的方法就是综合法。按重量和按从价两种方法综合计算，以“W & Ad. Val.”表示；按体积和按从价两种方法综合计算运费，以“M & Ad. Val.”表示。

（2）附加运费

附加运费是在基本运费的基础上另加收的费用，如对一些需特殊处理的货物所加收的费用或由于突发事件、客观情况变化等原因所加收的费用。班轮附加运费名目很多，主要有以下几种。

① 超重附加费（Heavy Lift Additional）。是指对毛重达到或超过一定重量的货物加收的费用，而且随重量的加重而增收，每转船一次，即加收一次。

② 超长附加费（Surcharge for Over Length，Over Length Additional）。是指对达到或超过规定长度货物而加收的费用。每转船一次，也需加收一次。

③ 直航附加费（Direct Additional）。凡是运往非基本港的货物，且货物达到一定数量时，船舶直航停靠该港口而加收的费用，但要求非基本港口必须在班轮航区之内，否则不承运。

④ 转船附加费（Transshipment Surcharge）。对需要在中途转船运至目的港的货物，船方向货主加收的费用。

⑤ 港口拥挤费（Port Congestion Surcharge）。由于卸货港拥挤，船舶抵港后要长期停泊，造成船期延长，增加船方营运成本而向货方收取的附加费。

⑥ 选港附加费（Optional Additional）。货主托运时不能确定具体卸货港，要求在预先提出的两个或两个以上的卸货港中进行选择而向船方支付的附加费。货主必须在该航次中船舶到达卸货港 48 小时之前向船方宣布卸货港。

此外，还有港口附加费（Port Surcharge）、燃油附加费（Bunker Surcharge ）、变更卸货港附加费（Alternation Surcharge）、绕航附加费（Deviation Surcharge）、洗舱费（Cleaning Charges）、熏蒸费（Fumigation Charge）、货币贬值附加费（Currency Adjustment Factor，CAF）、冰冻附加费（Ice Surcharge）等。

（3）班轮运费的计算

班轮运费的计算方法基本上有两种：一种是按每运费吨加收若干金额计算；另一种是按基本运费的百分比计算。计算班轮运费，一般可使用下列计算公式。

当附加费为绝对值时

$$F = F_b + S = f \times Q + S$$

式中：F 为班轮运费；F_b 为基本运费；S 为附加运费；f 为基本运费率；Q 为货运量。

当附加费为百分比（附加费率）时

班轮运费＝基本费率×运费吨×（1＋附加费百分比）

$$F = f \times Q \times (1 + \sum S)$$

式中：F 为班轮运费；f 为基本运费率；Q 为货运量；$\sum S$ 为附加费率之和。

班轮运费的具体计算方法：首先，根据货物的英文名称，在运价表的货物分级表中，查出该货物应属等级和计费标准；其次，从航线费率表中，查出有关货物的基本费率和所经航线及港口的有关附加费率；最后，根据上面的计算公式即可得出该批货物的总运费额。

例 12－1

以 CFR 价格条件出口加拿大温哥华一批罐头水果汁重量为 8 公吨，尺码为 10 立方米，求该批货物总运价。

解：① 先查出水果汁准确译名为“Fruit Juice”。

② 从有关运价本的货物分级表中查找相应的货名，再从相应的运价表中查到该货为 8 级，计算标准为 M，即按尺码吨计算运费。

③ 再查中国一加拿大航线等级费率表得 8 级货物相应之基本费率为每运费吨 219.00 元。

④ 另查得燃油附加费 20%。

⑤ 将有关数据代入公式。

$$F = f \times Q \times (1 + \sum S) = 219.00 \times 10 \times (1 + 20\%)$$
$$= 2\,190 \times 1.2 = 2\,628.00 \text{（元）}$$

链接 12－1

班轮运输的运价表

运价表是根据不同航线、不同商品而确定的计费标准和计费方法。运价表由于制定者的不同，可划分三种：船方运价表、货方运价表和双方运价表。不论什么性质的运价表，都包含着如下内容。

① 说明有关规定。包括运价表的适用范围、计价货币、计价单位等。

② 港口规定及条款。针对某些国家或地区的港口签发提单时，须按习惯加盖印章，该条款优先于印刷条款。

③ 货物分级表。列明各类进出口贸易货物所属的运价等级和计费标准。

④ 航行费率表。列明不同航线、不同等级货物的基本运费率。

⑤ 附加费率表。列明各种附加费按基本费率的一定百分比计收。

⑥ 冷藏货费率表及活牲畜费率表。列明各种冷藏货物及活牲畜计算标准及费率。

2. 租船运输（Shipping by Chartering）

租船运输又称不定期船运输，是指租船人向船主租赁船舶进行货物运输，并按约定的运价支付运费的经营方式。租船运输常用于大宗而低价货物，如矿产、粮谷、化肥等货物的运输。与班轮运输不同，租船运输没有固定的航线、固定的装卸港口和固定的船期，完全根据租方需要决定，也没有固定的运价，运价要受租船市场供求关系的制约。

租船方式主要有定程租船、定期租船和光船租船三种。

（1）定程租船（Voyage Charter）

又称程租船或航次租船，它是以航程为基础租赁船舶的一种方式。在程租方式下，船方根据协议规定，向货方提供船舶或舱位，且负责将货物运至指定的港口并承担船舶的经营管理和在航程中的一切费用开支。货方（租船人）则根据协议规定按时装卸货物，并交付运费。在定程租船的运输方式下，船租双方的责任、义务以定程租船合同为准。如采用这种运输形式，船方会规定一定的航线和装运的货物种类、名称、数量及装卸港，并按所运货物数量计算运费，同时规定一定的装卸期限或装卸率，并计算滞期费、速遣费。

（2）定期租船（Time Charter）

又称期租船，它是按一定期限租赁船舶的一种方式。在规定的期限内，租船人支付租金，以取得船舶的使用权。租赁期间，由租船人对船舶进行自行调度和经营管理，船方仅负责船舶的适航，并负担船员工资、伙食和船舶维修保养费及船壳机器的保险费。至于船用燃料、港口费用、装卸、理舱、平舱等费用均由租船人负担。船租双方的权利与义务，以期租船合同为准。此运输方式对航线和装卸港口不作规定，只规定航行区域；同时也不规定装卸期限或装卸率，不计算滞期费、速遣费；除特别规定外，可适用各种货物运输。

（3）光船租船（Bareboat Charter）

又称空船租船，属于定期租船中的一种，与一般期租船不同的是，光船租船中船东不负责提供船员，只是将空船交给租方使用，由租方自行配备船员，负责船舶的经营管理和航行各项事宜。光船租船方式在租船市场上较少采用。

链接 12-2

滞期费和速遣费

在租船业务中，通常出租人（船方）与承租人要签订一个合理的装卸时间协议，如果承租人在约定的允许装卸时间内未能将货物装卸完，致使船舶在港内停泊时间延长，给船方造成经济损失，则延误船期的损失应按约定每天若干金额补偿给船方，这项补偿金叫滞期费（Demurrage）。

相反，如按约定的装卸时间和装卸率提前完装卸任务，加快了船舶周转，使船方节省了船舶在港的费用开支，船方将其获取利益的一部分分给租船人作为奖励，叫速谴费（Despatch Money）。

按惯例，速遣费一般为滞期费的一半。滞期费和速遣费通常约定为每天若干金额，不足一天，按比例计算。

12.1.2 铁路运输

在国际贸易货物运输中，由于铁路运输（Rail Transport）具有运行速度快、载运量大、受气候影响小、准确性和连续性强、运费低等优点，加上货运手续较海洋运输简单，发货人和收货人可就近到始发站和目的站办理托运和提货，因此，铁路运输成为仅次于海洋运输的一种主要运输方式。我国外贸铁路运输包括去西亚和欧洲地区的国际铁路联运和去港澳的国内铁路运输。

1. **国际铁路联运**

国际铁路联运简称国际联运，是使用一份统一的国际联运票据，无需发货人和收货人参加，而由铁路部门负责办理两个或两个以上国家铁路的全程运送货物的一种运输方式。采用该种运输方式，免除了货物在国境站重新办理托运手续，节省了时间和费用，减少了货损货差，降低了运输成本。

另外，采用国际铁路货物联运，有关国家必须要有书面约定。目前，国际铁路货物联运有两个协定：一个是《国际铁路货物运送公约》，简称《国际货约》，成员包括欧洲、西亚及北非的 32 个国家；另一个是《国际铁路货物联运协定》（简称《国际货协》），成员有中国、蒙古、朝鲜、越南及前苏联等国家。1991 年苏联政局发生变化后，"国际货协"也宣告解散，但铁路联运业务尚未发生重大改变。

目前，我国国际铁路货物联运主要是通过铁路合作组织所缔结的《国际铁路货物联运协定》（简称《国际货协》）来进行的。凡参加《国际货协》国家的进出口货物，从发货国家的始发站到收货国家的终到站，只要在始发站办妥了托运手续，使用一份运送单据，即可由铁路以连带责任办理货物的全过程运送。根据《国际货协》的规定，不仅缔约国之间可办理货物运送，而且也可向非缔约国运送货物；反之，非缔约国也可向缔约国运送货物。

另外，已加入《国际货协》的部分欧洲国家也参加了《国际货约》。这样就为国际铁路联运提供了更为便利的条件，使参加《国际货协》的国家的进出口货物，也可以通过铁路转运送至参加《国际货约》的国家。

2. **中国港澳地区的铁路运输**

对港铁路运输由内地段运输和港九段运输两部分组成，是一种特殊的租车方式的两票运输。对港铁路运输实际上是两段铁路运输的联运，一般由外运公司以联运承运人的身份签发从启运地至中国香港的承运货物收据，对货物的全程运输负责，并作为出口人收汇和中国香港收货人提货的凭证。

到中国澳门地区的货物运输没有铁路可以直通，内地省份运货至澳门，都要先办理国内段铁路运输，经广州转运至澳门。采用这种运输方式，发货人发货后凭外贸运输机构签发的货物承运收据办理结算货款。

12.1.3 航空运输

航空运输（Air Transport）是一种现代化的运输方式，具有交货速度快，时间短，安全性能高，货物破损率小，节省包装费、保险费和储运费，不受地面限制等特点。航空运输适于急需物资、精密仪器、鲜活易腐和季节性强的商品，以及贵稀金属、手表、照相器材、工艺品等价值高的货物的运输。航空运输方式主要包括班机运输和包机运输两种，这两种运营形式与海运中的班轮和租船两种运输形式类似。

12.1.4 邮政运输

邮政运输（Parcel Post Transport）具有手续简便、费用低等特点，只适用于重量轻、体积小的商品，如精密仪器、配件、药品、样品、资料等零星物品的运输。邮政运输有普通包裹和航空包裹两种。我国与很多国家签订有邮政包裹协议和邮电协议，也是万国邮政联盟的会员国，这为我国外贸邮政运输的发展提供了有利条件。

12.1.5 集装箱运输

集装箱运输（Container Transport）是以集装箱作为运输单位，成组化运送货物的一种现代化运输方式，适合于海洋运输、陆路运输和航空运输等各种运输方式。集装箱运输以其高效、优质、低成本等优点，成为当今最重要的一种货物装载形式。在集装箱运输的基础上，把多种运输方式有机地结合起来的国际间连贯运输，即为国际多式联运。

目前世界上大多数国家，都采用20英尺和40英尺的两种集装箱。20英尺的集装箱，称为标准集装箱（TEU），它是计算集装箱箱数的标准换算单位。

1. 集装箱运输的优点

① 可以实现“门到门”运输而中途无需开箱倒载和检验。

② 整箱搬运，极大地方便了运输、装卸，节省了劳力，避免了重复劳动。

③ 由专门设备装运，速度快，效率高，减少货损货差。

④ 运输班期固定，有利于压缩在途时间，提高了车船周转率。

⑤ 节省包装费用，有利于降低成本。

⑥ 提前结汇。货物一交到集装箱场、站，即可凭联合运输单据结汇。

2. 集装箱运输的货物装箱方式和货物交接方式

（1）集装箱运输的货物装箱方式

集装箱按其装载货物所属货主可分为整箱货和拼箱货。

整箱货（Full Container Load，FUL）可由发货人在工厂或仓库自行装箱，也可由承运人代为装箱，装箱后直接运往集装箱堆场（Container Yard，CY）等候发运。货到目的港后，整箱货可由收货人直接提走或由承运人继续运至最后目的地。

拼箱货（Less Than Container Load，LCL）由发货人将货物送到集装箱货运站（Container Freight Station，CFS），由承运人或其代理人将不同货主的货物按性质、流向分类拼装成整箱货物运交集装箱堆场。拼箱货则由承运人在目的港的集装箱货运站或内陆货运站开箱分拨给各收货人。

（2）集装箱运输的货物交接方式

由于集装箱装箱方式不同，集装箱的交接方式也有所差异，交接方式应在运输单据上予以说明。国际上通用的交接方式有：

① FCL/FCL或CY/CY（整装整拆）；

② FCL/LCL或CY/CFS（整装拼拆）；

③ LCL/FCL或CFS/CY（拼装整拆）；

④ LCL/LCL或CFS/CFS（拼装拼拆）。

12.1.6 联合运输

联合运输（Combined Transport）是指使用两种或两种以上的运输方式完成一批货物运输的联合运输方式。主要有大陆桥运输、国际多式联运等方式。

（1）大陆桥运输

大陆桥运输（Land Bridge Transport）是以铁路和公路运输系统为中间桥梁，将大陆两端的海洋连接起来的一种联合运输方式。目前，世界上最主要的大陆桥运输线有：横贯北美大陆的联结太平洋口岸和大西洋口岸的北美大陆桥，西伯利亚大陆桥即欧亚大陆桥，以及连云港至鹿特丹之间的新欧亚大陆桥。我国使用后两条大陆桥（西伯利亚大陆桥和新欧亚大陆桥）开展与西欧、亚洲等国家的运输业务。

（2）国际多式联运

国际多式联运（International Multimodal Transport）是在集装箱运输的基础上产生和发展起来的，是把海洋运输、铁路运输、公路运输和航空运输等传统单一的运输方式有机结合起来，完成国际间的商品转移的一种综合性连贯运输方式。

按照《联合国国际多式联运公约》，构成国际多式联运必须具备以下几个条件。

① 必须是至少两种不同运输方式的国际间连贯运输。

② 必须要有一个多式联运合同（Multimodal Transport Contract）

③ 必须使用一份全程的多式联运单据（Multimodal Transport Document）

④ 必须由一个多式联运经营人（Multimodal Transport Operator，MTO）对全程运输负责。

⑤ 必须是全程单一的运费费率（Single Factor Rate）。

国际多式联运手续简便，责任明确，运输快捷，节省了运杂费，降低了运输成本。完成全程运输，托运人只需办理一次托运，支付一笔运费，取得一张单据即可。在我国经营多式联运的总承运人有中国对外贸易总公司等，外运出具的联运提单同其他国家承运人出具的多式联运单据具有同等的效力，它可以作为转让、结汇、投保的单证，并得到国内外有关贸易当事人的信任。

12.2 装运条款的内容

装运条款是合同中的重要条款，内容包括运输方式、装运时间、装运港及目的港、分批装运、转运、装运通知、滞期与速遣条款等。只有在合同中明确、合理地规定装运条款，才能保证国际货物买卖合同的顺利履行。

12.2.1 装运时间

装运时间（Time of Shipment），又称装运期，是指按照货物买卖合同规定将货物装上指定运输工具或交给承运人的时间或期限，是买卖合同的主要条款之一。卖方如违反装运时间这一条件，买方就有权撤销合同，并保留追偿的权利。

因此，必须明确规定装运期，使之合理可行。规定方法有以下几种。

（1）明确规定装运期

① 具体规定一段期限。

例 12－2

2008 年 10 月装船

Shipment during Oct. 2008

例 12－3

2008 年 7/8/9/月份装运
Shipment during Jul. /Aug. /Sep. , 2008

② 规定最后期限。

例 12－4

2008 年 10 月 10 日以前装运
Shipment on or before 10 Oct. 2008

例 12－5

2008 年 1 月底以前装运
Shipment at or before the end of Jan. 2008

这种规定装运时间的方法明确、具体，不容易引起争议，因此在国际贸易合同中使用最广。

（2）规定收到信用证后若干天内装运

卖方为防止买方拖延开证或拒绝开证，造成卖方无法及时安排生产、包装、装运，带来一定的风险及损失，常采用此方法规定装运期。

例 12－6

收到信用证后两个月内装运
Shipment within two months after receipt of L/C

（3）收到信汇、电汇或票汇后若干天装运

这种方法常用于 FOB 条件下的电汇支付。

例 12－7

收到你方 50%电汇货款后两个月内装运
Shipment within two months after receipt of your 30%deposit of the total amount by T/T

12.2.2 装运港和目的港

根据合同所采用的贸易术语的不同，装运港（Port of Shipment）及目的港（Port of Destination）也不同。装运港及目的港的规定关系到买卖双方履行义务、划分风险责任、结算费用等问题，因此必须在合同中加以明确规定。

(1) 装运港和目的港规定方法

根据不同的情况，装运港和目的港的规定方法有以下3种。

① 装运港和目的港各规定一个。

② 规定选择港。根据业务需要要，也可分别规定两个或两个以上装运港或目的港（地），一般不超过三个，且要在同一航线上，为一般的班轮所能停靠的港口。

③ 笼统规定某一区域。这种方法容易引起争议，实际业务中很少使用。

(2) 确定装运港时应注意的事项

① 装运港一般应靠近货源地，且交通便利、费用较低、基础设施完善。

② 对进口业务，不能接受国家政策不允许往来的港口为装运港。

(3) 确定目的港时应注意的事项

在出口业务中，卖方要注意以下几方面。

① 不能接受国家政策不允许进行贸易的国家港口为目的港。

② 目的港规定应明确具体。不应接受“欧洲主要港口”、“非洲主要港口”等笼统规定方法，容易发生争议。

③ 不应接受内陆城市为目的港。

④ 尽量选择装卸条件好，费用低，且有直达班轮航线的港口。

⑤ 合理使用“选择港”，满足下列条件可以接受：第一，“选择港”的数目不超过三个；第二，备选港口必须在同一航线上，且经常有班轮停靠；第三，合同中应明确规定买方最后确定目的港的时间；第四，合同中应明确规定由于选港而增加的运费、附加费等均由买方负担。采用选择港时，买方必须在货到第一个港口前，按船公司规定的时间，通知船公司或代理人最后确定的目的港，否则船方可在任一个选择港卸货。

⑥ 应注意国外港口有无重名。若有重名，还应注明目的港所属的国别名称，以免发生差错。

12.2.3 分批装运和转船运输

分批装运和转船运输条款，也是合同中装运条款的重要内容之一，它直接关系到买卖双方的利益。

1. 分批装运

分批装运（Partial Shipment）是指一个合同项的货物，先后分若干批次在不同航次、车次、班次装运。

在国际贸易中，往往因为成交量大，而卖方资金不足或生产能力满足不了需求及运输条件的限制等方面的原因，需要分批装运货物。卖方需与买方协商，且须在合同和信用证中作出明确规定。

2. 转船运输

转船运输（Transshipment）是指货物从装运港至目的港的运输过程中，中途转换运输工具或运输方式的行为。

一般来说，当货物运往无直达船停靠或虽有直达船而无固定船期或船期较少的港口，可在合同中规定“允许转运”条款。

3.《跟单信用证统一惯例》的相关规定

根据国际商会《跟单信用证统一惯例》（UCP 600）的有关规定，关于分批装运和转运应注意如下几点。

① 如信用证中没有规定禁止分批装运和转运，可视为允许分批装运和转运。为了避免发生争议，一般情况下应在合同中明确规定允许分批装运和转运。

例 12－8

2008 年 4/5/6 月份装运，允许分批装运和转运。

Shipment during April/May/June，2008，with partial shipment and transshipment allowed.

② 对于同一船只、同一航次及同一目的港的多次装运，即使运输单据表面上注明不同的装运日期或不同的装运港口，也不应视为分批装运。

案例与评析 12－1

案情：我方某进出口公司向国外某贸易公司出口一批花生仁，国外客户在合同规定的开证时间内开来一份不可撤销信用证，证中的装运条款规定："Shipment from Chinese port to Singapore in March，Partial shipment prohibited."我公司按证中规定，于 3 月 15 日在福州港将 300 公吨花生仁装上"嘉陵"号轮，随后又由同轮在厦门港续装 200 公吨花生仁，3 月 20 日我公司同时取得了福州港和厦门港签发的两套提单，并于信用证有效期内到银行交单议付，银行以单证不符为由而拒付。问：银行的拒付是否有理？为什么？

评析：银行的拒付是无理的。根据《UCP 600》的规定："运输单据表面注明货物是使用同一运输工具并经同一路线运输的，即使每套运输单据注明的装运日期不同及/或装货港、接受监管地、发运地不同，只要运输单据注明的目的地相同，也不视为分批装运。"本案例中，买方来证中的装运条款规定："Shipment from Chinese Port to Singapore in March，Partial shipment prohibited."即规定不允许分批装运。而我方的 500 公吨货物是运往同一目的地的货物分别在福州和厦门装上同一航次的"嘉陵"号，根据《UCP 600》的上述规定，我方的做法不属于分批装运，所以银行拒绝付款无理。

③ 对于不准分批装运的货物，出口方必须将货物在同一运输工具、同一航次中装运完毕。

例 12－9

禁止分批装运。

Partial shipment not allowed.

④ 对于准许分批装运的货物，出口方可以分批装运，也可以一次装运，但如果合同中还规定了每批装运的数量，则每批装运数量必须按合同操作，否则买方有权认定自从违约的批次起，该批及以后各批均可视为卖方违约。

例 12－10

2008 年 7/8 月分两批每月等量装运，由新加坡转运。

During July /Aug.，2008 in two lots of equal monthly shipments，to be transshipped at Singapore.

12.2.4 其他条款

1. 装运通知

装运通知（Shipping Advice）是指卖方向买方发出货物已经装运的书面通知。装运通知是装运条款中不可缺少的一项重要内容。在国际贸易中，为了使船货更好地衔接，明确买卖双方的责任，以下几种通知起着重要作用。

（1）卖方货物备妥通知

卖方货物备妥通知是指卖方在规定的装运期前 30～45 天向买方发出货物备妥通知，以便买方派船接货。对于 FOB 合同，采用租船运输时，卖方在合理期限内向买方发出货物备妥通知，买方才能及时派船到装运港接货。

（2）买方派船接货通知

买方派船接货通知是指买方接到卖方发出的货物已备妥的通知，并办好运输手续后，在约定的时间将船名、船籍、吨位、预计到港的日期电告卖方，以便卖方及时安排货物出运和装船。在 FOB 术语下，买方派船接货通知的及时发出，可以使卖方在合同规定的时间将货物运到合同规定的地点待运而不会出现闪失。

（3）装运通知

在货物装船后，卖方在约定时间将合约号、品名、件数、重量、金额、船名、装船的日期等电告买方，以便买方做好报关接货的准备。特别是按 CFR 或 CPT 条件成交时，卖方交货后，更应及时向买方发出装运通知，这对买方及时投保具有非常重要的意义。

Incoterms 2000 中规定，在 FOB、CFR 条件下，卖方必须给予买方货物已装船的充分通知，以便买方办理保险和准备接货，这是卖方的法律责任。若由于卖方疏忽未发该通知，而使买方未能及时投保甚至漏保，货物在运输途中的风险损失则应由卖方承担。

2. 滞期、速遣条款

在程租船运输情况下，租船方希望尽快装货或卸货，使之符合其与船方在租船合约中规定的装卸时间，这样租船方就不会承担由于实际装卸时间超过租船合约中规定的装卸时间而罚款，即滞期费。但是，采用 FOB 术语成交时，买方租船，卖方装货，难免会发生装货的快慢问题。若采用 CFR、CIF 术语成交，卖方租船，买方卸货，也会产生卸货速度的快慢问题。因此，租船方会要求在买卖合同中规定货物的装卸时间或装卸率，装卸时间的计算方法及滞期费、速遣费等，使之与租船合约中的有关内容相衔接。即使发生滞期的情况，租船方也可将滞期罚款转嫁到装货或卸货的一方。

关于装卸时间的计算方法，滞期费、速遣费的规定，装卸时间起算、止算时间等，与程租船合同中的规定完全一致。

12.3 装运单据

在进出口贸易中，卖方必须向买方提供有关证明货物已经装运的单据，即装运单据。装运单据是卖方已将货物发运或装上运输工具或已由承运人接受监管的证明，是卖方凭以证明已履行交货责任和买方凭以支付货款的主要依据。装运单据种类很多，主要有海运提单、铁路运单、承运货物收据、航空运单、邮政收据和多式联运单据等。

12.3.1 海运提单

海运提单（Bill of Lading，B/L）是用来确定承运人与托运人之间权利与义务的一种运输单据，用以证明货物已由承运人接管或装船，以及承运人保证抵目的地并据以交付使用货物的单据。在进出口贸易中，海运提单是最重要的运输单据，也是信用证交易下银行结汇、买方提货的关键票据。

1. 海运提单的性质和作用

海运提单表明了货物的所有权。从性质上说，海运提单是物权凭证，凭提单可以到承运人那里提货，也可以背书转让。在这个意义上，拥有了提单就等于拥有了货物的所有权。海运提单的主要作用表现在以下 4 个方面。

① 提单是船方或其代理人签发的承运货物的收据。

② 提单是承运人和托运人之间运输合同的契约证明。

③ 提单是货物所有权的证明。

④ 提单是托运人或持有人到银行结汇的证明。

2. 海运提单的内容

目前各航运公司所制定的提单，格式上虽不完全相同，但其内容大同小异，主要包括正面内容和背面条款两部分。提单的样本见表 12－1。

表 12－1　海运提单（Bill of Lading）

<table>
<tr><td colspan="3">Shipper</td><td colspan="2" rowspan="5">B/L NO
Carrier
COSCO
中国远洋运输（集团）总公司
CHINA OCEAN SHIPPING（GROUP）CO.

Original

Combined Transport BILL OF LADING</td></tr>
<tr><td colspan="3">Consignee</td></tr>
<tr><td colspan="3">Notify Party</td></tr>
<tr><td>Pre-carriage by</td><td colspan="2">Place of receipt</td></tr>
<tr><td>Ocean Vessel</td><td>Voy. No</td><td>Port of Loading</td></tr>
<tr><td colspan="2">Port of Discharge</td><td colspan="2">Place of Delivery</td><td>Final Destination</td></tr>
</table>

续表

Marks & nos container Seal no.	No. of Containers or P'kgs	Kind of Packages; Description of Goods	Gross Weight	Measurement
TOTAL NUMBER OF CONTAINERS OR PACKAGES (IN WORDS)	SEVEN HUNDRED AND TWENTY CARTONS ONLY			

FREIGHT & CHARGES	Revenue Tons	Rate	Per	Prepaid	Collect

Ex Rate	Prepaid at	Payable at	Place and date of Issue
	Total Prepaid	No. of Original B (S) /L	Signed for the Carrier

LADEN ON BOARD THE VESSEL
DATE ______ BY ______ (TERMS PLEASE FIND ON BACK OF ORIGINAL B/L)
(COSCO STANDARD FORM 11)

(1) 提单的正面内容

提单的正面内容分别由托运人和承运人填写，通常包括下列事项：承运人名称及主营业场所、托运人名称、收货人名称、通知人名称、船名、航次及船舶国籍、装运港、目的港、货物的品名、唛头、件数、重量或体积、运费及其他费用、提单号码、份数、签发日期和地点、承运人或船长或其代理人签字盖章。

(2) 提单背面条款

提单背面的条款是确定承运人与托运人，以及承运人与收货人、持单人之间权利和义务的主要依据。一般来说，主要包括：法律诉讼条款、运费条款、承运人的责任和豁免条款及留置权条款等内容。

3. 海运提单的种类

① 根据货物是否装船，海运提单可分为已装船提单（On Board B/L，Shipped B/L）和备运提单（Received for Shipment B/L）。在备运提单上加注“已装船”标记后，即成为已装船提单。银行一般不受理备用提单，除非信用证上另有规定。

② 根据提单上对货物外表状况有无不良批注，海运提单可分为清洁提单（Clean B/L）和不清洁提单（Unclean B/L）。国际结算中，银行只接受清洁提单，即承运人未在提单上批注任何碰损、生锈、渗漏、包装不固定等字样。如货物装运时表面受损或有包装破裂、淋湿、散包、轻微渗漏等情况，承运人将在提单上作不良批注，此时即为不清洁提单。所以，除信用证另有规定外，银行不接受这种提单。

③ 根据运输方式不同，海运提单可分为直达提单（Direct B/L）、转船提单（Transshipment B/L）和联运提单（Through B/L）

④ 根据收货人抬头的不同，海运提单可分为记名提单（Straight B/L）、不记名提单（Open B/L）和指示提单（Order B/L）。收货人抬头表明货物所有权的归属。记名提单是指在提单的收

货人（Consignee）一栏内填写指定收货人的名称，只能由提单上指定的收货人提货。记名提单不能流通转让。不记名提单是指在提单的收货人一栏内不指明收货人，仅填写“来人”或“提单持有人”（Bearer）字样。无论谁持有该提单，均可提货，不记名提单无需背书即可转让。该提单使用的风险大，故在实际业务中使用较少。指示提单是指在提单上收货人栏内填写“凭指示（To order）或”凭××指示“（To order of××）字样的提单。这种提单可以通过背书转让。背书的方法有两种：一种是由转让人（背书人）在提单背面签名盖章，即空白背书；另一种是除转让人（背书人）在提单背面签字盖章外，还要列明受让人（被背书人）的名称，即记名背书。目前，国际贸易中，通常采用“凭指示空白背书”的提单，习惯上称“空白抬头，空白背书”。

⑤ 根据提单使用的有效性，海运提单可分为正本提单（Original B/L）和副本提单（Copy B/L）。正本提单上有承运人（或船长）或其具名代理或代表签字盖章，并注明签发日期，它具有法律效力。提单必须注明“正本”（Original）字样。副本提单上则无承运人（或船长）或其具名代理或代表签字，仅作为工作参考之用。副本提单上一般都有“副本”（Copy）字样。

此外，国际贸易实际业务中，还存在着舱面提单（On deck B/L）、过期提单（Stale B/L）、预借提单（Advanced B/L）、倒签提单（Antedated B/L）等多种形式的提单。过期提单是晚于信用证规定的交单期限提交的单据，银行一般不予接受；而预借或倒签提单属于采用欺诈手段签发的提单，各国法律或国际公约均不承认其有效性。

12.3.2 铁路运单

铁路运单（Railway B/L）是铁路承运人收到货物后所签发的铁路运输单据，是收、发货人与铁路部门之间的运输契约，运单正本随同货物送至终点站交收货人，是铁路承运人同收货人交接货物、核收运费的依据，副本盖章后可作为卖方结算货款的凭证。

铁路运单不是物权凭证，不能凭之提货，货到目的地后，收货人可凭有效证件提货。另外，铁路运单必须作成记名抬头，不能背书转让。

12.3.3 航空运单

航空运单（AirWay Bill）是承运人与托运人之间签订的运输契约，也是承运人或其代理人签发的货物收据，还可作为承运人核收运费的依据和海关查验放行的基本单据。但航空运单与铁路运单一样，不是物权凭证，不能通过背书转让。收货人提货不是凭航空运单，而是凭航空公司的提货通知书。航空运单正本一式三份：第一份由航空公司留存，第二份随机交给收货人，第三份交托运人办理议付或托收。

12.3.4 邮包收据

邮包收据（Parcel Post Receipt）是邮政部门或国际信使专递公司收到由其负责邮递的信函、样品或包裹等邮件后向寄件人出示的注有寄发日期的货物收据，也是邮件发生灭失或损坏事故后寄件人或收件人向邮政部门索赔的凭证。但是，邮政收据不代表货物所有权，既不能转让，也不能凭收据提货。

12.3.5 多式联运单据

多式联运单据（Multimodal Transport Documents，MTD）是由承运人或其代理人签

发，证明多式联运经营人已收到指定货物并负责按合同条款运输货物到目的地的单据。它是货物所有权的凭证，可以凭单据提取货物，也可以背书转让流通。

本章小结

国际贸易主要采用海洋运输方式，根据船舶经营方式的不同可分为班轮运输和租船运输两种方式。

装运条款的内容包括：装运的时间和地点、装运港和目的港、分批装运和转运方式的选择等。

海运提单是国际贸易中最重要的单据，具有货物所有权的性质。

关键术语

班轮　海运提单　定程租船　清洁提单　已装船提单　集装箱　分批装运　转运　指示提单　背书

复习思考题

1. 国际贸易中的运输方式有哪几种？海洋运输有什么特点？
2. 简述班轮运输和租船运输的特点。
3. 如何规定装运期？
4. 在选择装运港和目的港时应注意什么问题？
5. 什么是清洁提单和不清洁提单？简述清洁提单在国际贸易中的重要性。
6. 简述海运提单的性质和作用。

章首案例分析

国际货物运输是一笔交易能否顺利完成的关键所在。由于国际货物运输线路长、环节多、时间性强、情况复杂、风险大，因此按时、按质、按量完成货物运输就显得至关重要。

本案例中，银行有权拒收单据和拒付货款。主要原因：①根据《UCP 600》的规定，一个限量分批交货的信用证，如果其中任何一批交货未按时按量装运，则本批及以后各批信用证均告失效。本案例中，第四批交货未按时，因而导致该批及以后各批交货的信用证均告失效。因此，银行有权拒受单据和拒付货款。②根据《公约》有关规定，合同一方当事人因不可抗力而不能履行合同或不能按合同条件履行合同，该当事人可免除违约的责任。但使用信用证交易时，该规定不使用。因为，信用证是独立性法律文件，一经开立，即独立于合同之外，不受合同的约束，卖方未按信用证规定交付货物，取得符合信用证规定的相关单据，根据《UCP 600》规定，银行拒付有理。因此，本例中，卖方引用不可抗力而要求银行付款，银行有权拒付。

第13章

国际货物运输保险

学习目标 掌握海上风险、损失和费用的主要内容，重点掌握中国保险条款、海运货物运输保险险别、承保范围、承保责任的起讫期限，了解投保业务的具体做法和保险合同的填制，学会如何确立保险险别、确立保险金额、计算保险费及保险索赔，掌握保险条款的订立方法。

章首案例

美国和伊拉克战争期间，伊拉克某企业将投保一切险的出口商品运至码头仓库待运，此时，适逢敌对势力的轰炸，引起仓库火灾，使该批商品受损。当被保险人要求保险公司赔偿时，保险公司予以拒绝。

案例讨论题：保险公司拒赔是否有理？为什么？

在国际货物运输过程中，可能会遇到各种风险而遭受损失。为了转嫁货物运输过程中的风险和损失，就需要办理货物的运输保险。通过给所运输的货物投保，在货物遭到承保范围内的损失时，投保人可以从保险公司及时得到经济上的补偿，这样可以大大降低进出口企业所面临的风险。

国际货物运输保险是指被保险人（买方或卖方）向保险人（保险公司）按一定金额投保一定险别，缴纳一定的保险费并取得保险单，当保险标的物出险后，保险人按照保险单的规定给予被保险人经济赔偿的一种经济行为。

在国际货物买卖业务中，国际货物运输保险是一个不可缺少的条件和环节。国际货物运输保险的种类很多，包括海上货物运输保险、陆上货物运输保险、航空货物运输保险及邮包运输保险，其中业务量最大、涉及面最广的是海上货物运输保险。因此，本章主要介绍海上货物运输保险。

13.1 海上货物运输保险的基本内容

13.1.1 保险的基本原则

在国际货物运输中，投保人和保险人订立保险合同时，应共同遵守以下基本原则。

(1) 保险利益原则

保险利益(Insurable Interest)又称可保利益，是指被保险人就保险的标的(如船舶、货物、运费、预期利润等)而享有的为法律所承认的且可以投保的经济利益。被保险人因保险标的未发生风险事故而受益，因保险标的遭受风险事故而受到损失。

保险利益原则是指被保险人对保险标的具有保险利益的合同才有法律效力，如果被保险人对保险标的不享有保险利益，该保险合同无效。

在海运货物保险中，保险利益具体体现为投保人对保险标的(如船舶、货物、运费、预期利润等)所享有的所有权或所承担的经济风险和责任。

海运保险的保险利益原则要求在投保时可不存在保险利益，但在发生保险事故时保险利益一定要存在。同时，由于运输货物处于流动状态，为了便于国际贸易快速顺利地进行，海上货物运输保险的保险单可以自由转让，无须征得保险人同意。

(2) 近因原则

近因原则(Principle of Proximate Cause)是指保险人只对承保范围内的保险事故作为直接的、最接近的原因所引起的保险标的的损失，承担保险责任，而对于承保范围以外的原因造成的损失，不负赔偿责任。

(3) 最大诚信原则

最大诚信原则(Principle of Utmost Good Faith)是指保险人和被保险人在订立合同及合同有效期内，应向对方提供足以影响对方作出订约与履约决定的全部实质性重要事实，同时绝对信守合同订立的约定与承诺；否则，受害方可主张合同无效或解除，甚至要求对方赔偿因此而受到的损失。

对被保险人来说，最大诚信原则主要有两个方面的要求：一是重要事实的申报，被保险人应向保险人提供保险标的、运输条件、航程及包装条件等方面的真实情况，以便保险人判断是否同意承保；二是保证。投保人或被保险人对在保险期限内的特定事项作为或不作为向保险人所作的担保或承诺，如被保险人不用15年以上船龄运送货物等。

对于保险人而言，最大诚信原则要求其必须告知的重大事实是足以影响善意的投保人或被保险人是否投保及投保条件的事实。

(4) 补偿原则

保险的补偿原则(Principle of Indemnity)，又称损害赔偿原则，是指当保险标的遭受保险责任范围内的损失时，保险人应当依照保险合同的约定履行赔偿义务，但保险人的赔偿金额不得超过保险单上的保险金额或被保险人遭受的实际损失。保险人的赔偿不应使被保险人因保险赔偿而获得额外的经济利益。因此，发生损失时，保险人对被保险人理赔责任的限度，以实际损失、保险金额及可保利益为限。

13.1.2 海上货物运输保险的保障范围

在国际货物运输保险业务中，保险人是按照不同险别，即由合同约定的可保障的海上风险造成的损失和费用来承担赔偿责任的。因此，风险、损失和费用与险别之间有着密切联系。

1. 风险

可保障的风险有海上风险和外来风险两类。风险的种类如图13-1所示。

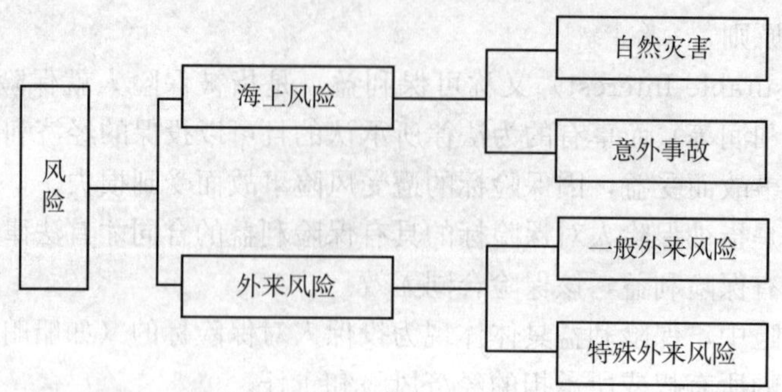

图 13-1 风险的种类

(1) 海上风险

海上风险（Perils of the Sea）又称海难，是指船舶在海上航行过程中所遇到的危险，包括海上发生的自然灾害和意外事故。

自然灾害（Natural Calamities）是指由于自然界的变异引起破坏力量所造成的灾害，如恶劣气候、雷电、海啸、地震、洪水、火山爆发等人力不可抗拒的灾害。

意外事故（Fortuitous Accidents）仅指船舶搁浅、触礁、沉没、失踪、互撞或与其他固体物如流冰、码头碰撞，以及失火、爆炸等偶然的难以预料的原因造成的事故。

(2) 外来风险

外来风险（Extraneous Risks）是指海上风险以外的其他外界原因所造成的风险，即在运输过程中非货物的内在缺陷（Inherent Vice）和自然损耗（Natural Loss）带来的风险。外来风险又可分为一般外来风险与特殊外来风险两种。

一般外来风险包括偷窃、雨淋、破碎、串味、钩损、锈损、渗漏、玷污、受潮受热、短量、包装破裂等外来原因所造成的风险。

特殊外来风险包括战争、罢工、交货不到、被拒绝进口或没收等，这些均是由于军事、政治、国家政策法令和行政措施等特殊外来原因所造成的风险。

2. 损失

在海洋运输途中，被保险货物因遭遇海上风险所引起的损坏或灭失，称之为海上损失。

海上损失按照损失的程度可以分为全部损失和部分损失。损失的分类如图 13-2所示。

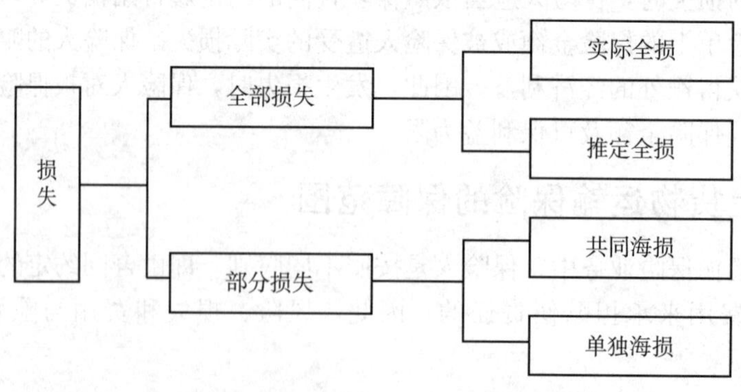

图 13-2 损失的种类

1）全部损失

全部损失（Total Loss）简称全损。全损有实际全损和推定全损之分。

（1）实际全损（Actual Total Loss）

实际全损是指保险标的完全灭失或已失去原有价值或原有用途，主要有以下 4 种情况。

① 被保险的标的已经完全灭失，如船舶触礁后船货同时沉入海底。

② 被保险货物遭受严重损害，已丧失原有用途及价值，如茶叶经海水浸泡后不可饮用。

③ 被保险人对货物的所有权以无可挽回地被全部剥夺，船只被劫或扣押，货物被侵占。

④ 载货船舶失踪达到一定时期（6 个月）仍杳无音讯。

（2）推定全损（Constructive Total Loss）

推定全损是指货物发生保险事故，虽未达到全损程度，但实际全损所需费用要超过其货物价值本身。推定全损主要有以下 4 种情况。

① 货损后，进行施救，整理和恢复原状所需的费用超过货物修复后的价值。

② 货损后，整理和续运至目的地的费用超过货物在目的地的完好状态的价值。

③ 实际全损已不可避免或为避免全损所需的施救费用将超过获救后货物的价值。

④ 被保险人为收回保险标的因遭受保险责任范围内的事故而失去标的所有权，所需支出的费用将超过收回后的标的价值。

在发生推定全损时，被保险人如果要求按全部损失赔偿，被保险人必须及时向保险公司办理“委付”（Abandonment）手续，即将保险货物的一切权利转让给保险人后，经保险人同意后方可按全损赔偿。当然，被保险人也可要求按部分损失赔偿。

2）部分损失

部分损失（Partial Loss）是指被保险货物的损失没有达到全部损失的程度。部分损失又分为共同海损和单独海损。

（1）共同海损（General Average，G. A.）

共同海损是指载货船舶在航行途中遇到自然灾害或意外事故并危及船、货等共同安全时，船长为了解除这种风险，有意识地采取了合理措施所作出的某些特殊牺牲或支出的额外费用。构成共同海损的必备条件如下。

① 风险必须是实际存在或不可避免，且危及船、货、运费各方共同安全时。

② 所采取的措施是为了解除共同危险，有意地并且合理地作出的。

③ 所造成的特殊牺牲或是额外费用的支出，不是通常业务中所必需的，是为解除共同危险而造成的，而不是由危险本身造成的。

④ 构成共同海损的牺牲和费用支出能有效地避免船、货同归于尽。

共同海损要由船、货、运费三方按最后获救价值的比例分摊，称为共同海损分摊。(General Average Contribution)

（2）单独海损（Particular Average，P. A.）

单独海损是指货物受损后，未达到全损程度，且是由海上风险所造成的保险标的部分损失。这种损失仅属于特定利益方，由受损方单独承担。

共同海损和单独海损两者有明显的区别，如表 13－1 所示。

表 13-1 共同海损和单独海损的区别

不同之处	共同海损	单独海损
致损原因	为了解除或减轻承保风险的人为损失	由承保风险直接造成的船货损失
损失构成	货物的牺牲，共同的费用损失	货物本身的损失，不包括费用项目
损失承担	由受益各方按获救财产价值的大小比例分摊	受损方自己承担

案例与评析 13-1

案情：某货轮装货后，航行途中不慎触礁。触礁后船方反复开倒车强行浮起，但导致船底划破，海水渗入货舱，造成船货部分损失。为使货轮能继续航行，船长发出求救信号，船被拖至就近港口的船坞修理。修理 10 天，共支出修理费 5 000 美元，增加各项费用支出（包括员工工资）共 3 000 美元。船修复后继续航行。次日，忽遇恶劣气候，使船上装载的某货主的一部分货物被海水浸湿。试从货运保险义务方面分析，以上所述的各项损失，各属于什么性质的险种？

评析：本案例中，船舶遇恶劣气候，导致装载的某货主的一部分货物被海水浸湿的损失属单独海损；因船舶强行开倒车导致船底划破、海水渗入造成船货的部分损失，以及因修理船只花费的修理费和各项费用开支共 8 000 美元，属于共同海损。

3. 费用

发生海上风险后，除了造成货物损失外，还会产生费用损失，即为抢救受损货物，防止损失的进一步扩大而形成的费用，即海上费用，包括施救费用和救助费用，这些费用通常也由保险人支付。

（1）施救费用

施救费用（Sue and Labor Charges）是指在遭遇保险责任范围内的灾害事故时，由保险人或其代理人、雇佣人员和保险单证受让人等为抢救保险标的物，以防止其损失扩大所采取的措施而支出的合理费用。

（2）救助费用

救助费用（Salvage Charges）是指保险标的物遇到上述灾害事故后，由保险人和被保险人以外的无契约关系的第三者采取救助行为且成功后，被救方向施救者支付的费用。

13.2 中国海运货物保险条款

在我国，进出口货物运输最常用的保险条款是中国人民保险公司制定的“中国保险条款”（China insurance clauses，C. I. C.）。C. I. C. 条款按运输方式来分，有海洋、陆上、航空和邮包运输保险条款四大类，还配备有海运冷藏货物、陆运冷藏货物、海运散装桐油及活牲畜、家禽四种特殊商品的运输保险条款，是我国办理进出口贸易货物运输保险业务的重要依据。

C. I. C. 海洋运输货物保险条款所承保的海洋运输险别，可分为基本险和附加险两类。

1. 基本险

基本险，又称主险，是可以独立投保的险别。根据承保责任范围的不同，基本险可分为平安险、水渍险和一切险三种。

1）基本险的责任范围

(1) 平安险（Free from Particular Average，FPA）

平安险在三个基本险中承保责任范围最小，具体如下。

① 被保险货物在运输途中遭遇自然灾害，造成被保险货物的全部损失或推定全损。

② 在海运途中，运输工具遭受搁浅等意外事故造成货物的全部或部分损失。

③ 运输途中，运输工具遭受意外事故，货物在此前后又逢自然灾害所造成的被保险货物的部分损失。

④ 在装卸或转船时一件或数件货物落入海中所造成的全损或部分损失。

⑤ 被保险人在货物遭受承保责任内的危险时，对其抢救所发生的合理费用，但以不超过该被救货物的保险金额为限。

⑥遭遇海难后，在中途港或避难港停靠而引起装卸、存仓等特殊费用的损失。

⑦ 共同海损的牺牲、分摊和救助费用。

⑧ 运输契约订有“船舶互撞责任”条款时，按规定应由货方偿还船方的损失。

(2) 水渍险（With Particular Average，W. P. A，W. A.）

水渍险责任范围除平安险的各项责任外，还负责被保险货物遭遇自然灾害所造成的部分损失。

(3) 一切险（All Risks）

一切险除包括水渍险的各项责任外，还负责赔偿被保险货物在运输途中由于一般外来原因所致的全部损失或部分损失。实际上，一切险是水渍险与一般附加险的总和。需要注意的是，它并不包括特殊外来风险的损失，即一切险并非对一切损失都负责赔偿。

在国际货物运输保险业务中，被保险人均可选择上述三种基本险中的一种单独投保。所选择的险别不同，保险责任范围则不同。一切险保险范围最宽泛，水渍险次之，平安险则最窄，随着保险责任范围的宽窄，保险费率也高低不同。

2）基本险的除外责任

除外责任（Exclusion），是指保险人不予赔偿的损失和费用。这种除外责任一般来说是非意外的、比较特殊的风险。基本险的除外责任进一步明确了保险人的责任范围。

如果损失是由下述原因所导致的，则属于中国保险条款对基本险的除外责任，保险公司不承担任何责任。

① 被保险人的故意行为或过失。

② 属于发货人责任。

③ 在保险责任开始之前，被保险货物就已存在品质不良或数量短缺。

④ 被保险货物的自然损耗、品质特性、市价跌落及运输延迟。

⑤ 战争险、罢工险等特殊附加险条款所规定的责任范围和除外责任。

3）基本险的责任起讫期限

基本险责任起讫期限，是指保险人对被保险货物承保的期限，即保险期限。

按照国际保险业惯例，基本险的责任起讫期限通常采用“仓至仓条款”（Warehouse to

Warehouse Clause，简称 W/W Clause）的规定，即保险责任从货物运离保单上载明的装运地仓库开始，直至到达指定目的地收货人仓库为止。但仓至仓责任不是绝对的，如果货物在卸货港卸离海轮后，只要满 60 天时；或如货物运抵目的港，即进行转运；或货物在运至目的港前，中途进行分组、分派或分成几批时，只要属于上述中的任何一种情况，保险人的保险责任即告终止。

2. 附加险

附加险（Additional Risk）是基本险的扩展，不能单独投保，必须在投保基本险的基础上，才可加保附加险，并需另外支付保险费。根据风险的不同，附加险分为一般附加险和特殊附加险。

（1）一般附加险（General Additional Risk）

一般附加险承保一般外来风险所造成的全部损失或部分损失，共包括 11 个险别：偷窃、提货不着险（Theft，Pilferage and Non-Delivery Risk，T. P. N. D.）、淡水雨淋险（Fresh Water &/or Rain Damage），渗漏险（Leakage Risk），短量险（Shortage Risk）、混杂、沾污险（Intermixture and Contamination Risk），碰损、破碎险（Clash and Breakage Risk），钩损险（Hook Damage），锈损险（Rust Risk），串味险（Taint of Odor Risk），包装破裂险（Breakage of Packing Risk），受潮受热险（Sweat and Heating Risk）。上述 11 种附加险条款内容十分简单，一般只规定承保的责任范围。由于一般附加险包括在一切险内，因此若投保了一切险，则无需加保任何一种一般附加险。

（2）特殊附加险（Special Additional Risk）

特殊附加险承保特殊外来风险所造成的损失，共有 8 种：战争险（War Risk）、罢工险（Strikes Risk）、交货不到险（Failure to Deliver Risk）、进口关税险（Import Duty Risk）、舱面险（On Deck Risk）、黄曲霉素险（Alfa-toxin Risk）、拒收险（Rejection Risk）、出口货物到港澳存仓火险责任扩展条款（Fire Risk Extension Clause for Storage of Cargo at Destination Hongkong，Including Kowloon，or Macao）。上述 8 种险别，只能在投保了基本险的基础上加保，因为特殊附加险的保险责任范围不包括在基本险的责任范围之内，必须加保特殊附加险，发生承保范围内的损失后，才能获得相应的赔偿。

按国际海上保险市场的习惯，加保战争险后再加保罢工险，不另收保险费；如仅要求加保罢工险，则按战争险费率收费。所以，一般被保险人同时投保战争险和罢工险。

案例与评析 13－2

案情：一份出售大米 50 公吨的 CIF 合同，卖方在装船前投保了一切险加战争险，自南美内陆仓库起，直至英国伦敦的买方仓库为止。货物从卖方仓库运往码头装运途中发生了承保范围内的货物损失。当卖方凭保险单向保险公司提出索赔时，保险公司以货物未装运、货物损失不在承保范围内为由而拒赔。问：保险公司拒赔是否有理？为什么？

评析：保险公司拒赔无理。本案中，因为货物在装船前，已由卖方按“仓至仓”条款投保了合同下的货物，从卖方仓库运往码头装运途中发生的风险导致的损失，在保险公司承保范围内，所以卖方是有权凭保险单向保险公司索赔的，保险公司也必须对其承保范围内卖方的损失给予赔偿。

13.3 其他运输方式下的货物保险

除了《海洋运输货物保险条款》之外，C.I.C. 条款还有《陆上运输货物保险条款》、《航空运输货物保险条款》和《邮包保险条款》等。

1. **陆上运输货物保险险别与条款**

陆上运输货物保险是承保以火车、汽车等运输工具进行的货物运输的保险。根据 C.I.C. 条款的规定，陆上运输货物保险的基本险别分为陆运险和陆运一切险两种。此外，还有适用于陆运冷藏货物的专门保险（属基本险性质），以及陆上运输货物战争险（火车）等附加险。

陆运险的承保范围与海洋运输货物保险条款中的水渍险相似，陆运一切险的承保责任范围则相当于海洋运输货物保险条款中的一切险。

在投保基本险的基础上，可以加保附加险。陆运货物在加保战争险的前提下，再加保罢工险，不另收保险费。

另外，陆上运输货物保险的除外责任与海洋运输货物保险的除外责任基本相同，其保险期限也采用“仓至仓条款”。

2. **航空运输货物保险险别与条款**

航空运输货物保险是以飞机为运输工具的货物运输保险。根据 C.I.C. 条款的规定，航空运输货物保险的基本险别分为航空运输险和航空运输一切险两种。此外，还有航空运输货物战争险等附加险。

航空运输险和航空运输一切险的承保责任范围分别相当于海洋货物运输保险的水渍险和一切险。这两种险别的除外责任与海洋运输货物险基本相同，其保险期限也采用“仓至仓条款”。

在投保基本险的基础上，可以加保附加险。已加保战争险时，再加保罢工险，不另收保险费。

3. **邮政包裹运输保险险别与条款**

根据 C.I.C. 条款的规定，邮包保险的基本险别有邮包险和邮包一切险。邮包险和邮包一切险的承包责任范围分别相当于海洋货物运输保险的水渍险和一切险。这两种险别的除外责任与海洋运输货物险基本相同。

在投保基本险的基础上，可以加保附加险。已加保战争险时，再加保罢工险，不另收保险费。

13.4 进出口合同货物运输保险实务

在国际贸易中，究竟是由卖方投保，还是由买方投保，取决于买卖双方约定的交易条件和所使用的贸易术语。买卖双方约定上述交易条件后，被保险人则需要办理以下保险业务：选择投保险别、确定保险金额、办理投保手续并交付保险费、取得保险单证及发生货损时办理保险索赔等。

13.4.1 确定投保险别及保险金额

1. 确定保险险别

保险公司承担保险责任是以保险险别为依据的，因此在办理投保业务时，选择什么险别投保是非常关键的问题。它不仅关系到发生损失后，被保险人能否转嫁损失，而且保险费用的承担也会有所不同。被保险人在选择投保险别要综合考虑以下因素。

（1）货物的特性及包装状况

不同性质的货物及包装的不同状况，对货物致损的影响程度不同。如茶叶等易受潮霉烂，就应投保一切险或在基本险基础上加保受潮受热附加险；陶瓷类货物易碎，应加保破碎附加险等。但应注意，如货物的包装不良或包装不符合惯例规范，保险公司不予赔偿。

（2）运输方式、航行路线及停靠港口情况

运输方式不同，投保的险别也就不同，如海运货物应投保海运险别；陆运和空运货物应投保相应险别。因受不同气候、政治、军事及其他特殊因素的影响，航行路线的情况对货物的影响也有所不同，如途经赤道地区容易受潮受热，应加保受潮受热险；途经海盗经常出没的水域或战争热点地区，应加保战争险。各国港口设备及安全有很大差异，对货物的装卸安全影响不同，这也是投保应考虑的因素。

（3）货物的价值

货物的价值不同，投保的险别不同，如价值昂贵的金银、珠宝等，应投保一切险，以获得更大范围的保障。

2. 确定保险金额

保险金额（Insurance Amount），是被保险人向保险人投保的金额，是保险费的计收依据，也是货物发生损失后计算赔偿的依据，是保险人承担赔偿的最高限额。按照国际保险市场惯例，出口货物的保险金额一般按在 CIF 价的基础上加成 10%，因此保险金额的计算公式为。

保险金额＝CIF 价×（1＋10%）

因此，确定保险金额必须首先求出货物的 CIF 价。贸易中如采用 FOB 或 CFR 术语，则应换算成 CIF 价，换算公式分别为

CIF 价＝（FOB 价＋国外运费）/（1－投保加成×保险费率）

CIF 价＝CFR 价/（1－投保加成×保险费率）

3. 保险条款的选择

在办理保险业务时，我国通常以中国人民保险公司制定的 1981 年 1 月 1 日生效的 C.I.C. 条款为依据，保险人和被保险人的权利和义务遵循该条款的规定。但有时国外客户也会要求以英国伦敦保险协会的货物保险条款（Institute Cargo Clauses，I.C.C.）为准，为了促成交易，我方也可接受。

13.4.2 办理投保和交付保险费

1. 办理投保

投保应在风险可能出现之前办理。被保险人需填制海运出口货物投保单，将被保险人名

称、运输标志、包装及数量、保险金额、运载工具、投保险别等事项以书面形式如实告知保险人，投保单的内容应与合同或信用证规定相符。

2. **交付保险费**

保险费（premium）是保险人经营保险业务的基本收入。投保人交付保险费后，保险合同即生效。

保险费的计算公式为

保险费＝保险金额×保险费率＝CIF价×（1＋10%）×保险费率

13.4.3 取得保险单据

保险单证既是保险人对被保险人的承保证明，又是保险人与被保险人之间权利和义务的契约证明，是被保险人索赔的依据，也是保险人理赔的主要凭证。在国际贸易中，保险单证可以背书转让。目前，国际保险市场习惯使用的保险单证主要有保险单、预约保险单和保险凭证。

（1）保险单

保险单（Insurance Policy）又称大保单，是一种正规的保险合同，其主要内容包括正面内容及背面条款。正面主要载明双方当事人建立保险关系的文字、被保险货物的情况、承保的险别、理赔地点及保险人的相关声明等，背面所列保险人和被保险人双方的权利和义务等，这种保险单使用最为普遍。保险单样本如表13-2所示。

表13-2 海运货物保险单

PICC中国人民保险公司××分公司
The People's Insurance Company of China, Tianjin Branch
货物运输保险单
CARGO TRANSPORTATION INSURANCE POLICY

发票号（INVOICE NO.） 保单号次 POLICY NO
合同号（CONTRACT NO.）
信用证号（L/C NO.）
被保险人：
Insured：

中国人民保险公司（以下简称本公司）根据被保险人的要求，由被保险人向本公司缴付约定的保险费，按照本保险单承保险别和背面所列条款与下列特款承保下述货物运输保险，特立本保险单。

THIS POLICY OF INSURANCE WITNESSES THAT THE PEOPLE'S INSURANCE COMPANY OF CHINA (HEREINAFTER CALLED "THE COMPANY") AT THE REQUEST OF INSURED AND IN CONSIDERATION OF THE AGREED PREMIUM PAID TO THE COMPANY BY THE INSURED UNDERTAKES TO INSURE THE UNDERMENTIONED GOODS IN TRANSPORTATION SUBJECT TO THE CONDITIONS OF THIS POLICY AS PER THE CLAUSES PRINTED OVERLEAF AND OTHER SPECIAL CLAUSES ATTACHED HEREON

标 记 MARKS & NOS.	数量及包装 QUANTITY	保险货物项目 DESCRIPTION OF GOODS	保险金额 AMOUNT INSURED

总保险金额（TOTAL AMOUNT INSURED）

保费 PREMIUM ______ 起运日期：DATE OF COMMENCEMENT ______ 装载运输工具：PER CONVEYANCE：

自 FROM ______ 经 VIA ______ 至 TO ______

续表

险别：CONDITIONS：	
所保货物，如发生保险单项下可能引起索赔的损失或损坏，应立即通知本公司下述代理人查勘。如有索赔应向本公司提交保险单正本（共 2 份正本）及有关文件。如一份正本已用于索赔，其余正本自动失效。 IN THE EVENT OF LOSS DAMAGE WHICH MAY RESULT IN A CLAIM UNDER THIS POLICY，IMMEDIATE NOTICE MUST BE GIVEN TO THE COMPANY AGENT AS MENTIONED HEREUNDER CLAIMS IF ANY，ONE OF THE ORIGINAL POLICY WHICH HAS BEEN ISSUED IN 2 ORIGINAL TOGETHER WITH RELEVANT DOCUMENTS SHALL BE SURRENDERED TO THE COMPANY IF THE ORIGINAL POLICY HAS BEEN ACCOMPLISHED，THE OTHERS TO BE VOID .	
赔款偿付地点 CLAIM PAYABLE AT ____________	中国人民保险公司天津市分公司
出单日期 ISSUING DATE ____________	The People's Insurance Company of China Tianjin Branch

（2）预约保险单

预约保险单（Open Policy），是以预约方式承保被保险人在一定时期内分批发运货物的保险。它规定货物的保险范围、险别、保险期限、保险费率、每批货物的最高保险限额及保险的结算办法等。凡属于预约保险范围内的货物，一经起运，保险公司即按预约保险单的条件自动承保。保险人可不再签发每批货物的保险单，但被保险人应将每批起运货物的品名、价值、包装、数量、起讫港口、运输工具、起运日期等及时通知保险公司。目前，我国在使用 FOB 或 CFR 条件成交时，保险业务中使用这种预约保险单。

（3）保险凭证

保险凭证（Insurance Certificate）又称小保单，是一种简化了的保险单，除了背面不载明保险人与被保险人双方的权利与义务等保险条款外，其余内容与保险单大致相同。在使用效力上，保险凭证与保险单具有同等的法律效力。

13.4.4 保险索赔

保险索赔（Claim）是指被保险货物遭受承保责任范围内的风险而造成损失时，被保险人向保险人提出索赔要求的行为。

被保险的货物发生了保险公司承保范围内的损失后，只要在索赔期限内，具有保险利益的被保险人持保险单及相关单据即可向保险公司提出索赔。但在索赔时，被保险人应注意以下几个方面。

（1）及时向保险公司发出损失通知

被保险人获悉货损后，应及时通知保险公司，并保护好现场，以便保险公司派出人员或委托人员对损失进行检验，确定致损原因、责任归属、损失程度、损失性质等情况，否则保险人不会给予赔偿。后者接到损失通知后应立即采取相应的措施，如检验损失、提出施救意见、确定保险责任和签发检验报告等。

（2）必须及时采取合理的施救措施

为防止损失的扩大，被保险人有义务及时采取合理的施救措施，以避免或减少货损。如果被保险人不作为，放任损失继续扩大，则保险公司对扩大的损失不予赔偿。

（3）向承运人等有关方面索取相关证明

被保险人除向保险公司报损外，还应向承运人及有关责任方（如海关、理货公司等）索取货损货差证明。如果属于承运人等方面责任，应及时以书面方式提出索赔。

（4）备齐索赔单证

被保险人除填妥索赔表格外，按照保险惯例，被保险人在索赔时还应提交以下单证：保险单正本、运输单据、发票、装箱单或重（质）量单、检验报告、货损货差证明、海事报告摘录、索赔清单等。若涉及第三者责任，还应提供有关责任方进行追索的证件。

（5）必须在索赔有效期内提出索赔

海洋货物运输保险的索赔时效为两年，如果收货人未能在索赔期限内向保险公司索赔，即丧失了追索权，保险公司有权不承担货损的赔偿责任。

（6）必须转让代位追偿权

所谓代位追偿权，是指被保险货物发生了承保范围内的损失是由于第三方（包括船方在内）的疏忽或过失所致，被保险人不能从第三方和保险人获得双重赔偿，在全部或部分赔偿被保险人之后，保险人要求被保险人转让其对第三方要求赔偿的权利，这种权利称为代位追偿权。

13.5 买卖合同中的保险条款

保险条款是国际货物买卖合同中的一项重要条款，直接关系到买卖双方的经济利益。对此，必须作出明确具体的规定。

1. 保险条款的基本内容

保险条款的主要内容包括由谁办理保险、保险金额、保险险别、保险费率等。

由卖方按发票金额110%投保一切险及战争险，依据1981年1月1日中国人民保险公司海运货物保险条款。

Insurance to be covered by the sellers for 110% of invoice value against All Risks，War Risks as per Ocean Marine Cargo Clauses of The People's Insurance Company of China dated 1/1/1981.

2. 订立保险条款应注意的问题

订立买卖合同中的保险条款，应注意的事项如下。

① 决定由何方负责投保。根据所使用的贸易术语不同，办理保险业务的当事人也有所不同。

② 明确按什么保险条款投保。投保是按中国的C.I.C. 条款，还是按英国伦敦保险协会的I.C.C. 条款。

③ 选择投保的险别。应根据货物的性质和特点选择不同的基本险，如需加保一种或几种附加险也应同时写明。

④ 确定投保加成率。投保加成率如超过按发票金额10%，要说明由此而产生的保险费由买方负担。

⑤ 保单币种的选择。保险单所采用的币种通常应与发票币种一致，以避免外汇汇率变

动的风险。

本章小结

国际货物运输保险是国际贸易业务中必不可少的重要环节，投保时应遵循可保利益原则、近因原则、最大诚信原则及补偿原则。

国际货物运输保险的承保范围由风险、损失和费用构成。由海上风险与外来风险带来的全部损失或部分损失及由救助产生的相关费用，只要在保险公司的承保范围之内，保险公司均给予赔偿。

中国海运货物保险条款将险别分为基本险和附加险两大类。其中基本险包括平安险、水渍险和一切险；附加险包括11种一般附加险和8种特殊附加险。

保险业务主要包括投保金额和保险金额的确定、办理投保、交付保险费、取得保险单据及出险后保险的索赔和理赔。

关键术语

保险利益　近因　海上风险　外来风险　推定全损　委付　共同海损　单独海损　基本险　附加险　仓至仓条款　除外责任　保险单　C.I.C.　I.C.C

复习思考题

1. 海上风险和外来风险各包括哪些？
2. 什么是共同海损？共同海损与单独海损有什么区别？
3. 海洋运输保险的基本险别有哪些？基本险的除外责任是什么？
4. 保险险别选择的依据是什么？
5. 保险索赔应满足什么条件？
6. 简述订立保险条款应注意的事项。

章首案例分析

本案是一起保险公司拒绝理赔案。本案例中保险公司拒赔有理。主要原因是发生的保险事故不属于保险单的承保范围。因为造成货物受损的原因有两个：投弹和火灾，其中，投弹是造成货损的直接原因，即近因，根据保险赔偿的近因原则，只有在投保战争险的情况下，保险公司才给予赔偿。本案例中，伊拉克某企业投保的是一切险，并不包括战争险，即由于近因（投弹）造成的损失不属于保险公司赔偿责任范围，因此，保险公司可予以拒赔。

第14章

国际贸易结算

学习目标 熟练掌握各种支付工具的作用、特点，熟练掌握汇款、托收和信用证的基本含义和支付流程，掌握信用证的基本种类、各当事人的责任和义务，掌握各种支付方法的搭配和应用，结合实际了解支付方法的应用。

章首案例

某年某月，我国内地外贸公司与香港某商社首次达成一宗交易，规定以即期不可撤销信用证方式付款。成交后港商将货物转售给了加拿大一客商，故贸易合同规定由中方直接将货物装运至加拿大。但由于进口商借故拖延，经我方几番催促，最终于约定装运期前4天才收到港方开来的信用证，且信用证条款多处与合同不符。若不修改信用证，则我方不能安全收汇，但是由于去往加拿大收货地的航线每月只有一班船，若赶不上此次船期，出运货物的时间和收汇时间都将耽误。在我方坚持不修改信用证不能装船的情况下，港商提出使用电汇方式把货款汇过来。我方同意在收到对方汇款传真后再发货。我方第二天就收到了对方发来的汇款凭证传真件，经银行审核签证无误。同时由于我方港口及运输部门多次催促装箱装船，外贸公司有关人员认为货款既已汇出，就不必等款到再发货了，于是及时发运了货物并向港商发了装船电文。发货后一个月仍未见款项汇到，经财务人员查询才知，港商不过是在银行买了一张有银行签字的汇票传真给我方以作为汇款的凭证，但收到发货电文之后，便把本应寄给我外贸公司的汇票退回给了银行，撤销了这笔汇款。港商的欺诈行为致使我方损失惨重。

案例讨论题： 进出口贸易有哪些结算方式？各种结算方式对买卖双方有什么风险？为防范风险应该注意什么问题？

14.1 国际贸易结算概述

在国际贸易中，货款的收付一般都是通过银行进行非现金结算。货款的结算，主要涉及支付工具、付款时间、地点及支付方式等问题，买卖双方洽商交易时，必须对此达成一致，并在合同中具体订明。

14.1.1 国际贸易的支付工具

国际贸易的支付工具主要包括货币和票据。目前，货币（现金）支付已经很少采用，而通常以票据作为支付工具。这里所说的票据是指以支付一定金额为目的，可以转让流通的证券，即由出票人在票据上签名，约定自己或指定他人，以支付一定金额为目的的书面凭证。

票据具有3个作用：一是结算作用，即可以结清国际间的债权债务；二是信用作用，票据是建立在信用基础上的书面支付凭证；三是流通作用，票据经过背书可以转让流通。

国际贸易中使用的票据主要有汇票、本票和支票，其中汇票使用最为广泛。

1. 汇票

汇票（Draft，Bill of Exchange），是一个人向另一个人签发的，要求即期或定期或在可以确定的将来时间，对某人或其指定人或持票人支付一定金额的无条件书面支付命令。

1）汇票的内容

各国票据法对其内容有不同的规定，一般认为汇票应包括以下内容。

① 写明“汇票”字样，通常以“Bill of Exchange”或“Draft”来表示。

② 无条件支付命令。这是汇票中最重要的项目之一，体现了汇票的本质。若支付命令中附带有限制条件，汇票就成为无效汇票。

③ 一定的金额。金额必须是确切的或可以确定的，不能含糊不清。在涉及利息条款或支付等值其他货币的问题时，除原有的金额外，还应记载有关的利率或汇率，以便支付人计算出实际应支付的金额。

④ 出票人（Drawer）。即签发汇票的人，在进出口业务中，通常是卖方或银行。

⑤ 受票人（Drawee）。又称付款人（Payer），即接受支付命令付款的人。在进出口业务中，通常是买方或其指定的银行。

⑥ 受款人（Payee）。即受领汇票所规定的金额的人，又被称为抬头人，是汇票的债权人。在进出口业务中，通常是卖方本人或其指定的银行。

⑦ 出票日期和地点。出票地点应与出票人的地址相同，日期则要写明具体的年、月、日。

⑧ 付款期限。常见的有即期付款、定期付款和延期付款。

⑨ 付款地点。一般是付款人所在地。

汇票除了以上必要项目外，还可以有票据法允许的其他项目，如汇票号码、对成套汇票的说明、出票条款、无追索权的声明等。

2）汇票的种类

汇票从不同的角度可分为以下几种。

① 按付款的时间不同，汇票可分为即期汇票（Sight Bill）和远期汇票（Time Bill or Usance Bill）。即期汇票，是指汇票上规定付款人见票后立即付款的汇票；远期汇票，是指汇票上规定付款人于将来的一定日期付款的汇票。

远期汇票的规定方法一般有以下几种：

- 见票后若干天付款（At××days after sight）；
- 出票后若干天付款（At××days after date of Draft）；

- 提单日期后若干天付款（At××days after date of Bill of lading）；
- 货物到达后若干天付款（At××days after date of arrival of goods）；
- 指定日期付款（At a fixed date）。

② 按其流转时是否附有商业单据，汇票可以分为光票（Clean Bill）和跟单汇票（Documentary bill）。如汇票在流转时不附任何货运单据，称为光票；如汇票流转时附有货运单据，称为跟单汇票。在国际贸易中，大多数是使用跟单汇票。

③ 按出票人不同，汇票可分为商业汇票（Commercial Bill）和银行汇票（Banker's Bill）。如汇票的出票人是工商企业，称为商业汇票；汇票的出票人是银行，则称为银行汇票。

④ 按承兑人的信用不同，汇票可分为商业承兑汇票（Commercial Acceptance Draft）和银行承兑汇票（Banker's Acceptance Draft）。商业承兑汇票是由工商企业或个人承兑的远期汇票，建立在商业信用的基础上；银行承兑汇票是由银行承兑的远期汇票，建立在银行信用的基础上。

3）汇票的使用

汇票的使用要经过出票、提示、承兑和付款等环节。如需转让，还要经过背书手续。汇票遭到拒付时，还要涉及作成拒付证书和进行追索等法律行为。

（1）出票

出票（To draw）是指在汇票上填写付款人、付款金额、付款日期和地点及受款人等事项并签字后交给受款人的行为。在出票时，对汇票上的“受款人”一栏，通常有3种写法。

- 限制性抬头。例如“仅付××公司”（Pay××Co. only），或“付给××公司，不准流通”（Pay××Co. not negotiable）。这种抬头的汇票不能流通转让，只有××公司能收取票款。这种汇票的安全性最高，但因缺乏流动性而较少使用。
- 指示式抬头。例如“付××公司或其指定人”（Pay××Co. or order 或 Pay to the order of××Co.）。这种抬头的汇票，除××公司可以收取票款外，也可以经过背书转让给第三者，因兼具流动性和安全性而使用较多。
- 持票人或来人抬头，如“付给来人（Pay bearer）”。这种抬头的汇票无须由持票人背书，仅凭交付汇票即可转让，因而安全性最差，很少使用。

（2）提示

提示（Presentation）是指持票人（Holder）将汇票提交付款人，要求承兑和付款的行为。付款人见到汇票称为见票（Sight）。如果是即期汇票，付款人见票后立即付款；如果是远期汇票，付款人见票后办理承兑手续，汇票到期时再付款。

（3）承兑

承兑（Acceptance）是指汇票付款人承诺在汇票到期日支付汇票金额的票据行为。其手续是由付款人在汇票的正面写上“承兑”（Accepted）字样，注明承兑日期，并由承兑人签名，交还持票人。付款人对汇票做出承兑，即成为“承兑人”（Acceptor）。承诺人有在远期汇票到期时付款的责任。

我国《票据法》规定，定日付款或出票后定期付款的汇票，持票人应在汇票到期日前向付款人提示承兑。见票后定期付款的汇票，持票人应自出票日起1个月内向付款人提示承兑。付款人对向其提示承兑的汇票，应当自收到提示承兑的汇票之日起3日内承兑或拒绝承兑。付款人承兑汇票的，应当在汇票正面记载“承兑”字样和承兑日期并签章。付款人承兑汇票，不得附有条件，如附有条件，视为拒绝承兑。

(4) 付款

汇票的付款人（或承兑人）向持票人清偿汇票金额称为付款（Payment），汇票一经付款，汇票的一切债务责任即告终结。我国《票据法》规定，即期汇票应自出票日起1个月内向付款人提示付款，远期汇票应自到期日起10日内向承兑人提示付款。而付款人必须在当日足额付款。持票人获得付款的，应当在汇票上签收，并将汇票交给付款人。持票人委托银行收款的，受托银行将代收的汇票金额转账收入持票人账户，视同签收。

(5) 背书

背书（Endorsement）是指持票人在汇票背面记载有关事项、签章并把汇票交给受让人的行为。其做法是：汇票持票人或受款人在汇票的背面签上自己的名字，签字人被称为转让人或背书人（Endorser），并在汇票写上被转让人的名字，被转让的对象一般称为受让人或被背书人（Endorsee），然后将汇票交给受让人；经过背书后，汇票收款的权利转让给受让人。经过背书，持票人可以将汇票权利转让给他人或将一定的汇票权利授予他人行使。所以，背书是转让汇票权利的一种手续。汇票可以经过背书不断转让下去。对于受让人来说，所有在他以前的背书人及出票人都是他的“前手”；而对于出让人来说，所有在他转让以后的受让人都是他的“后手”。前手对后手负有担保汇票必然会被承兑或付款的责任。汇票持有人转让汇票的目的是为了在汇票到期付款前先取得票款，受让人在受让时要按汇票的票面金额扣除从转让日起至汇票付款日止的利息后，将票款付给出让人。这种行为又称“贴现”（Discount）。

背书的方式常见的有以下几种。

① 空白背书。又称不记名背书，是指在汇票背面只有背书人的签章，不写明受让人，经空白背书的汇票凭交付而转让。

② 限定性背书。是指汇票背面不仅有背书人的签章，还写明受让人，如“仅付……”（Pay…only）或“付给……不得转让”（Pay… not transferable）。

③ 特别背书。也称记名背书，是指背书人在汇票背面签章，并写明受让人或其指定人，如“付给……的指定人”（Pay to the order of… 或 Pay… or order），经特别背书的汇票，被背书人（受让人）可以进一步背书转让。

(6) 拒付与追索

拒付（Dishonor）也称退票，是指当持票人提示汇票要求承兑或付款时，付款人拒绝承兑或付款，或者由于付款人死亡、逃匿或被依法宣告破产，或因违法被责令终止业务活动的，以致付款事实上不可能，就构成付款人的拒付行为。

就当事人的责任来说，汇票上记载的付款人之所以有履行付款的义务，并不是由于出票人对他开立了汇票，而是由于在出票之前他们之间已有债权债务契约，并事先约定采用汇票付款。因此，当付款人拒付汇票时，出票人要根据原契约而不是根据被拒付的汇票进行交涉。但是付款人一经在汇票上承兑，他就确认了债务人的身份，就要承担到期付款的责任。

如果汇票经过转让，持票人被拒付时，汇票的善意持有人有权向其前手进行追索，一直可以追索到出票人。

在追索前必须按规定作成拒绝证书和发出拒付通知。拒绝证书（Letter of Protest）是被拒绝承兑或被拒绝付款的有关证明，由付款地公证机构出具，也可由拒绝承兑或付款的承兑人或付款人自行出具退票理由书。如属承兑人或付款人死亡、逃匿或破产、被责令停业等情况，不能取得拒绝证明的，可以依法取得有关证明，如法院的有关司法文书等。

拒付通知用于通知前手关于拒付的事实，使其准备偿付并进行再追索。我国《票据法》规定，持票人追索时，应自收到有关拒付证明之日起 3 日内将被拒付事由通知其前手。

2. 本票

本票（Promissory Note）是一个人向另一个人签发的，保证于见票时或定期或可以确定的将来的时间，对某人或其指定人或持票人支付一定金额的无条件的书面承诺。由于本票的出票人就是付款人，所以与汇票不同，本票只有两个基本当事人：出票人（Drawer）和受款人（Payee）。

本票依据出票人不同可分为商业本票（又称一般本票）和银行本票。商业本票是指以工商企业或个人为出票人所签发的本票。商业本票有即期和远期两种；商业本票在当作借款抵押时，借款人一方面要按规定出具借据，另一方面交付以银行为受款人的本票。这种本票常常随附单据，所以又称为跟单本票（Documentary Promissory Note）。银行本票是指以银行为出票人所签发的本票。这种本票只有即期一种，而无远期本票。银行本票如果作成来人抬头的，即可代替现钞流通，流通的范围一般只限于出票银行所在地。

我国《票据法》规定，本票仅限于由中国人民银行审定的银行或其他金融机构签发的银行本票。在国际贸易结算中使用的本票大多是银行本票。

本票与汇票除它们的含义不同外，还有以下几点区别。

① 本票的当事人有两个，即出票人和收款人；而汇票的当事人是三个，即出票人、付款人和收款人。因为本票的出票人就是付款人。

② 本票签发的份数只能是一式一份；而汇票可以签发一套，即一式两份或一式多份（银行汇票除外）。

③ 远期本票不需要承兑，因为本票的出票人就是付款人。出票人签发的远期本票，他自己承诺到期付款，所以无需承兑；而远期汇票则需由付款人承兑。承兑前汇票的主债务人是出票人，即出票人要对汇票负责；承兑后汇票的主债务人是承兑人，承兑人要对汇票负有到期付款的绝对责任。

3. 支票

支票（Check）是以银行为付款人的即期汇票，即银行存款人对银行签发的授权银行对某人或其指定的人或持票人即期支付一定金额的无条件的书面支付命令。支票是汇票的一种，也有三个基本当事人：出票人、受票人（付款人）和受款人。只不过支票的付款人是银行，而且付款时间都是见票即付。所以支票只是支付工具，不能作信贷工具。

银行对支票付款须满足以下两个条件之一：一是出票人是银行的客户，其在该银行的存款不低于支票的票面金额；二是银行允许出票人透支，支票金额在透支额度内。出票人签发的支票金额如果超过银行存款账户余额或透支额度，就是空头支票。签发空头支票是违反票据法的行为，出票人要承担相关的法律责任。对于空头支票，付款银行可以退票，拒绝付款。持票人对拒绝付款的支票，可以依法进行追索。

支票可分为现金支票和转账支票。我国《票据法》规定，在支票正面要注明是支取现金还是转账。现金支票只能用于支取现金；转账支票只能用于通过银行或其他金融机构转账结算。

在国际上，支票是支取现金还是转账，一般由持票人或收款人自主选择。但是，支票一经划线只能通过银行转账，而不能支取现金。所以，支票又分为“划线支票”和“未划线支票”。划线支票通常是在支票的左上角划上两道平行线。可以由出票人划线。也可以由收款人或代收银行划线。此种支票的持票人只能委托银行收款入账。对于未划线支票，收款人既可通过自己的往来银行代向付款银行收款，存入自己的账户，也可以直接到付款银行提取现款。

14.1.2 国际贸易结算的支付方式

国际贸易结算的支付方式是指进、出口商通过银行办理国际贸易的非现金结算时，在贸易单据（包括商业单据与金融单据）和资金的收付中所采取的信用基础和运作方式。主要包括汇款、托收和信用证。汇款和托收属于商业信用，信用证属于银行信用。

根据资金流向与票据的传递方向是否相同，国际贸易结算的支付方式可分为顺汇和逆汇。顺汇（Remittance）也称为汇付法，其资金流向与票据的传递方向相同，从付款（债务）方传递到收款（债权）方；逆汇（Reverse Remittance）又称出票法，资金流向与票据的传递方向相反。在国际贸易结算中，汇款方式属于顺汇，托收方式和信用证方式属于逆汇。

14.2 汇款支付方式

14.2.1 定义

汇款（Remittance）也称汇付，是指买方按照合同中规定的时间和条件，主动将货款汇交给卖方。汇付一般是通过银行进行。这是最简单的支付方式。采用汇付时，双方先在合同中约定好一个具体的付款时间或确定付款时间的方法，如预付款项、收到单据或货物时付款。至于付款人是否能按时付款，完全取决于付款人的信用，所以汇付属于商业信用。

14.2.2 汇款的基本当事人

汇款业务中，通常有四个当事人。

① 汇款人（Remitter）。是指汇出款项的人。在进出口交易中汇款人通常是进口方。

② 收款人（Payee or Beneficiary）。收取款项的人。在进出口业务中通常是出口方。

③ 汇出行（Remitting Bank）。受汇款人的委托，汇出款项的银行，通常是进口地的银行。

④ 汇入行（Paying Bank）。受汇出行的委托解付汇款的银行，因此又称解付行，通常是出口地的银行。

14.2.3 汇款方式的分类

由于所使用的结算工具的不同，汇付可分为电汇、信汇和票汇 3 种。

(1) 信汇

信汇（Mail Transfer，简称 M/T）是指汇出行应进口方的申请，用银行信件委托国外的汇入行向出口方付款。采用信汇方式费用低，但收汇较慢。

（2）电汇

电汇（Telegraphic Transfer，简称 T/T）。是指汇出行应进口方的申请，用电报或电传委托国外的汇入行向出口方付款。采用电汇对出口方来说，收汇迅速，但费用比信汇高。

（3）票汇

票汇（Demand Draft，简称 D/D）。是指进口方向本地银行购买银行汇票，自行寄给出口方，出口方凭以向汇票上指定的银行取款。

票汇中作为结算工具的银行汇票与逆汇中的商业汇票不同，银行汇票用于银行的代客拨款，不仅受票人和付款人是同一银行（或代理行），而且出票人和付款人都是银行。银行汇票由银行签发后交汇款人，由汇款人寄交国外收款人向付款行取款。承办汇票银行在汇票签发后，必须将付款通知书（Advice of Drawing）寄给国外付款行，以便付款行在收款人持汇票取款时核对，核对无误后付款。

信、电汇支付方式和票汇支付方式的流程图示分别如图 14-1 和图 14-2 所示。

无论采用何种汇款方法，货运单据都由出口方自行寄交进口方。银行并不经手，所以又称单纯支付（Clean payment or simple sum）。

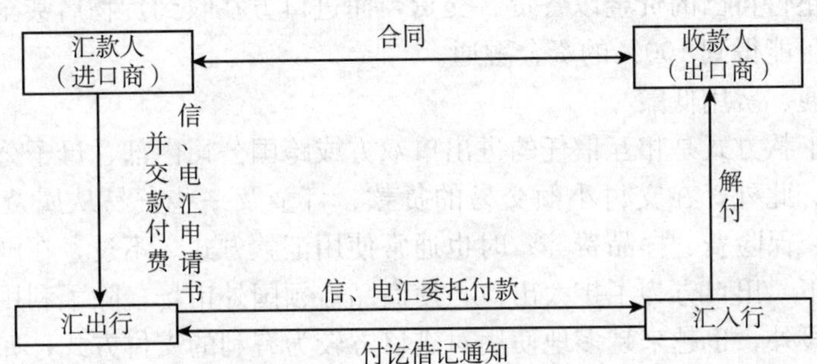

图 14-1 信、电汇支付方式流程

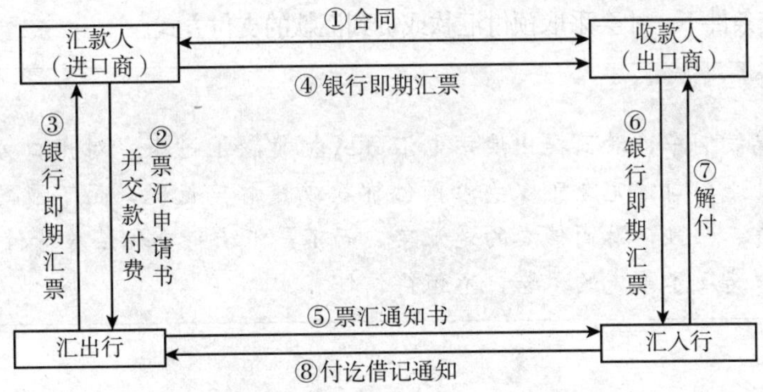

图 14-2 票汇支付方式流程

在国际贸易中，汇款方式通常用于预付货款（Payment Advance）、随订单付现（Cash with Order，简称 C. W. O.）、交货付现（Cash on Delivery，简称 C. O. D.）和记账交易（Open Account Trade）等业务。采用预付货款和随订单付现，对办理汇款需要由汇款人向汇出行填交汇款申请书，汇出行有义务按申请书上的要求，通过它的代理行（汇入行）给收款人解付货款。汇出行和汇入行对不属于自身的过失而造成的事故不负责任；汇出行对汇入行工作上的失误也不负责。目前，随着国际贸易的发展，外贸业务不断扩大，有时国外买方直接将票据寄给出口公司，出口公司接到票据后应及时送交本地银行，办理收汇。这对出口方来说，是先收款后交货，资金不受积压，是进口方对出口方一种信任的表示。反之，采用交货付现和记账付现时，对出口方来说，先交货后收款，积压资金，这是出口方对进口方的信任，对出口方有一定的风险。

14.2.4 汇付方式的特点

（1）属于商业信用

银行仅凭汇款人的指示转移相关款项，并不负责单据的传递，更不承担任何付款或担保责任。预付货款下，出口方是否会及时交货、所交货物是否符合合同的约定；货到付款时进口方是否付款、能否及时付款给出口方，全依赖进出口双方的商业信用。所以实务中要慎用，事先一定要调查交易对方的资信情况。

（2）资金负担不平衡

预付货款下，进口方先付款，出口方得以利用进口方的资金备货、装货；在货到付款时，出口方需要垫付自己的资金以备货、交货，而进口方在收到货物后甚至可在将货物售出后才支付货款，可能得到100%的资金融通。

（3）手续简便、费用低廉

一直以来，汇款方式是相互信任的进出口双方或跨国公司内部、母子公司之间交易的最理想的结算方式。此外，在支付小额交易的货款、订金及一些贸易从属费用（包括货款尾数、佣金、运费、保险费、样品费等）时也通常使用汇款方式。不过，在国际市场呈现买方市场特点的情况下，出口方为了扩大出口，使商品占领国外市场，除了利用质量、价格、售后服务等竞争手段外，也越来越多地使用对进口方较为有利的支付方式，如利用货到付款的方式吸引客户。

鉴于以上特点，汇款方式较多用于贸易从属费用的结算，而较少用于贸易货款的结算，仅限于前述的特点原因及条件下，才会采取预付汇款或货到汇款的支付方式。

案例与评析 14-1

在本章开篇案例中，港商提出使用电汇方式把货款汇过来。对出口方来说，电汇有收汇迅速的好处。出口方完全可以要求预付货款或随订单付现，而不应同意在收到对方汇款传真后发货。而且，港商传真的是汇票，而不是汇出行委托汇入行付款的电汇指示，说明其已经再次违反了事先的承诺，不值得信任。

14.3 托　收

14.3.1 托收的含义

托收（Collection）是指出口方于货物装运后，开具以进口方为付款人的汇票，连同有关单据（主要指提单、发票和保险单等）委托当地银行通过它的国外的分支行或代理行向进口方收取货款的方式。近年来，出口贸易采用托收方式结算的有所增加，其原因是国际市场竞争激烈，为了扩大出口，而采取有利于进口方灵活支付的方式。

14.3.2 托收的基本当事人

托收方式的当事人有以下4个。

① 委托人（Principal）。即委托银行代收货款的出口方。

② 托收行（Remitting Bank）。即接受出口方委托代为收款的出口地银行。

③ 代收行（Collecting Bank）。即接受托收行委托向付款人收款的进口地银行，代收行大都是托收行的国外分支行或代理行。

④ 付款人（Payer）。即合同项下的进口方。

按照一些国家银行办理托收业务的做法，委托人在送交银行办理托收时，须填写一份托收申请书，申请书中应提出确切的指示，银行接受委托后，则按照申请书规定内容办理，银行在执行中遇到困难，有权不予照办，但必须立即转告委托人。托收申请书的内容一般有：托收方式的种类；是否允许分期付款和分批提货；远期汇票提前付款是否给予回扣利息，逾期付款是否追加利息；货物到达目的港而付款人拒付时，是否请代收行代办存仓和投保火险；拒付时是否暂代保管装运单据，并代办拒付证书、托收费用负担问题等。

14.3.3 托收方式的分类

托收方式依据汇票是否随附装运单据，可以分为光票托收与跟单托收。

1. 光票托收

光票托收是指出口方在收取货款时，仅凭汇票，不随附任何装运单据。这种方式一般用于收取信用证项下余额的结算、代垫费用、佣金及样品费等结算。

2. 跟单托收

跟单托收依据交单条件的不同，可分为付款交单和承兑交单两种。

（1）付款交单

付款交单（Documents against Payment，简称D/P），是指出口方的交单以进口方的付款为条件，即出口方将汇票连装运单据交给银行托收时，指示银行只有在进口方付清货款，才能交出装运单据。按支付时间的不同，付款交单又可分为即期付款交单和远期付款交单。

即期付款交单（Documents against Payment at sight，简称D/P sight），是指出口方装运之后，开具即期汇票，连同装运单据交给当地银行，通过银行向进口方提示，进口方见票后立即付款，付清货款后，领取装运单据。即通常所说的“一手交钱，一手交单”。

远期付款交单（Documents against Payment after sight，简称D/P after sight），是指出口方装运之后，开具远期汇票连同装运单据交给当地银行，通过银行向进口方提示，由进口方承兑远期汇票，于汇票到期日付清货款后领取装运单据。

在远期付款交单条件下，进口商为了抢行应市，不失时机地转销货物，可与代收行商量在汇票到期前借单提货，待汇票到期日再付清货款，这是代收行给予资信较好的进口方的一种通融方式。代收行要求进口方出具信托收据，借取装运单据，先行提货。所谓信托收据（Trust Receipt，简称T/R），是指进口方向代收行借取装运单据时，提供的一种书面担保的文件，用来表示愿意以代收行的受托人身份代为提货、报关、存仓、保险、出售并承认货物所有权仍属银行，货物售出后所得货款应交银行。这是代收行向进口方提供的信用便利，而与出口方无关。因此，如在代收行借出单据后，当汇票到期不能收到货款，则代收行应对出口方负全部责任，这种形式具有银行信用的性质；如果由出口方主动授权代收行向进口方凭信托收据借装运单据提货，这种做法称为"付款交单凭信托收据借单"（D/P，T/R），若汇票到期，进口方拒付，则与代收行无关，由出口方自己承担拒付风险。

（2）承兑交单

承兑交单（Documents against Acceptance，简称D/A），是指出口方装运之后，开具远期汇票连同装运单据交给当地银行，通过银行向进口方提示，由进口方承兑远期汇票之后，即可取得装运单据，提取货物，待汇票到期再付清货款。这种方式，出口方通过银行向进口方交单，是以进口方承兑远期汇票为条件的，所以对于出口方来说，风险较大。

14.3.4 托收方式的支付程序

下面根据跟单托收的种类，分别介绍各项业务的流程。

（1）即期付款交单的业务程序

即期付款交单的收付业务程序如图14－3所示。

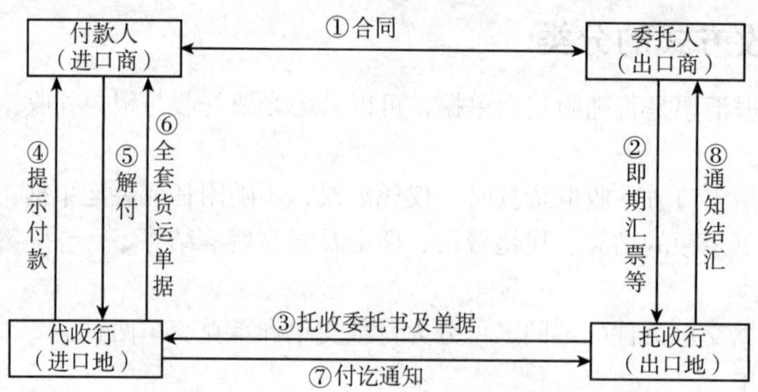

图14－3　即期付款交单收付业务程序

说明：

① 买卖双方在合同中议定采用即期付款交单的支付方式。

② 出口方按照合同规定装运货物后，填写委托申请书。同时，开立以进口方为付款人的即期汇票，连同全套货运单据交托收行，办理委托收款手续。

③ 托收行接受委托后，根据托收申请书缮制托收委托书，连同汇票和全套货运单据等寄交进口地代收行委托代收货款。

④ 托收行根据委托书的指示向进口方提示汇票与全套货运单据等。

⑤ 进口方对全套单据审核无误后付款赎单。

⑥ 代收行收款后交单。

⑦ 代收行通知托收行货款收妥，并办理转账事宜。

⑧ 托收行通知出口方，向出口方转账结汇。

（2）远期付款交单的业务程序

远期付款交单的收付业务程序如图 14－4 所示。

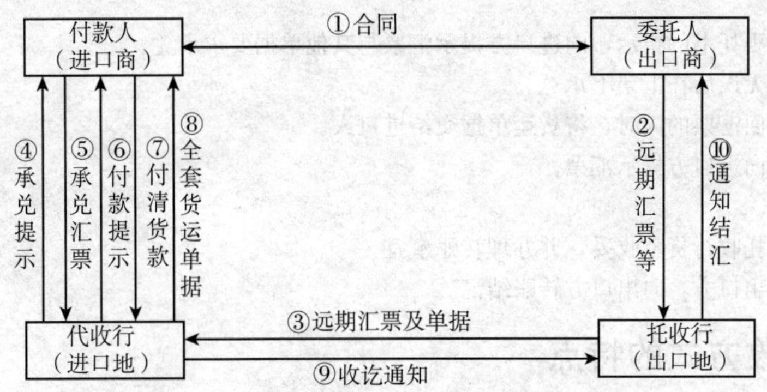

图 14－4　远期付款交单收付业务程序

说明：

① 买卖双方在合同中议定采用远期付款交单的支付方式。

② 出口方按照合同规定装运货物后，填写委托申请书，同时开立以进口方为付款人的远期汇票，连同全套货运单据交托收行，办理委托收款手续。

③ 托收行接受委托后，根据托收申请书缮制托收委托书，连同汇票和全套货运单据等寄交进口地代收行委托代收货款。

④ 托收行根据委托书的指示，向进口方提示汇票与其他单据要求承兑。

⑤ 进口方审单无误后在汇票上承兑，代收行保留汇票与其他单据。

⑥ 代收行到期向进口方提示汇票。

⑦ 进口方付款赎单。

⑧ 代收行收妥货款后交单。

⑨ 代收行通知托收行货款收妥，并办理转账事宜。

⑩ 托收行通知出口方，向出口方转账结汇。

（3）承兑交单的业务程序

承兑交单的收付业务程序如图 14－5 所示。

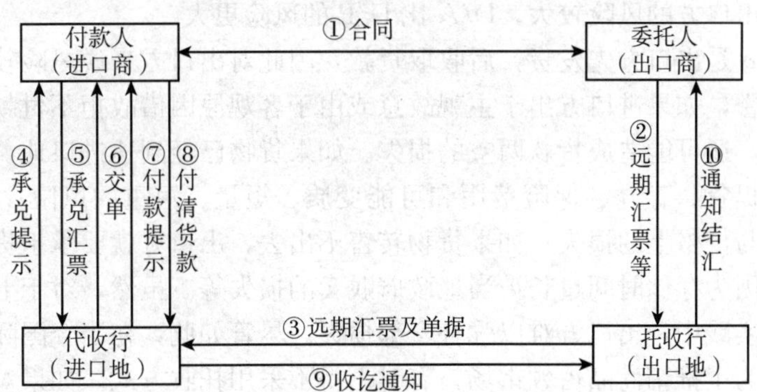

图 14－5　承兑交单收付程序

说明：

① 买卖双方在合同中议定采用承兑交单的支付方式。

② 出口方按照合同规定装运货物后，填写委托申请书，声明“承兑交单”，同时开立以进口方为付款人的远期汇票，连同全套货运单据交托收行，办理委托收款手续。

③ 托收行接受委托后，根据托收申请书缮制托收委托书，连同汇票和全套货运单据等寄交进口地代收行委托代收货款。

④ 托收行根据委托书的指示，向进口方提示汇票与其他单据要求承兑。

⑤ 进口方审单无误后在汇票上承兑。

⑥ 代收行在收回汇票的同时，将货运单据交给进口人。

⑦ 代收行到期向进口方提示汇票。

⑧ 进口人付款。

⑨ 代收行通知托收行货款收妥，并办理转账事宜。

⑩ 托收行通知出口方，向出口方转账结汇。

14.3.5 托收方式的特点

（1）属于商业信用

银行办理托收业务时，既没有检查货运单据正确与否或是否完整的义务，也没有承担付款人必须付款的责任。托收虽然是通过银行办理，但银行只是作为出口方的受托人行事，并没有承担付款的责任，进口方不付款与银行无关。出口方向进口方收取货款靠的仍是进口方的商业信用。如果遭到进口方拒绝付款，除非另有规定，银行没有代管货物的义务，出口方仍然应该关心货物的安全，直到对方付清货款为止；托收方式是以进口方为付款人，委托人与银行之间是委托代理关系，银行不负责保证付款。

（2）进出口双方的资金负担不平衡

跟单托收业务中，出口方在订立合同后，需要垫付自己的资金进行备货、装运，然后通过银行收款，等进口方付款后才能收回货款。而进口方则只需付款就可以获得合格的单据并凭以提货；D/A 交单方式下，进口方更可借出口方的资金做交易，在承兑后取得单据并凭以提货，之后用售货所得款项向银行付款，等于出口方给予了进口方全额的资金融通。所以，虽然托收费用相对比汇款方式高，手续也要烦琐一些，但托收方式普遍受到进口方的欢迎，因而也是一种调动进口方经营积极性、提高出口方竞争能力的方法。据此，托收方式常被看作是出口方的一种非价格性的竞争手段。

（3）托收对出口方的风险较大，D/A 比 D/P 的风险更大

跟单托收方式是出口方先发货，后收取货款，因此对出口方来说风险较大。进口方付款靠的是其商业信誉，如果进口方出于主观故意或由于客观原因借故拒不付款，出口方不但无法按时收回货款，还可能造成货款两空的损失。如果货物已经到达进口地，出口方还要承担货物在目的地的提货、存仓、保险费用和可能变质、短量、短重的风险；如果货物转售他人，会产生数量与价格上的损失；如果货物转售不出去，出口方就要承担货物运回本国的费用或者承担可能因为存储时间过长被当地政府贱卖的损失等。虽然，对于上述损失有权向进口方索赔，但在实践中，出口方难以弥补全部损失。尽管如此，在当今国际市场竞争激烈的情况下，出口方为了推销商品占领市场，有时不得不采用托收方式。如果对方进口方信誉较好，出口方在国外又有自己的办事机构，则风险相对较小。

所以，在选用托收方式时，出口方要避免和减少风险及损失，特别要注意以下几点：调查进口方的资信情况和经营作风；了解商品在进口国的市场动态，熟悉进口国的贸易管制和外汇管制情况；了解进口国的习惯做法；健全财务管理制度；严格按合同规定交货、制单；应力争自办货运保险，即出口方必须争取以 CIF 或 CIP 条件成交。如因故由进口方办理保

险时，出口方应另行加保“卖方利益险”，以防万一货物遇险，而进口方又拒不付款赎单时，可由出口方自己向保险公司索赔货物部分的损失。

案例与评析 14－2

案情：我某外贸企业与某国A商达成一项出口合同，付款条件为付款交单后45天付款。当汇票及所附单据通过托收行寄抵进口代收行后，A商及时在汇票上履行了承兑手续。货抵目的地港时，由于用货心切，A商出具信托收据向代收行借得单据，先行提货转售。汇票到期时，A商因经营不善，失去偿付能力。代收行以汇票付款人拒付为由通知托收行，并建议由我外贸企业径向A商索取货款。对此，你认为我外贸企业应如何处理？

评析：代收行凭信托收据将单据借给进口人，未经委托人授权，到期进口人失去偿付能力应由代收行负责。因此，我出口企业不能接受代收行要其径向A商索取货款的建议，而应通过托收行责成代收行付款。

14.3.6 托收的国际惯例

国际商会为了统一托收业务的做法，减少托收业务各有关当事人可能产生的矛盾和纠纷，于1958年草拟了《商业单据托收统一规则》。1978年，为了适应国际贸易发展的需要，国际商会在总结实践经验的基础上，对该规则进行了修订，改名为《托收统一规则》（The Uniform Rules for Collection）。1995年再次修订，称为《托收统一规则》国际商会第522号出版物（简称“UCP522”），1996年1月1日起实施。《托收统一规则》自公布实施以来，被各国银行所采用，已成为托收业务的国际惯例。

需要注意的是，该规则本身不是法律，因而对一般当事人没有约束力。只有在有关当事人事先约定的条件下，才受该惯例的约束。

UCP522分为总则及定义、托收方式及结构、提示方式、义务与责任、付款、利息、手续费及费用、其他规定七部分，共计26条，凡参加国际商会的银行办理托收业务均应遵循此规则。

14.4 信用证支付方式

在国际货物贸易中，买卖双方存在先交货还是先交款的利害冲突。在资本主义经济危机发生以后，买卖双方的利害冲突不断发展，互不信任，出现了“商业信用危机”。在这种情况下，为了保证买卖双方的利益，需要一个双方都信得过的第三者作为中间人来起担保作用，这一任务就落在了银行身上。因为银行具有资信雄厚与信誉卓著的特点，完全能够承担这项任务。这样就产生了银行保证付款的信用证支付方式。信用证以银行信用代替了商业信用，在一定程度上解决了买卖双方之间的信用危机。

14.4.1 信用证概述

信用证（Letter of Credit，简称L/C）是开证银行根据开证申请人的请求和指示向受益人开立的在一定金额和一定期限内凭规定的单据承诺付款的书面文件。简而言之，信用证是一种银行开立的有条件的承诺付款的书面文件。

信用证没有固定统一的格式，但其基本内容一致相同，主要有以下几项。

① 信用证的性质和种类。如不可撤销的跟单信用证、可转让的信用证等。

② 信用证的当事人。开证申请人、开证银行、通知银行、受益人、议付银行或付款银行等。

③ 信用证金额。

④ 装运期、信用证有效期及失效地点。

⑤ 装运港和目的港、运输方式，是否允许分运和转运等。

⑥ 对货物的要求。货物名称、品质规格、数量（重量）、包装、单价等。

⑦ 对单据的要求。单据主要可以分为3类：货物单据（包括发票、装箱单、重量单、产地证、商检证明书等）；运输单据（提单，以及提单内容填写的要求）和保险单据。除上述三类单据外，还可能要求提供其他单据，如寄样证明、装船通知电报副本等。

⑧ 特殊条款。根据进口国政治经济贸易情况的变化，对每一笔具体业务的需要，可作出不同规定。

⑨ 开证银行对受益人及汇票持有人保证付款的责任文句。

14.4.2 信用证的有关当事人及其权利和义务

信用证方式的当事人一般有以下6个。

① 开证申请人（Applicant）。是指向银行申请开立信用证的进口方。在信用证中又称开证人（Opener）。

② 开证银行（Opening Bank or Issuing Bank）。是指接受开证申请人的委托，向出口方开立信用证的银行并承担付款责任。开证银行一般是进口方所在地银行，也可能是出口方所在地银行或第三国的银行。

③ 通知银行（Advising Bank or Notifying Bank）。是指受开证银行委托，将信用证转交出口方的银行。它只证明信用证的真实性，并不承担其他义务。通知银行一般是出口方所在地银行。

④ 受益人（Beneficiary）。是指信用证上所指定的有权开具汇票向开证银行或其指定的付款银行索取货款的出口方。

⑤ 议付银行（Negotiating Bank）。是指愿意接受受益人跟单汇票，办理押汇业务的银行。议付银行可以是信用证指定的银行，也可以是非指定的银行。

⑥ 付款银行（Paying Bank or Drawee Bank）。是指信用证上指定的付款银行。如果信用证未指定付款银行，开证银行即为付款银行。

信用证的当事人除上述6个之外，根据需要还可能涉及的当事人有保兑行、偿付行、承兑行与转让行等。

14.4.3 信用证的分类

信用证按其性质不同，可分为不可撤销的信用证和可撤销的信用证。所谓不可撤销的信用征（Irrevocable L/C），是指开证银行将信用证开出之后，在信用证的有效期内，开证银行未经受益人或有关当事人（通知行、议付行）的同意，对信用证的内容不得随意修改或撤销。只要受益人按照信用证提出的要求提供有关单据和汇票，那么开证银行或其指定的银行就要保证付清货款。所谓可撤销的信用证（Revocable L/C），是指开证银行开出的信用证，尽管在信用证有效期之内，开证银行不经受益人或其他有关当事人的同意，可以修改和撤销。从上述两种信用证的含义可以看出，只有不可撤销的信用证才能真正保证受益人的利益，才能真正起到银行保证付款的作用。所以，在国际贸易中，普遍使用的都是不可撤销信用证。因此，对信用证进行分类时都以不可撤销的信用证作为基础，也就是说，下列信用证分类的前提和基础必须是不可撤销的信用证。

信用证从不同角度可分为以下几种。

（1）光票信用证与跟单信用证

光票信用证（Clean Credit）是指受益人根据信用证要求，在收取货款时只需开具汇票，即可索回货款的信用证。

跟单信用证（Documentary Credit）是指受益人根据信用证的要求，在议付货款时，除开具汇票之外，还要随附单据的信用证。

（2）即期信用证与远期信用证

凡信用证规定受益人可凭即期汇票收取货款的即为即期信用证。

在即期信用证中，如加列“电报索偿条款”（L/C with T/T Reimbursement Clause），则称为带电报索偿条款的信用证（L/C. T/T），它是指开证银行将最后审单付款的权利交给议付银行，只要议付行审单无误后，即可以电报向开证行或其指定的付款行索偿收款。所以，这种信用证比一般即期信用证收汇快，有时当天即可收回货款。

远期信用证（Usance L/C）是指信用证规定凭远期汇票收取货款的信用证。使用远期信用证时，如果远期汇票贴现，其贴现费用和延期付款利息均由受益人承担。

（3）可转让信用证与不可转让信用证

可转让信用证（Transferable Credit）是指受益人（第一受益人）可以要求接受委托付款、承兑或议付的银行（转让行）或者在自由议付信用证下的银行经特别授权作为转让行，将该信用证全部或部分转让给另一个或数个受益人（第二受益人）使用。可转让信用证的受益人往往是中间商，他将信用证转让给实际出口方，由实际出口方办理装运交货收款。

按《跟单信用证统一惯例》（简称 UCP 600）的规定，只有开证行明确指明“可转让（Transferable）”的信用证方可转让，诸如“可分割（Divisible）”、“可分开（Fractional）”、“可过户（Assignable）”和“可转移（Transmissible）”之类的词语，并不能使信用证得以转让。可转让信用证只能转让一次，不能按照第二受益人的要求转让给第三受益人。在申请转让的同时，即使信用证尚未转出之前，第一受益人必须指示转让行，他是否保留拒绝允许转让行将修改通知该第二受益人的权利，倘若转让行同意在此条件下办理信用证的转让，它必须在转出信用证的同时向第二受益人说明第一受益人关于修改的指示。同时，如信用证转让给一人以上的受益人，其中一个或几个第二受益人拒绝接受信用证的修改，并不影响其他第二受益人接受修改。对拒绝接受修改的第二受益人而言，该信用证视作未被修改。

不可转让信用证（Non-transferable L/C）是指受益人不能将信用证的权利转让给他人使用的信用证。凡信用证中未注明“可转让”字样者，皆不能转让。

(4) 保兑信用证与非保兑信用证

保兑信用证(Confirmed L/C)是指开证行开出的信用证请另一银行保证对符合信用证条款的单据履行付款义务。对信用证承担保证兑付义务的银行称为保兑行(Confirming Bank)。

保兑行所承担的责任相当于它自己开出信用证,所以只有不可撤销的用证才能加以保兑。这种信用证称为保兑的不可撤销的信用证(Confirmed Irrevocable Credit)。保兑行通常是通知行,有时也是出口地的其他银行或第三国银行。保兑的手续一般是由保兑银行在信用证上加列保兑文句,如"此证已由我行保兑。"

非保兑信用证(Unconfirmed L/C)是指未经另一银行保兑的信用证。非保兑信用证通常是不可撤销的信用证。

(5) 循环信用证

循环信用证(Revolving L/C)是指当受益人全部或部分使用完信用证的金额以后,其信用证金额又恢复原金额再被受益人使用,直至达到规定次数或累计总金额为止。它与一般信用证的不同之处在于:一般用证的金额全部使用完毕后,即告失效;而循环信用证则可多次循环使用。在进出口买卖双方订立长期合同,分批交货,在货物比较大宗单一的情况下,进口方为了免交多次开证的费用和节省开证押金,才使用此种信用证。

循环信用证可分为两种:一种是按时间循环使用的信用证,另一种是按金额循环使用的信用证。不论是按时间循环或者是按金额循环,凡是上次未用完的信用证余额,可以移到下一次一并使用的,称为积累循环信用证(Cumulative Revolving Credit);凡是上次未用完的信用证余额,不能移到下一次一并使用的,称为非积累循环信用证(Non-cumulative Revolving Credit)。

(6) 对开信用证

对开信用证(Reciprocal L/C)是指在对等贸易中,交易双方互为买卖双方,双方对其进口部分向对方开出信用证,这两个信用证称为对开信用证。这种信用证有两种:一种是同时生效的对开信用证,即一方开出的信用证,虽已被受益人接受,但暂不能生效,须待另一方开出的回头信用证也被该证下受益人接受时,才通知对方银行两证同时生效;另一种是分别生效的对开信用证,即一方开出的信用证,被受益人接受之后即可使用,无需等待另一方开出回头信用证。分别生效的对开信用证,虽然是两个受益人,但互有联系,互相约束,互为条件。双方必须承担购买对方货物的义务,双方成交金额相等或大体相等,也可以有一定差额。这种信用证多用于易货贸易、补偿贸易和加工装配贸易等业务。

(7) 对背信用证

对背信用证(Back to Back L/C)是指出口方凭进口方开来的信用证作为抵押,要求出口地银行再向实际的出口方开出信用证。两个信用证在出口地银行是"背对背"的形式。进口方开来的信用证称为母证,出口方向实际出口方开出的信用证称为子证。母证的金额一般要大于子证的金额,其交货期前者要长于后者。对背信用证主要适用于中间商经营进出口业务的需要。

(8) 预支信用证

预支信用证(Anticipatory Credit)是指开证行允许受益人在未交装运单据以前,可凭汇票或其他证件支付货款的信用证。使用这种信用证主要是在求大于供的情况下,进口方急需购买指定的货物而预支货款；购买大型机械设备、船舶、飞机等投资较大，先备料需进口方预支价款；进口方通过银行实行外汇转移而预付货款等。

(9) 备用信用证

备用信用证（Standby L/C）又称商业票据信用证（Commercial Paper L/C），是指开证行应开证申请人的请求对受益人开立的承诺某项义务的凭证。当开证申请人未能按时偿还货款，或未能履行投标义务时，开证行为其支付。它是一种特殊形式的信用证。在北美，一般银行不出具银行保证函，而开立备用信用证。

备用信用证与一般跟单信用证一样，也要明确注明是可撤销的或不可撤销的，也需规定可使用的金额和有效期。如开证申请人不履行其规定的义务时，受益人需开具汇票，也可能不开具汇票；或向开证行提交开证申请人不履行义务的书面声明（written Statement）或其他证明、证件等向开证行索款。当受益人提交的书面声明或证明或证件或汇票符合备用信用证规定的条件时，开证行必须承担付款责任。

由于备用信用证是银行为满足客户提出的代其担保的要求而开立的保函性质的信用证，所以有必要把它和银行保函加以比较。银行保函（Banker's Letter of Guarantee，L/G），是指银行（保证人）根据委托人（被保证人）的申请，向受益人开立的担保履行某项义务的、有条件的承担经济赔产偿责任的书面承诺文件。它有三方当事人：委托人、受益人和保证人。按其应用范围划分，主要包括出口类、进口类、对销贸易类等。与备用信用证相比，二者的区别主要有以下几点：第一，备用信用证的开证行承担第一性付款责任，而保函的担保行既可承担第一性付款责任，也可承担第二性付款责任；第二，备用信用证从信用证的类别来看，可以是可撤销的，而保函是不可撤销的，因为可撤销的保函不能起保证作用；第三，备用信用证可以规定向开证行以外的另一银行交单，而保函没有这种做法；第四，备用信用证适用《跟单信用证统一惯例》，而保函则适用于《见索即付保函统一规则》。

14.4.4 信用证方式支付的程序

使用信用证结算货款，从开证申请人向银行申请开立信用证到开证银行付清货款，需要经过很多业务环节，并需办理各种手续。由于信用证种类不同，信用证条款有着不同的规定，其业务环节和手续也不尽相同。但是从信用证方式支付的一般程序来看，主要环节和手续是相同的。信用证方式支付的流程如图 14-6 所示。

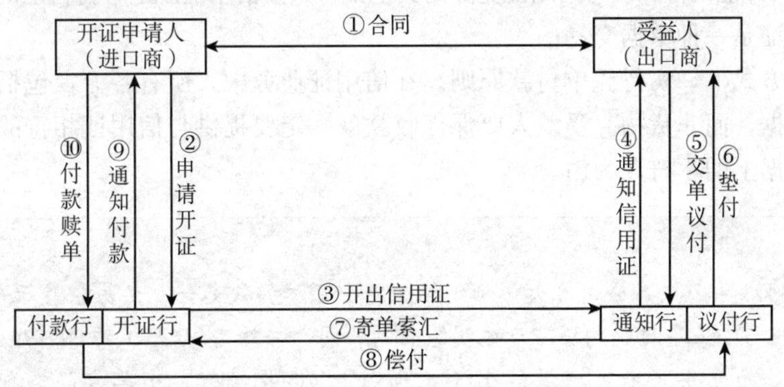

图 14-6　信用证支付流程图

说明：

① 买卖双方在合同中议定采用信用证支付方式。

② 开证申请人按合同规定向银行提出开证申请，并交纳押金和开证手续费。

③ 开证银行接受开证申请，开出信用证寄交通知银行。

④ 通知银行接到信用证经审查并证实无误后通知受益人。

⑤ 受益人审查信用证无误后，即按规定条件装运，在信用证有效期之内向议付行交单议付。

⑥ 议付行按汇票金额，扣除押汇利息，将汇票余额垫付给受益人。

⑦ 议付行将押汇的汇票和单据寄给开证银行或其指定的付款银行要求付款。

⑧ 开证银行或其指定的付款银行审单无误后，向议付银行付款。

⑨ 开证银行或其指定的付款银行通知开证申请人付款赎单。

⑩ 进口商付款后，取得相应的货运单据，凭单提货。

14.4.5 跟单信用证支付方式的特点

信用证是银行信用的支付方式，具有以下 3 个特点。

（1）开证银行负有第一性付款责任

信用证是由开证银行以自己的信用作出付款的保证。在信用证付款条件下，银行负有第一性付款责任。开证行自开立信用证之时即不可撤销地承付责任。只要受益人交单相符，开证行独立地履行其付款承诺，不受其他当事人的干扰。

信用证体现了银行信用。开证行以自己的信用作出付款保证，这种保证与一般担保业务不同。在一般的担保业务中，只有被担保人不履约时，担保人才承担付款义务，而信用证业务中的开证行承担第一性付款义务，只要交单相符，开证行必须付款，其付款不以进口方的付款为前提条件。因此，在信用证业务中，开证银行对受益人的责任是一种独立的责任。

（2）信用证是一种独立的文件

信用证的开立是以买卖合同作为依据，但信用证一经开出，即成为独立于买卖合同和其他交易合同之外的另一种契约，不受买卖合同和其他合同的约束。UCP 600 第 4 条 A、B 款规定："就其性质而言，信用证与可能作为其开立基础的销售合同或其他合同是相互独立的交易，即使信用证中含有对此类合同的任何援引，银行也与合同无关，且不受其约束。"所以，信用证是一个独立自主的文件，开证银行和参与信用证业务的其他银行只按信用证规定履行自己的义务。

（3）信用证是一种单据交易

在信用证方式下，实行凭单付款原则。在信用证业务中，所有各方，包括银行和商人所处理的都是单据，而非货物。受益人要保证收款就一定要提供与信用证相符的单据，开证行拒付只能以单据上的不符点为由。

案例与评析 14－3

案情： 2003 年山东 S 公司派大学刚刚毕业的小王参加秋交会。交易会最后一天，沙特 H 公司的 A 小姐与小王签订了购买 400 吨明绿豆的合同，并约定 10 个工作日内开出即期 L/C。

H 公司如约开立了不可撤销的 L/C，通知行为 M 银行，交单期限为船期起 15 天。S 公司审证后发现两个问题：一是货物的描述，"CHINESE GREENBEANS" 被拼写为

"CHINESE GREENBAESN"；二是水分"MOISTURE"被拼写为"MSIOTRUE"。S公司认为头一次和H公司合作，必须慎重，要求小王发传真给H公司修改L/C。很快A小姐直接打电话给小王，指出只是字母拼写错误，没有必要修改。她承诺立刻发送一份确认书，承诺将不会因为这两个问题拒付L/C。当天，小王收到了一份盖章签字的确认书。

S公司迅速组织货源，准备交单单据。小王在发票上打上正确的英文单词后，出于善意，又在其后的括号里打上L/C里的文字，在船期的第二天就向M银行提交了全套单据。5天后，S公司却收到了拒付通知书，拒付理由就是商品名称所出现的不符点。小王赶紧联系A小姐。A小姐说可能是开证行按照惯例就先做了拒付通知，H公司向他们发送一个说明就没事了，让S公司等待几天。几天后，小王联系A小姐说，可以重新制作单据来消除不符点。A小姐急忙答复开证行正在处理，再等几天。一转眼，到了L/C的最后交单期，A小姐主动打电话来，要求降价60%处理货物。此时S公司才发觉事情不妙，但事已至此，只能忍气吞声，接受外方的要求。S公司遭到了巨大的损失。

评析：① 发现不符点后，最好的办法是立即要求申请人修改L/C中的描述。若时间不允许，则只能按照"严格相符"和UCP 500第37条（UCP 600第18条），将错就错，重录L/C中货物名称。考虑到外商凭发票办理进口手续及报关纳税的重要文件，受益人可以另邮寄正确打印的发票给外商。打上正确文字再括上错误的文字或者相反，两种方法都不对。

② 遭到拒付后可以在L/C有效期内重新提交单据。根据ICC371号出版物的规定，对于不符点可以改正，并在L/C有效期内和UCP 500第43条（UCP 600第14条）规定的期限内重新提交单据。并且，这样做无需得到开证申请人的同意，也无需得到开证行的同意。只要重新提交的单据是"严格相符"的，则开证行仍然必须履行付款和承兑的责任。

③ 开证行审单的原则。开证行是否必须履行付款的责任，取决于提交的单据是否符合信用证的规定，焦点就集中在银行审核单据的标准上。目前有两种尺度：一种是严格一致原则，另一种是"大体一致"原则。究竟采用何原则，目前尚无明确规定，产生纠纷时，就以法官的判决为准。本案中开证行采用了严格一致原则，S公司还可以申请法院判决。

14.4.6 信用证的国际惯例——UCP 600简介

信用证支付方式是国际贸易发展到一定阶段的产物，有关信用证业务的惯例和规则也有一个完善统一的过程。在信用证业务发展的初始阶段，由于各个国家和地区对信用证条款的理解和解释存在着一定的差异，这就不可避免地带来贸易争端，不利于国际贸易的发展。为了解决这一问题，国际商会于1933年颁布了第一个《商业跟单信用证统一惯例》，对跟单信用证的定义，有关当事人的权利、义务进行了统一解释。随着国际贸易的发展，先后又在1951年、1962年、1974年、1983年和1993年进行了多次修改。从1962年的修订本起，改名为《跟单信用证统一惯例》（简称UCP）。1983年修订的统一惯例是UCP400，即国际商会的第400号出版物。1991年修订的统一惯例是UCP 500，并于1994年1月执行。在UCP

500 使用十余年后，从 2007 年 7 月起，被《跟单信用证统一惯例（2007 年修订本）》第 600 号出版物所代替，简称为“UCP 600”。

UCP 600 共有 39 个条款，比 UCP 500 减少 10 条，但却更准确、清晰，更易读、易掌握、易操作。它将一个环节涉及的问题归集在一个条款中，纠正了 UCP 500 造成的许多误解。

《跟单信用证统一惯例》虽不是法律，但却是跟单信用证领域普遍遵循的一套惯例，实际上是一套“活的法律”。在实际业务中，各国银行开出的信用证都注明“受 UCP 600 的约束”（This credit is subject to UCP 600）。现在，参加或遵守国际商会统一惯例的国家有 160 多个，我国各银行开出信用证均写明“此证适用 UCP 600”。

14.5 国际贸易支付方式的选择与综合运用

在进出口业务中如何选择和运用各种不同的支付方式是很重要的。我国企业选择和运用各种不同的支付方式，应在保证贯彻我国对外贸易方针政策的前提下，做到安全收汇和妥善收汇，加速资金周转和扩大贸易。为了保障上述目的能够顺利实现，必须认真了解和掌握国际市场各种惯用的支付方式和近期出现的新支付方式，根据进出口贸易的实际，灵活地加以运用。

1. 汇款、托收和信用证三种支付方式的特点的综合比较

不同的支付方式对于进出口商而言意味着不同的结算风险。因此，在确定支付方式时，进出口商应根据不同的业务需要尽可能采用对自身有利的支付方式，以有效地规避结算风险。

在出口业务中，出口商通常采用即期信用证，以实现迅速、安全地收汇。如果采用远期信用证，计算价格时应将利息因素考虑在内。为了促进某些交易的达成，对一些资信较好的客户，出口商也可以考虑采用付款交单（D/P）托收方式，以适应市场特点，扩大销售。对某些积压货物或库存量大又急于处理的货物，必要时可采用承兑交单（D/A）托收方式。在使用寄售方式出口时，要争取由进口方银行出具银行付款保证函，证明代售人未能履约，保证行承担付款责任。

在进口业务中，进口商可使用信用证、托收、汇款和银行保证函，对于成交金额大的应争取使用托收方式，也可以使用银行保证函，尽量减少使用即期信用证。

上述进出口业务采用的支付方式都以单一的支付方式出现，贸易双方可以根据实际情况，在征得对方同意后在付款时间和支付方式的掌握上可以采用不同支付方式结合运用的形式。表 14－1 是汇付、托收、信用证三种结算方式的比较。

表 14－1　汇付、托收、信用证三种结算方式的比较

结算方式	手续繁简	银行收费	资金负担	买方风险	卖方风险
预付货款（汇款）	简　单	最　少	不平衡	最　大	最　小
货到付款（汇款）	简　单	最　少	不平衡	最　小	最　大
付款交单（托收）	较　繁	稍　高	不平衡	较　小	较　大
承兑交单（托收）	较　繁	稍　高	不平衡	极　小	极　大
信用证	最　繁	最　高	较平衡	较　大	较　小

2. **选择支付方式时需考虑的主要因素**

(1) 交易对手的资信情况

交易对手的资信是交易时应当考虑的首要因素，无论是进口方还是出口方都应当事先了解或调查对方的资信情况。当对于对方的资信情况不是十分了解或是认为对方的资信不是很好时，应当尽量选择对自己风险较小的支付方式；当对方是自己长期可靠的贸易伙伴或资信很好时，则可以选择对双方都有利的手续简单、费用少的支付方式。

(2) 货物的销路情况

货物的销路情况也是左右着交易双方采纳支付方式的一个重要因素。对于畅销货来说，出口方可以要求对自己有利，特别是在资金占用方面对自己有利的支付方式，而进口方则不得不在这方面做些让步；对于滞销货或市场竞争激烈的商品来说，进口方可以要求对自己有利，特别是在资金占用方面对自己有利的支付方式，而出口方则不得不在这方面做些让步。

(3) 贸易术语的类型

国际货物买卖合同中会采用不同的贸易术语，它所表明的交货方式和适用的运输方式是不同的。在实际业务中，并不是每一种交货方式和运输方式都能适用于任何一种结算方式。因此，根据不同的交易情况，选择适当的贸易术语也是很重要的。

(4) 运输单据的性质

如货物通过海上运输或多式联运，出口方装运货物后得到的运输单据一般为可转让的海运提单或可转让的多式联运单据。这些单据是货物所有权的凭证，可适用于信用证和托收方式结算货款。如果货物是通过航空、铁路或邮政运输的，出口方装运货物后得到的运输单据为航空运单、铁路运单或邮包收据，这些都不是货物所有权凭证，因此在这些情况下就不适宜做托收。

(5) 其他因素

选择支付方式时除了要考虑以上因素外，还要考虑交易金额的大小，销售地的商业习惯，以及卖方是否在销售地有代理机构等诸多因素。

3. **国际贸易支付方式及信用工具的综合运用**

为了保证安全、迅速地收取外汇，加速资金周转，促进贸易的发展，进出口双方可以选择对自己有利的支付方式。在实际业务中，除使用某一种支付方式外，有时也可以将几种不同的支付方式结合起来使用，如信用证与汇款、信用证与托收等结合使用。

(1) 信用证与汇款结合

信用证与汇款结合，是指部分货款采用信用证支付，余额用汇款方式结算。采用这种方式，一般是数量有机动幅度的大宗产品交易，确切金额一时不能确定，双方事先约定，按信用证方式支付发票金额若干成，余额待货运到目的地后根据检验结果，按实际品质或重量计算，用汇付方式支付。例如，成交的契约货物是散装物，如矿砂、煤炭、粮食等，进出口商同意采用信用证支付总金额的 90%，余额部分 10%，待货到后经过验收，确定其货物计数单位后，将货款采用汇付的办法支付。

(2) 信用证与托收结合

信用证与托收结合，是指部分货款采用信用证支付，余额用托收方式结算。一般做法是：出口方开具两张汇票，属于信用证部分货款凭光票付款，而全套装运单据附在托收的汇票之下，按即期或远期托收。但信用证要明确种类和支付金额，以及托收方式的种类等。例如，“货款××%应开立不可撤销即期信用证，其余××%见票立即（或见票后××天）付款交单。全套装运单据随附于托收项下，在发票金额全数付清后方予交单。如××%托收金额被拒付时，开证行应掌握单据听凭卖方处理”。

(3) 汇款与银行保函或备用信用证结合

这种方式一般适用于交易金额大、生产周期长、采用分期付款或延期付款的商品，如大型设备、飞机、船舶等。其具体做法是：买方采用信汇方式支付若干定金。在每次支付之前，要求卖方向买方开立银行保函或备用信用证，以保证合同货物的交付。如果卖方不能履行合同义务，由担保行或开证行负责退回买方已交的定金，另外还要偿付利息。在延迟付款的情况下，买方也可以通过银行向卖方开出银行保函或备用信用证以保证付款。在每次付款前，卖方必须提交必要的文件。

(4) 汇付、托收、信用证三者相结合

在成套设备、大型机械产品和交通工具的交易中，因为成交金额较大，产品生产周期较长，一般采取按工程进度和交货进度分若干期付清货款，即分期付款和延期付款的方法，它们一般采用汇付、托收和信用证相结合的方式。

分期付款（Payment by Installment），是指进口方根据购买货物的生产进度和交货程序分期付清货款，其具体分期次数和每次付款金额可根据交货时间长短和对出口方的约束程度来确定。买方开立不可撤销的信用证即期付款，但是最后一笔货款一般是在交货或卖方承担质量保证期满时付清。货物所有权则在付清最后一笔货款时转移。因此，按分期付款条件所签订的合同是一种即期合同。

延期付款（Deferred Payment），是指由进口方先付一定的定金，并根据货物生产的进度和交货程序分期支付若干货款，但大部分货款则于交货后若干月或若干年内分期付清。延期支付的那部分货款，实际上是一种赊销，等于是卖方给买方提供的商业信贷，因此买方应承担延期付款的利息。在延期付款的条件下，货物所有权一般在交货时转移。

分期付款与延期付款虽然都是在规定期限内分期付清货款，但二者有一定区别。第一，分期付款是进口方按照约定的方法分若干次付款，但在出口方完成交货任务时，进口方已付清或基本付清货款，所以称为付现即期交易；延期付款是大部分货款于交货之后在较长的期限内摊还，所以是出口方给进口方的一种出口信贷。对进口方来说是赊购，是利用出口方资金的一种方式，但进口方要承担迟期付款的利息。第二，分期付款是进口方在付清最后一期货款后，才取得货物所有权；延期付款是在出口方履行交货后，进口方即取得货物所有权。如出口方交货后，进口方不履行付款义务，出口方只能依法要求偿付货款，而不能恢复货物所有权。

(5) 备用信用证与跟单托收相结合

采用备用信用证与跟单托收相结合的方式，主要是为了在跟单托收项下的货款一旦遭到进口方拒付，可凭备用信用证利用开证行的保证追回货款，即在备用信用证项下，由卖方开立汇票与签发进口方拒付的声明书要求开证行进行偿付。为了表示其功能，在备用信用证中，必须明确载明如下条款：

“凭即期付款交单与备用信用证相结合的付款方式，在备用信用证中应列明以卖方为受益人，其金额为××并明确依××号信用证项下跟单托收，若付款人到期拒付，受益人有权凭本信用证签发汇票并出具托收被拒付的证明书，收取××号信用证项下的货款。”

(6) 跟单托收与预付押金相结合

是指采用跟单托收并由进口方预付部分货款或一定比率的押金作为保证。出口方收到预付款或押金后发运货物，并从货款中扣除已收款项，将余额部分委托银行托收。托收采取付款交单方式。如托收金额被拒付，出口方可将货物运回，而从已收款项中扣除来往运费、保险费、利息及合理的损失费用。关于预付金和一定数量预付押金的数目应经协商而定。但为表示上述功能，在契约和信用证中，必须明确如下内容："装运货物是以由电汇或信汇方式向买卖方提交预付金××为前提，其余部分采用托收凭即期付款交单。"

本章小结

国际贸易货款的结算，主要涉及支付工具、付款时间、地点及支付方式等问题。

国际贸易通常以票据作为支付工具。国际贸易中使用的票据主要有汇票、本票和支票，其中汇票的使用最为广泛。

国际贸易结算的支付方式主要包括汇款、托收和信用证。汇款和托收属于商业信用，信用证属于银行信用。国际贸易结算的支付方式可分为顺汇和逆汇。汇款是指交易一方（付款人或债务人）依交易合同主动委托银行，用一定的汇付工具把贸易货款汇交给交易对方的商业信用结算方式。三种汇付工具中，电汇常被广泛使用。托收是指交易一方（债权人）依交易合同委托银行，凭一定的商业单据，向交易对方（债务人）收取交易款项的商业信用支付方式。托收可分为光票托收和跟单托收两大类，较常用的是跟单托收。跟单托收按其交单条件的不同又可分为付款交单（D/P）和承兑交单（D/A）两种。信用证是银行有条件的付款承诺。信用证是银行信用，是一个独立的文件，是一种单据的买卖。目前，世界上绝大多数国家的银行都根据 UCP 600 来处理信用证业务。

不同的支付方式对于进出口商意味着不同的结算风险。进出口商应根据不同的业务需要尽可能采用对自身有利的支付方式，应在考虑交易对手的资信、货物销路、贸易术语、运输单据的性质等情况的基础上，注意支付方式及信用工具的综合运用。

关键术语

电汇　信汇　票汇托收　光票托收　跟单托收　付款交单　承兑交单　信用证　跟单信用证　即期付款信用证　议付行　偿付行　信用保函　进口保函　备用信用证

复习思考题

1. 汇票、本票与支票的含义及其用途是什么？
2. 汇票分为哪几种？
3. 什么是汇付？汇付分为哪几种？
4. 什么是托收？托收有哪些不同做法？

5. 信用证的基本概念是什么？简述即期跟单信用证的支付程序。
6. 信用证对买卖双方有哪些风险？如何防范？

章首案例分析

在国际贸易中，如果贸易双方是初次交易，对对方的资信状况不尽了解，一般不应使用基于商业信用且货物与款项交接风险负担不平衡的汇款方式来结算货款。如果决定使用汇款结算方式，必须做好相应的防范，避免钱货两空。

对于卖方，必须注意应在买卖合同中约定选取何种汇付方式，并明确汇款到达的时限，注意须与交货期衔接。如使用票汇，应待收妥票据款项后方可发货，至少是要收到有效的银行即期汇票之后才发货。防止由于伪造票据或其他原因而蒙受汇款不到的损失。

本案中，尽管出口商接受汇款结算是出于迫不得已，但种种行为迹象表明进口商存在着欺诈的意图，出口商对此没有保持高度警惕。先是没有坚持采取比较稳妥的信用证方式，同意使用汇款方式时，又没有采取预付货款这种对卖方有利的结算方式，最终又同意收到对方汇款传真就发货，并且没有重视传真件不是电汇的凭据，一错再错，为对方欺诈得逞创造了条件。

第15章

商品检验、索赔、不可抗力和仲裁

学习目标 熟练掌握商品检验的知识及商品检验条款的内容，了解争议的概念，掌握索赔和理赔的知识，掌握不可抗力的概念、不可抗力条款、不可抗力事件的处理，掌握仲裁的知识和仲裁条款的内容。

章首案例

由不可抗力引发的争议案

某年我国A公司与英国B公司成交某食品1500公吨，每公吨348英镑CFR××港，总金额522 000英镑，交货期为当年8—12月。当时由于A公司缺货，只交付了500公吨，其余的1 000公吨经双方协商同意延长到下一年度交货。次年，我国发生自然灾害。于是，A公司以不可抗力为理由，要求免除交货责任。但是对方回电拒绝，并称该商品的市场价格上涨，由于A公司未交货已经使其损失15万英镑，要求A公司无偿提供其他品种的同类食品抵偿其损失。A公司对此项要求不同意。B公司根据仲裁条款规定向中国仲裁机构提出仲裁，仲裁申请中强调A公司所称不可抗力理由不充分，并提出A公司如不愿意以商品抵偿其损失，就坚持索赔15万英镑。在仲裁机构的调解下，双方经过多次协商，A公司以对外赔偿41 820英镑结案。

案例讨论题：货物买卖合同履行中，发生争议如何处理？什么是索赔？什么是不可抗力？如何通过仲裁解决争议？

15.1 货物商品的检验

买卖双方订立合同后，按照合同规定的交易条件交货是卖方的基本义务。但如何确定卖方交货的品质、数量和包装等是否符合合同的要求，则要由合同中的商品检验条款所规定。

15.1.1 商检和商检条款的意义

国际货物买卖合同中的商品检验（Commodity Inspection）条款，主要内容包括检验的时间与地点、检验机构、检验证书、检验依据与检验方法，以及商品的复验等。

商检条款是国际货物买卖合同的一项重要条款，该项条款既是进出口商品检验所必需，又是确保买卖双方经济利益的重要条件。

《中华人民共和国商检法》（以后简称《商检法》）规定：商检机构和国家商检部门以及由商检机构指定的检验机构，依法对进出口商品实施检验。进口商品未经检验的，不准销售、使用；出口商品未经检验合格的，不准出口。

在国际贸易中，有时会出现合同未能履行的情况。这时当事人需要判断原因和责任，并可能提出索赔或仲裁。所以，商检和商检条款有利于履行合同，解决争议，为双方交接货物、索赔或仲裁提供依据。

商品检验为报关验放提供有效证明。许多国家的政府为了维护本国的政治经济利益，对许多商品的进出口制定了严格的法律法规，在有关货物进出口时，必须由当事人提交检验机构符合规定的检验证书和有关证明手续，海关才准予进出口。

通过商品检验严格控制进出口商品质量，有利于有效地维护国家和人民群众的利益，促进进出口商品质量的提高，增强企业在国际市场上的竞争力。

总之，正确地制定合同中的检验条款，具有重要的法律意义和实际意义。

15.1.2 检验时间与检验地点

在国际贸易中，对于商品检验的时间和地点的规定，通常有以下几种不同的方法。

（1）在出口国检验

在出口国检验，又分为以下 3 种具体方法。

① 以出厂品质为准，即货物由生产厂商自行检验。这种规定方法对卖方最为有利，而对买方显然不利。所以除少数特殊货物外，买方一般不愿采用。

② 以装船的品质数量为准，通常也称为以离岸品质、离岸数量为准。按此规定，货物在装运前应由装运港的检验机构检验，并出具品质数量检验证书，该证书将作为决定该批货物商品交货品质和数量的最后依据，买方一般无权对交货的品质和数量提出异议。

③ 以买方代表监督、认可的品质和数量为准。在出口国检验的前两种规定办法，对买方都是不利的。作为两种办法的弥补措施，一般由买方指派代表到生产厂或装运港监督生产或装货，商品交货品质和数量以买方代表认可的生产厂或装运港（地）检验机构检验通过的结论为准。

（2）在进口国检验

在进口国检验，又有以下两种具体方法。

① 以到岸的品质和数量为准，即在货物到达目的港卸货后由双方约定的目的港检验机构进行检验，以该检验机构出具的品质和数量检验证书作为交货的最后依据。按照这种办法，如证明品质和数量不符合合同规定，则卖方应负赔偿责任。

② 以货物到达目的地后的检验为准。当买方的收货地点在进口国家的内陆时，在事先通知卖方的情况下，买方可以要求将检验的地点和时间延伸、延迟到货物的最后目的地，并以双方约定的目的地检验机构出具的检验证书作为交货品质和数量的最后依据。

(3) 在出口国装运港（地）检验、进口国（地）复验

与在出口国检验的前两种办法相对应，在进口国检验的两种办法对卖方不利，卖方一般不愿采用。以装运港离岸的装运港检验机构出具的检验证明作为议付货款的依据，货到目的港后，买方有复验权。按照这样的商品检验规定，货物必须在装运前由装运港（地）的检验机构进行检验，其验货后出具的检验证明作为卖方向银行议付或托收货款时提交的单据之一，但不作为最后依据。而在货物运抵目的港（地）卸货后，买方有复验权，即允许买方请双方约定的检验机构在规定时间内复验，如经复验发现货物不符合同规定，并证明这种不符是在卖方交货时（即货物风险由卖方转移到买方时）就已存在，买方可以凭检验机构出具的复验证明，向卖方提出异议，并作为索赔的依据。这种规定方法同时承认买卖双方所提供的检验证书，比较公平合理，对双方都有好处，符合国际贸易的习惯和法律规则，因而在国际贸易中应用广泛，在我国进出口业务中也较为常用。

近年来，装运港（地）检验、进口国（地）复验的方式又有一些新变化。其中，大宗商品交易的检验中，比较多地采用出口国装运港（地）检验重量、进口国目的港（地）检验品质的办法。这种办法是以装运港检验机构验货后出具的重量证书为最后依据，以目的港检验机构出具的品质证书为最后依据，简称为离岸重量、到岸品质。这种做法也有利于调和买卖双方在检验问题上存在的矛盾。

15.1.3 商品检验机构

国际贸易中的商品检验工作，虽然有时由买卖双方自己进行，但一般是由专业性的检验部门或检验企业来办理。商检机构的选定，关系到双方利益，因此双方应该事先商定商检机构，并在合同中订明。

国际上的商品检验机构，有国家设立的官方机构和独立检验机构。独立检验机构又分为半官方商检机构和私人商检机构。从业务范围上分，有综合性的，也有专业性的。

1. 官方商检机构

世界各国为了维护本国的公共利益，一般都制定检疫、安全、卫生、环保等方面的法律，由政府设立监督检验机构，依照法律和行政法规的规定，对有关进出口商品进行严格的检验管理，这种检验称为“法定检验”、“监督检验”或“执法检验”。

(1) 我国的官方检验机构

我国商品检验的官方机构原为“中华人民共和国国家出入境检验检疫局”（CIQ）及其分支机构。1998 年初，根据国务院机构改革方案，由原国家进出口商品检验局、原卫生部卫生检疫局和原农业部动植物检疫局共同组建国家出入境检验检疫局，归口国家海关总署领导。除了国家出入境检验检疫局之外，还有各种专门从事动植物、食品、药品、船舶、计量器具等商品检验的官方检验机构。

2001 年 4 月，为加强质量监督和检验检疫执法，国务院决定原国家质量技术监督局

和原国家出入境检验检疫局正式合并，成立国家质量监督检验检疫总局（简称国家质检总局，AQSIQ)。国家质检总局是国务院主管全国质量、计量、出入境商品检验、出入境卫生检疫、出入境动植物检疫和认证认可、标准化等工作并行使行政执法职能的直属机构。

按照国务院授权，将认证认可和标准化行政管理职能，分别交给国家质检总局管理的中国国家认证认可监督管理委员会和中国国家标准化管理委员会承担。

（2）国外的官方检验机构

在美国，对官方检验机构检验进出口商品的权限实行专业化分工，分别由14个部、委、局的有关主管部门负责。

欧洲联盟国家的官方检验机构，其组织形式与美国类似，按商品类别，由政府各部门分管，按有关法律授权或政府认可实施检验和监督管理。

日本根据国家行政体制，政府各部门在自己分工权限范围内，对有关进出口商品检验工作实行分工管理。

国外比较著名的官方检验机构有：美国食品与药品管理局（FDA)、美国动植物检验署、法国国家实验检测中心、日本通商产业检查所等。

2. 独立商检机构

除官方商检机构实施国际贸易货物的法定检验和鉴定工作外，国际贸易的商品检验主要由独立商检机构承担。许多国家都有独立商检机构，包括由商会、协会、同业公会设立的半官方商品检验机构和私人设立的民间商品检验机构，它们具有公证机构的法律地位。由于独立商品检验机构承担的民事责任有别于官方商品检验机构承担的行政责任，所以在国际贸易中更易被买卖双方所接受。民间商品检验机构根据委托人的要求，以自己的技术、信誉及对国际贸易的熟悉，为国际贸易当事人提供灵活、及时、公正的检验鉴定服务，受到各国对外贸易企业的共同信任。

（1）国际著名的独立商品检验机构

目前在国际上比较有名望、有权威的独立商品检验机构有：瑞士通用公证行或称为瑞士日内瓦通用鉴定公司（SGS)；英国英之杰检验集团（IITS)；美国安全试验所或称为美国保险人实验室（UL)；美国材料与试验学会（ASTM)；国际羊毛局（IWS)；加拿大标准协会(CSA)；德国技术检验代理机构网或称为德国莱因技术监护顾问公司（TUV)；英国劳合氏公证行，又称“劳埃德保险社”（Lloyd's Surveyor)；英国劳埃德船级社（Lloyd's Register of Shipping)；法国船级社（B. V)；日本海外货物检验株式会社（OMIC)；日本海事检定协会（NKKK)；新日本检定协会（SK)，等。

（2）国内的独立商检机构

中国检验认证集团简称中检集团（CCIC)，其前身是1980年成立的中国进出口商品检验总公司（简称中国商检总公司，CCIC)，性质属于具有法人资格的民间商品检验机构。2003年，原中国商检总公司按照现代企业模式进行改制，改称中检集团。2007年，由中国检验认证集团和中国质量认证中心（CQC）合并组建新的中国检验认证集团在京正式成立，成为以“检验、鉴定、认证、测试”为主业的独立第三方检验认证机构。

中国船级社（简称CCS）是中国唯一从事船舶入级检验业务的专业机构，是国际船级社协会（IACS）10家正式会员之一。截至2008年年底，CCS接受28个国家或地区的政府授权，为悬挂这些国家或地区旗帜的船舶代行法定检验。CCS在国内外设有逾60家检验网点，形成了覆盖全球的服务网络。

另外，我国的民间商检机构和一些国外检验机构建立了委托代理关系（如SGS）或合资检验机构（如OMIC）。外国检验机构经批准也可在我国设立分支机构，在指定范围内接受进出口商品检验和鉴定业务。

15.1.4 商品检验范围和内容

1. 我国商检机构的职责范围

我国商品检验及其分支机构，统一按照《商检条例》执行检验任务。主要任务有三条：对重要商品实施法定检验；对所有进出口商品的品质实施监督管理；办理对外贸易公证鉴定业务。

国家质检总局及其下属的动植物检疫监管、进出口食品安全、卫生检疫、锅炉压力容器安全监察、计量和通关业务等部门，除了组织起草、制定和发布有关质检方面的法律、法规草案，宏观管理和指导质量工作之外，还组织实施有关进出口商品的法定检验，办理复验，垂直管理出入境检验检疫机构，依法审批并监督管理涉外检验、鉴定机构。

中国船级社主要承担国内外船舶、海上设施、集装箱及相关工业产品的入级检验、鉴证检验、公证检验和经中国政府、外国政府授权，执行法定检验等业务。

另外，中国民用航空总局归口管理飞机（包括飞机发动机、机载设备）的适航检验；国家核安全局归口管理核承压设备的安全检验。

2. 法定检验的范围

根据我国的法律、行政法规或国际条约、协议的规定，有些进出口商品及其运输工具必须经过商检机构的检验。未经检验合格的，不能出口或在国内销售。对这类商品及其运输工具的检验管理就称为“法定检验”。

（1）进口商品法定检验范围

进口商品法定检验包括：列入《商检机构实施检验的进出口商品种类表》（下称《种类表》）的进口商品；有关国际条约、协议规定须经商检机构检验的进口商品；其他法律、行政法规规定须经商检机构检验的进口商品。

（2）出口商品及其运载工具法定检验的范围

出口商品及其运载工具法定检验的范围是：列入《种类表》的出口商品；出口食品的卫生检验；贸易性出口动物产品的检疫；出口危险物品和《种类表》内商品包装容器的性能检验和使用鉴定；装运易腐烂变质食品出口的船舱和集装箱；有关国际条约、协议规定须经商检机构检验的出口商品；其他法律、行政法规规定须经商检机构检验的出口商品。

3. 法定检验以外的商检业务范围和内容

根据《商检法》及其《实施条例》的规定，商检机构对法定检验以外的进出口商品，可以抽查检验并实施监督管理。

商检机构对进出口商品实施检验的内容，包括商品的质量、规格、数量、重量、包装及是否符合安全、卫生要求等。对外经济贸易关系人或者外国商检机构可以根据有关合同的约定或自身的需要，申请或委托商检机构办理进出口商品鉴定业务，签发鉴定证书。

商检内容主要是：品质检验；数量和重量检验；包装检验；卫生检验；安全性能检验；船舱和集装箱检验；海运出口危险品的包装检验；残损鉴定；其他检验，如对于动植物及其产品实施有害物质含量的检验、病虫害检疫、对盛装某些商品的运输工具等进行检验，等等。

15.1.5 商品检验证书

1. 商品检验证书的意义和作用

商品检验证书（Inspection Certificate），是各种进出口商品检验证书、鉴定证书和其他证明书的统称。商品检验证书是商品检验机构依据有关规定，检验货物后签发的、证明检验结果的书面文件。商检证书的意义和作用体现在以下方面。

① 作为履行契约义务、证明交货的品质、重量、包装等是否符合规定的依据。

② 作为议付、结算货款的单据之一。

③ 证明货物运输、装卸的实际状况，进行交接货物、明确责任归属的依据；船方和有关方面免责的依据；有时也是计算运输、仓储等费用的依据。

④ 买方作为对卖方或其他关系人等提出异议、拒收的凭证。

⑤ 作为海关验关放行、计征关税和优惠减免关税的必要证明。

⑥ 是有关各方处理争议、进行仲裁、理赔和处理诉讼事宜，具有法律效力的重要证据。

2. 商检证书的种类

商检证书的种类很多，买卖双方应根据成交货物的种类、性质，有关国家的法律、法规、政策，以及贸易习惯等来确定卖方应提供何种检验证书，并在买卖合同中予以明确。商检证书主要有以下种类。

① 品质检验证书。

② 重量或数量检验证书。

③ 兽医检验证书。证明出口动物产品或食品已经过检疫合格的证件。

④ 卫生/健康证书。证明可供人类食用的出口动物产品、食品等经过卫生检验或检疫合格的证件。

⑤ 消毒检验证书。证明出口动物产品经过消毒处理，保证安全卫生的证件。

⑥ 熏蒸证书。用于证明出口粮谷、油籽、豆类、皮张等商品，以及包装用木材与植物性填充物等，已经过熏蒸灭虫的证书。

⑦ 残损检验证书。证明进口商品残损情况的证件，可作为受货人索赔的有效证件。

⑧ 积载鉴定证书。证明船方和集装箱装货部门履行运输契约义务的证件。

⑨ 船舱检验证书。证明承运出口商品的船舱清洁、密固、冷藏效能及其他技术条件是否符合保护承载商品的要求的证书。

⑩ 产地证明书。出口商品在进口国通关输入和享受减免关税优惠待遇和证明商品产地的凭证。产地证明书包括：一般产地证、限制禁运产地证、野生动物制品产地证、普惠制产地证等。

⑪价值证明书。进口国管理外汇和征收关税的凭证。

⑫生丝品级及公量检验证书。出口生丝的品质检验和重量/数量检验的专用证书。

⑬舱口检视证书、监视装/卸载证书、舱口封识证书、油温空距证书、集装箱监装/拆证书。作为证明承运人履行契约义务，便于处理货损货差责任事故的证明。

⑭货载衡量检验证书，证明进出口商品的重量、体积吨位，可作为计算运费和制定配载计划的依据。

⑮集装箱租箱交货检验证书、租船交船剩水/油重量鉴定证书。

⑯财产价值鉴定证书。作为对外贸易关系人和司法、仲裁、验资等有关部门索赔、理赔、评估或裁判的重要依据。

15.1.6 商品检验依据与检验方法

商品检验的依据，就是商品检验时据以衡量进出口货物是否合格的标准。检验方法，即对进出口货物商品进行检验所用的方法。

商品检验时采用什么检验依据与检验方法是个重要的问题。因为同一商品采用不同的依据与方法进行检验，可能得出完全不同的结果，容易导致买卖双方产生异议而发生纠纷。为避免不必要的争议，最好在签订合同时订明所用的具体检验依据与方法。

1. 商品检验依据的确定

在进出口业务中，商品的检验依据主要有成交样品、标样合同、信用证、标准等，检验标准又分为生产国标准、进口国标准、国际标准和买卖双方协议标准。

按照惯例，凡合同明确规定以成交样品或标样表示商品品质的，就应以样品作为商品的检验依据；若合同或信用证规定以某项标准作为商品检验依据的，就以该项标准为商品的检验依据。而合同未规定检验依据或规定不明确的，就应采用一定的标准作为商品的检验依据。首先以生产国现行标准作为检验依据；无该项标准的，以国际通用的标准作为检验依据；这两项标准都没有时，以进口国的标准作为依据实施检验。

必须注意：合同中约定作为检验依据的检验标准不能与有关国家有关法律、法规的规定及国际惯例等相冲突，否则该项合同无效。根据《商检法》的规定，法律、行政法规规定有强制性标准或者其他必须执行的检验标准的进出口商品，依照法律、行政法规规定的检验标准检验。所以，合同中约定检验标准时，还要看是否有强制性标准或其他必须执行的检验标准，不能与之相冲突。

2. 商品检验方法

为了避免争议，必要时应在合同中订明检验方法。检验方法可以由买卖双方约定采用有关标准规定的方法，也可以由买卖双方协议确定。在我国，检验方法的标准，一般应采用质检总局制定的检验标准方法。

商品检验的基本方法有以下几类。

① 商品品质的检验方法：感官检验法、理化检验法。

② 商品数量的检验方法：称量法、点数法、理论计算法。

3. 国际标准与国家标准

在商品的检验依据中，检验标准，特别是国际标准和生产国标准、进口国标准等国家标准，具有非常重要的地位。

我国商检机构主要采用和鼓励进出口企业采用我国标准、国际标准和国外先进标准。

国际标准是指国际标准化组织和其他国际组织规定的某些标准。被称为三大权威国际标准化组织的国际标准化组织（ISO）、国际电工委员会（IEC）和国际电信联盟(ITU)，制定的国际标准较多、影响较大，在国际贸易中被广泛采用。除此以外，还有国际计量局、食品法典委员会、联合国教科文组织等国际组织制定的国际标准也被普遍采用。

WTO的有关协议规定，制定技术法规、标准应以国际标准作为基础。采用国际标准已成为WTO对其成员的普遍要求。

国外先进标准是指某些发达国家的官方机构或行业标准化组织及民间机构，其中包括许多商检机构制定的，在国际贸易中被广泛采用的标准，如英国的BS，美国的ANSI、UL，法国的NF，德国的DIN，日本的JIS、JAS等。

在我国国家标准中，也在积极采用、转化国际和国外先进标准。截止到2007年年底，在21 579项国家标准中，采用国际标准和国外先进标准共10 024项，采标率为46. 45%。其中采用ISO 5157项，采用IEC 2184项，采用ISO/IEC 319项，采用ITU 50项，采用其他先进标准2 314项。

15.2 争议与索赔

15.2.1 争议的预防

争议（Disputes）是指交易的一方认为交易的另一方未能部分或全部履行合同规定的责任与义务所引起的纠纷。

国际贸易中产生争议的原因主要如下。

① 缔约双方中的一方故意不履约。

② 当事人一方的过失或疏忽，致使合同不能履行。

③ 合同条款的规定欠妥当，或在履行合同过程中遇到了不能预见或无法控制的情况，致使双方对合同条款的理解与解释不一致。

因此，要从根本上预防争议的产生，就要预防买卖双方的违约行为。并且，交易磋商要充分，合同条款规定要明确具体，以统一对违约的责任及其后果的认识，防止理解的不一致。

签订合同时，订明索赔条款具有预防双方违约行为发生的重要作用。

15.2.2 索赔与理赔

索赔（Claim）是指遭受损害的一方在发生争议后，向违约方提出赔偿的要求。理赔（Claim Settlement）是指违约方对受损方所提赔偿要求的受理与处理。索赔和理赔是一个问题的两个方面，对受损方是索赔，对违约方就是理赔。

在索赔和理赔中，索赔依据和索赔期限是两个最基本的条件。

索赔依据包括法律依据和事实依据。索赔的法律依据是合同和适用的法律、惯例。索赔的事实依据是违约事实的书面文件，指有资格的机构出具的书面证明，当事人的陈述和其他旁证。如果证据不全、不清，出证机构不符合要求，都可能遭到对方拒赔。

索赔期限是指受损害的一方有权向违约方提出索赔的期限。超过约定的索赔期限，受损害的一方即丧失索赔权。确定索赔期限，有约定的和法定的之分。约定索赔期限即在合同中约定索赔期限，法定索赔期限则是依照有关法律规定索赔期限。法定索赔期限一般较长，如《公约》规定为自买方实际收到货物之日起两年之内。

15.2.3 合同中的索赔条款

为了能在发生索赔时有据可依，在合同中应对索赔作出规定。索赔条款通常有两种形式：一种是异议和索赔条款，大多针对一般合同订立；另一种是罚金条款，主要用于买卖大宗商品和机械设备的合同。

1. 异议和索赔条款

异议和索赔条款一般是针对卖方交货的品质、数量或包装不符合合同规定而订立的。异议和索赔条款的内容，除了规定一方违约，另一方有权索赔外，还要规定索赔的依据、索赔的期限和索赔的金额等。

（1）索赔期限

应该根据不同种类的商品，规定不同的索赔期限。除一些性能特殊的产品外，一般不宜过长，以免使卖方承担过重的责任；也不宜规定的太短，以免使买方无法行使索赔权，要根据商品性质及检验所需时间多少等因素而定。对于有质量保证期限的商品，合同中加订保证期。保证期可规定为1年或1年以上。

规定索赔期限时，还应规定索赔期限的起算时间。起算时间通常有以下几种：货物到达目的港后××天起算、货物到达目的港卸离海轮后××天起算、货物到达买方营业处所或用户所在地后××天起算、货物经检验后××天起算。

在实际业务中，一般货物的索赔期限，通常限定为货物到目的港卸货后30天或45天，而机械设备的索赔期限一般应就数量和品质作不同的规定：有关数量方面的索赔期一般为货物到目的港后60天，品质方面的索赔期一般为一年或更长。

（2）索赔金额

如果买卖合同规定有约定的损害赔偿的金额或损害赔偿额的计算方法，通常应按约定的金额或根据约定的损害赔偿额的计算方法计算出的赔偿金额提出索赔；如果合同未作具体规定，根据有关的法律和国际贸易实践，确定损害赔偿金额。

根据国际惯例，买方向卖方索赔的金额应与卖方违约造成的损失相等。除损失的商品价值外，索赔金额还可以包括其他有关费用，如商品检验费、装卸费、银行手续费、仓租、利息及预期的利润。至于具体应包括哪几项，应根据实际情况确定。

买卖双方都有保全货物的责任，由于受损害一方未采取合理措施使有可能减轻而未减轻的损失，应在赔偿金额中扣除。

2. 罚金条款

罚金（Penalty）条款又称罚则，即当一方未履行合同义务时，应向对方支付一定数额的约定金额，以补偿对方的损失。所以，罚金的性质就是违约金。

罚金条款一般适用于延迟履约（卖方延迟交货、买方延迟接收货物或付款）的违约行为。罚金条款的主要内容，是规定适用范围、罚金数额或罚金额的计算方法等。其做法是双方在订立合同中事先规定赔偿金额，金额大小根据延误时间的长短来计算，并规定最高罚款金额。

罚金起算日期有两种计算方法：一种是以合同规定的交货期或开证期终止后立即起算；另一种是规定优惠期，即在合同规定的期限终止后再宽限一段时间，在优惠期内免予罚款，待优惠期满后起算罚金。

罚金的支付，并不能解除违约方继续履行合同的义务，违约方既要支付罚金，又要履行合同。

15.2.4 索赔与理赔应注意的问题

索赔和理赔是一项政策性、法律性很强的工作，要做到依法办事、程序清楚、处理及时得当。

1. 索赔应注意的问题

① 注重实际，查明责任。查明对方是否确实违约，如属对方责任，可向对方提出索赔；如是承运人或保险人的责任，则应向承运人或保险人索赔。

② 备齐索赔事实证据。首先要列明索赔清单，随附商检部门的检验证书、发票、装箱单、提单副本。另外，对不同的索赔对象还要另附有关证件。

③ 必须在合同规定的索赔期内提出索赔。如预计索赔单证不能在规定期限内备齐，应及时向对方提出延长索赔期，保留索赔权。

④ 正确确定索赔金额。应按合同预先约定的金额索赔；如合同未预先约定，应按实际损失确定索赔金额。

2. 理赔应注意的问题

① 认真审查对方的索赔要求。理由是否充分，出证机构是否合法，证据是否齐全、清楚，有无夸大损失，证据与索赔要求是否一致，是否在索赔期内提出等。

② 判断是否属于己方索赔范围，如属第三方的责任，应转请有关方面处理。

③ 如确属己方责任，应与对方协商确定赔付办法和赔偿金额。

总之，索赔和理赔均应认真对待，注意策略，及时妥善处理。

15.3 不可抗力

15.3.1 不可抗力的含义

不可抗力（Force Majeure）是指买卖合同签订后，不是由于合同当事人的过失或故意，而是由于发生了当事人无法预见、无法预防、无法避免和无法控制的事件，以致不能履行或不能如期履行合同。合同当事人因不可抗力事件不能履行合同，均可免除全部或部分责任。因此，不可抗力是一项免责条款。

链接 15－1

对不可抗力的含义及其说法，在国际贸易中不同的法律各有自己的规定。

我国《合同法》规定，“不可抗力是指不能预见、不能避免并不能克服的客观情况。”

《公约》在其“免责”一节中规定：如果当事人能证明他“不履行义务是由于某种非他所能控制的障碍，而且对于这种障碍，没有理由预期他在订立合同时能考虑到或能避免或能克服它或它的后果”，可予以免责。

在英美法系中有“合同落空”原则的规定，其意思是说合同签订以后，不是由于当事人双方自身的原因，而发生了双方意想不到的情况，致使合同不能履行（即合同落空），当事人得以免除责任。

在大陆法系国家的活动中有“情势变迁”或“契约失效”原则的规定，其意思是指不是由于当事人的原因而发生了预想不到的变化，致使合同不可能再履行或对原来的法律效力需做相应的变更。不过，法院对于引用此原则请求免除履约责任的要求是很严格的。

综上所述，不同法律对不可抗力的含义和叫法上不尽相同，但其精神原则大体相同。

构成不可抗力应具备以下三个条件：该事件是在有关合同成立以后发生的；不是由于任何一方当事人的故意或过失所造成的；事件的发生及其造成的后果是当事人无法预见、无法控制、无法避免并且不可克服的。

不可抗力的范围较广，通常可分为以下两种情况：一种是自然原因引起的，包括水灾、旱灾、火灾、暴风雨、雪灾、台风、地震、火山爆发等；另一种是社会原因引起的，包括战争、罢工、政府禁令等。

对自然力引起的灾害，国际上的解释比较一致，对于社会原因引起的意外事故，在解释上经常发生分歧。这一方面是由于社会现象比较复杂，解释起来有一定困难；另一方面是由于不可抗力为免责条款，买卖双方通常主要是卖方都可以援引它来解释自身所承担的合同义务。这种援引，多数情况下是扩大不可抗力范围，以减少自己的合同责任。因此，对不可抗力的认定必须慎重，将其与诸如商品价格波动、汇率变化、班轮延期等正常的贸易风险严格区别开来，防止盲目接受。对于一些含义不清或根本不属于不可抗力的范围的事件，不应列入；至于一些政治性事件，如罢工等，可由买卖双方在事件发生时根据具体情况，另行协商解决。

15.3.2 不可抗力条款

哪些事件属于不可抗力，国际上并无统一的解释，因而容易导致当事人之间出现分歧，产生纠纷。为了避免这种现象的发生，防止一方当事人任意扩大和缩小对不可抗力事故范围的解释，或在不可抗力发生后在履约方面提出不合理要求，各国法律一般都允许当事人在合同中通过自行商定订立不可抗力条款。

不可抗力条款主要规定不可抗力的范围，事件发生后通知对方的期限，出具证明文件的机构及不可抗力事件的后果。

我国进出口合同中的不可抗力条款，按对不可抗力事件范围规定的不同，主要有以下三种规定方法。

① 概括式，即对不可抗力事件作笼统的提示。如“由于不可抗力的原因，不能履行合

同或延迟履行合同的一方可不负有违约责任。但应立即以电传或传真通知对方，并在××天内以航空挂号信向对方提供出具××××的证明书”。

此种方法由于对不可抗力的范围规定太笼统，容易造成理解的不一致，因此使用较少。

② 列举式，即逐一订明不可抗力事件的种类。如“由于战争、地震、水灾、火灾、暴风雪的原因而不能履行合同或延迟履行合同的一方不负有违约责任……”

此种方法的缺点在于对不可抗力范围定得过死，如发生超过此范围的事件，就没有解决问题的余地。

③ 综合式，即将概括式和列举式合并在一起。如“由于战争、地震、水灾、火灾、暴风雪或其他不可抗力原因而不能履行合同的一方不负有违约责任……”

这种方法既明确具体，又有一定的灵活性，是一种较好的方法，在我国是最为常用的一种方式。

15.3.3 不可抗力事件的处理

不可抗力事件发生后，根据不可抗力条款的规定，不能履约的一方在事件发生后通知对方和出具证明，对方则应在接到通知后及时答复，双方通过协商决定不可抗力事件的后果。

1. 不可抗力事件的通知和证明

不能履约的一方，应在事件发生后及时通知对方，出具必要的证明文件，并在通知中提出处理的意见。

在实际业务中，有关当事人多以电报或电传方式通知另一方当事人，并在规定的期限内提供由规定机构出具的证明文件。出具证明的机构，在我国一般是中国国际贸易促进委员会（即中国国际商会）或其设在口岸的贸促分会；在国外，则大都由当地的商会或登记注册的公证行出具。

另一方接到关于不可抗力事件的通知或证明文件后，应决定是否确认事件属于不可抗力，并将处理意见及时通知对方。如不及时答复，按有些国家的法律（如《美国统一商法典》），将被视作默认。

2. 不可抗力事件的后果

不可抗力事件的后果是免除责任。根据不可抗力影响程度的不同，将其引起的后果分为三种。

（1）解除合同

如不可抗力的发生使合同履行成为不可能，则可解除合同，就是完全免除当事人履行合同的义务，当事人不负违约责任，合同也就由此消灭。

（2）部分免除当事人的义务

在发生不可抗力事故后，如果当事人仍有一定的履行合同的能力或可以用其他方式代偿，同时又不损害对方权益，就可以对原合同中受不可抗力影响而不履行的部分义务加以免除，且不负不履行合同的责任；对于未受不可抗力事故影响或影响不大而仍有履行能力的合同部分进行实际的履行。

（3）延迟履行合同

如果发生的不可抗力事故暂时阻碍合同的正常履行，当事人可以推迟履行其合同的义务，而不负担延迟履行合同的责任。

部分免除当事人义务和延迟履行合同，都属于变更合同。由于不可抗力事件只是部分地或暂时性地阻碍了合同的履行，则采用变更合同的方法，即对原订合同的条件或内容作适当的变更，如替代履行、减少履行或延迟履行合同。

必须注意，根据我国法律，当事人迟延履行后发生不可抗力的，不能免除责任。

15.4 仲　　裁

当争议发生时，首先应采用友好协商方式解决；如协商得不到解决，则视情况采取调解、仲裁、司法诉讼等方式进行处理。协商或调解的方式，气氛比较友好，有利于贸易双方的长期交往，是双方愿意采用的两种方法。但如果不能达成一致意见，则需采用仲裁或诉讼的方式。而相对于诉讼方式，双方一般更愿意采用仲裁方式。

15.4.1　仲裁的含义及其特点

仲裁（Arbitration）是解决对外贸易争议的一种重要方式，它是指买卖双方达成协议，自愿将有关争议交给双方所同意的仲裁机构进行裁决，这个裁决对双方都有约束力，双方必须遵照执行。

与诉讼相比，仲裁具有以下特点。

① 仲裁机构属于民间性质，而法院是国家机器，具有法定管辖权。

② 仲裁必须是双方同意的，而诉讼可以是一方提出，无须对方同意。

③ 仲裁比诉讼时间短，程序简便，费用低，争议双方关系交换和。

④ 仲裁结果是终局的，而诉讼多是二审终审制，败诉方可上诉。

⑤ 仲裁机构不能强制执行裁决，而法院可强制执行法院判决。

15.4.2　仲裁协议

仲裁协议是指当事人在合同中订明的仲裁条款或者以其他方式达成的提交仲裁的书面协议。

1. 仲裁协议的形式

仲裁协议有两种形式：一种是合同中的仲裁条款，它由双方当事人在争议发生前订立的，表示将来一旦发生争议应提交仲裁解决，这种协议一般都包含在合同内，作为合同的一项条款，即“仲裁条款”（Arbitration Clause）；另一种是由双方当事人在发生争议之后订立的，是双方同意把已经发生的争议交付仲裁机构裁决的书面协议，这种协议称为“提交仲裁协议”。

两种形式具有同等的法律效力。但值得注意的是，发生争议之前双方容易达成仲裁协议，一旦发生争议后，双方要达成仲裁协议就比较困难。因此，最好采用合同中列明仲裁条款的形式。

2. 仲裁协议的作用

按照我国和多数国家仲裁法的规定，仲裁协议的作用主要有以下三个方面。

① 表明当事人在发生争议时自愿提交仲裁。仲裁协议约束双方当事人在协商调解不成时，只能以仲裁方式解决争议，不能向法院起诉。

② 排除法院对于争议案件的管辖权。大多数国家的法律都规定法院不受理争议双方订有仲裁协议的争议案件。

③ 使仲裁机构取得对争议案件的管辖权。任何仲裁机构都无权受理没有仲裁协议的案件。

三方面的作用是互相联系的，其中排除法院的管辖权是最重要的一个方面。

15.4.3 仲裁条款的主要内容

买卖合同中仲裁条款的具体内容，一般包括仲裁地点、仲裁机构、仲裁程序、仲裁裁决的效力、仲裁费的负担等。当事人还可以在仲裁条款中对适用法律、仲裁员的人数、国籍及仲裁语言等事项作出约定。

1. 仲裁地点

仲裁地点的选择是一个关键问题，一般都适用审判地法律，即在哪个国家仲裁，就适用该国的仲裁法规。适用的法律不同，对双方的权利、义务的解释就会有差别，其结果也会不同。因此，交易双方对于仲裁地点都很关注，力争在自己比较了解和信任的地方仲裁，尤其是力争在本国仲裁。

对于我国企业，仲裁地点大致有以下三种订法。

① 在我国仲裁。

② 在被告所在国仲裁。如果对方不同意在中国仲裁，则可将争取在被告方所在国仲裁。特别是在我国的出口贸易中，卖方成为被告方的可能性较大，即有50%以上的可能性在中国仲裁。

③ 在双方同意的第三国仲裁。这样，应选择我国的友好国家，最低应是中立国家；仲裁机构允许受理非本国公民的案件，且其具有较高权威性和公正性。

2. 仲裁机构

国际贸易中的仲裁，可由双方当事人约定在常设的仲裁机构进行，也可以由双方当事人共同指定仲裁员组成临时仲裁庭进行仲裁。实际上，绝大部分仲裁在常设机构仲裁，因此仲裁条款应当明确在哪个仲裁机构进行仲裁。

我国的常设仲裁机构是中国国际经济贸易仲裁委员会，总会设在北京，在深圳和上海分别设华南分会和上海分会。我国企业在订立合同时，如对方同意在我国仲裁，应订立由中国国际经济贸易仲裁委员会仲裁的条款。

国际上很多国家都设有常设仲裁机构，如瑞典斯德哥尔摩仲裁院、瑞士苏黎世商会仲裁院、英国伦敦国际仲裁院、美国仲裁协会、日本国际商事仲裁协会等，这些机构与我国仲裁机构已进行过多次合作。

3. 仲裁程序规则

仲裁程序是指进行仲裁的程序和做法，一般包括提出仲裁申请、仲裁庭的组成、仲裁审理、仲裁裁决四个环节。各国仲裁法和仲裁机构的仲裁规则对仲裁程序都有明确的规定。

按国际仲裁的一般做法，原则上采用仲裁所在地的程序规则，但也允许根据双方的约定采用仲裁地点以外的它国仲裁机构的仲裁规则。因此，仲裁条款中应作出明确规定。

4. **仲裁裁决的效力**

关于裁决的效力，一般应在合同中明确订明：仲裁裁决是终局的，对双方当事人均有约束力。各国法律均规定，仲裁裁决应由败诉方自动执行，仲裁机构无强制执行裁决的权利和义务。如败诉方不执行裁决，胜诉方有权请求法院强制执行。

一般来说，如果仲裁地和败诉方在同一个国家，能够比较顺利地执行；反之，执行起来就比较困难。

5. **仲裁费用的负担**

仲裁费用由谁负担，应在仲裁条款中订明。通常由败诉方承担，也可规定由仲裁庭酌情决定。

15.4.4 仲裁条款的格式

我国企业在订立合同时，可以选择以下仲裁条款的格式。

(1) 在中国仲裁的条款格式

“凡因执行本合同所发生的或与本合同有关的一切争议，双方应通过友好协商解决。如果协商不能解决，应提交北京中国国际经济贸易仲裁委员会根据该会仲裁规则进行仲裁。仲裁裁决是终局的，对双方都有约束力。”

(2) 在被告所在国仲裁

“凡因执行本合同所发生的或与本合同有关的一切争议，双方应通过友好协商解决。如果协商不能解决，应将案件提交仲裁。仲裁在被告方所在国进行。如果在中国，由中国国际经济贸易仲裁委员会根据该会仲裁规则进行仲裁。如果在×××（国家或地区），则由××（仲裁机构）根据该机构的仲裁规则进行仲裁。仲裁裁决是终局的，对双方都有约束力。”

(3) 规定在第三国仲裁

“凡因执行本合同所发生的或与本合同有关的一切争议，应由签订合同的双方通过友好协商解决。如果协商不能解决，应将案件提交×××××（某国或地区某仲裁机构），根据该仲裁机构的仲裁程序规则进行仲裁。仲裁裁决是终局的，对双方都有约束力。”

本章小结

商品检验条款，主要内容包括检验的时间与地点、检验机构、检验证书、检验依据与检验方法及商品的复验等。商检的时间和地点有三种规定方法：在出口国检验；在进口国检验；在出口国检验、进口国复验。商检依据主要有成交样品、标样合同、信用证、标准等。我国商检机构和企业主要采用的标准有我国标准、国际标准和国外先进标准。

索赔和理赔是一个问题的两个方面，对受损方是索赔，对违约方就是理赔。为了能在发生索赔时有据可依，在合同中应对索赔作出规定。索赔条款通常有异议和索赔条款、罚金条款两种形式。

不可抗力是一项免责条款。不可抗力的发生及其造成的后果是当事人无法预见、无法控制、无法避免并且不可克服的。不可抗力有自然原因引起的和社会原因引起的两类。

不可抗力条款主要规定不可抗力的范围，通知对方的期限，出具证明的机构及不可抗力事件的后果。对不可抗力事件的范围，有三种规定方法：概括式、列举式、综合式。不可抗力事件的后果是免除责任，具体分为三种：解除合同、部分免除当事人的义务、延迟履行合同。后两种属于变更合同。

仲裁是解决对外贸易争议的一种重要方式。仲裁协议是指当事人在合同中订明的仲裁条款或者以其他方式达成的提交仲裁的书面协议。买卖合同中的仲裁条款的具体内容，一般包括仲裁地点、仲裁机构、仲裁程序、仲裁裁决的效力、仲裁费的负担等。对于我国企业，仲裁地点大致有三种订法：在我国仲裁、在被告所在国仲裁在双方同意的第三国仲裁。仲裁裁决是终局的，对双方当事人均有约束力。仲裁裁决应由败诉方自动执行。

关键术语

商品检验　争议　不可抗力　索赔　理赔　仲裁

复习思考题

1. 商检和商检条款的意义是什么？商检条款的的内容有哪些？
2. 什么是争议？争议如何预防？
3. 什么是索赔与理赔？索赔与理赔应注意的问题有哪些？
4. 什么是不可抗力？判定不可抗力的条件是什么？
5. 什么是仲裁？仲裁条款的内容是什么？

章首案例分析

1. 本案的关键是不可抗力的判定。本章15.3节全面介绍了不可抗力的有关知识。不可抗力包括两种：由于“自然力量”引起的和由于“社会力量”引起的。本案涉及的是自然灾害问题，

A公司提出，由于自然灾害致使其不能取得货源如期履约，因此应免除履约责任。但应当指出，这种自然灾害造成的阻碍履行合同的不可抗力，其影响程度必须是根本性的或是全局性的，因而无法取得货源。例如，某种农产品被自然灾害所破坏或特定产区的产品遭受灾害，当遭受某种自然灾害，如果由于科学技术的发展，人们有可能克服时仍不能构成不可抗力。因此，当事人如果以自然灾害作为不可抗力来免除自己的责任，不仅须对事实提出证明，还须对无法克服和无法预防所出现的自然灾害提出证明。

A公司无法提出上述两项证明，仅凭口头说明是不能援引不可抗力条款的。

2. 15.2节和15.4节分别讲到争议如何预防和处理的问题。

本章案例实际上综合采取了调解、协商和仲裁方式解决争议，A公司以实际赔偿金额低于对方索赔的金额结案。本案结果说明，调解、协商和仲裁方式，特别是根据我国确立的在仲裁中调解的原则解决争议，是可以取得良好效果的。

第16章

国际货物买卖合同的履行

学习目标 掌握合同履行的前期准备工作内容，掌握履行货物出口合同过程的各个环节，其中重点掌握审证、租船订舱、投保、制单、索赔和理赔等环节，掌握履行货物进口合同过程的各个环节。

章首案例

260万美元损失本可避免

记者从中国出口信用保险公司辽宁分公司了解到，仅2007年上半年，该公司已受理大连地区各类风险案件70余宗，涉案总金额约为758万美元。尽管导致风险的主要原因最终表现为买方逾期拖欠货款、拒绝接受货物和买方破产等，但这其中由于出口企业缺乏有效的风险管理机制和手段而造成的案件数高达24宗，涉案总金额约为260万美元，原本可以避免的损失在案件总量中的占比已超过30%。

(1) 不签合同盲目发货，追索无由痛心疾首

我市一家出口公司与美国买方多年放账交易，买方付款都很及时。由于合作非常顺利，两公司业务人员之间建立了信任关系，双方不再签署书面合同，仅通过电话达成口头协议，我市出口公司就安排出运。2007年2月，出口公司接到承运人通知，说美国买方没有提走已到港数日的货物，造成货物滞港。该公司立即与美国买家取得联系，确认情况，但却始终找不到合作多年的业务人员，最后得到的答复是相关业务人员已离职，他们没有任何该笔到港货物的交易记录，因而无法提货付款。就在双方为合同是否存在相持不下的同时，货物因滞留港口时间过长而被当地海关拍卖。面对近10万美元货物损失，我市的这家出口公司只好寄希望于通过法律手段解决，并就此征求多家律师事务所的专业意见，但是经过专业人士对案件进行详细了解后得出了较为一致的答复——由于贸易双方没有签署书面合同，又无其他可证明该笔交易存在的证据，无法向美国买家主张债权。

(2) 合同约定条款不严密，被钻空子无可奈何

某出口商和法国买方缔约出口纺织品，合同总金额为34万美元。2007年4月，买方收货后一直拖欠货款，虽经出口商多次催促，买方始终不予支付，并向出口商阐明其没

有付款的理由是：贸易双方在合同中仅约定付款方式为电汇结算，但并未明确约定付款的具体期限，因此买方决定有钱之后再付款。面对“无理取闹”的买家，出口商“哑巴吃黄连，有苦说不出”，至今货款仍无着落。

（3）未获许可急于发货，出险追索无计可施

2006年10月，出口商某公司根据与加勒比海地区一国家进口商某公司签署的第二批销售合同，再次向该客户出运两柜氯酸钾，用于圣诞节礼品加工。由于该货物在该国是属于进口受控商品，因此需有该国权威机构出具的进口许可证方能通关。尽管出运前原来的许可证已经过期，但进口商向我市的这家出口商说明相关的申请已经递交，并保证一定会在货物到港前获批新证。出口公司考虑到双方前一笔合作比较顺利，因此在没有看到有效许可证的情况下贸然向该国发货。然而就在货物运输途中，该国对该商品的进口许可政策发生突变，进口公司因此没能如期得到许可证，最终造成货物在港口滞留数月，2007年上半年方才提货，但已错过市场销售季节，严重影响到企业的经营周转，原本规模不大的这家公司因此元气大伤。尽管那家进口公司一再表示会支付货款，但漫长的等待让该出口公司感到已是无计可施。

（4）漠视限额超限出运，风险临头追悔莫及

2007年2月，我市一家出口企业与印度买方签订了一单让企业甚是兴奋的“大合同”，不仅合同约定的出货量十分可观，而且价格也比市场行情高出一大截。中国信保辽宁分公司经过全面、专业的调查和评估后，根据印度这家公司的信用情况，给其5万美元的授信，也就是说，每次向印度公司放账出运货物不超过5万美元。但我市这家企业面对高额利润放松警惕，未按信保提出的限额操作，最终向买方一次性出运了近30万美元的货物，远远超出授信额度，结果货到港后，买方以各种理由拒不付款赎单，至今已产生高昂港口费用，而且货物长时间在高温下存放质量已受到影响。更为严重的是，由于买家所在国印度海关对于滞港货物的规定十分苛刻，现在出口公司的滞港货物随时面临被拍卖的风险。

除上述情况外，还有其他一些原因也会造成损失，如没有收到预付款即发货，在买方前款未回的情况下继续出运，已知买方发生经营或财务风险但依然出运，缺乏对代收银行、船公司、进口国海关及港口等相关方规定的了解，对中间商业务风险的估计不足，如未搞清代理人的代理身份、权限、有效期，没弄清关联关系，未能明晰了解不同国家对代理业务的适用法律及缺乏对突发事件的风险控制和解决办法等。许多公司都会说，“出了风险找保险”，但这只是对保险功能肤浅的理解。其实出口信用保险作为国家专业的政策性保险工具，其功能绝不仅仅是出险后的赔付和追偿。利用特有的、权威的资信渠道为企业提供审查筛选买家、规范合同签署、确定出运规模、进行收汇安全管理等深层次的服务，帮助企业从源头上控制和规避风险，保证企业在风险可控的前提下又好又快发展，才是出口信用保险的本质功能。今年上半年，我市出口企业损失达到260万美元，这些损失本来是可以避免的。因此，提醒那些准备从事出口或已经正在进行对外贸易的出口企业应当重视风险的预判和防控，确保出口贸易在风险可控的基础上进行。

资料来源：大连晚报，2007—07—18。

案例讨论题：出口合同履行过程有哪些环节？有哪些风险？出口信用保险有什么作用（功能）？从另一方面看，进口合同履行过程有哪些环节？

买卖合同一经依法有效成立，有关当事人必须履行合同规定的义务。换句话说，履行合同是当事人双方共同的责任。

国际货物买卖合同能否顺利履行，前期准备工作很重要。前期准备工作除了前面几章所述交易磋商、谈判和签订合同过程中所做的工作外，还包括市场调研、交易对象或客户的调查和选择、合同的审查等，有时还要选择进出口业务的代理。另外，有些商品还要做知识产权保护及相关工作，如出口商品的商标注册、专利信息的查询等。

由于买卖双方地位不同，国际货物买卖合同分为出口合同和进口合同，两类合同履行的许多工作内容和重点是不同的。

16.1 出口合同的履行

《公约》规定：卖方的义务是“必须按照合同和本公约的规定，交付货物，移交一切与货物有关的单据并转移货物所有权。”在不同的贸易术语下，出口业务程序有所不同。在我国出口贸易中，大多采用CIF或CFR条件，即由卖方安排运输，并且一般都采用信用证付款方式。所以，履行货物出口合同的基本环节有：备货，报验，催证、审证和改证，租船订舱与装运，投保和报关，制单结汇，索赔和理赔等几个环节。

16.1.1 出口合同的科学管理

出口合同履行是一项极其细致而复杂的工作。因此，进出口公司必须加强对出口合同的科学管理，建立起能反映出口合同执行情况的进程管理制度，采取相应的合理措施。

出口合同的履行过程中有多个环节，其中又以“货”（备货）、“证”（催证、审证、改证）、“船”（租船订舱）、“款”（制单结汇）4个环节最为重要。为了顺利完成这4个环节的任务，并使各个环节互相衔接，防止出现脱节现象，根据多年来行之有效的经验，应做好“四排”和“三平衡”的工作。

(1) 以合同为中心的“四排”

“四排”是加强出口合同科学管理的一种有效方法。履行出口合同，首先要解决货源是否落实和信用证是否开到的问题。要解决这类问题，就要进行以合同为中心的“四排”工作。所谓“四排”，就是根据合同的履行进程卡片反映的情况，将买卖合同按照信用证是否开到、货源是否落实两方面，进行分类排队。排队的结果可归纳为四种类型：有证有货合同、有证无货合同、无证有货合同、无证无货合同。通过“四排”，可以及时发现问题，针对不同的问题及时解决。

(2) 以信用证为对象的“三平衡”

出口合同的履行，除了以合同为中心进行排队外，还要以信用证为对象进行“三平衡”。所谓“三平衡”，就是根据信用证规定的货物装运期和信用证有效期的远近，结合货源和运输能力的具体情况，区分轻重缓急，力求做到证、货、船三方面的衔接和平衡，防止出现有货无船、有船无货、拖延装运、拖延交货或不交货，以及制单结汇不能在信用证有效期内完成等脱节现象，保证按时按质履行合同任务，做到重合同、守信用，提高经济效益。

16.1.2 备货

备货是指卖方为保证按时、按质、按量完成约定的交货义务，根据合同和信用证规定的品质、数量、包装和装运时间，准备好交付货物的过程。

备货工作的内容主要包括：按计划和进货合同向生产、加工部门或仓储部门下达联系单（有些公司称其为加工通知单或信用证分析单等），要求有关部门根据联系单安排生产；或者向这些部门催交货物；对应交的货物进行核实、清点、验收，以及加工、整理和包装，并在货物外包装上刷制运输标志和其他必要的标志。

联系单是各个部门进行备货、出运、制单结汇的共同依据。

如果备好的货物需要仓储，还要根据产品的性能选定仓库。货物如属于危险品，还应考察仓储单位是否具备危险品的储存能力。选定仓储单位和仓库时，要签订仓储协议或合同。

在备货工作中，应注意下列问题。

① 对货物的品质、规格，应按合同的要求核实，必要时应进行加工整理，以保证货物的品质、规格与合同规定一致。

② 应保证满足合同或信用证对数量的要求，备货的数量应适当留有余地，以备装运时可能发生的调换和适应舱容之用。

③ 对货物包装和包装上的标志，特别是唛头（运输标志），应进行认真检查和核实，使之符合信用证的规定，并符合保护商品和适应运输的要求。如发现包装不良或破坏，应及时进行修理或换装。包装上的标志应按合同规定的式样刷制。

④ 备货时间应根据信用证规定，结合船期安排，以利于船货衔接。

16.1.3 报验

凡属国家法定检验的商品或合同规定必须经过国家质检总局检验出证的商品，在货物备齐后，应向质检总局的商检机构申请检验，只有取得商检机构发给的合格的商品检验证书，海关才准放行。凡检验不合格的货物，一律不得出口。

1. 出口商品的检验程序

（1）商检机构受理报验

具有该商品出口经营权的单位或受其委托的单位，按照商检机构的要求，填写“出口商品检验申请单”，向当地商检机构申请报验。

申请报验后，如出口公司发现申请单内容填写有误或因国外进口人修改信用证以致货物规格有变动时，应提出更改申请，并填写“更改申请单”，说明更改事项和更改原因。

商检机构在审查上述单证符合要求后，受理该批商品的报验；如发现有不合要求者，可要求申请人补充或修改有关条款。

（2）抽样和检验

报验的出口商品，原则上由商检机构进行检验或由国家商检部门指定的检验机构进行检验。商检机构也可视情况，根据生产单位检验或外贸部门验收的结果换证，也可派出人员与生产单位共同进行检验。

有时检验商品需要抽样。抽样由商检机构派员主持进行，报验人应提供存货地点的情况，并配合商检人员做好抽样工作。

检验内容、检验依据和检验方法在第 15 章中已有具体介绍。

(3) 出证

出口商品经检验合格的，由商检机构签发检验检疫证书或在“出境货物通关单”上加盖检验检疫专用放行印章。如果检验不合格，由商检机构签发“不合格通知单”。根据不合格的原因，商检机构可酌情同意申请人申请复验，复验原则上仅限一次；或由申请单位重新加工整理后申请复验。复验时应随附加工整理情况报告和不合格通知单，经复验合格，商检机构才签发检验检疫证书。

出口企业在取得检验检疫证书或放行通知单后，应在检验检疫证书规定的有效期内将货物出运。

检验检疫证书的有效期，一般货物是从发证之日起两个月内有效，鲜果、鲜蛋类为两周内有效，植物检疫为 3 周内有效。如超过有效期装运出口，应向商检机构申请展期，并由商检机构进行复验合格后才能出口。

2. 报验所需的单证

出口报验时除了提交申请单外，还应根据不同情况分别随附下列各种相关单据、证件和样品。

① 出口货物明细单。

② 对外贸易合同或售货确认书及有关函电、信用证原本的复印件或副本，必要时提供原本；合同如果有补充协议的，要提供补充的协议书；对订有长期贸易合同而采取记账方式结算的，由于出口公司每年都要将合同副本送交商检机构申请检验，所以在申请单上只填明合同号即可，不必每批附交合同副本。

③ 如果合同、信用证有更改，要提供合同、信用证的修改书或更改的函电。

④ 出口货物报关单或其他供通关用的凭证。

⑤ 第一次检验不合格，经返工整理后申请重新检验的，应交附原来商检机构签发的不合格通知单和返工整理记录及报告。

⑥ 凭样成交的，提供成交样品。

⑦ 经生产经营单位自行检验的，加附厂检结果单或化验报告单正本等。

⑧ 属于必须向商检机构办理出口商品质量许可证的商品，报验时须提供商检机构签发的出口质量许可证编号和厂检合格单。

⑨ 如同时申请重量/数量鉴定的，须加附重量明细单（磅码单）、装箱单等资料。

⑩ 需申请出口商品包装使用鉴定的商品，以及必须向商检机构办理卫生注册的商品，应按有关规定提供相应单证。

⑪经发运地商检机构检验合格的商品，需在口岸申请换证的，必须交附发运地商检机构签发的“出口商品检验换证凭单”（简称“换证凭单”）正本。

⑫申请委托检验时，报验人应填写“委托检验申请单”并提交检验样品、检验标准和方法。为国外委托人办理委托检验手续时，还应提供有关委托函电、资料。

3. 报验时间和地点

属于法定检验范围的出口商品，发货人应当于接到合同或信用证后备货出口前，在商检机构规定的地点和期限内向商检机构报验。属于法定检验范围以外的出口商品，如果贸易合同约定由商检机构检验的，也应按上述要求办理。

属于在产地检验后需要在口岸换证出口的商品，发货人应在商检机构所规定的期限内向口岸商检机构报请查验换证。

盛装危险货物出口的包装容器及属于法定检验范围内的出口商品包装容器，包装生产企业应在将包装容器交付有关商品生产企业使用之前向商检机构申报性能检验；在装货出口前，出口经营单位应向商检机构申报使用鉴定。

对装运出口易腐烂变质的食品、冷冻品的船舱、集装箱等运载工具，承运人、装箱单位或代理人必须在装运前向商检机构申请清洁、卫生、冷藏、密固等适载检验。

经商检机构检验合格的出口商品或其运载工具，逾期报运出口的，发货人或承运人必须向商检机构报验。

4. 出口商品的免验

出入境检验检疫部门对符合规定的优质商品经过审查批准后，可以免予检验（简称免验）。免验是对某些优质产品的一种鼓励措施，免验商品出口时，免验企业可凭有效的免验证书、外贸合同、信用证、该商品的品质证明和包装合格单等文件到检验检疫机构办理放行手续，而不需要办理报验。

根据国家质检总局《进出口商品免验办法》的规定，列入必须实施检验的进出口商品目录的进出口商品，由收货人、发货人或者其生产企业（以下简称申请人）提出申请，经国家质检总局审核批准，可以免验。

申请进出口商品免验应当符合以下条件。

① 申请免验的进出口商品质量长期稳定，在国际市场上有良好的质量信誉，无属于生产企业责任而引起的质量异议、索赔和退货，检验检疫机构检验合格率连续 3 年达到百分之百。

② 申请人申请免验的商品有自己的品牌，在相关国家或者地区同行业中，产品档次、产品质量处于领先地位。

③ 申请免验商品的生产企业的质量管理体系符合 ISO 9000 系列标准或者与申请免验商品特点相应的管理体系标准要求，并获得权威认证机构认证。

④ 申请免验的进出口商品的生产企业具有一定的检测能力。

⑤ 申请免验的进出口商品的生产企业符合商品免验“审查条件”的要求。

根据《免验办法》的规定，下列进出口商品不能申请免验：食品、动植物及其产品；危险品及危险品包装；品质波动大或者散装运输的商品；需出具检验检疫证书或者依据检验检疫证书所列重量、数量、品质等计价结汇的商品。

申请出口商品免验程序：提出申请；审核和专家审查；批准发证。

免验证书有效期为 3 年。期满要求续延的，免验企业应当在有效期满 3 个月前，向国家质检总局提出免验续延申请，经国家质检总局组织复核合格后，重新颁发免验证书。

16.1.4 催证、审证和改证

在履行以信用证付款的合同时，对信用证的掌握、管理和使用直接关系到收汇的安全。信用证的管理主要包括催证、审证和改证等内容，这些也是履行合同的重要工作。

1. 催证

催证即卖方通知或催促国外买方，按合同规定迅速通过开证银行开出信用证，以便卖方能按时交货。

如果在出口合同中买卖双方约定采用信用证方式，买方应严格按照合同的规定按时开立信用证，这是卖方履约的前提。但在实际业务中，有时会遇到国外进口商拖延开证，或者在市场行情发生变化及资金发生短缺的情况时，进口商会故意不开证。因此，卖方在货已备齐时或按合同规定应开证时，应及时通知国外买方办理开证手续；在对方拖延开证时，应催促对方迅速办理开证手续。特别是大宗商品的交易或按照买方要求而特制的商品的交易，更应结合备货情况及时进行催证。

催证一般是由卖方直接通知买方，也可请国家驻外机构或中国银行协助代为催证。

2. 审证

审证是信用证的通知银行和信用证的受益人对买方申请开出的信用证进行审核的行为。

信用证是依据合同开立的，其内容应与合同条款相一致。但由于种种原因，如工作的疏忽、电文传递的错误、贸易习惯的不同、市场行情的变化等，往往会出现开立的信用证条款内容与合同规定不一致或与有关政策不符的情况。有时，买方可能在信用证中加列一些看似无所谓，但出口商实际无法满足的信用证条件（软条款）。因此，为保证收汇安全和合同的顺利履行，避免不应有的损失，卖方在收到信用证后，应根据国家对外政策，依照买卖合同并参照国际惯例对来证进行认真核对与审查。

在审证过程之中，通知银行和信用证的受益人共同承担审证任务，但审核重点有所不同。通知银行着重审查开证行的政治背景、资信能力、付款责任、索汇路线和信用证的真伪；受益人则着重审查信用证的内容与原定合同是否一致。

我国银行和出口公司对信用证审核的内容，一般应包括以下几个方面。

（1）政治性的审查

来证国家必须是与我国有经济往来的国家和地区，应拒绝接受与我国无往来关系的国家和地区的来证。

来证各项内容应符合我国方针政策，不得有歧视性内容，否则应根据不同情况向开证行交涉。

（2）开证银行资信的审查

为了保证安全收汇，对开证行所在国家的政治经济状况、开证行的资信、经营作风等进行审查。对于资信不佳的银行，应采取适当措施。

（3）对信用证的性质与开证行付款责任的审查

来证应标明“不可撤销”的字样，同时证内应载有开证行保证付款的文句。

有些国家的来证，虽然注明有“不可撤销”的字样，但在证内对开证行付款责任方面加列“限制性”条款或“保留”条件的条款，受益人必须特别注意。如来证注明“以领到进口许可证后通知时方能生效”，或电报来证注明“另函详”等类似文句，其含义是在接到上述生效通知书或信用证详细条款后方能生效。

上述三点，是银行审证的重点，出口公司只作复核性审查。

（4）对信用证基本内容的审查

① 对买卖双方名称、地址的准确性，审证时首先要注意检查，不能有误。

② 买卖合同号或采购订单号、开证行的名称、银行参考号应该在信用证上注明。

③ 应有明确的付款时间。

④ 信用证的种类、使用的贸易术语、付款行所在地址、是否保兑等内容，应与合同规定相符。

⑤ 应注明信用证受 UCP 600 的约束。

⑥ 信用证金额应与合同金额相一致。如合同订有溢短装条款，信用证金额应包括溢短装部分的金额。信用证金额中单价与总值要填写正确，大、小写并用。来证所采用的货币应与合同规定相一致。如来自与我国订有支付协定的国家，使用货币应与支付协定规定相符。

（5）对商品标的和价格条款的审查

证中有关商品标的和价格等内容必须和合同规定相符，特别是要注意有无另外的特殊条款，应结合合同内容分析，作出能否接受或是否修改的决策。

（6）对信用证中的装运条款及有关期限、到期地点的审查

对信用证中的装运条款，重点审核装运期、装运地点、到货地点、转船和分批装运，以及信用证有效期、到期地点等内容。要根据货物出运前的实际情况，决定对信用证中的有关装运条款是否接受、修改或拒绝。

装运期必须与合同规定一致，如果国外来证晚，无法按期装运，应及时电请国外买方延展装运期限。装运地点、到货地点、到货日期及有关分批和转运的规定，都应与合同规定相一致。

信用证有效期一般应与装运期有一定的合理间隔，以便在装运货物后有足够的时间办理制单结汇工作。关于信用证的到期地点，通常要求在卖方境内到期。如信用证将到期地点规定在国外或国外银行的柜台等，卖方不易掌握国外银行收到单据的确切日期，这样不仅影响收汇时间，而且容易引起纠纷，故一般不宜接受。

（7）对单据要求的审查

对于来证中要求提供的单据种类和份数及填制方法等，要进行仔细审核，如发现有不正常的规定，如要求商业发票或产地证明须由国外第三者签证，以及提单上的目的港后面加上指定码头等字样，都应慎重对待。

（8）对其他特殊条款的审查

在审证时，除对上述内容进行仔细审核外，有时信用证内加列许多其他特殊条款，如指定船公司、船籍、船龄，指明运输航线等条款或不准在某个港口转船等，一般不应轻易接受，而应要求修改。但若无关紧要或者我方很容易办到，则也可灵活对待，予以接受。

3. 改证

改证是审证过程以后，针对所发现的信用证与合同规定不符或影响合同执行和安全收汇的其他问题，向开证申请人提出修改信用证的行为。

凡是属于影响合同执行和安全收汇的情况，受益人必须要求国外客户通过开证行予以修

改，并坚持在收到银行修改信用证通知书后才能对外发货，以免出现货物装运发出后修改通知书仍然未到的情况，造成卖方工作的被动和经济损失。

信用证的修改涉及信用证有关当事人的权利和义务的改变，因此必须得到各有关当事人的同意，信用证的修改才有效。UCP 600 规定，未经开证行、保兑行（若已保兑）和受益人同意，不可撤销信用证既不能修改，也不能取消。在实际业务中，当信用证必须修改时，由受益人将需要修改的内容，以最快的方式（如电讯）直接通知开证申请人，申请人如同意修改，经过开证行修改后再通知出口地原通知行，最后将修改信用证通知书转交受益人。在通常情况下，受益人收到修改通知书后，即与原信用证订在一起（称为“锁证”），作为原证不可分割的一部分。

UCP 600 规定，开证行自发出信用证修改通知书时起，就不可撤销地受其发出修改的约束。保兑行如对此项修改加以保兑，同样自发出修改通知书时起，不可撤销地受其修改的约束。保兑行也可选择仅将此项修改通知受益人而不加保兑，但必须立即告知开证行和受益人。

对信用证修改的接受与拒绝的方法与时间，UCP 600 还规定：“在受益人向通知银行表示接受修改之前，原信用证（包括先前已接受修改的信用证）的条款对受益人仍然有效。受益人应发出接受或拒绝接受修改的通知。如受益人未发出上述通知，当他提交给指定银行或开证行的信用证及单据与尚未表示接受的修改的内容一致时，则该事实即视为受益人已作出接受修改的通知，并从此时起，该信用证已作出修改。”此项规定说明，受益人对信用证的修改应明确作出接受或拒绝的表示。

另外，对同一修改通知中的修改内容不允许部分接受，即部分接受修改属无效。

在办理改证的工作中，凡需要修改的各项内容，应一次向国外客户提出，尽量避免由于考虑不周而多次提出修改要求；否则，不仅增加双方的手续和费用，而且容易造成不良影响。

对来证不符合合同和有关规定的各种情况，需要作出具体分析，只要来证内容不违反政策原则并能保证我方安全迅速收汇，也可以灵活掌握，不一定坚持要求对方改证。

16.1.5 租船订舱和装运

凡按 CIF 或 CFR 贸易术语成交的出口商品，由卖方负责租船订舱和装运。

租船订舱是国际贸易货物交付过程之中的一个必要步骤。当卖方备妥货物，收到国外开来的信用证，并且经过审核无误后，能否做到船货衔接，按合同及信用证规定的时间及时将货物出运，主要决定于租船订舱这个环节。

对于负责货物运输的交易一方而言，如进出口货物的数量较多，可以洽租整船甚至多条船来完成装货和运输工作，这就是“租船”。如果货物量不大，不足以整船装运，则可以洽订班轮或租订部分舱位来完成装货和运输工作，这就是“订舱”。

租船运输出口货物，一般是委托租船经纪人（Shipbroker）在国际租船市场上洽租船舶。在我国，一般委托中国的租船公司来办理租船业务。订舱则一般是向船公司或其代理人提出办理货物托运。

1. 租船订舱的程序

① 出口公司填写托运单（Booking Note），作为订舱依据。托运单又称“订舱委托书”，

是指托运人（发货人）根据买卖合同和信用证内容填写的向承运人或其代理人办理货物托运的单证。承运人或其代理人根据托运单内容，结合船舶的航线挂靠港、船期和舱位等条件综合考虑，认为合适即可接受托运。

② 船运公司或其代理人收到托运单后，经审核确定接受承运，即将托运单的配舱回单退回，并发给托运人装货单（Shipping Order)。装货单是接受了托运人提出装运申请的船公司或外轮代理公司签发给托运人，凭以命令船长将承运货物装船的单据。

装货单既可用作装船依据，同时又是货主凭以向海关办理出口货物申报手续的主要单据之一，所以装货单又称“关单”。对托运人而言，装货单是办妥货物托运的证明；对船公司或其代理而言，装货单是通知船方接受装运该批货物的指示文件。

③ 货物经海关查验放行装船后，即由船长或大副签收收货单。收货单（Mates Receipt）又称大副收据，是船公司签发给托运人的表明货物已装妥的临时收据。托运人凭收货单向承运人交付运费并换取正式提单。

收货单是制作提单的重要依据。货物装船后，经大副签字的收货单由承运船舶退还给托运人。如果是预付运费，托运人在付清须预付的运费后，即可持收货单向承运人换取已装船提单。

收货单又是划分承、托双方责任的重要依据。货物在装船过程中，承运船舶的大副要仔细检查与核对货物的实际情况。如与装货单的记载不符或货物有其他不良情况，大副需将其记载在收货单上，这就是大副批注。

有大副批注的收货单，表明所批注的货物不良状况发生在装船以前，承运人对此不承担责任。所以在日后处理索赔案件时，收货单是承运人据以免责的重要依据。如果收货单上有大副批注，换取正式提单时承运人将如实地把大副批注转注在提单上，这种提单即为不清洁提单。

由于上述三份单据的主要项目基本一致，我国一些主要口岸的做法是将托运单、装货单、收货单、运费通知单等合在一起，制成一份多达 9 联的单据。各联作用如下：第一联由订舱人留底，用于缮制船务单证；第二、三联为运费通知联，其中一联留存，另一联随账单向托运人托收运费；第四联是装货单，经海关加盖放行章后，船方才能收货装船；第五联收货单及第六联由配舱人留底；第七、八联为配舱回单；第九联是缴纳出口货物港务费申请书；货物装船完毕后，港区凭此向托运人收取港杂费。

2. 租船订舱的准则

① 首先要认真选择运输代理单位，考察其资信情况并充分比较价格。

② 根据船公司提供的船期表准确掌握船、货情况，在船舶抵达港口或截止签单前，及时办理托运手续。

③ 出口公司办理订舱手续时，力求准确无误，尽量避免加载（增加订舱数量）、退载和变载的情况发生，以免影响承运人和船、货代理人及港务部门的工作。

④ 向运输代理单位详细介绍所运产品的物理化学性能，如是否属于液体，是否属于易燃、易爆、有毒、强腐蚀或有强烈刺激气味的货物。对于额外特殊货物，如散装油类、冷藏货和鲜活货物的订舱，出口公司应事先通知承运人或船、货代理人，并列明要求。

⑤ 如果运送危险品，应该审查运输代理单位是否具有承运资质。

3. **办理租船订舱的货运服务机构**

如上所述，租船订舱通常通过租船经纪人、租船公司、船公司代理人来办理货运业务，它们都属于货运服务机构。在国际上，出口企业在办理货物运输时，一般会与三种类型的货运服务机构打交道，即国际储运公司、国际货代公司和国际货运联盟。

(1) 国际储运公司

国际储运公司都有自己的仓储设施。出口商通常都将出口货物在装运前先用卡车或火车运送到离装运地点最近的国际储运公司的仓库中，由其负责货物拼箱和装箱，并将货物直接运到装运港码头或航空港进行实际装运。

(2) 国际货运代理公司

国际货运代理公司以进出口货物收货人、发货人或其代理人的委托人名义，或自己的名义（即作为独立经营人）办理有关业务。

国际货代公司有大有小，办理的货代业务有：租船订舱、货物报关、转运及理货、仓储、集装箱拼箱及拆箱、国际多式联运、物流管理及运输咨询等。

(3) 国际运输联盟

国际运输联盟是指在国际上具有一定实力的大的货运公司，它们凭借在全世界各地的运输代理机构，为客户提供复杂、系统的大型工程项目的运输。

以上各类公司的内容各有交叉，各有优势和侧重，出口企业可根据货物和运输线路的情况，合理选择合适的货运服务机构。

出口商品如通过铁路、航空或邮政运输，其工作环节可参照海洋运输方式办理。

16.1.6 报关和投保

1. **报关**

报关（Declare）是指进出口货物装船出运或者提取前，向海关申报以接受其查验和监督，请予办理放行手续的过程。报关有进口报关和出口报关。

出口企业可以自行报关，也可以请海关准予注册登记的报关企业来代理报关。报关工作的全部程序分为申报、查验、放行三个阶段。具体过程在第5章已经介绍，不再赘述。

另外，出口货物因各种原因需海关特殊处理的，可向海关申请担保放行。海关对担保的范围和方式均有明确的规定。

如果出口货物被海关放行后，因故未能装上出境运输工具，出口方请求将货物退运出海关监管区不再出口，即出口退关。出口退关在此不作详述。

2. **投保**

凡是按CIF或CIP条件成交的出口合同，卖方负有替买方办理保险的责任，一般应在货物从装运仓库运往码头或车站之前，及时办妥投保手续。按FOB或CFR术语成交的出口货物，卖方无办理投保的义务，但卖方在履行交货之前，货物自仓库到装船这一段时间内，仍承担货物可能遭受意外损失的风险，需要自行安排这段时间内的保险事宜。

我国企业一般向国内的保险公司办理投保手续，填制投保单。

出口商品的投保手续，多数都是逐笔办理的。投保的日期应不迟于货物装船的日期。出口企业应根据合同或信用证规定，在备妥货物并确定装运日期和运输工具后，按约定的保险险别和保险金额，向保险公司投保。投保时应填制投保单，将货物名称、保险金额、投保险别、运输工具、开航日期等一一列明，并支付保险费，保险公司凭以出具保险单或保险凭证。

对于许多同国内保险公司业务量较大的我国企业，保险公司为简化手续，规定一般不填写投保单，而是利用出口货物明细单或货物出运分析单等替代投保单，保险公司接受投保，签发保险单或保险凭证。

出口货物的运输保险是定值保险。按照国际保险市场上的一般习惯，保险金额是以发票的 CIF 或 CIP 价格为基数，再加上适当的保险加成率计算出保险金额。若合同没有明示规定，应按 CIF 或 CIP 价格加成 10%；如买方要求提高加成比率，一般情况下可以接受，但增加的保险费应由买方负担。

在商定保险金额时，还会涉及使用何种货币的问题，按照国际惯例的规定，保险金额和合同金额应使用同一种货币。

在国际贸易业务中，常用的保险单据主要有两种形式：保险单（俗称大保单）和保险凭证（俗称小保单）。保险单证是主要的出口单据之一。保险单所代表的保险权益经背书后可以转让。卖方在向买方（或银行）交单前，应先行背书。

3. 出口信用险投保

出口信用险是国家为了鼓励并推动本国的出口贸易，为众多出口企业承担由于进口国政治风险（包括战争、外汇管制、进口管制、颁布延期付款令等）和进口商商业风险（包括破产、拖欠和拒收）而引起的收汇损失的政策性险种。

出口信用保险是各国政府以国家财政为后盾，为企业在出口贸易、对外投资和对外工程承包等经济活动中，提供风险保障的一项政策性支持措施，是 WTO 补贴和反补贴协议原则上允许的支持出口政策手段。

国际出口信用保险业始于 20 世纪初，目前全球贸易额的 12%～15%是在出口信用保险支持下实现的。我国出口信用保险起步于 1989 年。中国出口信用保险公司（SINOSURE，简称中国信保），是我国唯一的政策性出口信用保险公司。

按照出口合同中规定的信用期限不同，出口信用保险业务分为短期出口信用保险和中长期出口信用保险两大类。短期出口信用保险可以帮助出口商确保收汇、出口融资和进行买家调查，适用于期限在 180 天以内，最长不超过 365 天，采取商业信用支付方式如 L/C、D/P、D/A、O/A 等方式的出口；中长期出口信用保险适用于信用期在一年以上，一般不超过 10 年的出口。

出口信用保险业务的程序如下。

① 申请投保。

② 申请限额。向信保公司申请买方信用限额是办理出口信用保险流程中重要的一环，也是风险管理的核心内容。在申请信用限额时，应注意以下几点。一是合同一旦签订，应立即向信保公司申请限额。因为信保公司对买方的资信调查与限额的审批需要一段时间，有时会长达 1 个月之久。如果备好货甚至装了船才申请限额，货物在限额生效前出运的损失不在保险责任范围内。二是要合理申请限额。申请限额的大小要根据合同金额、合同执行期限、出货批次，以及货款回收周转时间等全盘考虑，尽量争取获得信保公司最大的保障限额。三是一定要核实申请信用限额的各种条件，因为信保公司只承担批复的信用限额条件内的出口的收汇风险。如果出口与信保公司批复的信用限额条件不一致，如出运日期早于限额生效日期、合同支付条件与限额支付条件不一致，信保公司将不承担赔偿责任。在限额未审批之前，如果合同有变更，应及时与信保公司联系。

③ 申报出口。出口企业应在限额生效日期后出口。每批出货后，十五天内（或每月十号前）逐批填写《出口申报单》，按表中之要求，把出口的情况如实清楚填写，供信保公司计收保险费。如果有严重漏报或误报或故意不报情况，信保公司对所发生的损失有权拒绝承担责任。

④ 缴付保险费。

⑤ 填报可能损失通知书。出口企业在获悉保单中所列政治风险或商业风险事件已经发生之日起十个工作日内或者在买方拖欠货款两个月内，要填报《可能损失通知书》，清楚地简述案情。提交可能损失通知书后，要根据信保公司的指示进行追偿；对可能损失金额较大的案件，应委托信保公司进行调查追讨。在追偿过程中，出口企业应与信保公司密切联系，及时告之追偿或处理的进程和结果。

⑥ 索赔损失。当收不到货款且追讨无效或保险条款规定的赔偿等待期届满时，即可向信保公司提出索赔。索赔时首先要填写索赔申请书，并提供贸易合同、提单、出口报关单等，以及信保公司承保的保单、信用限额审批单、出口申报表等资料。

对于因买方无力偿付债务所致损失的索赔，信保公司在证实买方破产或丧失偿付能力后会尽快赔付；对其他原因所致损失的索赔，保险公司在规定的赔偿等待期满后，尽快赔付。如出口企业未在买方被宣告破产或丧失偿付能力后一个月内提出索赔或对其他原因引起的损失，未在赔偿等待期满后两个月内提出索赔，又不能提出充分理由，信保公司对索赔有权拒绝受理。

链接 16－1

中国出口信用保险公司（SINOSURE，简称中国信保）于2001年12月18日成立，是我国唯一的政策性出口信用保险公司。资本来源为出口信用保险风险基金，由国家财政预算安排。目前，中国信保已形成由4个总公司营业部、14个分公司、8个营业管理部和28个办事处组成的覆盖全国的服务网络。中国信保提供十几个出口信用保险险种和其他进出口保险险种，以及投资保险、担保业务、资信评估，商账追收和保单融资服务等服务。

2009年中国出口信用保险公司实现信用保险及担保金额1166亿美元，同比增长85.8%。在1 166亿美元中，短期出口信用保险实现承保金额902.7亿美元，是2008年的2.2倍，提前并超额完成了840亿美元的国家政策性任务；大型成套设备出口融资保险完成承保方案86个，涉及合同金额305亿美元，是2008年的6倍；全年实现保费9.9亿美元，是2008年的1.98倍；实现利润2.03亿元，保持了经营效益的相对稳定，总体风险水平在正常范围之内；出口信用保险在出口贸易中的比重达到18.6%。

截至12月18日，中国信保2009年累计向出口企业支付赔款4.4亿美元，帮助企业追回海外欠款超过7 500万美元，为出口企业在金融危机形势下渡过难关提供了有力支持。

2002年至2008年，中国信保累计实现承保金额1749.2亿美元，已决（支付）赔款12.1亿美元，实现保费19.3亿美元。截至2008年年底，中国信保已与110家银行开展业务合作，其中签订全面业务合作协议的银行为37家。

近年来，出口信用保险在出口贸易中的比重从2002年的1%上升到2008年的3.4%，占一般贸易出口的比重从2002年的2%升至2008年的7.3%。

16.1.7 制单结汇

出口货物装船出运后，出口方即应按照信用证的规定正确缮制各种单据，在信用证规定的交单有效期内，递交银行办理议付结汇手续。

1. 结汇单据

单据是否符合合同和信用证的规定，直接关系到能否安全和及时收汇。所以，对于结汇单据的缮制，要求做到正确、完整、及时、简明、整洁，特别要注意各种单据应与信用证规定相符，单据之间要一致，即“单证一致”、“单单一致”。

出口商品结汇单据一般有：汇票、发票、包装单或重量单、提单、保险单、产地证明书、商检证书、普惠制单据等。

(1) 汇票（Draft，Bill of Exchange）

国际贸易中的货款结算，绝大多数使用跟单汇票。在缮制汇票时应注意以下几个问题。

① 必须列明出票根据。在信用证收付方式下，须说明是根据哪家银行在何日开立的哪一份信用证出具的。

② 在信用证方式下，应按信用证的规定填写付款人；在托收方式时，付款人的名称一般应为进口方。

③ 信用证方式下的汇票受款人通常应为议付行；托收方式下的受款人应为托收行。

④ 汇票一般开具一式两份，两份具有同等效力。任何一份付讫，另一份自动失效。

(2) 提单（Bill of Landing，B/L）

提单是由船长或船公司或其代理人签发的、证明已收到特定货物，允诺将货物运至特定目的地，并交付给收货人的凭证。提单是代表货物所有权的凭证，因而也是卖方提供的各项单据中最重要的一种。所以，在制作提单时须注意提单的各项内容（如提单的种类、收货人、货物的名称和件数、目的港、有关收取运费的记载、提单的份数等）一定要与信用证相符。

在我国出口业务中，国外来证通常要求提供“全套清洁已装船作成凭指示和空白背书的提单”。如果收货单即大副收据上有“货物受损”或“包装不良”等批注即大副批注，凭此换取的提单即成为“不清洁提单”，而银行一般都不接受“不清洁提单”。

提单一般是一式两份，在托运人要求下，也可签发三份或更多份。各份正本提单具有相同效力，但是只要凭其中一份提了货，其余各份即失效。必须注意，倒签提单和预借提单是托运人和承运人串通弄虚作假的行为，我国出口贸易中应避免这些做法。

(3) 保险单

保险单据是保险人（即保险公司）与被保险人（即投保人，一般为进出口商）之间订立的保险合同，当被保险货物遭受保险合同责任范围内的损失时，它们是被保险人索赔、保险人理赔的依据。

(4) 商业发票（Commercial Invoice）

商业发票简称发票，它是出口企业开立的凭此向买方收款的发货价目清单，是供买卖双方凭此发货、收货、记账、收付货款和报关纳税的依据。发票并无统一格式，但其内容大致相同，主要包括：发票编号、开立日期、有关出口合同号码、信用证号码、收货人名称和地址、运输标志，以及商品的名称、规格、数量、包装方法、单价、总值，还有装运地、目的地等。发票内容必须符合买卖合同规定，在采用信用证付款方式时，则应与信用证的规定严格相符，绝不能有丝毫差异。另外，发票必须有发货人的正式签字方为有效。

（5）原产地证明书（Certificate of Origin，C/O）

原产地证明书又称普通产地证明书，是一种证明货物原产地的证件，其主要用途是提供给进口国海关凭此确定货物的生产国别，从而核定进口货物应征收的税率；有的国家限制从某些国家或地区进口货物，也要求以原产地证明书来证明货物的来源。原产地证明书一般由出口地公证行或工商团体签发。在我国，由商检机构或中国国际贸易促进委员会及其分支机构签发。

（6）商品检验证书（Inspection Certificate）

各种检验证书是分别用以证明货物的品质、数量、重量或卫生条件的凭证。在我国，这类证明一般由中国商检机构出具。如合同或信用证无特别规定，也可区分不同情况，由进出口公司或生产企业出具，但应注意证书的名称、所列检验项目及检验结果，应与合同和信用证的规定相符。

（7）包装单（Packing List）和重量单（Weight Memo）

包装单和重量单是商业发票的补充单据。包装单主要用于工业品，重量单多用于以重量计价的初级产品。

（8）普惠制单据（Generalized System of Preferences documents）

普惠制及其给惠国已在第5章介绍。

普惠制产地证（Certificate of Origin Form A，GSP）是普惠制的主要单据。凡是对给惠国出口一般货物，须提供这种产地证。普惠制产地证由出口企业填制，并由商品检验机构签发，作为进口国海关减免关税的依据。

（9）其他单证

其他单证按不同交易情况，由合同或信用证规定，常见的有：寄单证明、寄样证明、邮局收据、快速收据、装运通知，以及有关运输和费用方面的证明。

2. 交单结汇

1）交单

交单就是出口商（信用证受益人）在规定时间内向银行提交信用证规定的全套单据。这些单据经银行审核，根据信用证条款所列付汇方式，由银行办理结汇。

交单应注意三点：一是单据的种类和份数与信用证的规定相符；二是单据内容正确，包括所用文字与信用证一致；三是交单时间必须在信用证规定的交单期和有效期之内。

交单方式有以下两种。一种是两次交单或称预审交单，即在运输单据签发前，先将其他已备妥的单据交银行预审，发现问题及时更正，待货物装运后再交运输单据，银行收到运输单据可以当天议付并对外寄单；另一种是一次交单，即在全套单据收齐后一次性送交银行，此时货已发运。银行审单后若发现不符点需要退单修改，耗费时日，容易造成逾期而影响收汇安全。因此出口企业应与银行密切配合，一般采用两次交单方式，加速收汇。

2）结汇

结汇是指信用证项下的出口单据经银行审核无误后，银行按照信用证规定的付汇条件，将外汇结付给出口企业。我国出口业务中，大多使用议付信用证，也有少量使用付款信用证和承兑信用证的。

使用议付信用证付款条件下，出口结汇主要有收妥结汇、押汇和定期结汇三种做法。

收妥结汇又称收妥付款，是指信用证议付行收到出口企业的出口单据后，经审查无误后，将单据寄交国外付款行索取货款的结汇做法。议付行在收到付款行的货款，即收到国外付款行账户的贷记通知书（Credit Note）后，根据出口企业的指示，按当日外汇牌价将货款折成人民币拨入出口企业的账户。

押汇又称买单结汇，即指议付行在审单无误的情况下，按信用证条款贴现受益人（出口公司）的汇票，或者以一定的折扣买入信用证下的货运单据，从票面金额中扣除从议付日到估计收到票款之日的利息，将余额按议付日的外汇牌价折成人民币，拨给出口企业。

议付行向受益人垫付资金、买入跟单汇票后，即成为汇票持有人，可凭票向付款行索取票款。银行之所以做出口押汇，是为了给出口企业提供资金融通的便利，这有利于加速出口企业的资金周转。

定期结汇是指议付行根据向国外付款行索偿所需时间，预先确定一个固定的结汇期限，并与出口企业约定，到结汇期限后，无论是否已经收到国外付款行的货款，都主动将票款金额价折成人民币拨交出口企业。

3）处理单证不符的方法

在信用证下的制单结汇中，议付行要求“单、证表面严格相符”。但是，在实际业务中，由于种种原因，单证不符情况时常发生，这就要求出口企业在信用证交单期允许的情况下，及时修改单据，使之与信用证的规定一致。如果不能及时改正，出口企业应视具体情况，选择如下处理方法。

（1）凭保议付

凭保议付又称为担保议付，是指受益人在提交单据时，向议付行主动出具担保书（Letter of Indemnity）承认单据瑕疵，要求银行对不符单据做押汇。担保书声明如开证行拒付，由受益人偿还议付行所垫付款项和费用，同时发电请开证人授权开证行付款。

议付行接受受益人出具的担保书，即对不符单据进行凭保议付，为受益人垫付货款。

银行只对资信良好的客户或能提供可接受抵押担保的客户做凭保议付业务。

（2）表提

表提即“表盖提出”，有人认为也属于凭保议付。表提是指议付行把单据不符点开列在寄单函上，征求开征行意见，由开证行接洽申请人是否同意付款。如果接到肯定答复后议付行即行议付；如申请人不予接受，开证行退单，议付行照样退单给受益人，即不予议付。

表提和凭保议付一般用于单、证不符情况并不严重，或者虽然属于实质性不符，但事先已经开证人（进口商）确认可以接受的场合。

（3）电提

电提即“电报提出”，在单、证不符情况下，议付行暂不向开证行寄单，而是先向国外开证行拍发电报或电传，列明单、证不符点，待开证行复电同意付款后，再行议付并将单据寄出。若不同意，受益人可及早收回单据，设法改正。

电提一般用于单、证不符属实质性问题或金额较大的场合。

(4) 有证托收

有证托收或称跟单托收。由于单、证严重不符，议付行不愿用表提或电提方式征询开证行的意见，或信用证有效期已过，因此信用证已经失效。出口企业无法利用手上的信用证，只能采用托收方式，委托银行寄单代收货款，即在向开证行寄单函中注明“信用证项下单据作托收处理”。

为了与一般的托收相区别，这种托收称为“有证托收”，而一般的托收则称为“无证托收”。由于申请人已因单证不符而不同意接受，故有证托收往往遭到拒付，一般不宜使用。

上述几种情况都将银行信用变成了商业信用，使出口企业陷于被动，因此轻易不要使用。

16.1.8 出口收汇核销和出口退税

1. 出口收汇核销

出口收汇核销，是以出口货物的价值为标准，核对是否有相应的外汇收回国内的一种事后管理措施。出口收汇核销对每笔出口收汇进行跟踪，直到收回外汇为止。

出口收汇核销手续均在企业注册所在地外汇管理局办理。外汇局对出口单位实行出口收汇核销员管理制度，出口单位领取出口收汇核销单、办理出口收汇核销手续均应由本单位的核销员负责。

根据国务院有关文件，“中国电子口岸”已于2002年8月在全国全面运行。在“中国电子口岸出口收汇系统”上，可以办理申领核销单、企业备案、出口交单和收汇核销等全部出口收汇核销业务。

1) 出口收汇核销的工作程序

① 开户。出口单位初次申领出口收汇核销单前，要凭有关材料到外汇局办理登记，外汇局对材料审核无误后为出口单位办理登记开户手续。

② 领取、填写核销单。

③ 出口报关。出口单位办理报关手续时，要持有在有效期内加盖出口单位公章的收汇核销单和相关单据。海关审核出口单位提交的核销单和其他报关材料，并核对核销单电子底账无误后，为出口单位办理通关手续。海关办理通关手续时，在核销单“海关核放情况”栏加盖“验讫章”，结关后向出口单位签发注有核销单编号的报关单。

出口单位办理报关后，自报关之日起60天内，凭收汇核销单及海关加盖验讫章的出口报关单、外贸发票，到外汇局办理送交存根手续。

④ 办理出口收汇核销。出口单位在收到外汇之日起30天内，凭核销单、银行出具的“出口收汇核销专用联”，到外汇局办理出口收汇核销。外汇局为出口单位办理核销手续后，在相应的核销专用联、核销单退税专用联上加盖“已核销”印章。

对于要求补办出口退税专用联的，在办理出口核销手续后，出口单位凭税务部门签发的与该核销单对应的出口未退税证明，向外汇局书面申请，经批准后，外汇局出具“出口收汇核销单退税联补办证明”。

2) 出口收汇核销的分类管理方式

外汇局根据出口单位的出口收汇核销年度考核情况、业务量、国际收支申报率、出口贸易方式、收汇方式及遵守国家外汇管理政策等情况，对出口单位实行分类管理，分别采取自动核销、批次核销和逐笔核销的管理方式。

(1) 逐笔核销

逐笔核销是指由出口单位按核销单证一一对应进行报告，外汇局按照一一对应的原则逐笔为出口单位办理核销手续的核销方式。适用于出口收汇高风险企业，以及差额核销和无法全额收汇的出口收汇数据的核销。

(2) 批次核销

批次核销是指由出口单位集中报告，外汇局按批次为出口单位办理核销手续的核销方式。适用于除出口收汇高风险企业外的所有出口单位的全额收汇核销，以及来料加工项下和进料加工抵扣项下需按合同核销的出口收汇数据的核销。

(3) 自动核销

自动核销是指出口单位不需向外汇局报告，外汇局根据从“中国电子口岸出口收汇系统”采集的核销单信息和报关信息，以及从“国际收支统计申报系统”采集的收汇信息进行总量核销的核销方式。适用于国际收支申报率高，以及符合外汇局规定的其他条件的出口收汇“荣誉企业”的一般贸易项下及其他出口贸易项下全额收汇的出口收汇数据的核销。

2. 出口退税

出口退税是指一个国家或地区为了扶持和鼓励本国商品出口，将出口企业已经缴纳的国内增值税或消费税等间接税税款退还的一种税收制度。出口退税的目的是使出口商品以不含税价格进入国际市场，避免对跨国流动商品重复征税，从而促进出口贸易。

出口退税的基本条件，即出口退税的货物商品范围是：报关离境的出口货物；财务上做出口销售处理的货物；属于增值税、消费税征税范围的货物。

我国出口退税率的调整由国务院决定。从 2009 年 2 月 1 日起，我国对不同出口货物规定了 17%、15%、14%、13%、11%、9%、5%七档退税率。一般来说，加工程度越高的商品，退税率越高。为应对国际金融危机，出口退税税率从 2008 年 8 月以来七次上调，综合退税率达到 13.5%。经过连续上调出口退税率，在我国总计 13 000 多个税号的出口商品中，已有 1 971 个税号商品实现了出口全额退税。

出口退税的一般程序是：出口退税登记，出口退税申报，出口退税审核，出口退税检查和清算。

16.1.9 索赔和理赔

1. 索赔

在履行出口合同的过程中，如因国外买方未按合同规定履行义务，致使己方遭受损失，即应根据不同对象、不同情况及损失程度，有理有据地及时向对方提出索赔，以维护自己的正当权益。

在提出索赔时，要本着实事求是的精神，通过友好协商的办法解决，尽可能做到既要维护自己的权益，又不影响双方的贸易关系。

2. 理赔

如果交货的品质、数量、包装等不符合约定的条件或己方未按时装运，致使对方蒙受损失而向己方提出索赔时，出口方应查明事实，分清责任，做出适当处理。

在理赔时，除了第 15 章中所述问题外，还要注意下列问题。

要认真细致地审核国外买方提出的单证和出证机构的合法性，对其检验的标准和方法也都要一一核对，以防国外的检验机构检验有误或买方串通检验机构弄虚作假。

如属进口商提出的不合理要求，必须根据可靠资料据理力争，予以拒绝。

16.2 进口合同的履行

进口交易前的准备，除了本章序言提到的市场调研、交易对象的调查和选择、谈判和签订合同、选择外贸业务代理等工作之外，还要办理进口付汇核销。

进口付汇核销制度是外汇管理局对外汇指定银行和进口付汇企业的对外付汇活动实行审核的一种管理措施。进口单位在开展进口业务之前，应当凭有关批件及工商营业执照等文件，到所在地外汇管理局办理列入“对外付汇进口单位名录”。没有被列入名录中的进口单位不能直接到外汇指定银行办理进口付汇。

进口单位在被列入“对外付汇进口单位名录”并向主管海关领取付汇核销用的IC卡后，就可以到外汇指定银行领取《贸易进口付汇核销单（代申报单）》，凭以开立外汇帐户，办理进口付汇手续。

在签订进出口合同以后，买卖双方都应认真及时履行合同规定的义务。根据《公约》规定，买方的义务是必须按照合同和本公约规定支付货物价款和收取货物。

在我国的进口业务中，多数使用FOB价格条件，少数使用CIF或CFR价格条件。按FOB条件和信用证支付方式，履行进口合同的主要环节是：开立信用证、租船订舱和装运、保险、审单和付汇、报验、报关和纳税、进口索赔等。

16.2.1 开立信用证

进口合同签订后，进口公司即应备齐有关文件向外汇指定银行申请开立信用证。首先按照合同规定填写开立信用证申请书，并向银行交付一定比率的押金，还应按规定向开证银行支付开证手续费。

开证申请书的内容即信用证的内容必须与合同条款一致，如品质、规格、数量、价格、交货期、装货期、装运条件及装运单据等，均应以合同为依据，在信用证中一一详细作出规定。

填写开证申请书必须完整、明确，不要罗列过多的细节，也不要引用前证，以免造成误解。

信用证的开证时间，应按合同规定办理。如合同规定在卖方确定交货期后开证，买方即应在接到卖方上述通知后开证；如合同规定在买方领到出口许可证或支付履约保证金后开证，应在收到对方已领到许可证的通知或银行转告履约保证金已收到后开证。

对方收到信用证后，如提出修改信用证的请求，进口公司必须认真核查，确认信用证确实需要修改才可同意。最常见的改证内容有：展延装运期和信用证有效期、变更装运港口等。进口方如果同意修改，即可向开证银行办理改证手续；如不同意修改，也应及时通知卖方。

信用证经修改后，开证行即不可撤销地受该修改的约束，买卖双方也应按修改后的信用证规定办理。

16.2.2 租船订舱和装运

FOB 价格条件下的进口合同，租船订舱应由进口方负责。

租船订舱工作可委托对外贸易运输公司办理，也可直接向远洋运输公司或其他运输机构办理。目前，我国进口货物的租船订舱工作大多委托外运公司办理。

在办理租船订舱时，要履行委托订舱手续，填写进口订舱通知单。填写该项通知单时，要做到完整、准确，并与合同内容一致。租船订舱工作应按合同规定及时办理，大宗货物一般应在交货期前 45 天向运输机构提出，零星货物应在交货期前 30 天提出，以使运输机构有足够时间落实舱位工作。

如果合同规定，卖方在交货前一定时间内，应将预计装运日期通知买方。买方在接到上述通知后，应及时向外运公司办理租船订舱手续。在办妥租船订舱手续后，应按规定的期限将船名及船期及时通知对方，以便对方备货装船。

卖方在国外装船后，应按合同规定的内容，用电报通知买方以便买方办理保险和接货等项手续。

同时，为了防止船货脱节和出现船等货的情况，买方还应随时了解和掌握卖方备货和装船前的准备工作情况，注意催促对方按时装运。对数量大或重要物资的进口，如有必要，亦可请驻外机构就地了解、督促或派员前往出口装运地点检验监督，督促对方按合同规定及时、保质、保量地履行交货义务。

16.2.3 投保货运险

FOB 或 CFR 条件下的进口合同，货物运输保险由买方办理。

进口货物运输保险具体有两种做法。

(1) 逐笔投保方式

逐笔保险是对于每一笔交易进行一次投保的保险方法。逐笔投保的做法是收货人在接到国外出口商发来的装船通知后，直接向保险公司填写投保单，办理投保手续。保险公司出具保险单，投保人缴付保险费后，保险单随即生效。

(2) 预约保险方式

预约保险方式的做法是进口商或收货人同保险公司事先签订一个总的长期性的预约保险合同（Open Policy），保险公司对所有预约保险合同项下的 FOB 或 CFR 条件进口货物的运输，都负有自动承保的责任。

预约保险是一种进口商常用的保险方法，因为它可以简化手续，防止出现进口货物在国外装运后因信息传递不及时而发生漏保或来不及办理保险的情况。

货物预约保险合同，已经对各批交易货物的投保险别、保险费率、适用条款及赔付方法等作了具体规定。对于属于预约保险合同范围的进口货物，投保人在获悉每批货物起运时，只要将该批货物的船名、提单号、开船日期、货物品名和数量、装运港、目的港及保险金额等各项内容通知保险公司，则该批货物的保险手续即告办妥。

我国进口货物大多采用预约保险的办法，多数专业进出口公司和外运公司与保险公司都事先签有预约保险合同。

16.2.4 审单付款

国外卖方在货物装船后，将信用证规定的汇票及全套单据提交开证行。银行和进口公司收到国外寄来的汇票及全套单据后，必须对照信用证的规定，认真谨慎地核对单据的份数和内容，以确定单据是否在表面上与信用证条款相符。如果单证相符、单单相符，即由银行对国外付款。开证行经审单后付款是最终的付款，即无追索权。

银行在对外付款的同时，通知进口公司付款赎单。进口公司凭银行出具的"付款通知书"，用人民币按照国家规定的折算牌价向开证行买汇赎单，与订货部门进行结算。

如银行在审单时发现表面上与信用证规定不符或单单不符，应立即作适当处理。处理方式可以选择：停止对外付款；不符部分拒付；货到检验合格后再付款；凭卖方或议付行出具担保付款；要求国外改正单据；在付款的同时，提出保留索赔权等。

如果决定拒绝接受单据，按照 UCP 600 的规定，开证行或其他指定的银行必须在收到单据次日起第七个银行工作日以内，以电信方式或其他快捷方式，通知寄单银行或受益人。通知的同时必须说明被拒受单据的所有不符点，还须说明单据是否保留，以待交单人处理或将单据退回交单人。

16.2.5 报验、报关和纳税

1. 报验

办理进口商品检验是进口贸易中的一个重要环节。

我国从 2000 年 1 月 1 日起实施新的检验检疫货物通关制度，通关模式为"先报验，后报关"。新的检验检疫制度对食品卫生检验、动植物检验检疫和商品检验进行"三检合一"，全面推行"一次报检、一次取样、一次检验检疫、一次卫生除害处理、一次收费、一次发证放行"的工作规程和"一口对外"的国际通行的新检验检疫模式。对实施进口检验检疫的货物启用"入境货物通关单"，并在通关单上加盖检验检疫专用章，并出具出入境检验检疫证书。对列入法定检验范围内的进出口货物（包括转关运输货物），海关一律凭货物报关地出入境检验检疫局签发的"入境货物通关单"验放。

（1）我国进口商品检验的分类

根据我国的商检法规，进口商品和出口商品同样分两大类。

一类是属于法定检验的进口货物或者虽然不属于法定检验货物，但买卖合同约定由我国商检机构检验出证的货物，也按照法定检验商品进行报验、检验。这类进口货物到货后，由进口方或其代理人立即向卸货口岸或者报关地的商检机构报验，填写进口货物检验申请书，并提供合同、发票、提单、装箱单等有关资料和单证。检验机构接到报验申请后，对该批货物进行检验。合格后，在"入境货物通关单"上加盖印章，海关据此放行。

另一类是非法定检验也无合同约定由我国商检机构检验出证的进口商品，进口方或其代理人可以向口岸的商检机构或进口企业所在地的商检机构申报商品检验，也可以自行检验。自行检验须在索赔期内将检验结果报送商检机构。若检验不合格，应及时向商检机构申请复验并出证，以便向外商提出索赔。

（2）进口商品检验的地点和时间

进口货物运达港口卸货时，港务局要进行卸货核对。如发现短缺，应及时填制"短卸报告”交由船方签认，并根据短缺情况向船方提出保留索赔权的书面声明。卸货时如发现残损，货物应存放于海关指定仓库，待保险公司会同商检机构检验后做出处理。

除了已发现残损缺或有异状的货物之外，对于合同规定的卸货港检验的货物或合同规定的索赔期即将满期的货物等，都需要在港口进行检验。

如进口货物经检验机构检验，发现有残损缺，应凭检验机构出具的证书对外索赔。

重要的进口商品和大型的成套设备，收货人依据对外贸易合同约定，在出口国装运前进行预验、监造或者监装，可请商检机构派出检验人员参加。

进口商品规定有索赔期限，故检验工作必须在合同规定的索赔期限内进行。如在检验中发现质量问题，并估计在索赔有效期内不能完成检验、鉴定的，应及时对外办理延长索赔期或保留索赔权。超过索赔期限而又未提供延长索赔期或保留索赔权依据的，商检机构有权拒绝受理检验。

(3) 进口复验

对大多数一般商品交易来说，“出口国检验，进口国复验”的做法最为方便而且合理。

进口复验是指买方对已经过出口方检验的到货所做的检验。

一般情况下，买方对到货的复验，既不是强制性的，也不是接受货物的前提条件，复验与否由买方自行决定，有关事项和费用也由买方自理。

如果复验，应在合同中将复验的期限、复验机构和复验地点等规定清楚，复验期限实际上就是索赔期限。

一般进口设备在合同中均订有品质保证条款。在品质保证期内，如发现非因操作、保养、维修不当而造成的质量问题，可申请商检机构复验。

2. 报关

进口货物的收货人应当自运输工具申报进境之日起 14 日内，向海关申报。超过规定期限向海关申报的，由海关从第 15 天起按日征收滞报金；如果自运输工具申报进境之日起超过三个月未向海关申报，其进口货物将由海关提取变卖。

进口企业可以自行报关，也可以请海关准予注册登记的报关企业来办理报关。

进口报关与出口报关程序一样，都分为申报、查验、放行三个阶段。具体过程在第 5 章已经介绍。

如果进口货物所有人或其代理人在有关货物进境后海关放行前，由于各种原因依法向海关请求不提取货物而直接将货物全部退运境外，即直接退运。对于直接退运这里不予详述。

3. 纳税

根据《中华人民共和国海关法》等有关法律、法规的规定，在进口环节，除了由海关征收关税外，还由海关依法代征增值税、消费税等。进境物品的关税以及进口环节海关代征税合称为进口税。进口环节海关代征税的征收管理，适用关税征收管理的规定。

对于应向海关缴纳进口税的进口货物，进口货物收货人及其代理人要及时向海关进行纳税申报。

海关在接受纳税申报之后，根据需要对货物进行实际查验，并根据货物的税则归类和完税价格计算应纳关税税额，根据各种海关代征税的规定税率和组成计税价格计算代征税应纳税额，然后以书面形式作出征收进口税的决定。书面形式的进口税征收决定称为进口税缴款书。

进口纳税人在接到海关开出的进口税缴款书后，应按时向海关缴清进口税费。缴纳进口税的通常方式是，以开具支票、本票、银行汇票或现金的形式，向海关指定的银行办理缴纳税款的手续，由银行将税款缴入海关专用账户。银行在办理税款交付手续后，在税款缴款书各联加盖“业务收（转）讫”公章，盖章后的第一联收据即为纳税义务人的纳税凭证。海关凭已加盖银行业务收（转）讫章的海关进口税缴款书和其他单证，放行货物。

为保证关税及时征缴入库，我国《海关法》规定，进出口货物的纳税义务人，应当自海关填发税款缴款书之日起15日内缴纳税款；逾期缴纳的，由海关按日征收1‰的滞纳金。

4. 提货和拨交

进口货物的收货人或其代理人在依法办理了进口货物的申报、陪同查验和缴纳税费等手续，获得海关放行后，便可以向海关领取签盖海关“放行章”的进口货物提货单或运单。并且，凭海关签章的上述单证之一，到海关监管仓库或监管区提取进口货物。

在办理完报关检验手续后，如进口方订货或用货单位在卸货港所在地，则就近拨交货物；如订货或用货单位不在卸货地区，则委托货运代理将货物转运内地，并拨交给订货或用货单位。

16.2.6 进口索赔

进口商品到货后经过检验，如有货物的品质、数量、包装或交货等方面不符合合同规定的，进口方需要向有关责任方提出索赔。

1. 索赔的责任对象

造成损失原因的不同，损失责任人即索赔的对象也不同，因此进口索赔主要有以下三个类型。

（1）向卖方索赔

凡属下列情况者，均可向卖方索赔：原装数量不足；货物的品质、规格与合同规定不符；包装与合同规定不符甚至致使货物受损等。对于卖方责任人的索赔，收货人应请国家商检机构出具公证商检证书，直接向卖方发货人提出索赔。

（2）向承运人索赔

凡属下列情况者，均可向承运人索赔：原装数量少于提单所载数量；提单是清洁提单，而货物有残损情况；货物所受的损失，根据租船合约有关条款应由船方负责等。出现这些情况，买方可根据不同运输方式的有关规定，及时向有关承运人提出索赔。

（3）向保险公司索赔。

如由于自然灾害、意外事故或运输装卸过程中的其他事故等致使货物受损，并属于承保险别范围以内的，应向保险公司索赔。而属于承运人的过失造成的货物残损、遗失，承运人不予赔偿或赔偿金额不足以抵补损失的，只要属于保险公司承保范围以内的，也应向保险公司提出索赔。

2. 进口索赔的注意事项

除了第15章中所述问题外，进口方要与外运公司、商检部门和国外代理人、卖方等各有关方面有效合作，做到检验结果正确，索赔证据属实、理由充分，赔偿责任明确，并要与索赔责任对象友好协商，力争使所受损失如数取得补偿。

3. 保险索赔

由于进出口业务都要投保，并且许多发货人、承运人所造成的货损事故责任也可以由保险公司追偿，所以保险索赔在所有索赔中占有非常重要的地位。

如果是FOB或CFR等合同，由买方办理投保；而CIF等由卖方办理投保的合同，卖方实际上只是替买方投保，在交货后即将保险单背书转让给买方或其收货代理人。所以，在国际贸易的保险索赔中，被保险人大多是买方。

一般保险索赔的主要程序如下。

(1) 损失通知

被保险人获悉货损后，应立即通知当地保险公司或保险单上指明的代理人。后者接到损失通知后应立即采取相应的措施，如检验损失、提出施救意见、确定保险责任等。检验损失由保险公司会同当地国家商检部门联合进行检验。若确定属于保险责任范围的损失，则由当地保险公司出具进口货物残损短缺的联合检验报告。

(2) 向承运人等有关方面提出索赔

被保险人除向保险公司报损外，还应向承运人及有关责任方（如海关、理货公司等）索取货损货差证明。如货损涉及第三者的责任，则首先应向有关责任方及时以书面方式提出索赔或声明保索赔权。在保留向第三者索赔权的条件下，可向保险公司索赔。

(3) 采取合理的施救、整理措施

被保险人应采取必要的措施以防止损失的扩大，保险公司对此提出处理意见的，应按保险公司的要求办理。施救措施所支出的费用可由保险公司负责，但以其与理赔金额之和不超过该批货物的保险金额为限。

(4) 备妥索赔单证，提出索赔要求

被保险人在办妥有关索赔手续和提供齐全的单证后，提出索赔要求。保险公司审定责任，按保险条款所承担的责任进行理赔。保险索赔的时效一般为两年。

同时，对于涉及国外发货人、承运人或其他第三者所造成的货损事故责任，只要由收货人办妥向上述责任方的追偿手续，保险公司即予赔款。被保险人在获得保险补偿的同时，须将受损货物的有关权益转让给保险公司，即保险公司取得代位追偿权（The Right of Subrogation），以便保险公司取代被保险人的地位或以被保险人名义向第三者责任方进行追偿。

本章小结

国际货物买卖合同履行的前期准备工作很重要。准备工作除了交易磋商和签订合同的工作外，还包括市场调研、交易对象的调查、合同的审查等，有时还有选择进出口业务代理、知识产权保护等。

在不同的贸易术语下，出口业务程序有所不同。在我国出口贸易中，大多采用CIF或CFR条件，即由卖方安排运输，并且一般都采用信用证付款方式。所以，履行货物出口合同的基本环节有：备货，报验，催证、审证和改证，租船订舱与装运，投保和报关，制单结汇，索赔和理赔等几个环节。

出口公司必须加强对出口合同的科学管理，应做好“四排”和“三平衡”的工作。

按FOB条件和信用证支付方式，履行进口合同的主要环节有开立信用证、租船订舱和装运、保险、审单和付汇、报验、报关和纳税、进口索赔等。

关键术语

审证　改证　租船订舱　出口信用险　报关　制单　结汇　索赔　理赔　开证　审单

复习思考题

1. 对出口合同如何科学管理？
2. 审证的依据是什么？通常应审核哪些内容？
3. 简述租船订舱的程序，其中涉及哪些单据？
4. 出口信用险和货物运输保险有什么不同？
5. 进口合同和出口合同的履行过程有哪些不同？
6. 进口索赔的对象有哪些？进口索赔应注意哪些问题？

章首案例分析

本章案例实际上是许多案例的综述。通过学习本章课程，结合前面各章有关内容，可以得出以下认识。

① 合同履行过程有许多环节，每个环节都可能有风险，不同环节的风险既有特性，也有共性。有效的风险管理可以避免许多损失。

② 外贸无小事！要保持科学、严谨的工作态度，认真做好合同履行过程中各个环节的工作，不能有任何马虎，不能有侥幸心理。

③ 合同履行过程的风险管理，从预防风险开始，即从合同履行的前期准备工作开始。市场调研、交易对象调查、磋商、合同签订时就应该注意防范风险。

④“出了风险找保险”是对的，但树立保险意识、风险意识更重要！通过信用保险，利用其资源、服务功能和合作关系防范风险，通过和信保公司的合作过程学习整个外贸过程的风险管理。

第17章

国际贸易方式

学习目标 掌握贸易方式的概念，熟练掌握包销方式的性质、特点、协议内容，熟练掌握代理方式的性质、特点、种类和协议内容，掌握招标投标方式的特点、做法，掌握期货交易的特点、种类，了解对销贸易的各种贸易方式，熟练掌握补偿贸易的特点、种类，熟练掌握加工贸易方式的性质、特点、主要形式。

章首案例

中国是世界上第一大玩具生产国和出口国，美国是世界上最大的玩具进口国，也是中国玩具的第一大出口市场，其进口总量中也以中国玩具为最多。然而，从2007年8月份开始，世界最大玩具商美泰公司在不到一个半月的时间内，先后3次召回2100万件中国产玩具，理由是因为存在磁铁易被孩童吞食隐患和油漆铅超标。同时，美泰公司公开点名批评中国的玩具生产商。此前，美国消费品安全委员会和美国玩具公司RC2联合发出公告，因油漆铅超标，召回RC2公司经营的150万件中国产玩具火车。

这些事件对中国制造的声誉带来了很大的负面影响。针对这两起召回事件涉及的生产企业，中国质检部门依据有关规定暂停其产品出口，并要求企业整改。同时，国家质检总局有关负责人表示，中国对于保障出口产品的质量和安全有一整套严格的监管体系。中国出口美国产品的质量绝大多数是符合美国标准的。由于输美玩具80%以上是进口商贴牌加工，大部分玩具产品完全按照进口商的设计进行生产，并且完全符合当时的美国法规和标准。玩具出现问题，品牌商和进口商也有很大的责任。

9月21日，美泰公司就玩具召回事件对中国声誉造成的损害向中国公开道歉，并承认召回玩具绝大部分是由于美方设计缺陷所致，而不是中国制造商的问题，美泰愿为召回负全面责任。美泰的道歉表明，中国的玩具生产企业一直是在代人受过。

案例讨论题：国际贸易有哪些贸易方式？加工贸易有哪些利弊？

贸易方式是指国际贸易中买卖双方所采用的各种交易的具体交易形式或做法。在对外贸易活动中，每一笔交易都要通过一定的贸易方式来进行。

随着国际贸易的发展，贸易方式日趋多样化。各种贸易方式具有不同的特点和利弊，应根据具体情况选择可行性较强、风险较小、收益较大的贸易方式。各种贸易方式也可交叉进行或组合运用。

在国际贸易中最常用、最简单的贸易方式是逐笔售定，即单边出口和单边进口。逐笔售定即买卖双方直接通过函电往来和谈判磋商，签订合同然后履行合同，交货付款完成交易。

除逐笔售定的方式外，还有多种贸易方式，包括经销、代理、寄售、拍卖、展览会或博览会展卖、招标投标、租赁、期货交易、对销贸易、加工贸易等。

17.1 经销、代理和寄售

17.1.1 经销

1. 经销的概念和性质

经销（Distribution）是指出口供货商与国外经销商达成协议或相互约定，在规定的地区和期限内，由经销商销售出口商提供的指定商品的贸易方式。

出口商采用经销方式是为了利用经销商来扩大其产品出口，使自己的商品通过国外经销商的销售渠道在国外市场推销，巩固在国外市场的地位。与逐笔售定相比，经销方式的特点是通过订立经销协议与国外客户——经销商建立一种长期稳定的购销关系。

2. 经销的种类

按照经销商权限的不同，可将经销方式分为两种。一种是一般经销，亦称为定销，是指出口商授权经销商在规定的地区和期限内销售指定的商品。在这种方式下，经销商不享有独家专营权，出口商可以在同一时间、同一地区内，委托几家经销商来经销同类商品。在定销方式中，经销商和国外出口商之间的关系与逐笔售定中一般进口商和出口商之间的关系并无本质区别。另一种是包销（Exclusive Sales），亦称独家经销（Sole Distribution），是指出口商通过协议，给予经销商在规定的地区和期限内独家经营某类商品的权利。由此可见，包销实质上是一种专卖权的给予，出口商在给予这种专卖权的同时，一般都要向包销商提出某些要求。

3. 两种经销的性质和关系

定销和包销具有相同之处，即出口商与定销商和包销商之间都是售定性质的买卖关系。不管是定销商还是包销商，经销商必须自垫资金购买供货商的货物，取得商品的所有权，自行销售，自担风险，自负盈亏。

在实践中，出口商常与定销商签订远期支付合同，在支付条件上给予定销商优惠待遇，但这只是出口商给予定销商的资金融通，并不能改变双方的买卖关系。

定销与包销又有区别，主要区别就是：包销商享有独家经营的权利，而定销商不享有专营权。

定销方式可以防止出现垄断。出口商可在支付条件上给予定销商优惠待遇，这也是与包销方式不同的地方。但定销在调动定销商的推销积极性方面一般效果较差，不如包销。出口商在采用定销方式时，应注意选择经营能力较强、资信较好的国外商家作为定销商，并在协议中规定一定的销售最低限额。

在定销期内，出口商可以对定销商的资信情况、商业作风、经营能力进行考察。因此，定销常被用作挑选包销商的过渡手段。

4. 包销

由于包销和定销的主要区别是包销商享有独家经营的权利，包销比定销相对复杂，所以本节主要介绍包销。

包销是国际贸易中习惯采用的方式之一。在我国出口业务中，根据某些商品的特点和扩大出口的需要，可以采用包销方式。

尽管包销也是售定，但包销同通常的单边逐笔进出口不同，除了当事人双方签有买卖合同外，还须在事先签有包销协议。

采用包销方式，买卖双方的权利与义务是由包销协议所确定的，两者签订的买卖合同也必须符合包销协议的规定。

1）包销协议的主要内容

除了与一般合同同样有约首、约尾，以及不可抗力、仲裁和终止条款之外，包销协议主要有以下几方面的内容。

（1）包销协议的前文

通常在包销协议前文条款中，应明确包销商与出口供货商之间的关系是法律意义上本人对本人（principal to principal）的关系。即明确规定包销商与出口商之间的关系是买卖关系：包销商以自己的名义购买出口商的货物，取得商品的所有权，在规定的地区和期限内自行销售，经营风险由包销商自己承担；包销商不是出口商的代表或代理人，无权以卖方的名义签订合同；而出口商不向该区域内的用户直接售货，与区域内用户没有买卖合同关系。

（2）包销商品的范围

供货商一般经营商品种类繁多，即使是同一类或同一种商品，其中也有不同的牌号与规格。因此，在包销协议中，双方当事人必须约定包销商品的范围。

包销商品范围的确定主要是根据市场情况。如果商品已有一定的销售基础，但在当地市场上竞争者比较多，可以考虑采用包销方式。

（3）包销地区

包销地区是指包销商销售的地理范围。通常有下列约定方法：确定一个国家或几个国家；确定一个国家中的几个城市；确定一个城市等。包销协议中规定，包销商只能在规定地区内专营包销的商品，不得将包销商品转售到其他地区。

确定包销地区的大小，一般要考虑下列因素：包销商的规模及能力；包销商所能控制的销售网络；包销商品的性质及种类；市场的差异程度；包销地区的地理位置、地形等。

（4）包销期限

包销期限可以长也可以短，包销期满后，如未续订新约，包销商即失去专卖权。也可以不在包销协议中规定期限，只是规定中止条款或续约条款等。

（5）专营权

专营权是指包销商行使专卖和专买的权利，这是包销协议中最基本的一项内容。专营权包括专卖权和专买权，前者是出口商将指定的商品在规定的地区和期限内给予包销商独家销售的权利，而不能再向该区域内其他客户直接供货，这就是赋予包销人经销指定商品的独占权；后者是包销商只能向出口商购买和经销指定的商品，而不得向其他人购买，不得销售或代理其他人提供的同类商品，这是赋予出口商所享有的独占权。

（6）包销数量或金额

包销协议还应规定数量或金额。数量与金额的规定对协议双方均有同等的约束力，即包销商必须承担向出口商购买规定数量和金额的义务，出口商必须承担向包销商出口同样数量和金额的责任。

规定数量与金额即规定包销商的最低购买数额，这是卖方将包销权授予包销商的一个前提条件。同时包销协议还应规定在不能完成或超额完成销售数额时的处理办法。

（7）作价办法

包销商品的作价办法，有不同做法。其中一种做法是在规定的期限内，一次作价，即无论协议期限内包销商品价格上涨、下落与否，以协议规定价格为准；另一种做法是在协议期限内分批作价。由于国际商品市场的价格变化多端，因此采用分批作价较为普遍。

（8）包销商的其他义务

出口商虽然不实际涉足包销地区的销售业务，但还应关心开拓海外市场。因此，包销协议应具体订明要求包销商提供售后服务，为宣传其产品及其商标刊登广告，保护出口商的商标权与专利权等事项。还有些协议规定，包销商应经常访问有希望达成交易的客户，向出口商提供市场情报，尽量提供市场报道等。

2）包销方式的利弊

包销方式对于出口商来讲，是稳固市场、扩大销售的有效方式之一，但是也有其缺陷或弊端。

包销方式对出口商的好处主要可以归纳为三点。

① 有利于调动包销商的积极性。包销方式给予包销商专营权，可以调动其经销的积极性，充分利用其销售渠道扩大销路，增强出口商品在海外市场上的竞争力。

② 避免或减少因自相竞争而带来的损失。包销可以避免国外客户在分散经营出口商的同类商品时可能发生的相互冲突和恶性竞争的情况，从而有助于稳定出口商品的销售价格，维护商品信誉。

③ 有利于安排生产和组织货源。按照包销协议的要求，出口商可以有计划地安排出口商品的生产和组织出口货源。

包销方式的缺陷。

① 如市场情况发生不利变化，或包销商资信不佳，或其经营能力有限，就可能出现“包而不销”的情况，从而给出口商带来不利的影响。

② 包销商有可能滥用市场的支配地位，凭借其独家专营权，操纵和垄断市场，甚至对出口商供应的商品故意挑剔或进行压价。

③ 包销会对出口方形成约束，出口商只能同包销商打交道，而不能再同其他客户联系成交，束缚了手脚，因而缺乏机动灵活性。

针对包销方式的利弊，出口商应该重视对包销商的选择，应多方面考察、了解经销商的资信和经营能力。

17.1.2 代理

1. 代理的概念

代理作为一般的法律概念，是指代理人（agent）按照本人（principal）的授权（Authorization)，代表本人从事授权范围内同第三者订立合同或其他的法律行为，由此而产生的权利和义务直接对本人发生效力。

代理（Agency）方式是在商品经济发展到一定历史阶段产生的。随着社会经济的发展，代理的种类不断增加，应用范围日益扩大。在现代社会经济生活中，代理已成为不可缺少的组成部分。

国际贸易中的许多业务都是通过代理人进行的，我国在进出口业务中也广泛地运用了代理方式，其中包括采购、销售、运输、保险、金融、广告、诉讼等诸多方面。本节所述的代理是销售代理。

国际贸易中的销售代理，是指代理人作为出口商——委托人在国外的代表，为委托人的商品买卖提供服务。委托人授权代理人代表委托人向第三方招揽生意、签订合同及办理与交易有关的各项事宜，由此而产生的权利与义务直接对委托人发生效力。

委托人通过代理方式，利用代理人在国际市场上的地位、销售渠道及其专业知识，去开拓市场、组织销售、进行售后服务、传播信息等，可避免因设立分支机构带来的人员、财务上的负担及由此可能产生的法律等各种问题。

2. 代理的特点

销售代理方式同经销方式相比，具有下列基本特点。

① 销售代理业务中双方的关系不是买卖关系，而是通过代理协议或合同的订立所建立的委托代销关系。代理商在代理业务中，只是居间介绍生意、招揽订单等，并不承担履行合同的责任。代理商不担风险、不负盈亏，只获取佣金。

② 代理人的行为不能超过授权范围。代理人只能在委托人的授权范围内，代表委托人从事招徕客户，招揽订单，签订合同，处理委托人的货物，收受货款等商业活动。

③ 代理人在代理业务中，只是代表委托人行为，他本身并不作为合同的一方参与交易，也不以自己的名义与第三方签订合同。

④ 代理人通常运用委托人的资金从事业务活动，不垫付资金，不必动用自有资金购买商品。

⑤ 代理双方通过签订代理协议建立起代理关系后，代理商有积极推销商品的义务，并享有收取佣金的权利，代理人赚取的报酬为佣金。

3. 代理的种类

代理方式按委托人对代理人授权的大小，可分为一般代理、独家代理和总代理。

一般代理（Commission Agency）又称佣金代理、普通代理，是不享有代销专营权的代理。在代理协议有效期内，代理人按照协议规定和委托人提出的交易条件，代表委托人在指定地区开展各项代理业务。委托人在同一地区和期限内，可选定一家或几家客户作为一般代理人，根据各个一般代理所代销商品的实际数量，按协议规定的办法付给佣金。委托人可直接与该地区的买主成交，其直接成交部分，不向代理商支付佣金。

独家代理（Exclusive Agency，Sole Agency）是委托人给予代理商在规定地区和一定期限内享有代销专营权的代理。委托人在该指定地区和时间内，不得委托其他第二个代理人。独家代理的专营权与包销方式下的专营权不同，独家代理下的专营权指的是专门代理权，商品出售前所有权仍归委托人，由他负责盈亏。另外，除另有规定外，委托人仍可直接与指定地区的买主进行交易，但这一部分商品交易应向独家代理商计付佣金。

总代理（General Agency）是委托人在指定地区的全权代理，他有权代表委托人进行全面业务活动，除代表委托人签订买卖合同、处理货物等商务活动外，还可进行一些非商业性的活动。总代理有权指派分代理，并可分享代理的佣金。

4. 代理协议的主要内容

除了与一般合同同样有约首、约尾，以及不可抗力、仲裁和终止条款之外，代理协议的主要内容包括下列几项。

1）协议双方当事人

在代理协议的序言中，一般应明确委托人与代理人之间的法律关系。代理协议的双方为委托人即本人（Principal）及代理人（Agent），代理人以货主委托人的名义从事业务活动。协议双方当事人是独立的法人或自然人。

2）指定的代理商品、区域和期限

在代理协议中，应明确说明代理商品的范围，如品名、规格等。

代理地区是指代理人有权开展代理业务的地区范围。这种地区规定方法与包销协议规定方法相同。

代理期限即协议的有效期。按照国际市场的一般习惯做法，代理协议既可以是定期的，也可以是不定期的。定期期限一般为1～5年；如不规定期限，可在协议中规定，如果其中一方不履行协议，另一方有权中止协议。

3）授予代理的权利范围

这是代理协议的核心部分。代理协议应明确规定代理人的权利范围，是仅限于招揽订单、介绍生意，还是有权代表委托人订立合同或从事其他有关事宜。该条款的内容差异程度较大，取决于代理人的不同性质。

如果是普通代理协议，委托人应该在协议中规定：在代理人的指定代理地区，保留委托人在代理人不参与的情况下，直接同买主进行谈判和成交的权利。

独家代理协议，通常要规定提供专营权的条款。该条款有两种规定方法。

① 委托人向代理人提供绝对代理权，使其成为该地区唯一的独家代理人，而货主不保留在该地区同买主进行交易的权利。

② 委托人也可保留对买主直接供货的权利，但通常规定委托人对代理人应计付佣金。

4）代理的义务

代理的义务是代理协议的核心部分。

在代理方式下，代理人是委托人的代表。一般应在代理协议中明确规定代理人有以下义务。

① 利用自己的推销机构，积极促进产品的销售。代理协议应该订有最低成交额条款，即规定代理人要承担在一定时期内完成不低于规定数额（最低成交额）的代理业务的义务。如果代理人未能达到或超过最低成交额时，委托人对代理人的报酬可作相应的调整。

② 在代理权限范围内，保护委托人的财产、权利和利益。在代理协议中，一般要明确委托人保留对通过代理人销售的商品的商标权。对于在代理区域内发生的侵犯委托人知识产权等不法行为，代理人有义务通知委托人，以便采取必要的措施；代理人应该为委托人保守商业秘密等。

代理协议应该订有非竞争条款，非竞争条款是指代理人在协议有效期内无权提供、购买与委托人的商品相竞争的商品，也无权为该商品组织广告，无权代表协议地区内的其他相竞争的公司。

③ 其他有关义务，包括对客户的资信情况进行调查，提供市场情报、汇报市场情况，在委托人的组织下开展广告和宣传工作，提供售后服务等。

5）委托人的权利与义务

委托人的权利主要体现在对于客户的订单有权接受，也有权拒绝。代理人在代理区域内收集的订单转给委托人后，委托人可以决定接受或拒绝，但对于代理人在授权范围内按委托人规定与客户订立的合同，委托人应保证执行。

委托人的基本义务是尽力维护代理人的合法权益。委托人不主动向代理区域内的其他客户发盘，并及时将区域内客户的询盘转给代理人；在独家代理的情况下，委托人有义务尽力维护代理人的专营权。

另外，在许多代理协议中，还规定委托人有义务向代理人提供广告资料，包括样本、样品目录等推销产品所需的材料；对于代理人代表委托人对当地客户的违约行为进行诉讼所付出的费用，委托人应给予补偿。

委托人还要保证按协议规定的条件向代理人支付佣金。

6）佣金条款

代理人的佣金条款，是代理协议的重要条款之一，其中包括下列内容。

(1) 收取佣金的时间

在代理协议中，要规定什么情况下代理人可以获得佣金。一般做法是：只要代理人履行了其代理职责，即有权收取佣金。

(2) 佣金率

佣金率的大小，直接关系协议双方的利益，因此在协议中必须明确约定佣金率，通常为1%～5%。

(3) 计算佣金的基础

计算佣金的基础一般有三种：以实际出口的数量为基础、以发票总金额为基础、以FOB总值为基础。

不论采取何种办法，都应事先在协议中订明。

(4) 佣金的支付方法

支付佣金的方法有：按约定时间根据累计的销售数量或金额支付；按累计的佣金汇总支付；委托人收汇后逐笔结算或从货价中直接扣除。

17.1.3 寄售

寄售（Consignment）是指出口人把货物运往国外寄售地，委托事先约定的代销人，按照寄售协议规定的条件，在国外当地市场代为出售的方式。

寄售也是国际贸易中习惯采用的做法之一。在我国进出口业务中，寄售方式运用得不多。但在某些商品的交易中，为促进成交、扩大出口，可适当灵活地运用寄售方式。

1. 寄售的性质和特点

寄售的基本做法是：出口商即寄售人（Consignor）与国外代销人（Consignee）签订寄

售合同，把寄售商品运交代销人，由代销人按照寄售协议规定的条件和办法，在当地代替寄售人出售商品，所得货款在代销人扣除佣金和有关费用之后，按合同规定的办法汇交寄售人。

寄售不同于一般的贸易方式，它具有下列几个特点。

① 寄售人同代销人之间不是买卖关系，而是一种委托代销关系。寄售人是委托人，代销人是受托人。代销人只是受托照管、推销商品，只根据寄售人的指示处置货物，并从中取得佣金。代销人有义务尽力推销寄售商品，但对商品能否售出并不负责。

② 风险及费用的划分不同于正常出口。在寄售商品售出之前，寄售人始终拥有其所有权，要负担寄售期间包括运输途中和到达寄售地后的一切费用和风险。只有当货物出卖时，风险才由寄售人转移给买方。而代销人虽然有权以自己的名义在当地售货、收款并处理有关争议，但并不拥有货物所有权，因而对货物寄售的费用和风险也不承担责任。寄售期满代销人有权退回未售出的部分，交易盈亏概由寄售人负担。

③ 寄售和代理方式下的当事人双方都是委托与被委托的关系，但又有不同：寄售方式下的代销人有权以自己的名义与当地购货人签订合同，而代理人则是代表委托人签订合同。

④ 寄售是先出运、后成交的贸易方式。而在一般国际贸易中，出口商一般是在签订买卖合同之后才出运货物，履行约定的交货义务。

由于寄售具有这一特点，所以它能同路货买卖结合起来。所谓路货买卖，即货物尚在运输途中就可先行试销，如有条件即成交出售，出售不成则仍运至原定目的地。

⑤ 寄售是典型的现货交易。国际贸易中的多数商品是凭说明书或样品买卖，但有些单凭“小样”难以成交，或难以凭说明销售的商品，则可采用寄售方式让买方看货成交，按质论价。

2. 寄售协议

寄售协议是寄售人与代销人之间就双方的权利和义务以及寄售业务中的有关问题签订的法律文件。除了有一般合同的基本内容之外，寄售协议还应具有如下主要内容。

1）明确寄售人与代销人之间的关系

在寄售协议中，应明确寄售人与代销人之间是一种委托关系，寄售人为委托人，代销人以受托人的身份，在寄售人的授权范围内，办理代销业务。寄售人有权对寄售货物以任何方式处理，代销人只能按照寄售人的指示处理寄售货物。

2）寄售货物的作价方法

在寄售协议中，应具体规定寄售货物的作价办法，寄售人一般可以采取下述办法授权代销人掌握价格。

① 规定最低限价，即代销人在不低于最低限价的前提下，有权在当地任意出售商品。最低限价要注明是含佣价还是净价。

② 随行就市，即代销人不必事先征得寄售人的同意，在不低于当地市价的情况下可以出售货物。

③ 售价必须征得寄售人的同意。这是普遍采用的一种作价办法。按此规定，代销人需将买主的递价报请寄售人确认同意后，才能出售货物。

④ 规定结算价格，即只规定双方结算货款的依据，但代销人有权自己决定在当地市场

的售价。

3）佣金

寄售协议中有关支付佣金的问题与代理协议的规定相似。在佣金条款中，要规定佣金率、佣金计算基础、支付方法和时间。

4）关于货款的收付方式

采用寄售方式，一般是在售货后收回货款，寄售人与代销人之间往往采用记账的办法定期或不定期地进行结算，将货款汇付给寄售人，或者通过托收方式办理。

3. 寄售方式的利弊

1）寄售的优点

① 为国外买主提供了便利，对买主较有吸引力，有利于促进成交。买方可根据需要就地看货成交，随时购买，立即办理付款和提货手续。既能缩短从订约到提货的时间，又可避免垫付资金和承担货物运输的费用与风险。

② 有利于开拓市场和扩大销路。通过寄售，既便于与当地经销商和用户建立联系、发展贸易关系，又便于进行广告宣传、推销新商品。

③ 有利于随行就市和提高售价。采用寄售方式，可以根据国外市场的需求情况和容纳量，事先有计划地在国外市场存放一些商品待售，在当地市场供不应求和价格上涨时，可以及时抓住有利时机，抢先成交，卖出好价。

④ 有利于调动国外代销人的积极性。采用寄售的方式，不需要代销人自己垫付资金和承担各种风险，有利于调动代销人经营的积极性，特别是使资金不足的经销商乐意为出口商推销商品。

⑤ 寄售人在货物出售前一直拥有货物的所有权，并且通过寄售协议中对双方权利和义务以及寄售条件的规定，寄售人可以控制货物的销售处理和价格。

因此，寄售方式一方面对开拓新市场，扩大销路，推销新产品有积极作用，另一方面也有利于处理积压、滞销商品。

2）寄售的缺点

对于寄售人来说，寄售也有不利的一面。

① 承担的贸易风险大。采用寄售方式，寄售人要承担待售货物出售前的一切风险，其中包括货物在运输和储存当中的风险，资金积压风险，价格变动风险，货物不能出售的风险，代销人资信不佳导致的货物损失风险等；货物出售及以后还有货款回收的风险，收汇安全风险等。

② 负担的费用多，在寄售方式下，待售货物出售前的一切费用开支，如运费、保险费、储存费、税收、进出口通关、代销人的报酬以及其他杂项费用，概由寄售人负担。

③ 不利于资金周转。由于寄售方式是先出运，后成交，不仅出售前要垫付各种费用，而且一般要等货物出售后才能收回货款，这就需要经常垫付和积压大量流动资金，加上上述的风险大、费用多，不利于寄售人的资金周转。

因此，采用寄售方式应对市场情况进行充分调查研究，严格选择资信较好的代销商和寄售地，认真签订寄售协议，慎重选择作价方法，还可以采用要求代销人取得银行保函等减少风险的办法。

17.2 招标与投标

17.2.1 招标与投标的概念和特点

招标与投标是一种有组织地在特定地点按一定的条件进行交易的竞争方式。

招标（Invitation to Tender）是指采购者或业主在一定时间地点，发出招标公告或招标通知，提出招标项目和有关买卖条件，邀请卖方投标的行为。

投标（Submission of Tender）是指出口商、供货人或承包商等应招标人的邀请，根据招标公告或招标通知的规定条件，在规定的时间内向招标人投标报价，争取中标达成交易的行为。

招标与投标是一种贸易方式的两个方面。

招标与投标同进出口贸易的一般做法不同。采用这种方式，双方当事人不必经过交易磋商，也不存在讨价还价的余地，而是由各投标人应邀同时采取一次递价的办法。而投标人能否中标，主要取决于投标时的递价是否有竞争力，即招标投标是一种竞卖方式。因此，采用这种方式，投标人之间的竞争十分激烈，而招标人则处于较主动的有利的地位。

招标使买方对于供给有较多的比较和选择，可以较为优惠的价格购进所需物资，这也是它在大宗物资、成套设备采购中广泛运用的原因之一。除此之外，在国际上招标多用于国际承包工程，政府采购或大企业的工程项目等。

17.2.2 招标与投标的做法

1. 招标与投标的方式

目前，国际上采用的招标方式归纳起来有三类方式。

1）竞争性招标

竞争性招标（Competitive Bidding）是指招标人邀请几个乃至几十个投标人参加投标，从中选择递价最有利的投标人成交易。

国际性竞争投标，主要有以下两种做法。

（1）公开招标（Open Bidding）

公开招标又称为国际公开招标或国际竞争性招标（International Competitive Bidding，ICB），是一种无限竞争性招标（Unlimited Competitive）。采用这种做法，招标人要公开在国内外主要报刊上刊登招标广告或发布招标通知，凡对该项招标有兴趣的人均有机会购买招标资料进行投标。

ICB是国际上运用最广泛的招标方式。许多政府采购物资采用ICB方式，世界银行等国际金融组织规定，利用其提供的资金进行采购或兴建工程时，必须采用ICB的方式。

（2）选择性招标（Selected Bidding）

选择性招标又称邀请招标（Invited Bidding），是有限竞争性招标（Limited Competitive Bidding）。采用此种做法时，招标人不刊登广告，而是根据自己的业务关系和有关信息资料，自行选定投标人。

2）谈判招标（Negotiated Bidding）

谈判招标又叫议标，它是非公开的非竞争性的招标。这种招标由招标人选择几家客商直接进行合同谈判，与谁谈判成功，即与谁达成交易。

3）两段招标（Two-Stage Bidding）

两段招标是指无限竞争招标和有限竞争招标的综合方式，采用此类方式时，先用公开招标，再用选择招标分两段进行。

2. 招标与投标的程序

招标投标方式的基本程序包括招标、投标、开标、评标决标、中标签约等几个阶段。

1）招标

（1）发布招标通告（Announcement of Tender）

采用选择性招标或谈判招标方式时，一般颁发招标通知；如采用公开招标或两段招标时，则应在国内外报刊或有权威的杂志上刊登招标广告。招标通知与招标广告的内容基本相同，一般是招标项目内容、要求和投标须知等。

（2）预审投标人资格

资格预审是公开招标前的一项重要工作，它是预先确定投标人的资格条件，确保其在各方面有投标能力的关键工作。预审合格的投标人才能取得投标的资格。

（3）编制招标文件（Bidding Documents）

招标文件又称“标书”。标书内容较为简单，包括招标条件和投标人须知等。招标的各种交易条件与一般买卖合同的条件类似，只有价格条件要由投标人投标时递价。

标书一般还要求投标人交纳投标保证金或银行保函。

2）投标

① 研究标书。投标人在接到标书后，应认真研究其全部内容和条件，决定是否投标。如果参加投标，还应认真研究自己争取中标的各项条件。在规定期限内密封交寄招标人。

② 编制投标书。投标人在研究招标书并决定参加投标后，应按照招标书的要求，认真填报投标书。

③ 按标书规定交纳投标保证金或提交保函（或备用 L/C）。

④ 寄送投标书。投标书编制完毕并经审核无误，投标人或挂号邮寄，或派专人送标书给招标人。为了保密和按时送达，一般采用专人送标书的办法。

3）开标

招标人在规定的时间和地点，按一定的方式和程序将所有投标书启封，且由公证机构予以公证。

若采用公开招标，应由招标人和公证人当众启封所有投标书，宣布其内容。开标时参加投标者均可派代表监督，并允许其做记录，但不得查阅投标书。开标后，投标人不得更改任何投标内容。

4）评标

开标后，招标人对各个投标书中所列的标价和提出的交易条件进行评审、比较，择优选定中标人或中标候选人。

有些复杂的评标还需要招标人与中标候选人进行定标前谈判，以最后确定中标人。

确定中标人即决标或称定标。

如果招标人对所有投标都不满意，可以宣布招标失败，拒绝所有投标。招标失败可以重新进行招标。

5）中标签约

决标后，招标人向中标人发出“中标通知书”，在限定的日期内签订合同。在签订合同时，招标人通常还要求中标人缴纳履约保证金。

17.3 期货交易

17.3.1 期货交易的概念及其特点

1. 期货交易的概念

期货交易（Futures Transaction，Futures Trading）是指众多的买主和卖主在商品交易所内，按一定的规则进行期货合同的买卖，通过竞争达成交易的一种贸易方式。

期货交易是商品交换高度发展的产物。

期货交易不同于商品中的现货交易。在现货交易的方式下，买卖双方可以在任何地点和时间达成实物交易，卖方必须交付实际货物，买方必须支付货款。期货交易不是一手交钱一手交货，而是在特定期货市场即商品交易所内，按照交易所预先制定的“标准期货合同”进行期货的买卖，成交后买卖双方并不移交商品的所有权。在合同期内，交易的任何一方都可以及时转让合同，不需要征得其他人的同意。履约可以采取实物交割的方式，也可以采取对冲期货合约的方式。

2. 期货交易的特点

期货交易具有下列几个特点。

（1）以标准合同作为交易的标的

所谓标准合同，是指由交易所统一制定的内容和条款都已经标准化的合同格式。这种标准合同，除了价格和交货期两项需要由交易双方协商确定之外，其他条款，都已经形成固定标准。同一个商品交易所的相同商品种类，每份标准合同代表的数量也是相同的。这样，双方只需就价格、交货期和交易总量达成协议，即可完成交易，从而大大简化了交易手续。因此，在期货交易中，交易双方买进卖出的标的物不是实际货物，而是纸合同。双方关心的不是实际货物，而是买进和卖出合同的价格差额。

（2）特殊的清算制度

期货合同必须在各交易所内设立的清算所进行登记及结算。商品交易所具有自己特殊的清算制度，并设立由一些资金雄厚、信誉良好的会员组成的清算所。清算会员在清算所内开立账户，清算会员可以自己在交易所内买进卖出，也可以受托为非会员代买代卖。不论何种情况，均须向清算所报告，并登记在其账户之中，这样使每个清算会员与清算所建立直接关系，由清算所对每笔交易进行清算。因此，交易双方实际上变成了清算所和进行交易的会员，交易都是在清算所和会员之间进行。

（3）严格的保证金制度

期货交易都是先成交，后清算。为防止交易一方因丧失偿付能力或逃避合同义务，给另一方造成损失，交易所规定有严格的保证金制度，以确保合同的履行。清算所规定，在每笔交易达成时，买卖双方均需交纳合同金额的一定百分比，作为保证金或押金，又称初始结算保证金。

17.3.2 期货交易的种类

期货交易，根据性质不同，可分为投机和套期保值两种。

投机是根据对市场走势的判断，利用期货合同作为筹码，进行“买空卖空”，目的是从价格涨落的差额中获取利润。

套期保值（Hedging）又译作“对冲交易”或“海琴”，是真正从事实物交易的贸易商通过卖出或买进期货合约，以规避现货价格风险的期货交易行为。套期保值的目的是利用期货市场进行保值交易，以减少或补偿因现货市场价格的波动所带来的实际损失。

套期保值的基本做法就是在期货市场买进或卖出与现货市场交易数量相等、但交易方向相反的同种商品的期货合约，在未来某一时间将期货合约对冲平仓，结清期货交易带来的盈利或亏损，以此来补偿或抵消现货市场价格变动所带来的实际价格风险或利益，使交易者的经济收益稳定在一定的水平。

套期保值又分为卖期保值和买期保值。

（1）卖期保值

卖期保值是指交易者买进一批日后交货的实物时，为了避免在以后交货时价格下跌，就在期货市场卖出同数量同一时间交货的期货合同。

如果在商品持有期商品价格下跌，商品持有者将在现货市场中亏损；但是，他作为期货市场中该商品期货合同的卖主，又能从价格下降中获利，从而弥补了现货市场的损失。

（2）买期保值

买期保值是指经营者卖出一笔日后交货的实物时，为了避免在以后交货时该批商品的价格上涨而遭受损失，就同时通过期货市场买进同数量同一时间交货的期货合同。这样，如果商品价格上升，商品持有者会在期货市场中盈利而在现货市场中亏损，可以用期货交易的盈利补偿实物交易的损失。

可以看出，套期保值不仅能防止价格反向运动带来的可能损失，也失去了因价格正向运动带来意外收益的可能性。对于真正从事实物交易的贸易商来说，期货交易只是规避风险的方式，而不是获得收益的方式。

17.4 对销贸易

17.4.1 对销贸易的概念和作用

1. 对销贸易的概念

对销贸易（Counter Trade）在我国又译为对等贸易、反向贸易等。

对销贸易尚无确定的定义和界限。一般把对销贸易理解为包括易货贸易、互购、产品回购、转手贸易和补偿贸易等属于货物买卖范畴，以进出结合、出口抵补进口为共同特征的各种贸易方式的总称。对销贸易有多种形式，其共同点是互惠（Reciprocity），即相互提供出口机会。

对销贸易不同于单边进出口，是一种复合交易。对销贸易把进口和出口结合起来，组成相互联系的整体交易，交易双方都有进有出，并求得各自的收支基本平衡。

2. 对销贸易的作用

① 对销贸易是一种可以不动用外汇或少动用外汇就可以发展一国对外贸易的有力手段，具有平衡或改善国际收支的作用。对于外债负担较重的发展中国家，可以通过对销贸易来满足进口需求。

② 在贸易保护主义盛行的当代，通过对销贸易，有助于打破贸易壁垒，增加出口，为本国产品，尤其是发展中国家的工业制成品打开市场。

③ 有些方式，如补偿贸易或抵销贸易，除了具有一般对销贸易所具有的平衡国际收支的作用外，还具有融通资金和吸收外国资本流入的功能。

④ 由于对销贸易采用的是进出结合的做法，因此核算其经济效益，可从进出口两方面结合起来综合考虑。例如，如果出口亏损但进口盈利，只要后者大于前者，就是有利可图的。另外，对销贸易是由交易双方私下进行的，这就增加了价格决定的灵活性和隐蔽性，从而起到补贴出口而不遭报复的作用。

⑤ 从发达国家角度看，通过对销贸易，承诺一定的回购，提供信贷或投资，不仅可以增强其市场竞争能力，而且有助于推销一些用现汇难以销售的产品、技术，并获得一些廉价的原材料或零部件供应。

17.4.2 对销贸易的形式

1. 易货贸易（Barter Trade）

易货贸易也称换货贸易。易货贸易在国际贸易实践中主要表现为两种形式，即直接易货和综合易货。

直接易货又称为一般易货，即狭义的易货贸易，是最原始的贸易方式。直接易货是严格意义上的易货贸易，是指双方当事人间等值货物的互换，不涉及货币。这种贸易方式现代已经很少采用。

综合易货是现代的广义的易货贸易方式，一般是指根据两国政府或民间团体达成的物物交换的贸易协议所开展的易货贸易。综合易货虽然还是以货物互相交换，但采用比较灵活的方式，具有许多新的特点。

综合易货的支付方式，一是对开信用证，二是通过记账办法。双方进出口金额基本平衡，如有差额，逆差一方可用现汇或商品支付。

对开信用证是易货贸易中使用较多的支付方式。基本做法是由交易双方先订易货合同，规定各自的出口商品均按约定价格以信用证方式付款。先开立的信用证以收到、认可对方开出的等值或基本等值的信用证为生效条件。

记账办法较多用于根据贸易协议开展的易货贸易。国家间签订的换货清算协定实际上是扩大了的易货方式。根据协定规定，任何一方的进口或出口，由双方政府的指定银行将货值记账，在一定时期内互相抵冲结算。其差额或者规定结转下一年度，或者规定以现汇支付。

易货贸易对打破某些国家的贸易壁垒，或冲破其实行的经济封锁和禁运，有积极作用。

易货贸易更适合商品难于推销、进口又缺少现汇的国家。

2. 互购贸易（Counter Purchase）

互购贸易又称反购、平行贸易或还购，就是交易双方互相购买对方的产品。

在这种方式下，先出口的一方要在其售货合同中承诺，用所得的外汇货款购买对方的产品，并为此承担义务。互购不是单纯的以货换货，而是现汇交易，而且不要求等值交换。

互购贸易涉及使用两个既独立而又相互联系的合同。交易双方先签订一个合同，约定由先进口国（往往是发展中国家）一方用现汇购买对方的货物（如机器、设备等），并由先出口国（通常是发达国家）一方在此合同中承诺在一定时期内买回头货；之后，双方还需签订一个合同，具体约定由先出口方用所得货款的一部分或全部从先进口国购买商定的回头货。

3. 转手贸易（Switch Trade）

转手贸易又叫三角贸易，是一种特殊的贸易方式。这种方式要涉及两个以上当事人，内容复杂，是战后原经互会国家和许多国家签订双边贸易协定和支付（清算）协定的产物。

按照两国签订的协定进行的交易，都必须通过国家银行的特定账户进行清算。但是在清算时，约定的计价和结账货币都是不可兑换的。所以，按照协定进行的贸易是一种记账贸易。为此，从事这种贸易的交易方，采用转手贸易作为取得可自由兑换的硬通货的一种手段。

在国际贸易中，转手贸易主要有以下两种方式。

① 简单的转手贸易。握有顺差的一方将根据记账贸易买下的货物运到国际市场转售，从而取得硬通货。

② 复杂的转手贸易。记账贸易下拥有顺差的一方，用该顺差从第三方购进本来需用硬通货才能购买的所需的设备或其他产品，由第三方再用该顺差从记账贸易下的逆差一方购买约定的货物，运往其他市场销售，收回硬通货。在复杂的转手贸易中，顺差一方实际上是将该项顺差转让给了第三方。

4. 抵销交易（Offset）

抵销交易又分为两种类型，即直接抵销和间接抵销。

直接抵销是先出口的一方同意从进口方购买在出售给进口方的产品中所使用的零部件或与该产品有关的其他产品。有时，先出口方对进口方生产这些零部件提供技术或进行投资。这种直接抵销有时也被称为“工业参与”或“工业合作”。

间接抵销是先出口方从进口方购买与其出口产品不相关的产品。

抵销交易方式目前多见于军火或大型设备，如飞机等的交易。

17.4.3 补偿贸易

1. 补偿贸易的概念和作用

补偿贸易（Compensation Trade）是出口方以赊销方式向对方提供机器设备和技术，同时承诺购买一定数量或金额的由该设备所生产的产品，或其他产品；进口方则是在对方提供信用的基础上进口设备和引进技术，用出售产品和劳务所得的价款，分期摊还设备技术的价款和利息。

补偿贸易的贷款，可以由出口方向本国银行贷款，也可以由进口方直接向出口国银行贷款。

补偿贸易是当代中小企业常用的一种贸易方式。改革开放以来，我国开始广泛采用补偿贸易方式引进国外先进技术设备，补偿贸易在利用外资，促进销售方面的优越性值得重视。

对于机器设备的进口方，补偿贸易可利用国外的资金、技术，进行设备更新和技术改造；从而既使产品得以升级换代，提高出口商品的劳动生产率和竞争能力，又可以在抵偿设备技术价款的同时，利用设备出口方的销售渠道扩大出口。

对于机器设备的供应方，补偿贸易既可以扩大设备和技术出口，又可以得到某些急需的商品（如原材料、燃料和机器零件），往往还借此实现了产业转移。

2. 补偿贸易的特点

（1）贸易与信贷结合

进口方购入设备和技术是在对方提供信贷的基础上，或由银行介入提供信贷。

（2）贸易与生产相联系

设备进口与产品出口相联系，出口机器设备方同时承诺回购对方的产品。大多数情况下，交换的商品是利用其设备制造出来的产品。

（3）贸易双方是买卖关系

设备的进口方通过补偿贸易购入的是设备和技术，出口的是产品，不仅承担支付的义务，而且承担付息的责任，对设备拥有完全的所有权和使用权。

总之，补偿贸易是一种进出口相结合的特殊的信贷交易，对于进口方，补偿贸易是一种“以进带出”的方法，也是利用外资的一种方式。

3. 补偿贸易的种类

按照偿付标的不同，补偿贸易大体上可分为以下三类。

（1）直接产品补偿

直接产品补偿有人又称为返销（Buy-back），即双方在协议中约定，由设备供应方向设备进口方承诺购买一定数量或金额的由该设备直接生产出来的产品。这是补偿贸易最基本的做法。这种做法的局限性在于，它要求直接生产出来的产品及其质量必须是对方所需要的，或者在国际市场上是可销的，否则不易为对方所接受。

（2）其他产品补偿

当所交易的设备本身并不生产物质产品，或设备所生产的直接产品非对方所需，或在国际市场上不好销时，可由双方进行协商，用回购其他产品来代替。

（3）劳务补偿

这种做法常见于与加工装配相结合的中小型补偿贸易中。例如根据协议，设备进口方按设备供应方的要求加工生产后，用加工装配的工缴费来分期扣还对方供应的机器设备的款项。

上述三种做法还可结合使用，即进行综合补偿。

17.5 加工贸易

对外加工贸易是一类以加工为特征的再出口贸易方式。加工贸易企业通过多种不同的方式，进口原料、材料或零件，利用自己的生产能力和技术加工、装配产品，将加工的成品再出口，从而获得外汇收入。对外加工贸易与补偿贸易、租赁业务、招标投标及拍卖等方式同被称作“灵活贸易”方式，以有别于传统的单一贸易方式。

17.5.1 加工贸易的性质和特点

1. 加工贸易的性质

加工贸易（Processing trade）是以加工为特征的再出口业务。在加工贸易过程中，原材料、零部件等来自国外，加工装配的成品再运到国外市场销售。所以说，加工贸易属于“两头在外”的贸易方式。

当前国际经济贸易发展的重要特点，是贸易和投资联系日益紧密。加工贸易和补偿贸易等，都属于与利用外资相联系的贸易方式。

加工贸易特别是加工装配业务与单纯的国际货物买卖有很大的区别。在加工装配过程中，加工方付出了劳动，获取的加工费是劳动报酬。因此，也可以说加工贸易是劳务贸易的一种形式，是以商品为载体的劳务出口。

从广义上讲，加工贸易是跨越国界的生产加工和销售，反映了商品和资本交换的国际化趋势。由于国际贸易、金融和投资的自由化的发展，世界范围内产业结构的调整以及生产分工的国际化日趋增强，加工贸易在全球迅猛发展。除农、矿产品等资源性商品外，传统意义上纯粹“本国产品”的一般贸易出口越来越少，而加工贸易产品呈上升趋势。

2. 加工贸易的特点

1）加工贸易的一般特点

① 进出口紧密结合。加工企业进口是为了出口，而加工装配的委托方出口是为了进口。

② 贸易与生产相统一。对于加工企业，加工贸易是两头在外，即原材料、零部件和销售渠道在国外，而生产在国内，生产和贸易紧密结合在一起。

③ 承接加工方风险小。加工装配业务中，承接方只承接来料、来件，不构成商品买卖行为，因此也不需要支付现款，不考虑产品成本，不为产品销路承担风险，只收取加工费。

④ 贸易方式简便易行，节省外汇。这是加工装配业务的特点。

2）加工贸易与一般贸易的区别

① 货物产地性质不同。一般贸易货物主要是来自本国的要素资源，符合本国的原产地规则；而加工贸易的货物主要来自国外的要素资源，不符合本国的原产地规则，而加工企业只是进行了加工或装配。

② 企业收益不同。一般贸易的收益主要来自生产成本或收购成本与国际市场价格之间的差价；而加工装配的收益只是加工费。

③ 税收不同。一般贸易的进口要缴纳进口环节税，出口时在征收增值税后可以再退税；加工贸易进口料件不征收进口环节税，而实行海关监管保税，出口时也不再征收增值税。

17.5.2 加工贸易的作用

对于委托方来说，加工贸易的作用是利用受托加工方的劳务，降低产品成本，并且带动了原材料、零部件等产品的出口，以及成品的进口。

对于受托加工企业及其所在国家来说，加工贸易具有更多的积极作用。

（1）带动外贸发展

加工贸易扩大贸易规模，丰富出口产品的品种，维护国际收支平衡。近年来，加工贸易在我国企业开拓国际市场方面发挥了很大作用，加工贸易额在进出口总额中所占比重不断提高，从1996年起已占半壁江山。同时，加工贸易净出口成为贸易顺差的重要来源。这种顺差又为进口贸易提供了条件。在世界贸易中，加工贸易也同样占有重要地位，1997年仅跨国公司的外国子公司的加工产品出口额，就占世界出口额的1/3。

（2）有利于进口生产资料

加工贸易简便易行，采用加工装配形式还可节省外汇进口本国不能生产或供给有限的原材料，有时还包括进口技术设备。

（3）充分利用设备和劳动力

加工贸易有利于充分利用现有设备和劳动力，创造就业机会。2000年我国就约有14万家企业从事加工贸易，从业人员达3 000多万人。

（4）吸引外商投资

许多外商投资是与加工贸易直接联系的。在我国，来料加工贸易是最早的利用外资的形式，外商投资企业是加工贸易的主力军，而国有企业和个体企业等内资企业的来料加工也主要是由外资经营管理的，外资经营的加工贸易已经占全国加工贸易的90%左右。

（5）推动国内配套产业的发展，促进经济结构调整和产业结构升级

加工贸易可以直接进口国内短缺的原材料乃至先进设备，其创造的顺差也为进口提供了条件，促进了工业化进程。而随着加工贸易规模的扩大，产业集聚效应必然导致产业链向上下游的延伸，同时将一些本土产业纳入加工贸易的国际化生产体系，从而提高相关产业的技术水平。我国的加工贸易虽然从劳动密集型产品起步，但资本和技术密集型产品的比重不断提高，近年来已从以纺织、轻工制成品为主转变为以机电产品出口为主。

（6）培养外向型人才，提高员工素质，掌握先进技术和管理经验

在我国，加工贸易企业将大批农村劳动力转化为适应工业化大生产的熟练劳动力，同时培养了大批适应国际化竞争的技术与管理人才。而这些人才的流动又成为先进技术与管理扩散的最有效的途径。

上述作用的综合结果，是加工贸易对经济发展具有积极的带动作用。

17.5.3 加工贸易的主要形式

加工贸易的形式主要有：进料加工、来料加工、来件装配和协作生产等。其中，来料加工、来件装配和协作生产统称为对外加工装配业务。

加工贸易与通常所说的“三来一补”（即来料加工、来件装配、来样加工和补偿贸易）的区别在于，去掉来样加工和补偿贸易，加上进料加工，就是加工贸易的主要内容。

（1）进料加工

进料加工（Processing with Imported Materials）又称为以进养出，是指加工企业用外汇自行进口原料、材料、辅料、元器件、配套件和包装物料，加工的成品再返销出口的业务。

加工贸易中的进料加工，是随着外商直接投资而发展起来的。我国企业进料加工的进出口货物由海关保税监管，享受减免进口环节税和免除进出口许可证配额等进出口管制的有关

便利措施。

(2) 来料加工

来料加工 (Processing with Customer's Materials) 是指由外商提供原材料、辅料及包装材料，还可以提供机器设备、工具、模具等，由加工企业按对方所要求的质量、规格、款式进行加工，成品交给对方销售，加工方收取约定的加工费。采取这种贸易方式，有的是全部由对方来料；有的是部分由对方来料，部分由加工方自购原料和辅助材料。这种部分来料的做法，又叫做“带料加工”。

(3) 来件装配和协作生产

来件装配 (Assembling with Customer's Parts) 是指外商提供零件、部件或元器件，还可以提供装配所需的设备和技术，由加工企业按对方的设计和工艺要求进行装配，成品全部交给对方销售，加工方收取约定的装配费，但并不负责经营盈亏。

协作生产是指由外商提供部分零、配件或部件，而由加工方利用本国生产的其他配件组装成成品出口。加工方所供配件的价款可在货款中扣除。产品一般由对方全部或部分销售，加工方收取装配费。商标可由双方协商确定，既可用加工方的，也可用对方的。

17.5.4 进料加工与加工装配业务的主要区别

对外加工装配业务与进料加工都属于加工贸易，但两者又有明显的区别。

(1) 贸易性质和加工贸易企业的地位不同

在加工装配业务中，外商与承接加工装配的企业是委托与被委托关系，就是为提供料、件的外客加工装配产品，属于委托加工性质。生产的品种、数量和销售地区均由委托方控制。

在进料加工业务中，加工企业完全是自主经营，与销售料、件的外商和购买成品的外商均是买卖关系。进料加工是企业独立的进出口业务，近似于一般贸易的性质。加工过程是自行加工，自定花色品种，自负盈亏。

(2) 料、件和产品的所有权不同

加工装配业务是由外商提供原材料、零部件、元器件，并要按外商的要求进行加工装配，生产出来的产品所有权归外商所有，由外商支配。料、件运进和成品运出均未发生所有权的转移，它们均属于同一笔交易，加工装配企业不需支付进口费用也不承担销售风险。

进料加工中是企业以买主的身份与国外签订购买原材料的合同，用自己的外汇进口原材料、零部件，又以卖主的身份签订成品的出口合同，加工企业对原材料以及加工出来的成品拥有所有权，完全根据自己的意图对外销售。原材料进口和成品出口是两笔不同的交易，均发生了所有权的转移。因此，进料加工要承担价格风险和成品的销售风险。

(3) 获得收入的性质不同

加工装配贸易属于劳务贸易范畴，承接加工方收取的是工缴费，工缴费的大小以劳动力的费用即工资水平作为核算基础，与产品的经营盈亏无关。

进料加工中，加工企业所获得的是出口成品的利润，利润的大小主要取决于出口成品的市场行情和进口原材料、零部件的价格，以及加工成本。

两者相比，进料加工的收益大于加工装配贸易，但风险也较大。

本章小结

贸易方式是指国际贸易中买卖双方所采用的各种交易的具体交易形式或做法。除逐笔售定的方式外，还有多种贸易方式。

经销的特点是通过订立经销协议与国外经销商建立一种长期稳定的购销关系。经销方式分为定销和包销两种。包销商享有独家经营的权利，而定销商不享有专营权。

代理方式的特点是，双方的关系不是买卖关系，而是委托代销关系。代理人只代表委托人行为，通常运用委托人的资金从事业务活动，赚取的报酬为佣金。代理方式可分为一般代理、独家代理和总代理。

招标投标是一种竞卖方式，分为竞争性招标、谈判招标、两段招标三类方式。

期货交易是按一定规则进行期货合同的买卖的贸易方式。它具有三个特点：以标准合同作为交易的标的；特殊的清算制度；严格的保证金制度。期货交易分为投机和套期保值两种。

套期保值是真正从事实物交易的贸易商通过买卖期货合约，以规避现货价格风险的期货交易行为。

对销贸易为易货贸易、互购、转手贸易和补偿贸易等属于货物买卖范畴，以进出结合、出口抵补进口为共同特征的各种贸易方式的总称。

补偿贸易的特点是，贸易与信贷结合，与生产相联系，双方是买卖关系。对于进口方，补偿贸易是一种“以进带出”的方法和利用外资的一种方式。

加工贸易是一类以加工为特征的再出口贸易方式，是与利用外资相联系，属于“两头在外”的贸易方式。加工贸易的特点是，进出口紧密结合；贸易与生产相统一；承接加工方风险小；方式简便易行，节省外汇。加工贸易的形式主要有：进料加工、来料加工、来件装配和协作生产等。

关键术语

经销　包销　代理　代理人　寄售　招标　投标　期货交易　套期保值　对销贸易　补偿贸易　加工贸易

复习思考题

1. 包销和独家代理的主要区别是什么？包销有什么利弊？
2. 简述寄售、招标和投标、期货交易的概念和特点。
3. 对销贸易的作用是什么？简述对销贸易的各种形式。
4. 简述加工贸易的特点和作用，以及加工贸易的主要形式。

本章阅读资料

新中国成立至1978年以前，我国的对外贸易方式相对比较简单，主要同前苏联、东欧等社会主义国家通过政府间签订协定、进行记账结算的易货贸易方式；同少数西方国家和一些发展中国家之间的进出口贸易，采用国际上通用的现汇贸易方式。改革开放以后，随着对西方国家和第三世界国家贸易的发展，在大力开展一般贸易的基础上，我国采用了来料加工、来样加工、来件装配、补偿贸易和进料加工等灵活多样的贸易方式，在技术进出口中还采取了提供技术许可、顾问咨询、技术服务、合作生产等多种方式，与发展中国家开展对销贸易，与周边国家广泛开展边境贸易等，极大地促进了我国对外贸易发展。

在各种新型贸易方式中，加工贸易的发展最为突出。1981年加工贸易只占我国进出口总值的6%，一般贸易占93.5%。此后，一般贸易比重逐步下降，加工贸易则逐年上升，到1996年加工贸易进出口比重首次超过一半，达50.6%，1998年最高上升到53.4%，此后又开始缓慢下降，2008年回归到41.1%。在短短的30年时间里，加工贸易从较小规模发展成长起来，成为我国最主要的对外贸易方式，为推动我国外贸和经济发展发挥着重要的作用。

资料来源：庆祝新中国成立60周年系列报告之九：对外贸易飞速发展．国家统计局综合司．www.stats.gov.cn，2009—09—16.

章首案例分析

案例主要涉及加工贸易的利弊及相关的营销渠道问题。

加工贸易的积极作用，在本章第5节中有较大篇幅的介绍。而案例则主要反映了加工贸易的负面效应。许多研究指出，中国制造业加工贸易的负面效应，有自主品牌缺失，外资企业占主导地位，利润空间逐渐缩小，造成贸易顺差被动性增长，代人受过，承担环境污染转移进来的高成本等比较严重的问题。

对于在出口商品质量安全问题上代人受过的问题，中国玩具生产企业是知道事实真相的，却不敢指出问题出在美泰公司的产品设计缺陷上，任由美泰公司颠倒黑白和承受国外消费者的严厉指责。主要原因在于，同美泰这样的国际行业巨头相比，中国生产企业完全处于一种“不对称”的地位。国际行业巨头牢牢地掌控着产品制造过程中的技术研发环节以及产品的营销渠道和财务等关键性管理环节，中国的企业就不得不任由品牌商摆布。

许多研究指出，中国出口产品制造企业应该走品牌化生存道路，走以我为中心的自主创新道路，把产品的设计、开发等关键性技术以及营销渠道等重要环节尽可能地掌握在自己的手里，才能从根本上克服加工贸易的负面效应。

附录A

专业术语中英文索引

国际贸易　International Trade
对外贸易　Foreign Trade
对外贸易值　Value of Foreign Trade
对外贸易量　Quantum of Foreign Trade
贸易差额　Balance of Trade
净出口　Net exports
净进口　Net imports
对外贸易商品结构　Composition of Foreign Trade
国际贸易商品结构　Composition of International Trade
对外贸易地理方向　Direction of Foreign Trade
对外贸易系数　Coefficient of Foreign Trade
对外贸易依存度　Dependence Degree of foreign Trade
贸易条件　Terms of Trade
出口贸易　Export Trade
进口贸易　Import Trade
过境贸易　Transit Trade
总贸易　General Trade
专门贸易　Special Trade
直接贸易　Direct Trade
间接贸易　Indirect Trade
转口贸易　Entrepot Trade
有形贸易　Visible Trade
《国际贸易标准分类》　Standard International Trade Classification，SITC
无形贸易　Invisible Trade
服务贸易　Trade in Services
绝对优势论　Theory of Absolute Advantage
绝对成本论　Theory of Absolute Cost
绝对优势　Absolute advantage
比较优势论　Theory of Comparative Advantage
比较成本论　Theory of Comparative Cost

比较优势　Comparative Advantage
要素禀赋论　Factor Endowment Theory
赫克歇尔-俄林模型 H－O模型
生产要素　Factor of Production
要素禀赋　Factor Endowment
要素丰裕度　Factor Abundance
要素密集度　Factor Intensity
里昂惕夫之谜　Leontief Paradox
人力资本　Human Capital
技术进步　Technical Progress
要素密集度逆转　Factor Intensity Reversal
产业内贸易　Intra-industry Trade
产业间贸易　Inter-industry Trade
双向贸易　Two-way Trade
同质产品　Homogeneous Product
完全替代　Perfect Substitute
差异产品　Differentiated Products
需求偏好相似理论　Theory of Demand Preference Similarity
重叠需求理论　Overlapping Demand Theory
制成品　Manufactured goods
需求倾向　Propensity to Demand
奢侈品　Luxury Goods
生活必需品　Necessities
规模经济贸易理论　Economies of Scale and Trade Theory
新贸易理论　New Trade Theory
规模经济　Scale economy
规模报酬递增　Increasing Returns to Scale
规模报酬不变　Constant Return to Scale
规模报酬递减　Decreasing Returns to Scale
内部规模经济　Internal Economies of Scale
外部规模经济　External Economies of Scale Theory
“干中学”　Learning by doing
可获得性说　Availability theory
技术差距理论　Technological Gap Theory
模仿时滞　Imitation Lag
创新国　Innovation Country
模仿国　Imitation Country
产品生命周期　Product life Cycle
产品创新阶段　The Phase of Introduction

产品成熟阶段 The Phase of Maturation
产品标准化阶段 The Phase of Standardization
国家竞争优势 The Competitive Advantage of Nations
国家钻石模型 National Diamond Model
保护贸易理论 Protective Trade Theory
重商主义 Mercantilism
超保护贸易理论 Super-Protective Trade Theory
对外贸易乘数理论 Foreign Trade Multiplier Theory
贸易顺差 Trade Surplus
贸易逆差 Trade Defecit
进口替代 Import Substitution
出口补贴 Export Subsidy
边际消费倾向 Marginal Propensity to Consume
生产力理论 the Theory of Productivity
幼稚产业 Infant Industry
保护幼稚产业理论 Infant Industry Theory/argument
战略性贸易政策 Strategic Trade Policy
战略性贸易理论 Strategic Trade Theory
博弈 Game
贸易政策的政治经济学 Political Economy of trade policy
院外活动 Lobbying
集体行动 Collective Action
管理贸易论 Managed Trade Theory
公平贸易 Fair Trade
公平贸易论 Fair Trade Argument
“301条款” Section 301
“超级301条款” Super 301
关税 Tariff
进口税 Import Duty
出口税 Export Duty
过境税 Transit Duty
财政关税 Revenue Tariff
保护关税 Protective Tariff
进口附加税 Import Surtax
反倾销税 Antidumping Duty
反补贴税 Countervailing Duty
差价税 Variable Levy
目标价格 Target Price
门槛价格 Threshold Price

特惠税　Preferential Duty
《洛美协定》　Lome Convention
普惠制　Generalized System of Preferences，GSP
减税幅度　Tariff Cut Depth
预定限额　Prior Limitation
毕业条款　the Graduation Process
原产地规定　Rules of Origin
原产地标准　Origin Criteria
直接运输规则　Rule of Direct Consignment
原产地证书　Certificate of Origin
从量税　Specific Duty
从价税　Ad Valorem
混合税　Mixed Duty
选择税　Alternative Duty
名义关税　Nominal Rate of Protection，NRP
有效保护率　Effective Rate of Protection，ERP
关税水平　Tariff Level
关税结构　Tariff Strcture
海关税则　Customs Tariff
单式税则　Single Tariff
复式税则　Complex Tariff
自主税则　Autonomous Tariff
协定税则　Conventional Tariff
《海关合作理事会税则商品分类目录》　Customs Cooperation Council Nomenclature，CCCN
《协调商品名称及编码制度》　The Harmonized Commodity Description and Coding System，简称 H. S. 编码制度
报关　Declaration，Declare
审核　Check
征税　Taxation
查验　Insoection
放行　Release
非关税壁垒　Non-tariff Barriers，NTBs
进口配额　Import Quota
绝对配额　Absolute Quota
全球配额　Global Quota
国别配额　Country Quota
自主配额　Autonomous Quota
协议配额　Agreement Quota

进口商配额　Importer Quota
关税配额　Tariff Quota
竞争性拍卖　Auction
固定的受惠　Fixed Favoritism
采用资源使用申请程序　Resource-Using Procedures
自动出口配额又叫自愿出口限制　Voluntary Export Restraint，VER
进口许可证制　Import Licensing
有定额的进口许可证　Quotas Licensing
公开一般许可证　Open General Licensing
特种许可证　Validated License
外汇管制　Foreign Exchange Control
进出口国家垄断　State Monopoly
歧视性政府采购　Discriminatory Government Procurement
国内税　Internal Taxes
最低限价　Minimum Price
禁止进口　Prohibition of Imports
进口押金制　Advance Deposit
海关程序　Customs Procedures
海关估价制　Customs Valuation
技术性贸易壁垒　Technical Barriers to Trade
绿色壁垒也称环境壁垒　Green/Environment Barrier to Trade
社会标准壁垒　Social Barriers to Trade
出口信贷　Export Credit
卖方信贷　Supplier's Credit
买方信贷　Buyer's Credit
出口补贴　Export Subsidy
直接补贴　Direct Subsidy
间接补贴　Indirect Subsidy
禁止性补贴　Prohibited Subsidies
可申诉性补贴　Actionable Subsidies
不可申诉的补贴　Non-actionable Subsidies
生产补贴　Production Subsidies
倾销　Dumping
商品倾销　Products Dumping
偶然性倾销　Sporadic Dumping
间歇性或掠夺性倾销　Intermittent or Predatory Dumping
持续性倾销　Persistent Dumping
社会倾销　Social Dumping
劳务倾销　Services Dumping

运费倾销　Freight Dumping
间接倾销　Indirect Dumping
贩卖倾销　Sales Dumping
外汇倾销　Foreign Exchange Dumping
经济特区　Special Economic Zone
经济特区　Special Economic Area
自由港　Free Port
自由贸易区　Free Trade Zone
保税区　Bonded Area
保税仓库区　Bonded Warehouse
出口加工区　Export Processing Zone
科学工业园区　Science-Based Industrial Park
出口管制　Export Control
出口关税　Export Duties
出口配额　Export Quotas
出口许可证　Export Licensing
贸易禁运　Trade Embargo
禁止出口　Export Prohibition
巴黎统筹委员会　Coordinating Committee for Export Control，COCOM
关税与贸易总协定　General Agreement on Tariff and Trade，GATT
世界贸易组织　World Trade Organization ，WTO
《服务贸易总协定》　the General Agreement on Trade in Services，GATS
《与贸易有关的知识产权协定》　Agreement on Trade-Related Aspects of Intellectual Property Rights)，TRIPs
《与贸易有关的投资措施协定》　(Agreement on Trade Related Aspects of Investment Measurments，TRIMs
多哈回合　Doha Round
合同　Contract
国际货物买卖合同　Contracts for International Sale of Goods
《联合国国际货物买卖合同公约》　United Nations Convention on Contracts for the International Sale of Goods，CISG
货物　Goods
确认书　Confirmation
磋商　Negotiation
交易条件　Terms
国际贸易惯例　International Trade Practice
询盘　Inquiry
发盘　Offer
实盘　Firm Offer

递盘　Bid
还盘　Counter Offer
接受　Acceptance
对价　Consideration
约因　Cause
品名　Name of Commodity
品质　Quality of Goods
卖方样品　Seller's Sample
买方样品　Buyer's Sample
对等样品　Counter Sample
凭规格销售　Sales by Specification
凭等级销售　Sales by Grade
凭标准销售　Sales by Standard
凭说明书和图样销售　Sales by description and illustrations
凭商标或牌号销售　Sales by trade mark and brand
凭产地名称销售　Sales by name of origin
良好平均品质　Fair Average Quality，FAQ
上好可销品质　Good Merchantable Quality，G. M. Q
品质机动幅度　Quality Latitude
品质公差　Quality Tolerance
国际单位制　the international system
千克　kilogram，kg
米　meter，m
秒　second
摩尔　mole
坎德拉　candela
安培　ampere
卡尔文　kelvin
英制　the British system
磅　pound，lb
码　yard，yd
美制　the U. S. system
长吨　long ton，L/T
短吨　short ton，S/T
加仑　gallon，gal
蒲式耳　bushel bu
重量　Weight
个数　Number
长度　Length

面积　Area
体积　Volume
容积　Capacity
毛重　Gross Weight
净重　Net Weight
以毛作净　Gross for Net
实际皮重　Actual Tare or Real Tare
平均皮重　Average Tare
习惯皮重　Customary Tare
约定皮重　Computed Weight
公量　Conditioned Weight
理论重量　Theoretical Weight
法定重量　Legal Weight
实物净重　Net Net Weight
溢短装条款　More or Less Clause
散装货　Bulk
裸装货　Nude cargo
包装货　Packed cargo
条形码　Bar Code
中国物品编码中心　Article Numbering Center of China，ANCC
海洋运输　Ocean Transportation
班轮　Liner
船期表　Sailing schedule
滞期费　Demurrage
速遣费　Despatch Money
班轮运费　Liner Freight
班轮运价表　Liner Freight Tariff
重量吨　Weight Ton
尺码吨　Measurement Ton
临时议定价格　Open Rate
超重附加费　Heavy lift Additional
超长附加费　Surcharge for Over Length，Over Length Additional
直航附加费　Direct Additional
转船附加费　Transshipment Surcharge
港口拥挤费　Port Congestion Surcharge
选港附加费　Optional Additional
港口附加费　Port Surcharge
燃油附加费　Bunker Surcharge
变更卸货港附加费　Alternation Surcharge

绕航附加费　Deviation Surcharge
洗舱费　Cleaning Charges
熏蒸费　Fumigation Charge
货币贬值附加费　Currency Adjustment Factor，CAF
冰冻附加费　Ice Surcharge
租船运输　Shipping by Chartering
定程租船　Voyage Charter
定期租船　Time Charter
光船租船　Bareboat Charter
铁路运输　Rail Transport
航空运输　Air Transport
邮政运输　Parcel Post Transport
联合运输　Combined Transport
大陆桥运输　Land Bridge Transport
集装箱运输　Container Transport
整箱货　Full Container Load，FUL
集装箱堆场　Container Yard，CY
拼箱货　Less Than Container Load，LCL
集装箱货运站　Container Freight Station，CFS
整交整收　FCL/FCL
整交拆收　FCL/LCL
拼交整收　LCL/FCL
拼交拆收　LCL/LCL
国际多式联运　International Multimodal Transport
多式联运合同　Multimodal Transport Contract
多式联运单据　Multimodal Transport Document
多式联运经营人　Multimodal Transport Operator，MTO
单一运费费率　Single Factor Rate
装运时间　Time of Shipment
装运港　Port of Shipment
目的港　Port of Destination
分批装运　Partial shipment
转船运输　Transshipment
装运通知　shipping advice
海运提单　Bill of Lading，B/L
货物的收据　Receipt for the goods
货物所有权　Title of the goods
已装船提单　On Board B/L，Shipped B/L
备运提单　Received for Shipment B/L

清洁提单　Clean B/L
不清洁提单　Unclean B/L
直达提单　Direct B/L
转船提单　Transshipment B/L
联运提单　Through B/L
记名提单　Straight B/L
不记名提单　Open B/L
指示提单　Order B/L
收货人　Consignee
来人　Bearer
凭指示　To order
凭××指示　To order of××
正本提单　Original B/L
副本提单　Copy B/L
舱面提单　On deck B/L
过期提单　Stale B/L
预借提单　Advanced B/L
倒签提单　Antedated B/L
铁路运单　Railway B/L
航空运单　Air Way Bill
邮包收据　Parcel Post Receipt
多式联运单据　Multimodal Transport Documents，MTD
保险利益　Insurable Interest
近因原则　Principle of Proximate Cause
最大诚信原则　Principle of Utmost Good Faith
补偿原则　Principle of Indemnity
海上风险　Perils of the Sea
自然灾害　Natural Calamities
意外事故　Fortuitous Accidents
外来风险　Extraneous Risks
内在缺陷　Inherent Vice
自然损耗　Natural Loss
全部损失　Total Loss
实际全损　Actual Total Loss
推定全损　Constructive Total Loss
委付　Abandonment
部分损失　Partial Loss
共同海损　General Average，G. A.
共同海损分摊　General Average Contribution

单独海损　Particular Average，P. A.
施救费用　Sue and Labor Charges
救助费用　Salvage Charges
中国保险条款　China insurance clauses，CIC
平安险　Free from Particular Average，FPA
水渍险　With Particular Average，W. P. A，W. A.
一切险　All Risks
除外责任　Exclusion
仓至仓条款　Warehouse to Warehouse Clause，W/W Clause
附加险　Additional Risk
一般附加险　General Additional Risk
提货不着险　Theft，Pilferage and Non-Delivery Risk，T. P. N. D.
淡水雨淋险　Fresh Water &/or Rain Damage
渗漏险　Leakage Risk
短量险　Shortage Risk
混杂、玷污险　Intermixture and Contamination Risk
碰损、破碎险　Clash and Breakage Risk
钩损险　Hook Damage
锈损险　Rust Risk
串味险　Taint of Odor Risk
包装破裂险　Breakage of Packing Risk
受潮受热险　Sweat and Heating Risk
特殊附加险　Special Additional Risk
战争险　War Risk
罢工险　Strikes Risk
交货不到险　Failure to Deliver Risk
进口关税险　Import Duty Risk
舱面险　On Deck Risk
黄曲霉素险　Alfa-toxin Risk
拒收险　Rejection Risk
出口货物到港澳存仓火险责任扩展条款　Fire Risk Extension Clause for Storage of Cargo at Destination Hongkong，Including Kowloon，or Macao
保险金额　Insurance Amount
保险费　Premium
保险单　Insurance Policy
预约保险单　Open Policy
保险凭证　Insurance Certificate
保险索赔　Claim
汇票　Draft，Bill of Exchange

出票人　Drawer
受票人　Drawee
受款人　Payee
即期汇票　Sight Bill
远期汇票　Time Bill or Usance Bill
光票　Clean bill
跟单汇票　Documentary bill
商业汇票　Commercial Bill
银行汇票　Banker's Bill
商业承兑汇票　Commercial acceptance draft
银行承兑汇票　Banker's acceptance draft
出票　To draw
提示　Presentation
持票人　Holder
见票　Sight
承兑　Acceptance、Accepted
承兑人　Acceptor
付款　Payment
背书　Endorsement
转让人或背书人　Endorser
受让人或被背书人　Endorsee
贴现　Discount
拒付　Dishonor
追索　Recourse
拒绝证书　Letter of Protest
本票　Promissory Note
出票人　Drawer
受款人　Payee
跟单本票　Documentary Promissory Note
支票　Check
顺汇　Remittance
逆汇　Reverse remittance
汇款　Remittance
汇款人　Remitter
收款人　Payee or Beneficiary
汇出行　Remitting bank
汇入行　Paying bank
电汇　Telegraphic Transfer，T/T
信汇　Mail Transfer，M/T

票汇 Demand Draft，D/D
付款通知书 Advice of Drawing
单纯支付 Clean payment or simple sum
预付货款 Payment Advance
随订单付现 Cash with order，C. W. O.
交货付现 Cash On Delivery，C. O. D.
记账交易 Open Account Trade
托收 Collection
委托人 Principal
托收行 Remitting Bank
代收行 Collecting Bank
付款人 Payer
付款交单 Documents against Payment，D/P
即期付款交单 Documents against Payment at sight，D/P sight
远期付款交单 Documents against payment after sight，D/P after sight
信托收据 Trust Receipt，T/R
付款交单凭信托收据借单 D/P. T/R
承兑交单 Documents against Acceptance，D/A
《托收统一规则》国际商会第 522 号出版物，UCP522
信用证 Letter of Credit，L/C
开证申请人 Applicant
开证人 Opener
开证银行 Opening Bank or Issuing Bank
通知银行 Advising Bank or Notifying Bank
受益人 Beneficiary
议付银行 Negotiating Bank
付款银行 Paying Bank or Drawee Bank
不可撤销信用证 Irrevocable L/C
可撤销信用证 Revocable L/C
光票信用证 Clean Credit
跟单信用证 Documentary Credit
即期信用证 Sight Credit
电报索偿条款 L/C with T/T Reimbursement Clause
带电报索偿条款的信用证 L/C. T/T
远期信用证 Usance L/C
可转让信用证 Transferable Credit
不可转让信用证 Non-transferable L/C
保兑信用证 Confirmed L/C
非保兑信用证 Unconfirmed L/C

循环信用证　Revolving L/C
对开信用证　Reciprocal L/C
预支信用证　Anticipatory Credit
备用信用证　Standby L/C
商业票据信用证　Commercial Paper L/C
银行保函　Banker's Letter of Guarantee，L/G
《跟单信用证统一惯例（2007 年修订本）》，UCP 600
分期付款　Payment by Installment
延期付款　Deferred Payment
商品检验　Commodity Inspection
商品检验证书　Inspection Certificate
争议　Disputes
索赔　Claim
理赔　Claim Settlement
不可抗力　Force Majeure
仲裁　Arbitration
托运单　Booking Note
装货单（“关单”）　Shipping Order
收货单（大副收据）　Mates Receipt
报关　Declare
出口信用险　Export credit insurance
中国出口信用保险公司　SINOSURE
提单
商业发票　Commercial Invoice
原产地证明书　Certificate of Origin，C/O
商品检验证书
包装单　Packing List
重量单　Weight Memo
普惠制产地证　GSP Certificate of Origin Form A
预约保险合同　Open Policy
经销　Distribution
包销　Exclusive Sales
独家经销　Sole Distribution
代理　Agency
一般代理　Commission Agency
独家代理　Exclusive Agency，Sole Agency
总代理　General Agency
代理人　Agent
寄售　Consignment

寄售人 Consignor
代销人 Consignee
招标 Invitation to Tender
投标 Submission of Tender
竞争性招标 Competitive Bidding
公开招标 Open Bidding
国际竞争性招标 International Competitive Bidding，ICB
选择性招标 Selected Bidding
邀请招标 Invited Bidding
有限竞争性招标 Limited Competitive Bidding
谈判招标 Negotiated Bidding
两段招标 Two-Stage Bidding
招标文件、“标书” Bidding Documents
期货交易 Futures Transaction，Futures Trading
套期保值、对冲交易、海琴 Hedging
对销贸易 Counter Trade
易货贸易 Barter Trade
互购贸易 Counter Purchase
转手贸易 Switch Trade
抵销交易 Offset
补偿贸易 Compensation Trade
返销 Buy-back
加工贸易 Processing trade
进料加工 Processing with Imported Materials
来料加工 Processing with Customer's Materials
来件装配 Assembling with Customer's Parts

参考文献

[1] 薛荣久，张玮，唐宜红．国际贸易．新编本．北京：对外经济贸易大学出版社，2005.
[2] 张二震，马野青．国际贸易学．3 版．北京：人民出版社，2007.
[3] 尹翔硕．国际贸易教程．3 版．上海：复旦大学出版社，2005.
[4] 海闻，林德特，王新奎．国际贸易．上海：上海人民出版社，2003.
[5] 赵春明．国际贸易学．北京：石油工业出版社，2003.
[6] 姚曾荫．国际贸易概论．北京：人民出版社，1987.
[7] 石广生．世界贸易组织基本知识．北京：人民出版社，2001.
[8] 江小涓，杨圣明，冯雷．中国对外经贸理论前沿Ⅱ．北京：社会科学文献出版社，2001.
[9] 陈宪，韦金鸾，应诚敏．国际贸易：原理·政策·实务．2 版．上海：立信会计出版社，2002.
[10] 张建辉，张汝根．国际贸易理论与实务．徐州：中国矿业大学出版社，2004.
[11] 陈永富．国际贸易实务．北京：科学出版社，2003.
[12] 吴百福．进出口贸易实务教程．上海：上海人民出版社，2003.
[13] 方少林．国际贸易单证实务实验教程．北京：中国金融出版社，2007.
[14] 陈岩，于永达．解析贸易术语．北京：清华大学出版社，2005.
[15] 王晓明．新国际贸易的全方位分析．北京：中国人民大学出版社，2000.
[16] 郭瑜．国际贸易法．北京：北京大学出版社，2006.
[17] 张亚芬．国际贸易实务与案例．北京：高等教育出版社，2004.
[18] 程进．国际贸易实务．北京：机械工业出版社，2009.
[19] 张炳达，王晓静．国际贸易实务与案例．上海：立信会计出版社，2006.
[20] 王珍．出口贸易操作．杭州：浙江大学出版社，2007.
[21] 余世明．国际贸易实务练习题及分析解答．广州：暨南大学出版社，2004.
[22] 尹翔硕．加入 WTO 后的中国对外贸易战略．上海：复旦大学出版社，2001.
[23] 纽曼．新帕尔格雷夫经济学大辞典．北京：科学技术文献出版社，1996.
[24] 胡代光，高鸿业．西方经济学大辞典．北京：经济科学出版社，2000.
[25] 薛敬孝，佟家栋，李坤望．国际经济学．北京：高等教育出版社，2000.
[26] 任烈．贸易保护理论与政策．上海：立信会计出版社，1997.
[27] 黎孝先．国际贸易实务．4 版．北京：对外经济贸易大学出版社，2007.
[28] 冷柏军．国际贸易实务．北京：高等教育出版社，2006.
[29] 董瑾．国际贸易理论与实务．北京：北京理工大学出版社，2005.
[30] 盛洪昌．国际贸易理论与实务．上海：上海财经大学出版社，2006.
[31] 卓骏．国际贸易理论与实务．北京：机械工业出版社，2006.

[32] 钱荣堃．国际金融．4 版．成都：四川人民出版社，2006.
[33] 斯密．国民财富的性质和原因的研究．北京：商务印书馆，1979.
[34] 李嘉图．政治经济学及赋税原理．北京：商务印书馆，1976.
[35] 李斯特．政治经济学的国民体系．北京：商务印书馆，1961.
[36] 俄林．地区间贸易和国际贸易．北京：商务印书馆 1986 年版。
[37] 普雷维什．外围资本主义：危机与改造．北京：商务印书馆，1990.
[38] 凯恩斯．就业、利息和货币通论．北京：商务印书馆，1983.
[39] 克鲁格曼．国际贸易新理论．北京：中国社会科学出版社，2001.
[40] 克鲁格曼．战略性贸易政策与新国际经济学．北京：中国人民大学出版社；北京大学出版社，2000.
[41] 波特．国家竞争优势．北京：华夏出版社，2002.
[42] 喻志军．中国外贸竞争力评价：理论与方法探源　基于“产业内贸易指数”与“显示性比较优势指数”的比较分析．统计研究，2009，26（5）：96.
[43] 洪银兴．从比较优势到竞争优势：兼论国际贸易的比较利益理论的缺陷．经济研究，1997（6）：20－26.
[44] 张二震．国际贸易分工理论演变与发展述评．南京大学学报：哲学・人文科学・社会科学，2003，40（1）：65－73.
[45] 林毅夫，李永军．比较优势，竞争优势与发展中国家的经济发展．管理世界，2003（7）：21－28，66.
[46] 李钢，董敏杰，金碚．比较优势与竞争优势是对立的吗：基于中国制造业的实证研究．财贸经济，2009（9）：95－101.
[47] 海闻．国际经济学的新发展．经济研究，1995（7）：67－73.
[48] 佟家栋．国际贸易理论的发展及其阶段划分．世界经济文汇，2000（06）：39－44.
[49] 薛荣久．经济全球化下贸易保护主义的特点、危害与遏制．国际贸易，2009（3）：28－31.
[50] 丁剑平．传统的国际贸易理论能否解释我国的经济现象．对外经济贸易大学学报，2001（4）：1－6.